刘乃忠　崔学森 主编

中国近代法制史料

刘乃忠　吴　迪 编

第六册

中华书局

目　录

建国策

[日]今井嘉幸　原著

整理者按：本书作者今井嘉幸于 1878 年 5 月 25 日出生在爱媛县周桑郡小松町，1897 年和 1900 年分别从爱媛县立松山中和一高等学校毕业，后进入东京帝国大学法科大学德国法科学习。1904 年毕业后进入该大学研究生院学习国际法。而后被任命为东京地方裁判所判事。1908 年由梅谦次郎的推荐，应清政府的邀请，在天津北洋法政学堂讲授司法制度的课程。1914 年回国后，其辞去判事职务，在大阪从事律师工作，同年 12 月被授予法学博士学位。1916 年护国战争之际，又被云南军政府聘为军务院顾问。1917 年，今井当选众议院议员。次年同吉野作造等创立黎明会，而后任社会大众党顾问。战后，因其为大政翼赞会的推荐议员，故而被开除公职。1951 年 6 月 30 日去世。自传《今井嘉幸自叙传五十年之梦（附今井嘉幸帝国议会演说集）》经松冈文平解说，于 1977 年由神户学术出版社出版，详细叙述了他在中国的活动经历。

1912 年清帝退位后，时任北洋法政学堂教授的今井嘉幸于 3 月 5 日乘"南阳丸"号客船从汉口出发，途经南京、上海、青岛等处，在船上聆听汽轮震耳之声，心"遥驰于友邦与东洋之前途"。在这种心境下，他在客室中起草了这部《建国策》。

本书为铅印单行本，共 67 页，无出版社信息，亦无版权页。封面自上而下有毛笔题写"建国策"三字，右上有竖排小字"今井法学士案"，背景图案为五色旗和中国地图。另外，全书分"建国之基础""立法策""行政策""司法策""目下诸策"等五部分，以旁观者的角度提出了建设中华民国的方案，提出：民国之精神为建国基础，应仿效成例施行两院制，以大总统为国家元首并施行地方自治，改革审判制度并速召集国会，从速制定宪法等主张。

　　谨致书东亚新大共和国大总统、副总统、国务各员、各省都督及建国主动者诸公阁下：

　　诸公起义以来不半载,清帝退位,南北统一,达新民国建设之机运,考诸革命史册成功之速,实无伦比。非赖诸公之热诚英迈,曷克臻此。虽然,革命之难,不在破坏而在建设。东西诸国之革命也,前祸甫戢,后患适至,以革命始,以革命终者,不知凡几。其原皆在建设之未善。诸公今日之建设,不惟贵国之盛衰存亡视为关键,即与贵国辅车唇齿之日本,亦有关系。推而至于东亚全局之兴废安危,亦莫不大受影响也。鄙人久处贵国北方,从事于法政教育,隐窥贵国情势,有不能避大革命之举动者,于兹有年矣。昨秋武汉起义,鄙人闻之,不觉心为之动,乃整装南行,往来东西诸军之间。数月以来,得晋接诸公之风采,目击诸公尽心国事、不辞劳瘁之实状,感佩之私,曷可极言。今也革命破坏之业成矣,诸公深谋远虑,建国家万年之长计在此时矣。鄙人不揣纤陋,愿呈愚策于诸公之左右,虽致天下之嗤笑,亦不暇计,一以酬诸公知遇之恩,一以表关心东亚大局之微衷而已。诸公聪俊博雅,左右亦济济多才,自有建国不朽之良策,如鄙人愚昧之言,何足污大贤之耳。虽然,幸得诸公一顾之荣,异日有补大策之万一,是亦鄙人所狂喜不置者也。

第一　建国之基础

　　民国之基础,不在制度,而在国民之精神。所谓国民之精神者,何也？四万万人民因羡民主共和之政体,牺牲身命,百折不回移。从来忠君之道,相率而忠于民主共和主义,国民之精神在于此矣。然取民主共和之政治,其危险有二。诱起该撒[①]主义或拿破仑主义,其一也。陷于无政府状态,其二也。该撒主义云者,共和政治之首领,专其威权,外袭共和民主之美称,隐行专制君主之暴政,彼见人民共和精神稍不充足,则设术以笼络之,笼络既久,人民遂尽入彀中而莫能自外,共和政治之废弛,不旋踵而立见矣。无政府状态云者,人民无共同一致之念,虑

————————————

　　①　该撒即凯撒。——整理者注

忠于民主共和主义，而国家之政柄遂为群雄所觊觎。当此火器发达之世，虽得魏犨、樊哙之伦，亦不足以自卫。其结果之可危可虑，实有令人不寒而栗者，窃恐政治之权势，将操诸无智识之兵卒矣。故曰：建国制度之设施，于预防此等危险之点，固宜注意，而于鼓吹国民忠于民主共和主义之观念，尤不可不三致意焉。

民国统治之方针，取联邦制度而行地方分权乎？抑取统一制度而行中央集权乎？立万般制度之基础，不可不先定此主要问题也。然吾人讨论两制度，究不能就其主张者之意旨所在，略有所左右于其间。其以联邦制度为政策者，主张取美国各州之例以治此二十二行省，以此解决今日之势局，固属甚易。然立国之大，本不得据目前之难易为衡，而遗误国家万年之长计也。盖联邦制度，并合星散小国为一国家，实属万不得已之政策。形式虽具，内外政治不能统一，国家之团结力亦甚薄弱，辄酿成国土分裂之势，此一般学者所公认者也。而美、德诸国尚采用此制度者，因其国内之情势，有不得不然。诸国思矫正其弊，遇有机会，力图统一，此无可争之事实也。然此联邦制度之行于诸国，较前者数国分立之状态犹不无进步。顾中国为单一国家，统一即久，忽变其形貌，而为联邦状态，直政治退步耳，进步云乎哉！当春秋战国之世，若行此联邦制度，未必非良策。然欲行之于今日，则未为计之得也。

或谓今日之行省，宜全破坏之，以为数多之行政区域。甚者谓更宜加入西藏、蒙古诸藩属，而仿效法日、英之例，采用中央集权统一的郡县制度，是不思今日国情与革命之性质，而涉于空想者耳。夫中国人口之众多、领土之广阔，虽欧洲全土，无以过之。西史称罗马帝国为最大国家，而其人口不过一亿有余而已，实不及中国十八省人口之半也。而问其统治之方法，不外今日之所谓殖民地政治。今者文明诸国之土地，固有与中国相伯仲者，其大部分概为属地。属地之政治，概用特别之殖民地政治，其中央集权之统一制度，仅以本土之一部为限耳。然其本土人口，不过中国一省所有之数，移其统治之方法用于大数十倍之中国，不亦谬乎！人口如此之众，领域如此之大，而运用统一的中央集权，西国实未见其例。是则取彼等所发见之政治方法，不可不特别注意者此也。览中国历史，封建制度以外，立宏大之郡县政治，固不乏旧例。然其中央集权之程度，较之今日文明诸国，未见强大，而末路终归失败。如前朝之督抚等类，即由此而驯致者也。且今者革命之性质，实空绝往古之创闻。前代之得天下也，草泽英雄崛起一隅，战攻连年，荡平四方，而后大业成其功，足以慑宇内，故其威武，亦强行中央集权而有余。及颁布统一制度，不必量地方之民情，而民情畏伏，决无起而抗之者。今则不然，人民蜂起，南北一致，数月之间，旧迹扫灭，此皆依民主共和之真精神。澈上澈下，以民论公议为本位者也。况乎革命运动之状态，极宜注目者，各省各有团体之活动，隶于都督名下，有类以军政实行联邦制度者焉。然此皆于建国之沿革有特别意思之政治团体也。夫国家统治之大本，不察建国之沿革，不可以立制度。征之古来东西建国史，确有可信。苟不顾此等重要团体之关系如何，忽而破坏之，夺其自由，派遣不适民意之多数官吏以牧其民，如各代立国之初强行中央集权，定不洽民情之统一制度，势不至于反动不止也。即或不立见反动，亦恐此禹域四亿民之邦土，只有望于该撒主义之繁荣，而对于民主共和主义之前途，诚有不胜忧虑者矣。

　　然则，如之何而后可曰以民主共和主义，统治此广漠之大国，惟有依自治政之运用而已。今日而行自治政，二十二行省实足为无比之良材。如其破坏良材而轻举妄动，宁利用之以建万年不朽之盛业也。其构造之本旨，似联邦非联邦，且不比今日文明诸国地方行政之区划，要在取联邦及统一制度之长而舍其短，设定具有大自治权之特种地方团体，而相宜结合之，以组织空前绝后特种之大民国也。而自治体之行政主长，固宜由民意定之，或以自治体人民选举为标准，而经大总统承认之。不然，其弊有不可胜言者，即不至大总统与主长相结，逞威暴以压抑人民，而地方议会与行政主长亦难望永久调和也。戾民主共和之精神、伤人民之幸福、妨国运之隆盛，无过于此者矣。夫所谓自治团体者，拥有广土众民，固堂堂一国家也。其行政主长，一小总统也。惟急谋交通机关之发达，握国家重要大权于中央，乃不至酿成土地分立之弊。何谓重要大权？即军事之统率权也，立法及司法之两权也，外交之全权也，维持运用此等权力必要财政权也。至于地方不能实行之事业，国家经营之。此外一听之地方自治，不必滥行干涉，如此，则中国之时局，可圆满解决。欲使民主共和之精神永远贯彻者，无事舍此而他求也。

　　若对于藩属，将如何以处理之？观大旗悬五色，是将满、蒙、回、藏，已与汉人种同等相视矣。其个人之待遇与政治之方法，是别个之问题也。四族地方,去中国本土辽远。其地势、人情、风俗、宗教,亦与中国本土截然不同。如政治组织,用同一之规模,直反于政治学之原则矣。即使采用联邦制或采用极端之统一制,而对于此等地方,亦不可不讲求特别之政治方法。彼欧美之殖民地政策,亦未必即宜移行于此地。何者?欧美之殖民地,大率远隔海洋,与本土不相联属,种族文化亦纯然相异故也。中国领地与本土接壤,其人种亦与汉人无甚差别,彼法人所行之同化政策,欧美用之终归失败,今日一般学者辄排斥以为不可用。然吾以为,中国于此等地方,若采用同化政策,实无上之妙策也。论今日之程度,使各属与本土行同一之国会制度,虽觉困难,然可认其有送代表于中央上院之权能。大总统派遣统监以监督其内政,余则任彼自治,以从旧制,不行干涉,斯亦可矣。其二十二行省中之新疆、满洲,比之他省稍有不同,宜取日本对于北海道所用之政策,稍加以特别制度。特满洲不惟关乎前朝有特别之情事,今日外交上之关系亦屡生问题,惟立法、司法之制度,不必与汉土分离,而行政宜有强大之权力,大总统亲任一掌握军事、外交之总督,使处理一切案件为良策。

一切共和政治之运用,固宜仿今世文明诸国之例,独有立法、行政、司法三权分立之立宪政体,不宜盲从他国之成例,宜斟酌中国特有之情事,设适当之制度。余试就重要诸点,分项目论述之。此不必今日悉见诸实行,不过为民国将来之政治制度,示及其可达到之标准而已。至预备时代之目前政策,自宜别论。故吾人欲先论制度之要旨,而后就目前之要策,以陈述愚见。

第二 立法策

国会乃代表民意之机关,其制度如何,关系于民主立宪政治之维持发达者极切,是殆无庸赘言。然则其制度宜如何?如前所述,于强大自治体之各行省,既附以强有力之地方议会。则此外,关于中央国会之设置,尚须用二院制否?抑以一院为已足?此则宜先解决之问题也。夫一院固属简便,而且不见有议会彼此间冲突之发生,是尤其特长。古来采此制度者,未尝无之。且两院,国之学者中亦有称誉之者。虽然,惟其过简单,议事恒缺郑重,动为诡辩之说所感,以致狂举妄动,或驱于党派之私,而不计国家之利害,是则其弊之显然者也。是以今日各国之于国会,不问其起源之何在,几无往而非两院制度,且此等理由,不以地方议会之规模及其权限之大小而受影响。故即在联邦制度之美、德诸国,虽已有各联邦议会,犹且采此制度。故吾以为中国宜仿多数之成例,采取两院主义,而尤以适合乎中国之事情及民主立宪精神之制度为最善,是所望于当局者焉。

两院之中,其一谓之下院,此院最接近于人民,其要旨也,务使其代表人民之意思。质而言之,不可不令为国民全体之缩图也。以是选举下院之议员,广与选举权于公民之全部,以行所谓普通选举者。此等有选举权者,躬自投票,直接选举代议士,以行所谓直接选举者。纵不法此,亦应求其法之近乎是者,准以组织下院,此盖各国之常例也。然以中华领土之大,与夫人民之多,恐有不能按此法以行者,是又不可以不审。窃思议员总数,至多不逾五百名,分配于各省,则每省仅二十名左右耳。以一省人口数百万或多至数千万,今使其公民全部躬自投票,其直接选得者只议员二十名,其事果能实行乎? 故征诸中国事情,关于此点,不妨反诸国之例。虽系下院之组织,未始不可以特别选举、间接选举方法行之也。其方法之主要者有二:其一先选定议员选举人,此当选之选举人是为初选举人。再以之选举议员,即所谓复选举者也。其二不为如斯之特别手续,即以现在之各民意代表机关,使之行议员选举之事是也。由下院之性质言之,或以第一方法为优。第二方法即法、美所用,以为组织上院之方法。但二者皆属于间接选举。论及民国统治之大方针,仍以采第二方法为是。民国统治之大方针,若果如前所述,除自治政妙用外,别无良策之可求。则有共和政治根本之美称之下院,其组织苟不悖乎民意代表之本旨,尽可利用自治政治之机关,发挥自治政治之作用。如是则立国之基础将必藉此益加巩固耳。然则地方议会既为代表民意之自治议事机关,使之尽中央议会议员选举之能事,不亦事半功倍乎? 然如前清资政院之组织,专赖诸各省省会者,亦不可也。以此种机关,一则于人民遥相暌隔,二则其选举权者为数过稀。设竟于其中选出二十名内外多数之议员,颇觉不适故也。故余以为可以为下院议员之选举权者,除省会之议员外,尚可加入下级之地方议会议员。详言之,即以各县会、各城会之议员全部及各镇乡议会之代表为选举权者,以之选举下院议员。镇乡议会之选举者,所以止限于其代表者,以其数甚多,概与其议员以选举权,恐生蹂躏市府利益之结果也。其选举之方法,先将下院议员之总数,以各省之人口比例分配之。其在各省,则按各县之人口,并合数县,以设置选举区,广大市府另为特别选举区。然后将自省之下院议员分配于是等选举区,使住于各选区之选举权者相集投票,以选举自区所分配之下院议员。

以两院而成国会,其精神已如前述。故上院之组织,须与下院异其性质,与其为一般人民之缩图,毋宁辅助为人民缩图之下院,以矫正其弊害。组织上院者,不可不本此旨以筹划之。各国上院之制度,或下院采直接选举,上院用间接选举;或下院专由于民选,上院则参以官选。因其国情与其沿革,虽外表颇不相同,其主意则一也。今中国上院之制度,究将何取意者? 莫如仿美、法二邦之制度。下院既采直接选举,则上院由地方议会选出之。但余前曾论之,中国之情事,不宜于下院用直接选举,唯有取利用地方议会之一策。但上院亦取同一之方法,由省会选出议员,此种办法究嫌重复,且与两院异性之精神更相僢驰。吾主张上院之组织,可就今日之参议院而加以改良。其议员之数,比之下院应居少数。至其主要之构成分子,即以各省行政主长所选任者充之,加以各殖民地之代表,与夫大总统所选任之议员,以三者编成上议院,是不徒为今次革命领资援助之参议院,留作永久纪念。更如德逸联邦参议院之为地方官宪代表者,然与下院殊其性质,以发挥上院之效用也。议者或见"为官宪代表"之一语,似以为反乎民主共和之旨者,其实不然。以吾党观之,各省行政主长、大总统,无一非出于人民之公选,则为其所选任之上院议员,究亦不外为一种之间接民选议员。如斯下院为民选地方议会之代表,上院为民选地方官宪之代表,二者皆胚胎于民意,可谓极得其权衡者。依此法,则不克制胜于通常之选举场,不屑与他人角逐之博学高德之士,或富于政治经验之老练家,率皆可以网罗之于中央之立法府,藉以调剂过与不及之失,而缓和其狂躁妄动之害。彼下院之青年,虽富于进取之气象,其失也易骋于空想,陷于粗暴驯致,以败大事。今辅之以上院,则为民国根柢之立法府,庶几得完其任务乎?

国会之权限,大抵与今日东西立宪诸国之制度同,此可不必详述。其主要者,唯法律之议定权与预算之议定权。二者之中,关于预算之议定权,各国主义,多不一致。是否上院对于下院有平等之预算议定权,此亦待解决之问题也。若果照吾后所陈,以占多数于下院之政党组织责任内阁,则预算议定权只可为下院之独占,断乎不可使上院参与,否则,恐不足以贯彻政党内阁之本旨也。设使上院对于以下院为基础之内阁财政案有否决或加以修正之权能,其结果必致内阁之运命受制于上院,而所谓政党内阁之实者,不易见焉。英,政党内阁之始祖也。其宪法之明文如何,暂不具论。若观察夫实际,其于此点,悉唯下院之所为,未尝一干与之。依此惯例,而英之政党内阁,始得赖以安全。今中国若取法乎英,设责任内阁,不如以明文将上院之预算容喙权除去之,何必学英国之于明文规定其参与权,而实际不使之行也。

　　法律不可不经两院之议决,然不可遽谓凡百国家之法规,统应经两院之议决。特必须经两院之议决之国法,名之曰法律,止限于国法之重要者耳。其他之法规,名之曰行政命令,由中央及地方之行政机关发布者也。法律比之命令,其效力较优。法律虽可变更命令,命令则不得变更法律。所以区分法与令者,以此为立宪政体之特色。盖必如是焉,方足以为人民自由之保障,而达国内统一之旨也。所谓保护人民之自由者,即以宪法将人民之身体、财产及言论之自由等,即法人所称民权自由者,逐条列举之。又将关于此等规定不可不依法律之事项等,俱宣言于宪法中,则人民之自由,可为其代表之国会所保护。一般官吏虽欲专横,无由加焉。又凡政务之必须统一者,任由中央国会议定,则不至以广与立法权限于地方自治团体之故,而招国内分立之弊。中国既认强有力之自治体发生于国内,则于此点亟须特别留意。如彼美国联邦之流弊,内外政务之统一,动不如意。虽司法制度,犹且各地参差,不能划一,致使行人有越宿问禁之苦。此种怪象,中国所宜力为防范者也。

第三　行政策

　　置大总统为国家行政元首,复常设副总统以备补充。若今日者,可谓至当。惟其选举,尽任于中央议会,极非得策。盖于共和前途,易启两大弊端,肇建民国诸公,幸致意焉。使大总统与国会关系若斯接近,倘议会之势力大，则大总统竟为议会所左右，而仰其鼻息，驰致为多数党首领之内阁总理，转握大总统之实权，其弊一。若议会之势力小，则大总统可一以己意动摇议会，甚至滥用兵力，图更宪法，悍然行所谓该撒主义，其弊二。法国自大革命以还，迄今仅百余载耳。而终身大总统或皇帝，自议会造成者屡矣。洎乎近时，犹恒出孱弱之总统，趋乘内阁总理之下风，未始非此制为之阶厉。美国无兹流弊者，固由开国总统华盛顿之高风至诚，足以感动后世，实亦未以议会为大总统选举机关，由以致之也。中国际兹肇建，匆遽之秋，首期选举，若难从容，则尚可为临时变通之计，汇集上下两院，合为一体，使行选举。逮二次以下，则必须博咨民意，俾议会以外之选举团体掌之，此吾人之主张也。援照前述下院议员选举方法，选出总统选举委员，倍于每区所出下院议员之数，集于各省首府，行总统之投票，汇票于中央上院，启瓯检定当选之人，此法最称适当。

大总统名为行政元首，总揽国家行政全权。实则躬自施行者，不过紧要少数之大权，其他政权，概应委之内阁。盖就百政良窳，元首自负其责，致伤大总统之威严，动辄辞职，国本因之动摇，故应尔也。所谓紧要大权者，外交权、军事权、官吏任命权是已。故凡编制统率海陆军、布告戒严、宣战媾和、缔结条约、派遣使臣、任黜司法官、陆海军武官以及定行政上官制、任免中央行政高等官吏，一切权能，大总统皆宜有之，且不第此等行政事务已也。尝考诸国成例，尚得关于立法、司法权行非常处分，不庚立宪本旨，谋所以应人世不测之情，故能于紧急必要之际发布代法律之命令，又可关于刑事施大赦、特赦、减刑、复权等恩宥。

内阁因政务种类而分部，各部置总长，全部设总理。既有大总统，复设总理者，欲使大总统超然于行政上责任之外，且于统一内阁为必要也。至于内阁员之政治，宜采责任内阁主义。责任内阁者，谓内阁员就其政治良否，对于为主权者之人民而负责任，其进退视人民之信否而定也。顾人民之信否，漠然无由得知，不得不征下院多数之信赖与否，以为标准。盖下院为彼等代表机关，犹其缩图也。故得下院过半数信赖之时，内阁之运命巩固。一旦失此信赖，则立解其职，付之为众所信赖者。于是内阁常为政党首领足制下院多数者所组织，此所以有政党内阁之称也。虽然，依此责任内阁主义而迭嬗者，仅上级干部所谓政务官耳。其他事务官，盖不与焉。苟其不然，则每当内阁交迭之际，致兹国务涉滞之弊,而且猎官之狂热,一浸灌于政党,而流弊不可收拾矣。

大总统之最高行政顾问府,可与他国枢密院、参事院相比者,宜如何组织乎？是亦宜名曰参事院,员额在廿名内外,由上院议员中互选充之。盖使大总统自择所好,不若使代表各地方利益者,依选举方法参与中央行政,方符民主共和之精神,且与尊重建国基础自治团体之精神适相叶也。而为国家元首之咨询机关,以上院议员之稳健老练,其性质确较下院议员为宜。且下院独占预算议定权,又于内阁组织根底上,关于国家行政,较上院占优胜地位,兹上院得此参政权,其势乃可均平也。

吾人深信,治此大国,妙在利用自治政,前论之屡矣。兹特择言其要,献于诸公,幸致意焉。地方自治体宜如何区划乎？今日各省,皆与建国沿革关系深久,未可议废也。可视各地情势,略为分合,大体仍宜以今日之区分为准,而存其旧,以为民国建设之柱石。其他行政区划,亦不必废,适当者利用之,以设自治体。惟团体之种类、阶级殊多,不徒兹锚综,害统一,抑且多设冗员,增出国费,故应于省下径置以县区分,名称概可仍旧。至位乎县之上如厅、州者,一概罢废,分合适宜编入县制中。府则一律撤废。县之下置城、镇、乡,为最小单位。城于政治上、社会上及经济上为四方荟萃之区,特宜重视其大小,设特别自治制度。中国自治体,以上三级足矣。日本幅员较中国为偏小,区划虽有三级,而第二级之郡,今则废止之议已沸腾矣。中国各省,多较日本本土为狭,县亦视日本自治体首级之县为小。故置省、县、城、镇、乡之别,最善也。至关于裁判、选举、兵制各务,固不必以此拘限,恒须特别区域,亦取此三级自治区划,加适宜之分合足矣。占国家政治最大部分之普通内政,即以此等自治体为标准,任其自治大小。各自治体上下连结,积成一大民国共和之运用,斯得至宜矣。

自治行政机关,主要者为各议会行政主长及参事会议会。省有省会,县有县会,城、镇、乡各有城、镇、乡会,皆自治体之立法府也,以制定自治体法规、议决其财政案为主要职务,与中央议会无异。议员应由该地方人民按照直接选举方法选举。否则,此等自治体议会议员所选出国会议员,其与人民相隔愈远矣。尤宜注意者,凡选自治体议会议员,宜以自治体土地区划为准。此外团体,如学会、商会以及其他团体含有政治性质者,可由其中拔选议员与否,今日各省正在研究纷议之中。顾以揆之学理,用为议会选举之法,则大谬矣。设许加入不独与取之际,易启纷争。而且团党庞杂,结散靡恒,又乌从而究诘之乎? 故可为代表之标准者,唯有界无争之地方区划耳。苟其他团体欲得参政权,只宜以党之运动,游说地方,以冀由地方选出之,俾为议员而已。

自治体行政主长宜以何人充之乎? 各省行政主长,较前清督、抚权力为大。故其任用法及权限如何,于民国政治所关尤深切。应由大总统任命乎? 抑由民选乎? 此关于都督议论之点也。今日都督为此国家非常之际所设军政府之长官,关此议论,问题不必尽同。唯吾辈所主张者,各省行政主长,宜依民选定之。此与或者所论各省行政主长宜使有军事权与否之问题一见,若有不可离之关系。设使行政主长有军事权,以大总统由军人中选任为至当,是则与民选之观念似相僢驰。唯依吾人卑见,以中国各省领域之广,主宰之者,苟非于军事上握有权能,一旦变出异常,势难尽统治之责。此种军事权,与夫躬入行伍为之将校者不同,行之者亦不必专门军事之人。观于美国各州知事有军事权,而由普通人中民选。普鲁士各道长官有军事权,而普鲁士王必于军人中任命,可以明矣。若谓中国各省主长因有军事权,必由军人选出,不可依民选方法,则统率全国军权之大总统,其就任应如何乎? 若因大总统之职亦握军事权,宜永为军人所专有,不可依民选之法,天下民主共和国有如是者乎? 故曰:各省主长之为民选,与夫握有军事权两事,不相关也。为此主长者,原为行政官,际此多事之秋,固不可为例。若当平时,与其以军人而兼有政治才干者充之,终不若政治家而有军事知识者之为愈也。且当其选者,亦不必其省之人。莽莽禹域,拥土三万里,求此二十余人足符众望者,岂其难哉? 至于选举方法,一任于省会则不可,亦犹选举大总统不可委之国会。若仅以省为选举省长机关,必出无力之省长,动辄更迭,致乱地方行政。故应比照选举大总统方法,使省内各自治体议会议员亦得与焉。次若城、镇、乡长,仅关最小自治体,故考诸国成例,概任城、镇、乡会选举,亦无流弊。独至各县行政长,少费思索。省内县数既多,究应注重省内统一,故以由各省行政主长选任为宜。

省、县及城更置参事会,亦犹中央之有参事院,各由该议会选出常任委员组织之,平常参与自治体行政,但各省参事会应由大总统派遣特命参事员加入之,以期国内统一。中央参事院中,加入各省所出上院议员以为委员。各省参事会,亦由中央送遣委员加入。斯则中央各省,皆有双互委员,会同处理政务。中央、地方之联络结合,始得无憾也。

　　行政监督方法,已有各种议会及参事院参事会。特别弹劾机关,似不必设。惟须效照列邦成例,设置会计检查院及行政裁判所,亦为要图。会计检查院苟能善用,前清末叶财政上官界积弊,不难一扫而空。惟是形式徒具,不若重在得人,始能收监督之实。行政裁判所为人民直接对于官吏之违法行政行为要求救济之法庭,可于数千年来政治思想开新纪元者也。英美主义,使与司法裁判所并行,按之三权分峙精神,仍宜特设机关,不属司法机关。顾察中国现状,最便方法先为二审设一特别法庭,只为次审之裁判所,其始审则由各省参事会兼行之。

第四　司法策

　　改革裁判制度与开设国会,俱为施行宪政之枢键,又与收回领事裁判权关系密切。民国创建,诸公急宜注目于此。今当中国布民国立宪之新政,欲入世界一等国之列,而领事裁判权依然存在,颇为国家主权之限制,其为辱屈何如? 究其存在之由,无非中国裁判制度不足取信于外人,以谓服从如斯制度,生命、财产究难安全。所言固属夸张,证诸前清末叶,秕政亦非无故。虽然,彼之所据者既如斯。苟吾人从事改善,不让文明诸国,则领事裁判权存在之基自覆。现与诸国所缔通商条约中,亦于此意明言者不鲜。故为今日之计,与其大声急呼空言收回,毋宁及早图划,绝其建树之基。推原领事裁判之为权,非同他种利权。质之学理,其本质于权利国,亦颇不便。一俟义务国裁判制度完善,权利国即将毅然撤去,不少顾惜,其例屡见矣。

　　整顿裁判制度,宜先着目者,谋裁判权之独立于数千年来行政司法混合之主义,彻底厘革也。裁判权独立者,裁判权不受行政权干涉影响之义。欲行此事,微特裁判机关由行政机关分离便可藏,事且必与法官以独立之地位,尽抉其顾虑禄位、枉法轻断之根。故应仿照立宪诸国通例,裁判官除刑事裁判所宣告或惩戒裁判所惩戒处分外,不受免职、调迁、减俸等职务上之责罚。裁判官保障既得,持身自谨,就其职务不虞。行政官反其意思,妄行贬黜,无论高官显位,威势咸不能加,裁判官始终得安于位。惟遵法律所命,以尽司直之职,人民之生命财产,乃得安全保障。此与议会制度相需，而为宪政之精髓。窃尝怪前清末造，民间只有高声呼吁请开国会，而未闻要求裁判独立，有如是之甚也。

民国裁判制度以统一为趣旨，无关行政组织。全国置一最高裁判所，为通国裁判所。上级审所用法律，由中央国会议决。其解释则最高裁判所示所依据，在职裁判官概由大总统任命。全国裁判所审级仿多数国成例，采用三审制度，划分全国为几多最小裁判区域，其区域大都以今日县治地方行政区划为衡。每区各置区裁判所一，合数县置地方裁判所一，省置高等裁判所，一以总之。其上尚有最高裁判所，以总括全国事件之管辖，视其巨细，审级之统系有差。案件小者，以区裁判所为始审，地方裁判所为次审，最高裁判所为终审。案件大者，则自地方裁判所始，循高等裁判所、最高裁判所之序，以至终审。无问案件巨细，终审皆归最高裁判所管辖者，盖因终审专属法律解释问题，以书状审理为原则，文件行覆托之邮驿足矣。通国唯一，民亦无大不便。最要法律解释，因之可趋统一。然则最高裁判所所在地以何处为至当乎？今日关于国都地位，南北议论纷纷，总宜视一般政治、外交为断，人民之便不必顾及。故今日可留北京，设使异日南移，自外交政策进取主义观察，金陵固较武汉为优。然定裁判制度中枢，无须顾虑及此，一以人民之便决之。且裁判本质，与他种国政无密切关系。故其中枢与为百政枢纽之国都地点不必趋同。如德国奠都柏林，而最高裁判所设于来浦济，是其例已。中国武汉，为九省之所会，最高裁判所宜与行政终审裁判所俱设于此，以民权拥护之机关，志民国发祥之纪念，甚盛事也。

关于裁判一切法规，学者所称司法法者，兹就其制定方针，略言梗概。此等法规，皆关人民之生命、身体、财产、自由、安全，故宜以经国会协赞之法律，定其原则。今宜迅速制定者，只为刑法及关乎法院编制、诉讼程序各律。至若民、商各法，尽可从缓。英、美诸国，迄今尚无统一民、商法典。民、商案件司直，苟得其人，援彼东西法规，揆诸习俗情理，不难判决得宜。与其专求速成，设蹩戾情俗，贻害靡极之法，何如容与时日，考覈精详，丕成超轶东西之宝典耶。日本今日民法典未臻完善，尚阅岁月廿余年。中国各地情俗歧殊，精查之难，倍蓰于日本。而前清宪政筹备表目，揭载编纂民、商法，仅须二三载间，殊可笑矣。博征各国成例，引为司法法编制参考，乃知裁判制度固与国体无关。大别之，可分为英伦法系及大陆法系。英伦法系制度，以不文之惯习为基，明文可征者颇罕。英人有守旧性，其旧制有归不用而存之无害者，往往不废，类夫告朔饩羊。今中国当新树法度，不可引为矜式。岂若大陆法系，成文彰彰，具在中国，据之酌参国内情形，折衷至当法度，为得计也。夫法度以人情风俗为准则，日本人情风俗，最与华夏类似，其法度又依据大陆主义，则宜取其制度藉为参考。此草茅日人所敢质于诸公者也。且吾中东两国，交通关系颇称亲密，苟于裁判制度乃相径庭，相互人民之间恐多不便，是亦宜留意者也。

　　整顿一国裁判制度，要在得人。听讼者设皆陋暗之辈，法制纵美，悬若虚文，而人民之生命财产奚恃以安巩？外人且将藉词不肯信赖，则领事裁判权之收回，永无望矣。是故养成完善法官，宜与整顿司法制度，同时并重，独据学力试验之法选拔学材，犹有未足，登录者仍限时日，实务见习期满，复加甄别。后此数年之间，应于京师及各巨镇，俱设法官讲习所，讲学问，尤重实务。广聘中外有相当之知识、经验者，俾实任之法官及候补之法官，共致力于研究。法官宜有此才能，而其人之人品性格尤不可忽。得货财不贪，权威不畏挠，独法而慕正义者，乃为得人。今大总统当法官登庸之任，及夫司法、行政长官，有推荐之责者，宜慎重焉。

第五　目下诸策

　　今世交通机关之发达，使人生变化之速，愈觉应接不暇。如今日者，所谓万乘之天子，至不得已而退位，巍然建立东亚天地古未曾有之大民国，此在去年之今日，谁复料及哉！设使此次事变，在一世纪以前，则两军犹滞于武汉之野可也。乃昨秋以来，中国政界之变转，其急激不测，竟使世界人士，茫然而自失。今也大局略定，而依建国主动者，若诸公之图维之行动，常有以促变化之发生。故不佞虽缕陈累千万言，而付印需时，付邮需时，及达诸公左右，恐有笑为明日黄花者。况本节既名为目前诸策，专以目下之情势为标准而立说者耶。诸公其谅之。

　　目下之要策，揭载于民国《临时约法》者，其大致为吾人所赞同。速召集国会制定宪法，且确定其他为国家政治根本之方针，是其要务已。

宪法不确定,征特治国之方针动摇已也。当此等建国紧急之时机,凡监督政府以贯彻民国精神之必要行动,以无国会而莫由执行,此自古革命史上民主政之宣言与国会之召集所以有不可离之关系也。然制定详密之议院法、选举法,又费时刻。临时议会当依临机便宜之方法,而急成之完全之法规,则随宪法之确立,而于代表民意之机关制定之。夫临时议会,在革命之史上多一院之例。幸今日之参议院,有至大之劳绩,至要之关系。依吾人预料,与将来之上院,其根本的性质相同,故可暂存之,而使有临时上院之地位。至临时下院,以代表国民之意思为重,其召集之手段,略可依前述下院组织之方法,其召集之地点则当在中央政府之所在地。参议院之地点亦犹是也。盖议会之开会地,与中央政府之所在地,决不可相离。否则,国会与政府之交涉须多费无用之烦累与时间,且监督政府之职责,又何以尽之耶?若恐政府之压迫意思,则派遣适当之民军,使当国会拥护之任,亦无不可也。

军政之将来,当如之何?今日都督之名下所行之军政,与前所述有军事权之行政主长所行之政治相似,而不同军政者,军队司令官而使之握行政、司法之权力于战地、戒严地、殖民地者也。有军事权之行政主长则自居军队编成之外,而行其与司法权分离之行政权,惟应非常之变而发令于军队之权能而已。故此种之行政方法有永久性,而军政之施行于立宪国,乃处非常之际,不得已之一时的方便。倘欲长此维持之,是既与立宪法治之义相背,又非所以安戢人民之道也。中国今日之军政,起因于革命战争。今也大局既定,而各地之情势尚不能绝殊于战时,其未可猝然废止之也,固不待言。然适应乎今日之局势而诱导之,以求企乎前述之平时行政状态,吾人以为于其全体之组织,不可不一大改良也。今日全国之军政,岂惟中央未能如意统一之乎?即各省,亦不必见其统一。或一省数都督焉,或一市府而有数人自称都督相持不下焉。且所在匪徒蜂起,其头目之小者,割据一隅。大者,僭称都督或王号,是于军政之统一为障害不小也。欲一变而径复乎平时之行政状态,此必不可得之数矣。然则以各省一都督、一军政为其初步,而中央悉统制之,使上下之政令有如身之使臂,臂之使指,莫不听从,诚为当务之急。顾今日若任自然之势之所趋,则此统一的军政状态,果何日得达到耶?各省之数都督相争,而至于胜败之决也,须经若干日月。彼省会之决议与中央一纸之命令,又未必收解决之功,既为人民之灾害于现在,又恐酿非常之祸变于将来。今日之计，惟有设一特别之军政机关于中央与各省之间，使其威力优于各地都督。一方面镇抚地方，一方面即为中央、地方连结之媒介。中国各枢要地，如南京、武昌、广东、奉天等处，皆当各置此机关，而定名为大都督。大都督握大兵力、大权力，以临附近之数省，依其威力与手段，而渐成一省一都督之状态。大总统自为全国军政之元首，以统率各大都督，其庶乎有统一之一日乎？试一览中国之地形，南岭、北岭两山脉蜿蜒若长蛇，自西走东，黄河、扬子江、西江之水，汹汹然流灌于其间。革命运动之情势，及今日之现状，亦关乎此地势。而各省之外，自有数个之中心点，存反抗此大势而行其急促之中央集权策，保不激出反动而陷国家于分裂之机运乎？毋宁善用之，而大成其军政统一之伟业之为得也。且可为大都督之人物，而为众望之所归者，今日固不难其选也。如是，则全国之军政统一，内外之秩序整然，裁撤军政，此其时矣。然后中央元帅府招致大都督而优遇之，平时则使为总统之最高军事顾问，有事则出而统率三军。各省都督亦量其所能，而或使为纯然之军队司令官，或被选为各省之行政主长，至是而军事与政治厘然不相混矣。军事则兵营地不必限于每省一处，而各以其部队长为之指挥。行政则与司法分离，而行政主长有一部之军事权，以当其任。此如前段《行政策》中之所论述者是已。

　将来之军政之难问题，则兵士之解散也。募兵易，散兵难。兵之解散，犹纵猛虎于野犷，悍无赖不平于淘汰之徒，多混入于民间。彼等以赋闲太早，拥郁勃之气而叹息陇上者，盖不少矣。其分也为良民之厄难，一旦为野心家所乘，则啸聚山谷，为患滋大。故兵决非可一时解散也，当分为数次焉。夫年龄也，技量也，学识也，人之不齐者也。即据以为标准，而斟酌其间。至公至平，以定去留之先后，使彼等对于此等判定而无抱不满之余地，是为第一步。欲被遣散者无不法之行，与其威吓之以刑法，不如授之以适当之生业，使无糊口之忧，而得为良民。故此际矿山、铁道开垦，及其他以劳动为要素之职业，当与兵士之解散相连结，是为第二步。其三，则对于解散者之恩赏，全授之于一时，不若以年金及其他方法，分授之于后日。既有以系其心，使无作乱之举，又得悉其藉使国家他日无有事召集之难。其四，即为对于现未遣散者之处理也。闲居无事，为恶之念易生，每日之不可怠于训练固已，又须注入根于共和主义之军人精神。犹有余暇，则教以文字，而使学职业。此等方法而成功,中国因此而得造出多数之预后备军人,是使此事乃有长期大演习之意味,此之谓转祸为福。

尚有牵联于军士之解散,而吾人不胜其寒心者,武器之散失是也。余辈往来战阵之间凡数月,兵士以枪担货物,兵器、弹药纷弃于道旁,此殆屡见不一见者也。夫武器,非所谓军人之精神耶?而轻视之如此其甚,则兵卒之间,其散失之多,不难测知也。况北方军队之携武器而逃亡者,亦不鲜耶。此外,短枪为民间护身之要具,私人之购入而手持之者,殆不知其几百万也。嗟嗟,祸变之方殷,其由各地港湾输入之兵器,奚啻巨万。今也此巨万兵器之一大部分,悉脱政府之监督,而为放散于民间之凶器。言念及此,慄慄危惧,足不敢一步入山野。当局若不讲求适当之方法,此等兵器不特长为交通贸易之障碍也,人民其得一日高枕安眠乎?

其次,吾人之所切望于各地军政当局诸公者,则裁判制度之注重是已。夫革命战争,原欲一扫恶政而不得已之一非常手段耳。当战事纷乱之中,人民所蒙之不幸灾害,何堪设想。今战乱渐终,使彼等一舒其疾首蹙额之状,而其余波犹未易平也。不良之军人,民间之不逞,相合而加危险于良民之生命、身体、蹂躏其权利、利益者,谅非无有。将欲制压而防止之,与舍适切机宜而改良民、刑裁判制度之外,无良策也。夫求此等制度之划一,宜归其权于中央,而暂应目下之急需,又宜各从其地方之便,此固无容疑问。特其大体之旨趣,将如战时之严峻而单简乎?抑如平时之宽容而详密乎?二者均不可择乎中庸。又从近时司法之精神,区别民、刑而设良制,斯得之矣。若夫多立繁琐之新法,适以苦人民。故法文之取用,足于临时刑罚法规可也。至法官之选编,树锐进之新人,亦有虞偏枯。故不必概斥旧识之贤材,新旧相剂,长短相补,用合议的制度,盖其最适者矣。其他有关系乎军人之事件,则军人将校亦可使之为法官而加入也。夫军事倥偬之际,裁判一事,人恒有轻视之倾向。然其良否,大有关乎人民之利害休戚。其为此际慰安人民之唯一保证,殆无疑义。敌国之施新政于朝鲜也,其始未必受韩人之欢迎,今则有少许之信用,实司法制度之开其端也。民国之新政府成立,欲买人民之信赖,而使之讴歌新政之前途,殆无有愈于改良司法制度者也。

一切新政之根底,皆在户口、田土之调查。而军政时代,最宜断行户口调查,以为他日完备户籍制度之基础。昔萧何入关,先收秦之图籍、户口、田土之精确记录,其为财政、警察、教育、裁判、选举等所有政治之标准,今不异于古所云也。民国初基,思一变前清之糜政,以蕲其最宜,奈何后之。且诸公今日之所疲精劳神,而不敢一息或懈者,非军事乎? 即军事之改良上观之,户口之调查,亦实为好机而不可失。今夫义务兵役之制度,文明国大半采用,为法最良,诸公所熟知也,而至今迄无着手之处,此其故何在? 盖此等制度,课兵役之义务于全国壮丁,其一部为现役兵焉,其他为预备役或国民军焉。前者在营,得施之以军事教育。后者在野,省国家平时之浮费,而不害民间产业之勃兴。一朝有事,按图索骥,百万熊熊,立时可集。非依户籍制度之运用,奚以至此? 昔普之破于拿破仑而受兵数之制限也,得一策焉,曰短期现役制度。表面养少数之兵员,而民间实隐储无数军学毕业之士。滑铁卢原头之一雪前耻,基于此矣。试假定现役义务为二年,预后备役义务十八年,平时兵二十万。令一下,忽成二百万之大军。故曰无户籍法之国不足惧,以其现在之兵员,即其国固有之兵员,他皆乌合之众耳。有户籍法之国,乃大可畏以其现在兵之背后,尚隐有累万之大兵故也。诸公欲改革贵国之军事制度为世界之大强国,须先求贵国户籍法之完备。若虑格于一般人民闭锁家庭之风习,无由窥见其内部之真形,则于此际,亦正有排除之机会。此次革命,促民间诸事革新之气,旧习虽破不之怪,一也。战乱之际,人民习于受少许之强制处分,不招彼等之反感而得闻见其内情,二也。声言凡登录于民籍簿者,以新民国之人民待遇之,使之得自吐其实,三也。彼人民之散而之四方者,似于调查有不便。然此特为战争地之都会耳。田舍之人,转因是而返其故庐,其壮丁之募于各地而为兵者,则尤易明晰。凡此等之事机,今日最为具备。渐经时日,斯消失矣。军政府乘此时机,而实行民籍之调查,其利于军事固也。其他凡新政府施行良政之基础,胥于是乎在矣。

　　呜呼! 中国将来之政局当如何结束乎? 此法国大革命以来世界政治上最大之问题也。考历朝交迭之史,从龙逐鹿,人具此心。蹀血相争,数年不息,其长久者乃数十年或百年。锦绣河山,殆成荒土耗矣。哀哉! 今日列强环伺,其欲逐逐,尚堪如此之扰攘,为乎? 天祐中邦,新主义出民主、共和、革命之帜,此义贯彻,所有大事,无难依公议,若选举之平和手段而速解决之矣。抚今思昔,何幸如之。虽然,此等幸运扶植之,则炽而昌;破坏之,则促而短。民国之命运,其扶持而昌炽之者,事非一二端，而消息于大总统之人格者独大。不闻美国南北战争乎？两军相攻，抵华盛顿墓侧，不觉忸怩，曳兵而走。第一期大总统之高风，其感人之深也，宜如是已。民国第一次之大总统果为何人，尚不得而预定。若如世之所推拟当选者为袁公，窃望公心华盛顿之心，以福民国，而决无慨然慕想拿破仑之遗迹。且公而行拿氏之事，斯浊乱天下，后世将与曹孟德之流比而观之，以视所谓东洋之华盛顿，所谓中国四千年史中独步之第一人。其得失荣辱，何如也。黎副总统及孙、黄两公，实民国之母也，其必继袁公之后而践大总统之位，此又吾人所预期者也。其他济济多士，为其大总统之候补者乎？夫共和政，实以无冠之帝王而公之于多人之制度也。公等当徐俟顺序之及，且绝不可以此华冠为一家之专有品，而误大局也。公等而为共和政，共同和衷，以竭其至诚欤！民国之前途万岁！东洋之全局万岁！

敝稿起草于阳历三月五日，时余乘“南阳丸”发汉口，其后经南京、上海、青岛等处，同月之杪于天津客舍竣事。其稿之大部，盖草于舟中者也。狭室兀坐，汽机戛戛然有声震耳，而心遥驰于友邦与东洋之前途矣。一片赤诚，蒿目时艰，不禁搦管狂抨，渎诸公尊严，献曝之讥，知不免夫。然观过知仁，大雅海涵，荣幸奚似。

建国后策

［日］今井嘉幸　著

整理者按：本书是今井嘉幸在袁世凯称帝失败后再度游历中国时所作，此时今井已经被授予法学博士学位。封面自上而下为毛笔所题"建国后策"四字，正文开头有"法学博士　今井嘉幸"署名。全书共158 页，为线装单行本，无出版社、版权页等信息。

全书共分十部分，基于其所主张的"东洋提携"，承袭了在《建国策》中的部分主张，从经济、军事、外交、财政、领土、政治形态等方面提出了建设中华民国的意见。但必须注意的是，其中包含有其为日本占领朝鲜和满洲地区进行辩护的内容，显示了其"提携"所带有的局限。书后有附录一、附录二。附录一为其旧著《建国策》的全部内容。附录二为其所草拟的《中华民国宪法私案》。

本卷已将《建国策》整理，故而此处省略。

据整理者所见，目前尚未有人对今井嘉幸的《建国策》《建国后策》，及其所起草的《宪法私案》进行系统性研究。

　　中华民国大总统、副总统、国务员,各省督军、省长,国会议员,其他朝野诸彦俊钧鉴:

　　诸公热诚毅力,捍卫国家,卒能初终无懈,确立民主立宪之基础。大节凛然,炳著寰宇。今且鞠躬尽瘁,以谋善后之大计,而求奠国家於磐石之安。感佩之私,何可言喻。不佞固东瀛一布衣耳,菲末才,原无足道,顾颇念念于东亚将来之安危,而感同种提携之必要。窃尝殚心瘁虑于贵国革新之业者,十余年于兹矣。辛亥革命之际,不佞曾不自揣,草《建国策》一编,贡献于诸公之前,意在暗示袁氏之野心,而谋预防之策也。而竟以是触其忌讳,不佞乃辞贵国教育之任,归国事律师业。尔后数年,身居故国,而梦魂固常萦绕于友邦之河山。每见报章载贵国事,辄不禁驰思于贵国之前途,而不能以自已也。去年岁杪,云南倡义之佳音传至敝国,惊喜之余,感慨不知所措。辄复仗剑远游,飘然而往,此时更安有分别国籍异同之暇耶? 匆匆数月,戎马仓黄。不佞以远人之身,往来其间。厚蒙诸公眷顾之诚,五中铭感,何日忘之。然以志有余而才力不足以副,所以为贵国谋者,终无何等显著之效果,辄又深自愧矣。今也大局略定,非狂人盲动之时,拟归故国,重理旧业。兹于临别之际,聊贡愚昧之言、刍荛之议。数渎名贤,自信毫无裨益时局之价值。但以证日东不乏系念贵国之热血男儿如不佞者,倘荷鉴察,为幸多矣。

其一

　　中国政治之刷新,与其为制度之讨究,毋宁以廓清官僚之积弊为首要之急务。质言之,即旧官僚主义之打破是也。所谓旧官僚主义者,即指清朝末世腐败官吏通有之气质。不问其为中央与地方,苟留有此种气质之分子,必当拔除其根株,俾无遗蔓可滋。辛亥革命曾谋以壮快之手段摧拉之,然及袁世凯握天下之政柄,竟又复萌故态,且将因此思想而幻见洪宪朝廷之衣冠也。夫革命之意义,原在以血洗涤积弊,否则虽谋革命至千百次,亦只凶于而家、害于而国。此次义军之兴,倘使袁氏迟死数月,或得以铁血的手段奏廓清积弊之全功。惜也袁氏早死,大势所迫,不能不罢干戈,以至改革之业又复中辍。斯诚千载之恨事,而今已无可如何者也。然诸公将来政治之方针,苟无遗误,则虽依平和的手段以渐达此目的,亦决非难事。是所切望于忧深虑远之诸公者矣。

将来政治之大方针,当以民主共和主义之贯彻为本义,斯实今世之天经地义不可撼摇者也。人或谓中国不适于共和,虽无斯言,而心怀此杞忧者,亦复不少。然是皆不值一辩。共和民主之精神,非欧美白人特有之物,又非今日文明特产之物也。苟按国情而设良法,则施于人类之国家,当无不可之理。况以征之中国,由来改易朝朔之历史,一代帝统之确定,不经十数年或数十年之岁月与争乱,则不能决逐鹿之雌雄。民间因是所蒙之苦厄,迥非想像所能及。此在避关自守,与异域殊邦绝无交涉之古代,尚可忍之。若在列强环视之今日,而敢于出此,必导国家于沦胥之幽渊也。帝统革命,原为中国之特色。泰西诸国,虽非绝无此例,然未有如中国之甚者。欲于将来永绝此危机之根萌,而谋国家之保全与繁荣,则舍坚守民主共和主义之外,更无他途。是则一般国民所当深印于脑中者。于此稍挟豪末之疑团,亦足为国本动摇之因也。

然于如中国自古沿行帝制之邦,每多篡窃枭雄谋危共和之祸,惟于共和初叶为尤然。不佞尝于旧著《建国策》中开宗明义,即痛言其故,当时世多视为腐儒之谈而不屑顾。果未期年,袁氏篡窃之事实竟尔显露。虽赖诸公之义愤血诚,得遏制其野心。滔天之恶潮,卒以潜消,并垂炯戒于后世。民国之基础,反因之而益加巩固。然不佞于此犹欲为一言焉。凡于谦恭下士之时世,莫辨莽之为人,此恒情也。而有稀世之英杰,功德在人,大而且久,则讴歌者遂之启而不之益,是亦民庶心理之所易趋。使袁氏有孟德之智,则必先延总统之任期至于终身,继乃使克定为世袭之总统。计果出此,共和危矣。而将来共和政治万一有危机者,恐即由斯而起。是乃诸公与诸公之后世子孙,所当三思者也。

虽然,民国现时之形势,与旧时大异其趣矣。今日之患不在共和政治之颠覆,而在陷于群雄割据无政府之状态也。盖共和之颠覆,不过国家内部之问题,政治虽因之为篡夺者之牺牲,而犹不必害于国家之存立也。然若群雄一成割据之势,则领土为之分裂,列强乘之,国家之运命岌岌乎濒于危殆。波兰、印度因之而灭,墨西哥、土耳其因之而亡。覆辙在前,不寒而栗矣。吾人读意大利革命史,最令人叹赏者,在其革命主动者之谦让精神。煽动时代之健者马志尼一人破坏时代,即拒将校之任,而甘为加里波的将军部下之一兵卒。迨至建设时代,加里波的将军亦以赫赫之伟勋,让政权于加富尔,而飘然归耕于陇亩。意大利革命之成功,基于此等人士之高风亮节者居多也。今中国之加里波的时代已去,加富尔时代方来。在军人,惟以练兵卫国为本分。破坏告终,建设伊始。政治之事当一听人民代表之国会,与在国会有根据之政府之所为,不可为越界之干涉。而在政治当局,亦宜各弃其私,努力于建设善后之大计,勿局于目前之政争,而忘民国万年永久之图也。

中国依共和政治以谋统一与发展,究以何种制度为宜乎?不佞尝于旧著《建国策》披沥其当时之意见,而以客中匆匆执笔,无熟虑推敲之暇。杜撰之诮,自知难免,迄今阅之,犹汗颜也。矧自尔后时势,几经变迁,执明日黄花之说,庸能叶于今日之时局。然中国果欲施行共和政治,由今重绎前说于根本之策,未见有可更易之所。而诸公现方研讨之制度,其中为鄙见所偶中者正复不鲜,此又不佞自引为荣者也。本编所论,于前编所陈诸点,不更赘举。惟对于因世变而生将来之善后,述其鄙见,意在全超乎党派之外,而立于诚心为贵国谋之第三者地位,贡其忠告而已矣。

其二

今日之行省制度,俾仍旧贯〔惯〕以存之欤?或稍加变通而为改良欤?抑或全废止之而设别种制度欤?其解决如何,实与一切施政方针以至大之影响。此问题非单纯地方制度之关系,而民国构成之根本制度也,故不佞劈头即述对于省制之意见。

行省制度,盖袁世凯之所最不喜者。彼尝欲于将来全行破坏省制,而以其他政治组织代之。即以一省分为二、三乃至五、六道,而成八十有余道之区划。其为是准备者,历历可考。彼盖图行极端之中央集权,将依之以成帝王专制之业。而行省制度,正为不与并立之阻梗也。然欲统治如中国之国家,而行英、法及日本之本国所施之中央集权,是乃大谬,殊昧于治国之道也。以中国领土之广大,人民之众多,仅本部十八省,已足匹于俄罗斯外之欧洲大陆。今欲于此行中央集权,是与欲浑一欧洲全土之事相类。而自中世以还,几多英杰之所企图而未成。近世以拿破仑之雄威,亦所未就者也。单以中国领土之广袤言之,几与北美合众国相伯仲。而以人口言之,则彼犹不逮此三分之一。而彼必由四十有余之支分国组成联邦国家,始获保厥统一。世界开辟以来,对于如中国之邦土人民,未尝见有施今日文明诸国所行之中央集权之历史也。中国当革命易朔之初,必有不世出之英雄逐鹿中原,转战辄以十年或数十年计,乘赫赫之威,而能行几分之集权者,或亦不无其例。然是与今日文明诸国之中央集权,大异其趣。曾不数世,集权之实雾散烟消,渺不可复观矣。斯又非历朝史乘之所明证者耶? 故曰:此种计划视为一代无谋野心家之恶戏则可,决非所以策长治久安之道也。且今日各行省自辛亥举义以来,为独立宣言之单位、革命运动之基础。有此特色,因与民权自由之保全及发达有固结不解之因缘。袁氏之憎嫌斯制,正为此故。其欲颠覆此制,而别设区划者,是不仅蹂躏建国之绝好纪念物,并与拥护筑于其根底上之民主共和国团体精神相背而驰矣。

　　既以今日之行省为当,存置其制度当如何乎? 究其方法,盖有三途。以行省变成联邦,其一策也。联邦云者,如北美合众国或德意志等联合数国家造成一国家。而施之于中国,则以今日各行省各为一小共和国,此等二十二小共和国相集,而组织一大中华民国之制度也。是当为醉心美制者所唱道,而又其所欢迎者。而于维持各省本位之治安、增进其福利,或为优于前代之专制恶政数等,亦未可知。然以中国全部为一体观察之,果为全统一致富强之良策与否? 吾人涉思及此,则殊不敢贸然苟同。如彼德国,其一支分国之普鲁士,领域、人口均奄有全德三分之二。此外大小二十有余王国及都市,其于事实殆为其附庸。故虽遭今兹之战,国家遭此大事,其间不生他虞,为勿容疑。然中国情形,则异于是。各行省之地位、势力,大体相若。俾各为一国,任其所为,一朝利害相反,而以之谋辑睦、保协合,果易为功乎? 或恐因之辄开国土分裂之端矣。美国所以不得不维持此制度者,因其建国之历史而然,非所得已。美人今日尚有汲汲焉,谋补斯制之短,而常运惨淡之苦心者也。然则,必欲使建国四千载,幸以保持单一国家形式为原则相沿而来之中国,变为数国家集成之体,诚不知其必要何在矣。

　　第二策者,则以各行省为纯然官治政治之一区划。即由中央政府派遣任意之牧民官,委之以百般政务之方法也。或虽对于其下之小区划,听其行自治制度,而各行省自身则不许有自治之权能。又或关于省之政治,设某种议政机关,多少容人民之参与,而政治之原则,则犹任诸为中央政府手足之官吏之专权。前清督抚之政治,正其例也。其所渊源之元、明地方制度亦然。即如唐、宋之节度使、安抚使立法之起源,兹不必问,后亦渐化为同样之制度者也。论者或有以此种制度谓中国政治之妙谛即存于是者。然考此制之实,等于以各省为京畿之藩属。彼俄之治西伯利亚,日本之施于朝鲜、台湾,法之行于安南,英之行于印度、缅甸者,非皆一种之督抚政治耶? 以之施于蒙古、西藏,或多少具有特别性质之满洲、新疆诸省,或无不可。今欲用之与京畿等为民国根本之本部十八省之地,洵可谓为背乎民国建设之精神,蔑视共和政治之旨趣者也。

第三策者,乃以今日之各行省各为一自治体,使行一定程度之自治政治之方法也。吾人信此制度为最适合于民国将来统治之唯一良策。自治者何? 使地方人民于国家委任之范围内,自由行其政务之谓也。是与联邦制度相似,而全异其性质。联邦之分子,原为国家,其权利为固有的。设中央政府,而以某种政务委任之。此外之政务,皆为支分国所自保有。反之,自治体乃国家之作成物,其权利为国家所赋与。从而自治体之政务,止于法规所认之范围内,其他悉于中央政府保有之。或谓此种制度可行于如府、县等之小地方,而非可施于如中国各省之大区域。然而,如斯之例所以不见于诸国者,为其领土不能比于中国也。施行自治制度,文明诸国之本土,普通与中国一行省相仿佛,其下更安有如斯大地域之自治制耶? 而求其较为近似者,亦非绝无。英之澳洲、坎拿大、南非各殖民地,于此亦认其自治政治。近来英本国之对爱尔兰,亦将许其自治。此有广土众民之中国,行省既当存置。而又不可以之为联邦,不可许为纯然之官治,则中央保有必要权力,而使各省行自治政治之外,更无良策。是乃适于民权自由之本旨,顺应各相殊异之地方情俗,而又不背国家统一之目的之最善方法,亦为合于革命起义之沿革、传袭民主共和精神于万世之途也。

行省制度对于中国国家之地位,已如上述。然则此制度之大纲,当规定于宪法中,无俟论矣。详章细则,固不必悉行规定。然如今日之省数及区划不许妄行变更,及自治政治之范围并其运用之大原则,则须规定之于宪法中也。查各国宪法,亦非无以关于地方自治之规定入于宪法中者。于联邦制度之国家,规定地方支分国与中央国家之关系,为宪法中最紧要之部分。中国虽不可采用联邦制度,然如其行省关系者于普通之单一国家,未见其类也。其重要之程度,宁近于联邦之地方支分国,况于今日民主共和制度之成立维持有密接之关系耶?现行《临时约法》关于此项规定付之阙如,为其最大缺点之一。而袁氏自造之宪法,不编入省制,亦固其所。今日制定宪法,则必须编入。诸公苟欲中国将来易返于帝制也,则于今省制之编入宪法,宜反对之。夫又何说之辞?如欲使此共和国体得圆满发达,则必当编入,断无可疑。愿诸公熟筹之也。

其三

大总统选举方法,有中央主义与地方主义二种现行法。与法国同,系采用中央主义。于参议院、众议院之联合会,选举大总统及副总统,是不适合于中国国情,而为动辄危及民国基础之制度也。似此国家推戴元首之重要问题,为便宜计,使为他目的而设之机关,决定之初为至当与否,于此且不必论。只其于中央立法部所在地,行关于元首选举一切程序之结果,在有如中国广大领土之国家,未必不生不副全国人民多数希望之现象也。因选举者多常住于中央,有关系于中央之事物,遂至受中央势力之影响,自属当然之理。而近察者明,远窥者暗,彼等之目每为面前人物之光华所翳蔽,而将较此更为伟大之人物置之等闲,又为数之所不免,且极其弊之所至,不仅便于中央野心家之利诱,一旦挟武力以临之,则逐其所欲易如反掌耳。是非为法国及其他采此主义之古来历史所证示,而现于我共和政治初幕,诸公所自尝之痛苦经验耶?故此制度宜仿美国之例,改为地方主义。即于各省及各特别区域之首府开选举会,而合计其投票之结果,于中央定当选者之法制也。其选举权者如何规定,则有三法:一,由省议会议员充之;二,由国会议员及省内地方自治体之议员,并加其代表者充之;三,特定关于此项之选举者。就中以第三法为最适当。宜准众议院议员选举之方法,由地方公民中选举大总统选举者。然于蒙古、西藏其他偏僻之地域,则不可视同一律,依便宜之方法定选举人,而以其选举会并于附近交通便利地方之选举会为当。否则,于中央投票计算之程序进行,有迁延时日之虞也。中央投票之集算,当于参议院及众议院之联合会行之。其计算之结果,以得全国选举总员过半数之投票者为当选。倘票数不足,无如斯之当选者,则就比较得最多数者若干名,于中央两院联合会由议员自行投票决定当选者。凡于此等地方及两院联合会之选举,当依秘密主义以无记名投票行之,无待论矣。

　　总统人物之选择,最需慎重之注意。常戴智德兼备之大人物为国之元首,乃共和政治之最大长所,且殆为其唯一之长所也。即于君主政治之下,依近世政党内阁之树立,虽足缓和关于此点之短所,而君主人物之臧否,犹影响于国政之隆替者匪鲜也。若于共和政治不得十分发挥此长所,尚复有何价值耶? 关于总统人物之选择,宜广扩眼界于各地方、各阶级,努力于得一代最善之人格者,由是不必定于军人中物色之。军人原来出身行伍,多不知政治之要道,往往酿该撤主义之祸者。彼辈也征之他国往例,军人之为共和元首,宁属例外。如美国者,尤最用意于此者也。在中国今日之时代,求其人于军人中诚非得已,而于将来宜竭力求速脱于如斯之情势,共和政治其庶几乎!

　　次于副总统之兼任他职,亦须稍加考虑。原夫设副总统之旨趣,为应大总统缺位时或有故障时之急也,从而使兼摄有政治的势力,有责任之职务,为不副本来设副总统之精神,种种弊端且惧由此肇启也。故如美国,则以副总统充上院议长之闲职。然如斯则其人必须有法律上之智识,是将局限人物选择之范围,而使之狭。于中国法,可不必仿效之。然其可兼职司之种类非上院议长,则当为参谋总长,或大理院、平政院、审计院等主长之类。如彼内阁总理、其他各国务员,皆不可使之兼摄,尤以陆军总长为最不可。非必为其实权,足以凌挟总统也。既组织责任内阁以上,若于负责而联袂挂冠之时,将如何乎? 关于失政,既任其责,而副总统之地位仍可泰然留之乎? 投共和元首于寻常政争涡中之有害于国,即于副总统亦与大总统同其旨趣,于副总统许此种兼摄,即陷于此弊者也。不宁唯是,即如军队司令官并地方行政主长等,为一时权宜之计,或可暂令兼摄,论其当然亦未为可,盖恐因是有发生地方第二元首之倾向也。

现行之《临时约法》，其不完全，非如世人非议之甚。以革命中仓皇制定言之，宁当推为杰作。但关于国务员任免程序之规定，为最不得当。即大总统虽有国务员任免之权，而为之须有参议院之决议。当时参议院之权能，今日操之于两院，故其任免须有上下两院之同意。于宪法明文，加如斯之制限于元首之任命权者，世罕其例。袁氏蹂躏之，固因彼之暴戾而然，而其一部亦为《约法》其物之罪也。新宪法宜以国务员任免之权能，举而一任之大总统。即令如斯，而以立宪制运用之结果，自不得不置内阁之基础于议会，此盖从议会政治之发达而能尽其妙用者也。

次如关于大总统之外交权，亦为大须改正之事项。于现行《约法》，宣战、媾和之权，固须议会之同意。即于何种条约之缔结，亦罔不然。而外交官之任免，且须有此。是盖鉴于前清外交当轴之失态，而为此限制，吾人亦不吝其同情。然以外交情事，犹如用兵，须特别之秘密，尤须临机应变之折冲。而以其当否卜之于政争甚炽之议会，然后决之，最反乎事物之性质者也。今也政象一新，多数人民代表中之领袖联袂立于政治之要路，彼曩因庙堂中妇孺之一惧而断国家大事之时代已去。犹加此无用之制度，反致坐误机宜，何其迂也。夫外交之事尽可安心，以任诸元首与政府当道之手腕，只其条约之结果影响，可及于有宪法上保障之人民权利义务者，则视为所谓立法事项，不得议会同意，则无对于人民之拘束力也。又如攻击的宣战、缔结、变更领土之条约，因其性质，必谋之于国会，以问民意可也。若夫对于外交使节之任免权，而亦加以限制，其视于国务员之任免，加以限制者，犹为愚策也。

关于中央行政，以不佞今日所怀之意见，与旧著《建国策》中所陈者略同，不更赘述。惟于当加关于大总统顾问府一项于正式宪法中之事，欲略论之。现时《约法》，以无此项规定，袁世凯遂立种种怪异之顾问机关，而为一己逞厥野心之阿谀府焉。国会本为行政之监督者，同时亦有为其助言机关之职司。然其开会有一定之时期，在此时期外，遂缺此种手段。查各国制度，或有常置国会委员者，或有特设枢密院、参事院者。又如德之参议院、美之上议院，一面为立法部，同时又为平时于一定程度参与行政事务者。前者不过五六十名，后者不过八九十名，此其规模不仅适于此种任务，且因其议员为联邦各支分国代表者，依是便于全国行政之统一也。中国将来设国会委员会，而充大总统之顾问，固亦不失为一法。然于吾东方之实情，此种制度以为顾问府，殊不满足，为其组成之人员，不能不悉取自立法部。此外，适当之人物每虞有所遗弃，不得为最善之机关也，故宁以折衷。是等诸国之制度，而组织参事院为特别咨询机关为得也。中国虽非联邦，而各省自治体颇有重要之意味。上院参议院为其各省代表者，而参事院构成员之一半仍置基于由参议院选出若干人，而为有参议院常置委员之性质者。他之一半则当由大总统自行广求人才而任命之，其取参议院而舍众议院者，骤见之似失平允。然将来内阁当以议会为根据而构成，而由预算先议权之关系，亦当置重于下院。轻重相称，使两院依是而益得其权衡。且其人物之种类为上院议员者，视下院较为适于顾问官之性质。斯与立法之事，下院之所激争，而以上院缓和之用意相同。使下院领袖之行政与上院出身之顾问官及其他老成练达者相须而调节之，为能发挥民国政治之妙义也。

其四

民国地方政治，委任各省自治体行之，然非以地方政务之全体任之。自治体为国家统一所必要之政务，犹当保留于中央，由中央派遣适当之官吏行之，即采所谓官治主义也。如前所述，若以省制为当，规定于宪法。则此等官治、自治之界限当明示之。在联邦制，明示当委任于中央之政务，其他事项凡得属于地方支分国，而自治体与中央之关系，与之相反，宜明示其当委任于自治体者，其他概属于中央。然不必因此以列举为要，宁以抽象的包括为宜。然则中国之地方自治体，为当行如何政务者乎？最先法律当统一于中央议会，如彼美国许地方各别之立法，非计之得者。次则司法权亦当统辖于中央，全国之裁判官吏当归于大总统之任命。而军事、外交诸权，为国家统一上最重要者，尤不可不握之于中央。所可委任于地方自治体者，限于学者所谓内务行政之范围，为保地方公安，增进公益所必要者，及因是所需一定程度之财政，其他财务属于中央。即关于交通、实业、教育、其他内务行政，而为因国家全部或数省之利益所必要者，亦当于中央为适当之经纶也。

　　观今日之地方行政区划,省之下有道,道之下有县,县之下又有无数之城、镇、乡。就中此等城、镇、乡,各应其大小,仿文明各国之例,施行自治制度。而自治政治之根底,却存于此等最低级者,非可付之等闲而能期他之发展者也。中国前代亦尝有保甲之制度,此种自治制似已为意外之发达,宜于此加以适当之改良,确立地方政治之基础。次如今日,各县由其沿革上言之、地理的关系观之,各自构成一团体,以之为本位而作中级之自治体,最为适切。然位于县、省间今之所谓道者,不惟与此大异其趣,且徒增几多自治体之阶级,有害而无益。然则道制果当废乎? 今日废道之声,固亦时闻于耳,吾人对之有一种意见焉。查各省县治区划之状态,一省之内县数平均约七八十,多者至百数十。于其所在地,交通之便未十分发达之今日,俄然废除中间之阶级,其于诸般政务有无障碍,乃大为疑问。征之普鲁士之例,全国十二州四百九十郡,即一州平均四五十郡,是等州与郡均为自治体,中间亦设有一种之第二级行政区划,然是止于为行政区划,并不认为自治体,仅于财政、司法有重要之意义而已。我第二级行政区划之道,亦宜取此主义。不行地方自治制,而以为便于各种政务之一行政区划存置之,反为计之得也。但因是一般有道数过少之感,若今日之道制,惟便于主持废省者袁氏之野心,而非必叶于第二级行政区划之目的也。

　　此种自治体之主长当如何规定之乎? 考东西各国之例,自治主长之任职有三种方法。专由自治体人民选举者,其一也。以政府之官吏充之者,其二也。其三,则为一种折衷制度:先依民选定候补者,政府本之而选任而承认者也。鄙意以为中国之省长,不依第一之方法,则依第三之方法。关于中国之行省政治,原非可以妄行模仿他国制度者,既为曩所痛陈。日本及法国之第一级自治区域,非可比于中国之各行省,其地域视今日之道犹狭,殆与今日各县之大小相似。而于日、法诸国,此等地域与其视为自治区域,毋宁视为官治行政区域,较为有重要之价值。且对是等区域,采中央集权之方针,从而为便宜计,使官治行政主长之县知事,兼任自治政之主长,亦为至当之法。然以中国领土之广,固不许如斯之中央集权,又不可不以置重各省自治为施政之大方针。而此等各省于沿革、地形、言语及其他种种社会的关系,已自构成一各别之区划,宁有类于德、美之联邦关系。于此,不必悉知各处情形之中央政府,派遣不必熟于此等情形之官吏,使当自治之任务,最为失策。

而在民间舆论操有权威之今日，是等官吏与省议会或其他人民间生有
争执，其结果或至酿不易爬梳之纷纭。最可忧者，尤为中央强有力者，
滥用省长任免之权力，而有行该撒主义之危险是也。今日光明正大之
人格者，居总统之位固不生是忧，而定建国之大本者，宜放眼于久远，不
可拘蔽于一时。数千百年后，安保无第二袁世凯？而欧洲大战或至同
时并起，是亦殊难揣测。苟至临时噬脐，何及矣。省长虽由民选，而军
事则宜握于中央。立法、司法、其他于国家统一所必要之权力，亦当保
留于中央。故决不因是而有地方割据之虞也。顾或以为有遗失人才、
党同伐异之弊，由是言之，则立宪政治、共和政治，其物将亦以其为诱起
同一弊害者，在不得不排斥之列矣。实则近年数次革命期间之状态，殊
无异于民选，而多因之奏刷新地方政治之功，并未见酿成何等弊端也。
将来依此制度，得跻各地方人民所景仰、材法兼全之高尚人格于政治之
枢要，使人民常讴歌适于民意之良政，以视颠连憔悴于蹈袭前清专制之
遗法，而反共和旨趣之政治者，果孰优而孰劣耶？但省长之任职，虽当
由民意而决而一任之，省议会亦殊不可是正与大总统之选举一任之。
国会同一缺点，其所选出之省长每有优柔无力，徒为省议会傀儡之弊。
斯则省长之选举，亦当准总统选举，采地方投票之方法，即于省内各县
之首府行选举之投票，以其结果送致省城集算之，而定其得票最多者若
干名为候补人，推荐之于大总统。以俟其选任，乃为适当之制度。至于
县以下之自治体主长，则与此异趣，当斟酌各国制度与中国国情定之。
鄙意以各县主长由省长推荐，大总统任命之。各城镇乡主长，只由其自
治体议会之选举而决为宜也。

　　此等首长而外，地方行政亦需用各种官吏之必要，固不待论。关于
官治者，可由中央任命派遣之。其关于自治者将如何？此则依其地位
之轻重，或经省长之推荐，由大总统任命之，或由自治体主长自行任命
之，又或于自治体议会选任之，而有所不同也。前清时代依所谓避忌制
度，禁本省人为本省官吏。兹于省长以下自治体官吏人员等，无须顾
宪。此种旧制之旨趣，不宁惟是。自治政者，使其地方公民自当其局之
制度也。绳以旧制，且与自治之本来性质相反矣。然而公民之资格，可
以地方住居期间为标准，而亦不可以其出身之籍贯论也。尤以省长以
下之一切官吏，虽于不必为其省之公民，亦不当有所禁避。是盖欲广延
用人才之途，而化偏蔽之患。彼拘执于人之出生之地，行门罗主义于省

之政治者，非所以谋国家之进步也。自治体有省议会以下各种之议会，为民意代表之议政机关，亦犹之中央之有国会也。而地方自治之良窳，恒因此等民意机关之运用何如？其关系固甚大也，就中以省议会之规模为最大，类于联邦支分国之议会。在联邦支分国，多采用二院制。例如，美国当初采行一院制之州，亦认为有弊，而渐次改革，今则悉备两院矣。中国虽非联邦，而省会与日本、英、法诸国之单纯地方会议相较，则有大异其趣者，谓当参酌两院制度之旨趣，而设适当之制度。即于今日各县代表本位之省会以外，当更组织一稍具保守的性质之合议机关，与以常设之自治政参与权也。其组织法或由各道选出议员一名，或由省会选出若干名，而为其议员全额之半。他之一半，当由各省长及大总统选任相当之人物充之。大总统选任之人居极少数，或权以派遣地方之官治人员为之。其要旨在依是以谋中央、地方政治之联络，而致国家于统一之域也。

其五

军事虽非不佞专门，而以置身于日本将校之末，甚喜研究列国之军制。即于中国军事之将来，亦非无所考虑，当论列民国政治之际，独遗军事而不录，未免犹有缺憾。是以不揣浅陋，试就其根本策，而陈鄙见于左。

中国之情形，宜于军民分治乎？抑宜于军民合治乎？即各省当行其政治之时，军事与民政应异长而治乎？抑同长而治乎？此首当解决之问题也。就中国之历史而观，多倾于军民合治。治此变乱迭起之大国，其方法以军民合治为最适便之制度。即为防如袁世凯野心家之专横，亦须有握军民两权之人物坐镇于地方以监视之。故余曩著《建国策》，曾反复颂言军民合治之有益也。然而军事、政治性质各殊，政治以分权自治为正轨，而至军事正当列强竞争之秋，不得不以统一为正鹄。故讲民国万年之大计，军民分治乃如天经地义之不可或易。惟以中国之现势观之，纯粹之军民分治诚有未可。而分治、合治折衷之方法，亦有一考之价值。但如使军事之长兼摄民政之长，虽不外折衷策之一种。

然行之于全部,即成军民合治施之于一部,则妨害国务之划一,皆有军人干预政治之虞。况若地方之长采取民选之制,更不副军事集权之目的乎? 美国之军事制度,亦为折衷主义,而与前者异趣,采用之可免前述之弊。美国兵员分正规兵、民兵两种。正规兵直接归中央政府管辖,而民兵首以维持地方治安为目的,受知事之支配,但有必要时,方归大总统直辖耳。全仿美制,不加变通,以施于中国,固有不可。然若酌加美制之旨趣,亦良策也。即先分国军为国防军与保安军,前者直归中央统辖,为纯然正规之军队。后者为比之巡警制度更进一步之第二种军队,平时服各省行政长官之区处,以地方保安为其任务。国家有事之秋,固可从中央之指挥,为国防军之后援,尽护国之义务者也。而保安军平时既专归地方所掌,则其经费宜归地方负担,不宜仰给于中央。故其额数应酌地方之财政而定,约不出于数千也。关于此点,法国治印度支那之警察兵制可参考焉。

中国正规军之兵额应养几何,自依国是之不同而定多寡。苟中国建设计划,以日、俄两国为敌乎? 则征诸今日欧战之经验,殆非有千万以上之准备不可。然中日有唇齿之关系,中国之保全即日本安危之所系。为中国之保全,日本虽赌国执戈,在所不辞。以日俄之役而推之,将来亦有不得不然者耳。是两国诚意提携,之所以为必要。而中国军备之计划,亦以遵循此旨为得策也。徒追列强之例,焦宪于军备之扩张,愚之至也。为中国忠实计划之赫德氏,谓中国之军备,四军团即可足用。诚哉是言,数十年后之将来无论矣。即中国今日之财政状况而观之,诚以节约军费、锐意于内政之整理为适病之药石。是特本为中国切实计划之衷情,不惜为民国诸公喷喷忠告也。方针既定,则中国之军备当置重于国内之统一治安。置重于国内之统一治安而多养兵,非徒不能达斯目的,抑且相背而驰。盖处今之世,兵多易为政争所利用也。匪乱祸小,少数军队即可镇定,而军队之变乱,足酿大祸。故中国当今之时,蓄养多数之兵,诚为作茧自缚之道。综合各种情形,定中国现时必要之军备,养二十师团之正规兵,或亦足矣。何以必言二十师团乎? 此数乃由左述之计划所算出者,苟逾此数,诚有百害而无一益者也。

以中国领土之大,策划军备宜效仿俄国之制,分全国为数多之军区,定适当之配置,以使便于统治焉。考中国地形之大势,如内外蒙古、新疆、青海、西藏等附属的部分,姑置不论,而本部十八省及满洲三省,可分为七大军区。每结合三省,各以经济集散地兼军事枢要地之一大都府为中心,形成天然之一地。自北徂南,列举其区:第一,为黑龙江、吉林、奉天之满洲三省,以奉天府为中心;第二,为直隶、山东、河南之平原三省,以天津为中心;第三,为山西、陕西、甘肃之黄河谷地三省,以西安为中心;第四,为江苏、浙江、安徽之长江下流三省,以南京为中心;第五,为江西、湖北、湖南之长江中流三省,以武昌为中心;第六,为福建、广东、广西之南水三省,以广州府为中心;最末,则为四川、云南、贵州之高地三省,论经济之中心宜在重庆,论国防之枢要,则首推云南府也。于此七大区域各设一军团区域,而于其中心地之奉天、天津、西安、南京、武昌、广州、云南各设军团司令部,对其所管之要害,配布其所管之兵。配布之标的、民政之区划,不必顾虑。仅以治安、国防之军事标的,定其驻扎之地及人员足矣。各军团应领之兵额分为三师、二师两种,如奉天、天津、西安、广州、云南五区,不与外国为邻,即与藩属地接境,特须置重,可配布三师之军团。而南京、武昌二区深居内地,配布二师之军团足矣。合而计之,三师之军五、二师之军二,共为十九师。其余一师留供大总统统之,拱卫驻扎于北京,总计为二十师团。对于藩属地方,或有士兵之守卫,或有条约之限制,而使接境军区派遣防守足矣。即对于蒙古,由第一、第二、第三军区派遣。对于新疆,专由第三军区派遣。对于青海,由第三、第七军区派遣。对于西藏,专由第七军区派遣也。七军之长,各予以元帅之称,以有军事能力者充之。驻扎于司令部之所在地,上服中央大元帅之统御,下辖治下配布之军备。且自各军团之长,至各要害之部队长,严守军民分治之旨。对于地方民政之事,不得妄为置喙。苟非然者,则各省首府之司令官,犹前清之督抚。而七大军团长犹七大都督,有演成割据之虞,而非本制之精神也。

各国中央之主脑军事机关,率分军政、统帅、教育三部,但其主义不一。日、德采三权分立之方针,以军政归陆军部,军令即统帅归参谋本部,教育归教育总监部,使之分掌。意大利采二权主义,有陆军部及参谋本部之对立,教育归陆军部掌司。而俄、法、英及其他多数之国,统此三权,盖归于陆军部。如参谋本部,亦不过其一部局耳。中国现行之制,设陆军部、参谋本部及陆军训练总监,仿佛取三权分立主义。然考之实际,陆军部独握大权,其他二部微微不振,勿宁谓之第三主义也。然察中国之情形,陆军总长权势过大,动辄凌制总统,弊害之端,恐由此启。诚宜彻底采行三权分立主义,将陆军部事务之一端划予参谋部及训练总监,以分其权也。更观列国之制,此三种机关之外,犹设两种合议机关。其一,为军事参议院,以居陆军要职者若干人组织之,或有加入海军主要之人者。其二,称为国防会议,陆海主要之人外,如外交、殖民之行政主长,亦使参与焉。以中国现势观之,国防会议未必为当务之急,而军事参议院宜速设之,其组织以在中央之元帅、陆军总长、参谋总长、训练总监、海军总长及特任参议官构成之,为大元帅之最高军事顾问府。俾议重要军事,特如军团长之选择,犹不宜任大总统及陆军总长之专擅,必以经军事参议院之议决,为防将来野心家之再现及谋军国之为要。此则防将来僭夺野心家之再现且反,所以谋军国之统一也。

论国军之组织,固当以必任义务兵制度为最高之理想。然观今日之实情,从来之募兵制度,未可遽尔更改。盖征兵制度者,求得多数兵额之法也。以中国人口之众,而常备军队不过二十岁至四十五岁之壮丁约占三分一,为一千万。其已受军事教育者为五百万,占其半数。此多数之兵员于今日大战,乃自始所准备者。假使中国仿此而行,人口至少不下三万万。男子为一万五千万,壮丁占其三分一,约为五千万。若施军事教育,非当以二千五百万人为正鹄乎?苟欲养若许之兵,固有行征兵制度之必要。然今日所需之正规兵,仅二十师团,凡二十五万人,假加之以在乡军而十倍之,当不及前大数十分之一,即由全体壮丁遴选兵士,殆仅二十人中取一人耳。由一百壮丁中选五六人,强制兵役之义务尚可,设符征兵制度之精神乎?何若从其所好,行募兵制度之为优也。但若中国之现制,亦未尽当其最大之缺点,在只有现役而无后备及预备国家,一旦有事出征临敌者,只有现在之兵员。若夫后备、预备之完善者,纵行募兵制度,亦可得多数之兵,盍观法国今次战役之状况乎?法国平时之兵仅仅七十余万,迨大总统召集令一下,忽得五百万之大军,是皆后备、预备制度完善之赐也。故中国募兵制度,诚无须遽尔改革。然定现役之时期,期满退位,使人民更迭受军事之教育,养后备兵于民间之制度,不可不速讲也。节约国费,增护国之貔貅,计无善于是者。但有先决问题,即须户籍制度之完备耳。户籍不完,难期有效,是又冀诸公留意者也。

其六

　　试观民国数年来之财政状态，非年年国度支绌，收支不偿，起巨万之外债，以弥缝一时者乎？夫外债之为物，苟用于有益之处未必可非。若单为补财政上之缺罅，则除战争非常之时，殆无辩护之余地。日本国债约二十万万，俄国战前国债且及百万万，以中国之大仅有二十余万万之国债，按其数目，似无庸诧异。然观其国债之种类，财政基础之不确立，而外债仍有逐年增加之倾向，则有不胜杞忧者。俄国彼得大帝垂遗训于其后世子孙，而欲并吞世界。俄国今日外债山积，而犹坦然自若者，其思此遗训实现之秋，外债可变而为内债欤？其志在此，虽属不能，亦云壮矣。有俄国之雄图，而增加外债犹可说也。无此雄图，徒妄加外债而不介意，将有外债变为他国内债之不祥国运之日。征诸埃及，可为殷鉴。是以中国之财政方针，首当加根本之改革，以急脱赖借款以为弥补之难境也。

　　或曰停止借款，非增加租税无以偿国费。而增加租税，又非现时民力之所能胜也。将奈之何？夫租税之增征，固不可唱。且对于恶税，宁有撤废或消减之必要，不佞亦信之。然国库之收入不由增税，即不能增加者乎？征之他国之例，以中国领土之广，人民之众，而国库岁入不上十万万，宁非一大不可思议之事。窃尝考之日本岁入，每人平均约十一元，俄人十八元，美人二十二元，德人二十四元，意人三十二元，英、奥、法人皆上四十余元，即墨西哥、暹罗、秘鲁亦且不下六七元。以中国四万万之人口，每人均担三元，则年筹十万万之岁入，即绰有余裕矣。试察中国之实际，人民负担实在三元以上。研究中国之外洋学者及实际家，罔不普认。或曰中国岁入，即不加税，稍事整理，增加三四倍，绝非难事。或曰中国租税非为过重，乃过恶也。现在之岁入，不过人民负担五分之一。而其五分之四，皆为征税费以消耗焉。且如有名总税司赫德氏，以仅由田赋可得四万万两，因建改革内政之议，惊动朝野，谅亦诸公之所熟知。然而人民负担如此之重，国家岁入如彼之寡，果何故哉？蓦然观之，靡不愕然惊疑。虽然，无疑也。或评清末之税制，曰付关税于租税，盖设租税由人民手中出纳，以至运到中央国库，必经几多之关门。每经一关，必为剥削几分也。诸公欲改革财政，最要之点即在废止此种关税，尤在断绝此种关税征收之机会也。

户口、田地者，课税之标准也。实数不确，欲征税之公平，安可得哉？中国征税制度最大之缺点，即在户口、田地之不确也。夫调查户口，固为万政之源，不必限于财政一事。然欲整理财政，第一要务舍此莫属，此其应革者一。中央征收国税，宜直接由人民征收，不宜假各省之手。而现在征税制度不征于人民，而课定额于各省及其他地方团体，亦非策之得也。此方曾行之美国，有失败之历史。一千七百八十七年以前之美国，非联邦之形也，乃邦联之形也。中央经费不由中央直收，而使各州分担，然各州多陈诉财政艰难，恒不协纳或协纳亦恒迟滞。究其结果，自一千七百八十二年至一千七百八十七年之间，应课于各州三千五百万美金，实际集收者仅得二百万美金，尚不及七分之一，遂招失败。此制之缺点，益以证明中国今日之制度。虽不可谓全与美制相合，然由各省征收者固非鲜少，此应革者二。租税之性质，有宜于为国税者，有宜于为地方税者，亟当严格区别。按其种类，何者定为中央财源，何者定为各省财源，何者定为省以下自治体之财源，以划清中央财政及地方财政。各设特别官吏，使各当征收之任，方可谋各方收入之确实。乃如从来之制，同一税项几分定为国税，以其余部为地方税，且由同一地方官吏以处理征收之，动以种种口实减少协款，留用于地方，致使中央收入莫由确实，此应革者三。他如官吏期避征税之烦，托商民包办。如租税不先纳于金库然后支出，而直由财源所转移于用途之所，是皆中国财务制度之特色，而予租税、关税以莫大之机会，于以弊窦丛生，殃民而病国也。诚宜大加刷新，决行文明的财政制度，方符民国新政之实耳。

当民国重光，正宜普布新政，广示恩泽于人民之秋，设新税增税率，固属不可。然调查户口、确察田地，断行前述之改革，法规所定，不拘情实，励行无怠，纵不能如外人所云，骤得四五倍之岁入，然仅仅六万万元之国费，不待国债自能挹注而有余，所确信也。虽然，现时所行之厘金，不可不速废也。厘金之制，肇自太平之乱。当时军费丛脞，国币不支，因设是制以谋弥补。尔后逐年增加，以迄于今。其额颇巨，欲行废止。其因废止所生之缺罅，将如何以补充之？是则有待于征税法之改革也。

倘能改革征税法,则曩昔之陋规,盖化为国帑之收入,缺罅虽巨,而增加之额足以抵之而有余。何况时机一至,增设所得税、相续税、营业税,而收入益涨,又安患其不抵乎？就中营业税,今已存其一部,惟其制度极不完善,颇不足道。与其按旧制而加改正,毋宁废弃前制,新采良规而施行之也。所得税亦复如是。或有辩护厘金制者,谓厘金亦为所得税之一种。然此税法既不精确又欠公平,且妨害产业之发达,乃为有目所共睹,何若废之,另行新立正式所得税之为愈乎？所得税之长,在专课中级以上之官吏及中流以上之资产家,而相续税亦以课自富豪为目的,绝不可因此予小民以过重之负担,使发嗟叹之声也。且抑强扶弱、剥富济贫,为中国由来之经纶。而所得税、相续税最与此旨相符,又为极大之财源,速行增设,岂不宜乎？顾清末及袁政府之官僚,贪贿鬻官,敛财山积者,指不胜屈。彼得不义之财,卒无攘夺之道。按个人之财产,不可妄行没收。东西宪律,具有明条。中国约法,亦以明载。然以不义之财收之于国家,不背正义之观念,正与刑法上之赃物及追征金之处分有同一之意味。且由革命的行为而没收之者,其例不鲜。例如,法国大革命之际,没收贵族寺院之财几达数十万之巨额,以充国费,毫不背理。惜中国革命流血不多,当未臻此,致使贪残之夫依然比肩青紫,洵遗憾也。虽然,以国会通过之法律处分其财产,无论何国宪法均不禁止。殊如相续税,按其性质,不外财产一部之没收。然而文明诸国盛行不忌者,遵此旨也。而况中国现时之富者,非由于不义之财,即起于官人结托之举。相续税以法律之手段行革命之目的,其最适宜,不待论矣。且定课税标准,务以限制富者为急,而其税率,纵比他国制度失于过高,亦无不可也。

　　国家岁出、岁入,须造精密预算,经民国议会之议决。而其决算,亦必报告于议会,求其承认,固不待言。然如现行制度,设常设机关之审计院,以检查计算之正否,而监督实际之财政,正所以矫前清之弊风,最为必要者也。虽然,法之妙处在于活用。故欲奏会计监督之实效,必有光明正大、毫不挟情面之人,以当其冲。而《天坛草案》定审计官由议会选举,非佞之所敢赞成,盖以受会计监督之政府及行会计监督之审计官有同出于多数党之倾向,不能举监督之实也。故审计官不可由选举而出,须由大总统择适当人物而任命之。犹之裁判官之不由选举,而由任命也。且其地位之保障,亦以设与司法官同一之规定为得策,是中央审计所当遵循之义也。顾前清财政之紊乱,地方实甚于中央,将来地方各自治体与国家财政判离,而行独立会计之时,地方财政之监督犹须注意。而其中如各省之财政规模宏大,随国势之发展渐次膨胀,至可比一国之财政。故为监督其会计,有设准中央审计院之特别机关之必要。夫欲一洗从来之情弊,而奏刷新财政之实,有待于中央、地方各种议政机关及审计机关之励精图治,斯何待言。而有赖于司法监督之手腕者尤多,即立宪政治之司法官,无论对于谁,何无畏怖之必要,据独立之保障,严正执法。遇有如前清官僚敢为违法之行为者,断断乎照刑法明条处罚,无所忌惮,庶为以平和之手段收革命实效之道也。

其七

将来政治之大方针,须以锐意彻底实行立宪制度为要义。自辛亥革命以来,立宪政治与变更国体并为当时之标的,乃中道经袁世凯暴戾恣睢,逆乎大势,先蹂躏立宪之旨趣,继泯共和之实,终尚欲尽共和之形式而削除之。今番义举,实为国民反动之愤起,倡言护国,绝叫拥护共和。推其真义,不仅在于国体,固以恢复宪政为目的也。况革除从来之弊风,犹以宪政为必要乎?故恢复约法,编纂宪法,固为不可少之手段。而其要不在制度之形式,而在彻底实行制度之精神,此不可不察也。

立宪政治最大之特色,在国会制度。即由此予多数人民以参政之权,俾各选送代表参与立法、财政之要务,与闻监督国政者也。而此等代表者,以人民之选良材干,人格皆卓越于众,雅能胜任者为最要。然则如斯人物必如何方能得乎?是乃国会政治最大之要点,而有待于选举法之得其宜也。吾人对于此点,曾于前昔拙著发表鄙见。然现行国会组织法及两院选举法,大致尚属完善可行。虽然,选举议员与其注重于制度其物,勿宁注重于官民之运用政府当道,恒设种种方途,予与党以被选之便宜,或以威迫或以利诱,强选民以从己选与党之人,或以选举拘束之规定施行,不以平允单适用于反对之方,而放任于与党之侧,以使敌党无由当选。凡斯种种,皆狡狯之策,防之不可胜防者也。吾人以为代议政治之根抵,全在选民之自觉。选民自觉,确实无论有何手段，终无行施之术。然当人民无自觉之所，政府之干涉固不能堪。他如或以参与国政之公权、重要之选举权，冷淡视之，放弃而不顾。或以因议员候补者之买收所得之金钱为立宪政治之所赐。吾人观中国近数年之各种选举及帝制劝进之实情，对于国会选举之前途，不能不深怀忧惧也。是故欲将来立宪政治之发展，而以对于一般人民，鼓吹新道德为最可注意之事。选举之时行正适之投票，乃合于爱国之道，而抛弃投票及投不正之票者，乃如临敌怯斗、倒戈降敌也。此则当标为大小学校之新教义，或以他种方法广播于民间，俾深心铭感，知此立宪之新节操，可匹俦于五常之大道也。

关于国会之运用，将来可忧而当避之弊害有三。国会成喧嚣骚扰之场，其弊一也。国会者，郑重议政之机关也，讨论不过研究之一方耳。非仅为辩论而辩论，并雷同怒骂之场也。对于此点，诸国议会会员均失之过多。而中国之众议院由六百人而成，失于过多，亦何待论。谓宜减至三四百人，至参议院与众议院，同出于间接之民选，而其额数几至三百，犹第二众议院，最背于两院制之旨趣。若改革今日之构成法，宜以减其人员于百人左右，而使副上院之性质，为当急之务也。中国人由来多富口辩之才者，自古以谈论称雄一世者屈指难数。若于议场展其辩才，则议场不可收拾，况人数若此之多乎？自前清资政院以来，视察中央、地方议场之光景，罔不陷于斯弊。昔贤张之洞评中国议会之将来，曰嘐嘐扰扰集一室，游谈呓语将焉用。敢以此言告八百善辩之士，幸勿使其不幸而言中，俾彼得以自诩有先见之明也。复次，以国会为争权攘位之机关，其弊二也。夫有议会，必生政党，自然之势也。既有政党，即于议会有立法、预算之议定权，非当政府之局者得多数党之后援，即多数党自当政府之局，不然则施政之进行不可期也。夫局外相助，终不若当局之优，是政党内阁之所由起。英国政府恒由多数党领袖所组织，法国政府恒由可制多数之数党联合成立者也。然政党者，为行共同政见之党，与即由各自政治上之主义方针，以决去就之集合也。与朋党似是而非，朋党者仅为攫政权之团体，但见政权不见主义，只知有党不知有国，苟得利禄，何惜节操。如斯朋党之祸，稽之中国古史，汉则有党锢，唐则有清流，宋则有蜀、洛、朔，明则有东林、复社，覆辙在前，一误再误。参众两院八百诸公，苟能诚恳相见，肃敬自持，不使民国将来之议坛变为朋党角逐之场，乃不佞所馨香祷祝者也。买收议员，使变志节之恶风,其弊三也。牵制议员,变更志节,最初则为威胁,其极乃至擅用武力。而在文明进步之政治社会,多不易施,恒不如以金钱或他种利益诱之,较为隐秘而易收功也。夫舍武力而用金钱,姑勿论其为政治之进步与否,而其蠹害国家已不啻数倍于前者。即在以议院政治始祖著称之英国,当瓦尔博尔内阁之时,此风颇炽,世盛传彼评议员皆有价格。彼之眼光一入议场,而回射当其视线之议员,均暗自沉思一遭,顾盼不知又获黄金几许也。且意思之买收不仅政府一方,当今大资本家握有势力之秋,议员每易受此辈之诱,感此风一长,将列席国会者,以不取为迂,不卖为愚,浸假以代议士视同最有利之商买矣。所得者弥多,则投资而争选举者弥烈。投资弥多者,则为议员之后其贪婪也弥甚。议会之堕落与选举之腐败互为因果,相与继长而增高,其害即仅及于议会本身,已足以蠹国乱政而有余,而况其害固不止议院之一方,蔓延弥漫,滔滔乎风靡一世矣。是又与清末官界之弊风何择乎?果至于此,则三次流血革命之功,尚复安在?此则希冀参众两院八百诸公,大加儆戒者也。

　　立宪政治之其他特色,在司法独立。当晚清季年,司法制度之改革颇为当局所注意,节节进行,渐趋于机关之分离,地位之保障矣。乃经袁政府倒行逆施,一切新政破坏惟恐不尽,司法独立亦在其蹂躏之中,方之清末,犹遥有退步之观。而其所持之理由,阳言在政费之节减,其实盖袁政府锐意于专制的暴政,司法独立最足为其障害。况前清卖官鬻爵之风,犹涎羡之而未忘,而兼有裁判权之地方官吏,其卖官鬻爵之值实较大也。故于袁政府之政治,而谋司法之独立,犹如沐猴而冠,未得性质之权衡也。然欲谋宪政之实行,则裁判权之独立,诚占文明政治之一半。其必要宛如国会制度,不实行司法独立,而论立宪,犹之不开国会而欲行宪政也,其不能达一而已矣。当今共和再造,与国会重开,同为第一幕,不可稍缓之。要政者,即在司法制度之改革,收独立之实效,虽消耗国帑,亦勿许有所逡巡踌躇也。

　　将来司法制度之方针,拙著《建国策》已详论之矣,兹不复赘,只对将来之裁判官敬进一言曰,诸公从事于国家最有荣誉之公职,自待不可不高。夫以口称法律者为刑名法术之徒,在司直之任者视为断狱之吏,轻蔑鄙视,此东方古代之说也。裁判官代神判人间之正邪,居神圣之地位,此泰西之思想也。立宪制下之司法官,不可无自居神圣之意气,惟所待于议宪诸公者,于宪法之上予以雄厚独立之保障。即苟为司法官之所不欲,严禁变更其职位而已,司法诸公既得此保障,以上根于法律正义,心之所思,决行无忌,无论对于何人无畏怖之必要。在法庭之上行其职务,自为王者,不问何人,均无掣肘之权。除在职之民国元首以外,不问何官何吏,皆可依法罗致于诸公之前,使其拜服听命。虽然,国家非徒以广大之权威,予于诸公而已也。盖犹有期待于诸公者,在假诸公之手振法律之威力,遂其实效以除违法及不正之徒也。特以民国建设伊始,欲打破官界积年之弊风,有待于诸公之巨腕者,正复不少。是在诸公之自重自奋于民国前途,洵有至大之关系也。

其八

诸公试观今日世界之大势,欧美白皙人之蒸蒸日上,与吾黄金民族之日即陵夷何相去,若兹其甚也。吾侪黄人乡土之亚东天地,泰半为彼白人所奄。有所余者,惟贵国与日本及暹罗、波斯其他二、三小邦而已。而暹罗以下之诸邦,殆不足论,今日可与共谈外交者,仅贵国与敝国耳。而贵国之领土与白人并有之地方接壤,地大物博,为彼等垂涎之焦点,而当其侵略之冲。是与内政革新问题,同为诸公所当深为致意者也。

抑白种东侵之事,其由来远矣。由北方陆上逞其雄图而来者,俄罗斯也。俄自爱卜昂四世之顷始,侵略西伯利亚,驱剽悍之哥萨克兵,宛如入无人之境,席卷雪地冰天之大平野,清初已至黑龙江畔。康熙盛时为我之势力所压,受一顿挫。洎乎清季政治腐窳,俄人再图跃进,乘回教徒之反乱,进兵伊犁后虽撤去,而西域领土为所攘夺者不少也。英法联军事起,俄人又以斡旋为由,举黑龙江北岸、乌苏里东方之全域,尽割取之以为偿。近于拳匪之乱,又复派遣大兵屯集满洲,以图震压京畿,几制中国之死命。迨受日俄战役之一击,一时虽有卷甲曳兵之观,然其以前固已于西则灭土尔其土坦,开拓中央亚细亚,窥波斯之地,于东蟠踞我满蒙而虎视眈眈矣。彼辛亥革命战中之经略蒙古,图穷匕见,不过其一端耳。此中国所当严加警备者也。

由南方海上先至而扬其威者,莫英人若也。自十六七世纪顷,英即注眼于印度,逐葡人、迫兰人,次与法人激争而胜,而犹煽动土人使相搏战,彼乃乘之以渐试并吞之。谋三亿万生民之乡土,遂于印度帝国名辞之下,化为英国无尽藏之宝库而终矣。余威所及,更并东邻缅甸西境海尔吉士坦之地北方,对于西藏亦蓄染指之意,一方更航海而东经营马来半岛,所谓海峡殖民地。而北至中国沿海一带,由印度输入鸦片,以致战端卒发。而因以夺我香港,以之为策源地,而握贸易之霸权。更以上海为根据,风靡于长江一带,与其将由缅甸以出云南之势力,遥相呼应。最近因援助袁氏而得之蜿蜒江南之铁路,一旦告成,依之由陆路使印度与上海相联络,其势力将至深固而益不可拔矣。

法兰西与英争印度而败,兼以国内纷扰,革命屡兴,遂无东顾之暇。然至十九世纪后叶,亦乘机染指于交趾支那之地,先夺南角三州,北进与中国之势力相冲突。中法战争于焉以起,卒放逐我之宗主权而大成,其所谓印度支那统一之业,其凤所失于印度者,遂以偿于此矣。而至中日战后,《中法条约》中关于铁路之一项,竟而提出对于中国为铁路权利之要求,斯为最早,滇越铁路即为该条约之产物,先依之以入滇,进而定其目标于蜀之陆海,观其将印度支那之首都,由南端柴棍移于北边东京之河内,其志匪小,可以推知。盖将与经蒙古南下之俄国势力相须而纵断禹域领土于南北,固俄法同盟年来之愿望也。

德意志自为拿破仑所蹂躏,满目疮痍,久而未补,且以尽瘁于联邦统一之大业,故其出而为殖民政策之竞争者最晚。然正惟其兴起之迟,故其近来奋斗努力之猛,亦如其量而为最甚,以求收急起直追之效,于列强角逐之间,今日欧洲大战实其结果也。其对我中国之态度,亦尝飞扬跋扈、旁若无人,只因传教师〔士〕二人遇害,遂藉口以攫取我胶州湾,彼凯撒眼中固无中国之主权也。厥后投绝大之费用于此,以为经营东方之基础,其视山东直如自国领土,将以延长铁路以出中原,而洞穿我之堂奥焉。现虽因大战暂遏其锋,然苟德意志帝国不亡,以上其侵略东方之野心终非能绝。若此战无大败而终,则荷兰将为德意志联邦之一支分国,亦意中事。若然为其领土之亚细亚,兰领将举为凯撒所有矣。恢复山东旧地固不可能,然南海、东印度几百巨岛之间,将有第二之英国出现而激动东洋之波涛,所不可不知也。

北美合众国建国之精神,在依门罗主义之确立,不妄干涉他国内事。初对吾东方多表好意,然今之美国则亦迥非昔比矣。势力内充,不求外泄,则必酿国家之祸,曾是美国亦何外?斯自麦坚氏大总统之共和党政府,一变其从事之国是,取古巴,并布哇,领有菲律宾群岛,而倾全力于膨胀主义,与其他白皙民族之列强决无所异。其对华政策,则颇惊心于近数年来贸易率之退步,而以是为因美国无如其他列强之根据地于中国,故亦瘁心殚虑以图之。今以欧洲大战所流入彼国之富力,实不可以量计。将来举以临吾东方,亦可恐之强敌也。诸公慎勿蹈前清及袁政府之覆辙,眩于黄金之光华,而遗后世以无穷之祸也。不假兵力,仅依黄金之势力,亦足以灭人家国而有余。征之史迹,昭然可考也。如彼拳匪赔款之返还,最足买华人之欢心,殊不知此区区者于彼原无足惜,况先逐过大之要求,而后返其一部耶?诸公苟念及彼于其境内,对于我黄人殊于贵国人,其待遇为何如者,诚当速自猛省矣。

吾人所最惧者,彼等之合同势力也。欧洲大战果为何事,非所谓种别之战争耶?彼等战力疲敝时之所悟,必在以彼等结为一体,而犹有其他可战之种别也。彼等于中世史上称为黑暗时代之时期,相斗最激,而其后对东方异族之人数起十字军之大运动。吾人将来得毋有备新十字军袭来之必要乎?所谓黄祸之传唱,出于日俄战后德皇维廉之戏画。而今逞其暴威者,不为黄祸,而反为白祸。吾侪驯于其跳梁,受迫害而不觉,彼等蚕食有色人种,于今殆尽。即吾黄色人种,亦遭吞噬过半,今并向此,一摘再摘,硕果仅存之二三,亦张舞其爪牙。此其爪牙磨吮已久,吞噬之来将不远矣。而首当其冲者即诸公之国家也,诸公对之之觉悟,果何如者。

其九

皙人之势力,非仅压迫于中国之周围,且已侵入国家之内部矣,所谓外国利权者是已。此种利权,种类杂多,或为一国先得而他国均沾者,或为一国所占而排斥后进者。前者为合同的势力,不易拔拂;后者诱导地方割据之形,以为后日之祸,其为国家之患则一。

其利权之最大者,即租借地关系是也。自一千八百九十七年十一月,德国派兵于山东一隅,强要租借之约以来,俄求大连、旅顺,法取广州湾,英夺威海卫、九龙,皆于租借名义之下筑城砦、建军港,行使立法、行政、司法一切权力,不许中国主权之发动。尔来关"租借"二字之法律的性质,虽有议论,而欧美多数学者皆以为外交上之饰辞,实不外领土之割让。而日本方针与之相反,中日交涉亦以其期限为表示真正之意义。然是为理论上之关系,将来姑且勿论,而现时于其地方主权,全然停止,已失领土之实矣。

领土之最危险者,为俄之对蒙、英之对藏之形势。蒙古之于中国,学者所谓宗主权关系者也。然于法理上不外中国领土之一部,俄国久已垂涎,集中势力于其地,乘中国革命之战,嗾使活佛结新条约,一变从来之关系,进蒙古之地位如为中国之保护国,其意再转而欲移为自己之保护国。英国对于名义上属诸土领埃及所施之方策,俄国乃仿行之,以对蒙古者也。英国在西藏之关系,亦与相同。自一千八百七十六年依《芝罘条约》之结果,遣探险队于西藏以来,经营西藏,一日不怠,锐意进行。以帕米尔高原为印度之墙壁,师俄国之所为,强要协约而未成。然于事实上,因其地之偏僻,反较俄之于蒙也为尤甚焉。若中国失蒙、藏领土之实而不顾,则现有版图几丧其半矣。

外国利权中起源最早,而行使范围亘中国全土者,所谓领事裁判权是已。凡一国主权之行使,普及于领内之万事万物,为近世国家之观念。乃于中国,就主权要部之裁判权受大限制。十七条约国行领事裁判权于中国之土,以致条约国人为被告之事件,中国无行使裁判权之余地,而使被告所属之国依其本国之法规审理裁判,而民事之原告或刑事之被害者,无论为何国人,在所不顾,外国人无论矣。即中国之人在中国之内,亦不得不服从他国之法权。非宁惟是,今且更进一层,即中国人为被告之事件,而与外国人有关系者,亦须该国官吏之会审焉。至其干涉之程度,虽至今犹为外交上之悬案。然上海、中国南部及满洲铁路沿线,从来之惯例牢不可破。总而言之,不问事件之如何,其与外人有关系,以上中国之官于中国之地,而不能行自由处分也。

与领事裁判权起源之迟早相同,限制主权之程度亦相同者,居留地行政权是也。在领事裁判权以人的限制为目的,在居留地行政权以地的限制为目的。结约诸国划中国市府之一部,设居留地,住居其内,以为贸易及他生业之基础,对其域内行使自国之行政权力,支配域内之一切事物。凡居其内者,不问何国之人,均须服从。居留地之中,有专属于一国之行政权者,有属于各国之共同行政权者。虽有专属、共属之分,而在中国之地排斥中国行政权之作用,俾他国权力发动则一也。中国贸易繁盛之所,到处见居留地之色彩,皆割据一隅,以致殷富。甚至一区经济之中心,集注于其地焉。如上海共同居留地,拥五十万之人口,俨然有独立国之概。天津白河下流,八国租界,栉比麟列,几呈小世界之观。他如汉口、广东、厦门,一度为所插足,皆有作国中国之奇象,可不惧哉。

中国之关税政策,受条约之限制,财政上蒙莫大之不利。彼文明诸国对外货之输入,皆有自由课税之权,一以增国库之收入,一以保国内产业之发达也。然中国依鸦片战后之条约,对于诸国输入货物之税率,限于从价百分之五。更依英法联军战后之条约,输入之外货,其加纳输入税之半额,为子口半税者。内地通过税,一概蠲免,拘束益甚。今日实际所行之制,盖依拳匪乱后之协约,为便宜计,取重要货物数年平均之价格,易为从量税者也。然其后物价腾涌,几倍蓰于曩昔,而税额依然不变,不副于当初之从价率,国库蒙莫大之不利。虽从协约之明条,要求改定税率,而他国托言于左右,无允诺之色焉。

然各种利权中,最使国家前途不安而依时可酿左右国家命运之大祸者,莫铁路利权若也。此利权凡有两种,以其铁路为外国政府或公司之所有者,其一也;铁路虽属中国所有,而建设由于外国之资本,附带以特种优越权者,其二也。前者名为公司所有,事实亦为外国政府之所有也。后者所谓外国资本,虽系民间投资,亦不止纯然之经济关系也。此种铁路一旦现于中国之地,即成独占交通权之性,经济上固勿待论,即政治上亦扶植伟大之势力,举一带之山野,尽包入于其势力范围内矣。铁路者,于某意义之下乃武器也。得其道,为治国之要具,乖其方,亦为灭国之凶器也。诸公幸察焉。

其他外国之利权,如屯兵各地,如置邮局、设电线以通音信,如于矿山、森林、渔业、农牧握特种之利权,如溯航河川,发行纸币,大小借款得各种之担保权,是皆丧权辱国之事,未遑详述。其中最蔑视中国之体面者,即诸国就其利权关系,动欲占优胜之地步,称为自己之势力范围,以诱起地方割据之形是也。夫势力范围之语意果何? 居乎国际法上,所以设定势力范围者,盖对非洲无主之土而设,以防相互之冲突者也。呜呼! 中国非有主之国土乎? 而彼等以怪诞之名相加,其暴横无状,亦可谓极矣。其非侪我于当年之非洲,将来瓜分之势,由今预定而何也。

试察此种利权之性质,虽曰利权,与所谓可以得经济上之利益之权利,意义不同。仅得他之对偿,而与以经济的利益,不足为虑。若夫中国之所谓利权者,有以上特种之意义。国际法上普通国家所未曾有之特别法律关系也,主权作用之限制也。常为中国片务的义务,不受代价,而即丧失之者也。欲求此等之例,舍土耳其、波斯、暹罗而外,其惟中国钦。今虽内政维新,改建共和,实行宪政,是乃内部问题耳。国际上之地位,未或稍易也。然回忆使中国陷于此厄运者,谁之罪钦? 无亦清季官僚卖国行为之所致也。清季官僚,固可痛恨,而袁世凯之罪,亦复重如邱山。即其最近数年间所遗于国民之损害,几与前清七十年之损害可相媲俦。国民迷梦,经久不醒,诚堪痛恨。然及今奋起,为时犹未晚也。诸公务宜改良内政,以养多年疲弊之民力,而对国际之关系犹须审慎顾全。变外交之方针,以补从来之误,而挽回已成之局,诸公幸留意焉。

其十

试察亚洲之形势,而观贵国之现状,吾人感于中日之应互相提携,不禁慨然有所动于中焉。盖尝思之,两国之亲善当为敝国外交之本旨,同时亦当为贵国外交之要义。是不徒为外交场中之饰词,实属于两国自存自立之问题。然吾人尝虑以清末官僚政府为相手方,不能彻达此义。而对于如袁世凯其人者,亦见其终非可望。此敝国人士所以衷心祈贵国之觉醒,冀有可与共议此大事之政府出现。惟愚如不佞,所以敢附骥于贵国革命志士之后愿效奔走之劳者,亦纯出于系念东亚将来之至情,而有所不能自已也。今也吾人积年之希望,既已贯彻贵国革新之大业由兹告成。在朝在野,诚心诚意之人,因得出而躬当其局。斯真共相执手,谋两国真实亲善之秋矣。

亲善之第一义,在彻底除去相互之误解。对敝国人当别为陈说,今惟望贵国一般人士,深体此意。苟有疑敝国对于贵国挟有野心者,继今当一扫其障繋。良以贵国之保全,乃敝国年来之宿望,永矢无渝。假使贵国不幸而为列强所分割,日本亦难逃于亡国之运命,此理甚明。日本即一时与列强同一之步调,而得分一杯羹,获一部分之分配,其泰半终当为匪我族类、碧眼虬髯之诸国攘夺以去。然则其结果当何如者? 日本由是与白人国家相接壤,而于其间为零丁孤立之一黄人国家,不得不受今日欧洲土尔其之待遇。因而护境之警备愈严,而军事之负荷重矣。不宁惟是,即于经济上亦受绝大之影响。今日之对华贸易关系,当由根本而受破坏。对华贸易现占敝国输出入之约半额,此关系之破坏,即导敝国于破产之域者也。当其未为武力摧败以前,已将因理财的涸竭而濒于自灭焉。且日本若对于贵国出野心的行动,则必挑发他国,使趋于同一方向。此其结果,绝无能禁。敝国所以极力抑制他国之野心,而亦深自戒也。此等真理,今日敝国具世界眼光者,罔有不铭心印脑,持此为的,以谋两国亲交之日增。第多数之国人中,难保无一二妄发暴论者。然全国总意之所信,则固不可破。方将提两国共存共亡之大铁案也,以谋进行。愿邻邦有识之士,深鉴此衷焉。

顾使贵国人士发生误解之主要动机者,其为敝国对于朝鲜、满洲之政策乎? 然不佞望明达之诸公,关于此点,宜虚心坦怀,以洞察事物之真相。夫朝鲜之地,拥日本海,逼我本国。天气晴朗之日,由波上遥望人烟,指顾间耳。倘一旦为白人之强国所据,以逞厥威,是不啻以利刃拟我腹心,而与贵国相提携之连锁,于是断矣。日俄战前数年之状态,即将趋于若斯之形势也。彼俄罗斯非咄咄进逼至于韩半岛南端,最与我日本接近之地点,迫韩廷将马山浦、济州岛租借于彼之程度乎? 敝国之不堪其辱,拔剑奋起者,固非所得已也。日本战胜之效果,虽得暂免危机,而以韩廷之政策豹变无常,俄国之野心阴险莫测焉,能保其后日不卷土重来耶? 此敝国为自卫计,为东亚将来计,对于八道之天地,所以不得不取永绝祸根之策也。

次于满洲之关系,亦望明达之诸公,不吝与以如日俄战役当时之雅量也。夫满洲固贵国之领土也,贵国果能遏暴俄南下之势延,而维持朝鲜半岛之安全,敝国何取乎? 固守今日之地位,惟贵国多事,抢攘无已,故至今日,犹未能达乎此域,为遗憾耳。满洲之地,原误于清末之外交政策,使俄国得以通过人之领土以行西伯利亚干线。次并旅大之租借,与达于旅大之支线,而亦容认之。尔后俄国遂以第二莫斯科,目其交点之哈尔滨,以之为策源地,而行东亚侵略之大经纶。藉保护铁路为口实,徐徐派兵。适拳匪乱起,彼又利用之,以占领满洲全部。尚欲于蒙古、伊犁,乃至燕、豫地方,擅张其鹏翼,其图南之意气殆有并吞禹域河山之概焉。敝邦所以赌国以与之战者,固为自卫计,亦以念保全东亚之大义,故遂仗义兴师。而其效益,非半为贵国所自收乎? 然俄国北满之根据,虽至今日,依然尚存,而彼得大帝之遗训,方长此以胁制世界。一日忽其备,则昔时之大势澎湃而至矣。以贵国领土之广、界线之长,不可专致其力于此方面,暂一任诸东邻之厚意,岂不善哉。

　　然中日亲善之大义,非仅存于如斯理论的基础之上,盖有由同种相爱之自然情谊发露者也。今日国于世界者,不知其几十几百也。而吾黄人国家之能保真实独立的面目者,惟贵国与敝国耳。国籍犹属人为,而先天之血统则一。且见贵国人士,舍其旧时之发辫,有相顾而笑,更见亲近之乐。吾侪立于白人国家之间,其感兄弟之谊,固其所也。欲求类例,其如德与奥乎。试观今日德、奥结合,以与世界为敌,其力之强为何如? 彼兄弟居家,宁能无争。然血之为物,终浓于水。一遇他人侵侮,即挥拳以相助。中日两国壤地相接,安能免些小之纷议。然一旦外侮横来,大敌当前,必拔剑而起,以赴其难者,人之情也。夫因利害而合者,亦因利害而离。至于血统之亲爱,固百世而不变也。近来中国保全之说,几成外交坛上之套语,然欧美诸国人之所谓中国保全者,非交际表面之辞令,则为保守其既得之利权,不得不出于保全之途而已。更有优厚利益可获得者,则弃之有如敝履矣。盖中国之保全与分割,因与彼等各自本国之运命无关,况于种族情谊乎? 此乌可与敝国之与贵国相依为命,于情于义,有欲已而不能已者比也。呜呼! 苟有为中国所真可信赖之国家,必为日本;苟有为日本所真可信赖之国家,必为中国。此为今后两国人士所当铭心弗忘者也。

　　吾人于此问题,殊不欲越此更有所陈说,恐有害于他国之邦交也。然虽不言,而反胜于言。默默中之契合,决不因他人之谗间与一时之利害而有所动摇也。方今欧战正酣,白人诸国尚无他顾之暇。然干戈一旦罢息,则其虎视眈眈汹涌而来者,必为吾侪之东方也。吾侪当以诚相见,披肝沥胆,议东亚万年善后之策者,实惟今日世界人文历史之悠久,安见其必常为白人之天下哉! 吾侪黄人之祖先中,特如贵国汉族之祖先,曾于其国家之强大、文明之发达,有冠绝世界之经历。又如蒙古族之祖先,亦尝铁骑纵横,长驱西下,几度蹂躏欧洲,使今日白人之祖先黯无颜色。此等壮快淋漓之史迹,固犹灼然在人间。然而今日竟成何状!
吾侪对于此有荣誉之祖先乡土,果如何以进行乎耶?呜呼!亚细亚者,
不可不为亚细亚人之亚细亚,况吾侪之东亚,宁能忽视。愿忧时爱国诸
公,其奋起而使贵国四万万同胞觉醒。不佞行将归国,亦当随敝国识者
之后,于敝国人民之间,鼓吹提携振兴之大义,而与贵国同胞相呼应也。

附录　中华民国宪法私案

第一章　总则

第一条　中华民国主权属于国民全体。

第二条　中华民国领土为各行省、内外蒙古、西藏、青海。

第三条　中华民国主权,以民国议会、行政府及法院行使之。

第二章　人民权利义务

第四条　中华民国人民之要件,依法律之所定。

第五条　中华民国人民均为平等,无种族、阶级、宗教之区别。

第六条　中华民国人民,非依法律,不受逮捕、拘禁、审问、处罚。

第七条　中华民国人民之家宅,非依法律,不受侵入或搜索。

第八条　中华民国人民书信之秘密,非依法律,不受侵犯。

第九条　中华民国于法律范围内,有居住及迁徙之自由。

第十条　中华民国人民于法律范围内,有所有财产及职业之自由。

第十一条　中华民国人民于法律范围内,有言论、著作、印行、集
会、结社之自由。

第十二条　中华民国人民于法律范围内,有信教之自由。

第十三条　中华民国人民应法律命令之规定,均得任文武官吏及
其他公务。

第十四条　中华民国人民依法律之所定,于各种公务员之选举,均

有选举权及被选举权。

第十五条　中华民国人民依法律之所定,有诉讼于司法法院之权。

第十六条　中华民国人民对违法之行政处分,依法律之所定,有诉陈于行政官署、诉讼于行政法院之权。

第十七条　中华民国人民得从规定,请愿于官署。

第十八条　中华民国人民依法律,有纳税之义务。

第十九条　中华民国人民依法律,有服兵之义务。

第三章　民国议会

第二十条　民国议会,以参议院、众议院两院构成之。

第二十一条　参议院依《选举法》之所定,以各省议会及内外蒙古、西藏、青海、华侨选举会所选出之议员组织之。

第二十二条　众议院依《选举法》之所定,以各地方人民所选出之议员组织之。

第二十三条　无论何人,不得同时为两院议员。

第二十四条　凡法律,必经民国议会之议决。

第二十五条　两议院议决政府提出之法律案,并各得提出法律案。

第二十六条　两议院之任一院所否决之法律案,同会期中不得再行提出。

第二十七条　两议院就法律或其他事件,各得本其意见,建议于政府。

第二十八条　两议院各得提出质问书于国务员,并求其出席答复。

第二十九条　两议院得受人民之请愿。

第三十条　两议院除揭于宪法及议院法者外,其于内部整理必要之规定,得制定之。

第三十一条　民国议会每年九月开会。

第三十二条　民国议会以三个月为会期,但于必要时,得延长之。

第三十三条　民国议会,得自行集会、开会及闭会。

第三十四条　有临时紧急之必要时,大总统得召集临时会。有各议院总议员三分一以上之要求时,大总统须召集临时议会。

第三十五条　大总统得命议会停会,但其期间以十五日为限。同会期中,以二回为限。

第三十六条　大总统得参议院过半数之同意,得解散众议院。但同会期中,不得行二回以上之解散。

大总统解散众议院时,须新行选举。自解散之日起五个月以内,定期继续开会。

第三十七条　民国议会之开会、闭会及会期之延长,须两院同时行之。

众议院解散时,参议院同时停会。

第三十八条　两议院非各有其总议员三分一以上之出席,不得开议议决。

第三十九条　两议院议事以过半数决之可否。同数由议长决之。

第四十条　两议院之议事公开之。但依政府之要求或本院之决议,得开秘密会。

第四十一条　两议院议员在院内之发言及表决,院外不负责任。但议员自以演说、刊行笔记或他方法公布其言论时,不在此限。

第四十二条　两议院议员除现行犯外,会期中无其本院之许可,不得逮捕。

第四十三条　国务员及政府委员,得出席议院及发言。

第四章　行政府

第四十四条　中华民国人民满三十五岁以上之男子,且居国内满十年以上者,得选为大总统。

第四十五条　大总统选举,以依据《选举法》所选出之大总统选举人组织之。各省及特别区域选举会,由秘密投票行之。但边疆地域,得以法律合并其选举会于便宜地域。

前项选举会,必须通国同日开会。

第四十六条　各选举会以投票之结果报告两院联合会。两院联合会集合计算,以得过半数者定为当选人。

第四十七条　无前条当选人时,以比较票数最多者三名,于两院联合会以秘密投票决选之。

第四十八条　大总统任期五年,再被选时,得连任,但以一次为限。

大总统任期满了前五个月开选举会,选举次期大总统。

第四十九条　大总统就职时,须行左列之宣誓:

余誓以至诚遵守宪法,执行大总统之职务,谨誓。

第五十条　副总统选举,准选举大总统之规定,且与大总统之选举同时行之。但副总统缺位时,应即选之。

第五十一条　大总统缺位时,副总统继任至本任大总统任期满了之日止。

大总统有故障不能执行职务时,副总统代理之。

副总统同时缺位时,国务院摄行其职务,且即时履行选举大总统、副总统之程序。

第五十二条　大总统任期满了,次期大总统尚未选出或已选出尚未就职,次期副总统亦不能代理时,国务院摄行职务。

第五十三条　副总统不得兼任国务员。

第五十四条　大总统代表中华民国总揽政务。

第五十五条　大总统裁可法律且公布之。

大总统拒绝裁可,须于咨达后十五日内声明理由,咨请议会复议。

咨请复议,各议院以出席议员三分二以上之多数决再通过时,大总统不得拒绝裁可。

第五十六条　大总统为保公安、避灾害,因紧急必要不能召集议会时,得民国参事院之同意,可发与法律同一效力之教令。

此项教令须于下次会期提出民国议会,要求追认。若议会不予追认,须宣布将来失其效力。

第五十七条　大总统为执行法律及由法律之委任或为保公安、进公益,得发命令,或使发命令。但不得以此命令变更法律。

第五十八条　大总统制定官制、官规,但须经民国参事院之同意。

第五十九条　大总统任免文武官吏。但宪法及法律有特别规定者,依其规定。

第六十条　大总统统率海陆军。

第六十一条　大总统定海陆军之编制及常备兵额。

第六十二条　大总统宣告戒严。

戒严之要件及效力,以法律定之。

第六十三条　大总统宣战、媾和。

第六十四条　大总统缔结条约。但变更领土及关于立法事项之条约,须经民国议会之同意。

前项关于立法事项之条约,与法律有同一之效力。

第六十五条　大总统授与勋章及其他荣典。

第六十六条　大总统命大赦、特赦、减刑及复权。

第六十七条　大总统在职中不受司法权之管辖。但在职中之犯罪,离职后不妨诉追。

第六十八条　众议院对大总统、副总统之谋叛行为有弹劾权,但必经总议员五分四以上出席、四分三以上之可决。

前项众议院弹劾事件,参议院审判之。认为有责时,宣告解大总统、副总统之官职,并将来无就大总统、副总统职之资格。

第六十九条　国务员辅佐大总统任其责。

凡法律、教令及其他关于国务之命令,必要国务员之副署。

第七十条　众议院对国务员之违法溺职,有弹劾权。但必经总议员三分二以上出席,三分二以上之可决。

前项众议院弹劾事件,参议院审判之。审判认为有责时,大总统须免国务员之职。

第七十一条　民国参事院应大总统之咨询,审议重要国务。

第七十二条　参事员半数于参议院由参议员中选出之,半数由大总统任命之。

第五章　法院

第七十三条　为司法事件,全国设一大理院,各省各设一高等法院,隶属其下。其他法院之构成,以法律定之。

第七十四条　法官以具有法律所定之资格者,由大总统任命之。

第七十五条　法官独立审判,无论何人不得干涉。

第七十六条　法官非由刑法宣告或惩戒处分,不得反其意免其官职。

惩戒条规以法律定之。

第七十七条　法院之对审判决,公开之。但有害公安及风俗之虞时,得依法律或法院之决议,禁对审之公开。

第七十八条　关于特别司法法院、行政法院及权限法院,别以法律定之。

第六章　会计

第七十九条　新课租税及变更税率,以法律定之。

现行之租税未以法律变更以前,仍旧征收。

第八十条　国家岁出、岁入,由政府每年作预算案,提出于民国议会,经其议决以行之。

第八十一条　发行国债及除预算所定者外,结国库负担之契约,须经民国议会之承认。

第八十二条　因条约之履行或法律之规定及法律上为国家义务之岁出,无行政府之同意,民国议会不得废除、减削之。

第八十三条　预算先提交众议院。

第八十四条　因特别必要,得预定年限,设继续费。

第八十五条　为补充不可避之预算不足及预算外之支出,得设预备费。

前项支出,下次会期须求民国议会之追认。

第八十六条　为保持公共安全,有紧急必要,因内外情形不能召集民国议会时,大总统经参事院之同意,得行财政上适当之处分。

前项财政紧急处分,下次会期须求民国议会之追认。

第八十七条　预算不成立时,施行前年度之预算。会计年度已经开始,预算尚未议定之期间亦同。

第八十七条　国家岁出、岁入之决算,审计院检查确定之。政府与其检查报告,并提出于民国议会。

第八十九条　审计官,大总统任免之。非由刑事宣告或惩戒处分,不得反其意免其官职。

第九十条　审计院之组织、职权及审计官惩戒条规,以法律定之。

第七章　地方自治

第九十一条　直隶、河南、山东、山西、陕西、甘肃、江苏、浙江、安徽、江西、湖北、湖南、福建、广东、广西、四川、云南、贵州、奉天、吉林、黑龙江、新疆诸省,各为一区域,施行自治政。

第九十二条　省自治区域,非有两议院各院议员三分二以上出席、三分二以上之可决,不得变更。

第九十三条　省自治体于内务行政范围内,为保持地方之公安、增进公益,自得处理必要之事务,且有行于该事务必要财务之权。但为国家全部或一部之利益,得以法律限制之。

第九十四条　置省长为自治行政之首长。

省长于以地方人民选出之省长选举人组织之。选举会依秘密投票,选定候补者三名。大总统就其中择一名任命之。

第九十五条　每年开省议会议定自治体之预算,又制定关于自治政必要之条例。

省议会以各地方人民直接选出之议员组织之。

第九十六条　设省参事会为常置机关,使参与重要自治政务。

参事员半数于省议会由其议员中选出之,半数由大总统及省长任命之。

第九十七条　本法以外,省自治体及他种地方自治体之制度,以法律定之。

第八章　补则

第九十八条　本宪法条项之修改,须依各议院总议员三分二以上,或大总统之提议于两院联合会,经总议员五分四以上之出席、四分三以上之可决。

第九十九条　一切法律、规则、命令及不拘用何名称而不与本宪法矛盾之现行法令,皆有遵由之效力。

岁出上系属政府义务之现在契约及命令,依第八十二条之例。

第一〇〇条　本宪法自公布之日施行。

民国元年三月十一日公布之《中华民国临时约法》,于本宪法施行之日废止。

中国国际法论

［日］今井嘉幸　著

　　整理者按：本书是今井嘉幸受聘北洋法政学堂期间，在公务之余"实地调查外权侵入之势"、"考察中国特种之对外关系"所写成。1914年3月由上海商务印书馆发行。1915年，本书日文版在日本以《支那国际法论》为题刊印。

　　本书为铅字印刷，正文共317页。封面从右至左有三行竖排文字，分别为"日本法学博士今井嘉幸原著"、"中国国际法论"、"上海商务印书馆发行"。

　　内容由绪论、结论和正文五编共同构成。今井在书中历数国际法在中国的沿革，并提出了"无条约时代"、"通商条约时代"、"特种条约时代"的时代划分。进而对外国裁判权、外国行政地域、外国裁判法规、民事裁判制度、裁判上之国际交涉等，分别加以详述，并在结论中提出了五点意见供当局者参考。

　　本书是为数不多的日本学者考察中国国际法问题的著作之一，特别是今井大力主张的"东洋提携"，更赋予了本书以特殊色彩。从中可以一窥以今井为代表的日本法学者，在中国国际法问题上持有的与欧洲学者所迥异的态度。

　　本次整理，原书注释均予保留。

原序

曩承恩师梅博士推荐,就聘于中国政府,赴任天津。公务暇,考查中国特种之对外关系,企成中国国际法之编著,而尽予毕生之事业。迩来复涉猎东西典籍,实地调查外权侵入之势,冀为本书助。虽然,求精反拙,多思成疑,今则就所见之稍确者而立稿焉。业半,会中国革命乱起,慨然投笔趋南。将发,以既成者托于亲友曰:"吾若不生还,请以为记念而传当世笃学之士。"及乱平,草《建国策》一编,呈于中国朝野之有力者,再从事前书。专心完成前日之企图,今幸得告成其一。回溯往事,感慨系之矣。虽然,本书内容中,关于外国行政地域部分,以予之寡闻,学者似尚未有所发表。若外国裁判权,当世仅论及一般之领事裁判权或治外法权,其涉于中国者略而不详。中国外国裁判与外国行政地域间之重要关系,亦等闲视之。故本著不得不先事事实之精查,继立独自之见解,虽不免妄断之讥,苟阅者谅其衷而嘉其一篑之绩,亦著者之荣也。

大正三年三月　著者识

凡例

一、本书主以中国本部及满洲为论究之范围,关于蒙古、西藏等,材料未易得。又蒙古一部之外,未有实地调查之机,期后日共他之问题并而补述之。

二、条约文仅以中国文引照,首尾恐难一贯。且中国文于法律语颇多不明之点,故务采用对手国之成文。(凡条文明白可查者,已译以汉文。译者注)①

三、西洋语之能化为日本语者,以汉字或平假名表之,其不然者,恐

---

① 原文如此。——整理者注

起不正确发音之误解,仍以罗马字表之。

四、凡注释,以细字加于各小段落之终,添以括弧,本文之侧,则加西洋小数字,以示同样之号数。

五、参考书及他引照材料,务揭于注释中,但始见时详记本名,以下则记略式。

六、左之略字,即所屡用者。

1. Foreign Jurisdiction Act, or F. J. A. = The Foreign Jurisdiction Act, 1880(53 & 54 Vict, c. 37).

2. China Order or C. O. = Order of His Majesty the King in Council for the Government of His Majesty' Subjects in China and Corea, 1904.

3. Konsulargerichtsbarkeits-Gesetz od. K. G. G Gesetz über die Konsulargerichtsbarkert, 1900.

4. Konsulargesetz = Gesetz, betreffend die Organisation der Bundeskonsulate sowie die Amtsrechte und Pflichten der Bundeskonsuln, 1870.

5. Edit, 1778 = Edit pertant règlement sur les fonctions judiciaires et de police qu' exrcent les consuls de France en Pays étrangers, 1778.

6. Loi, 1836 = Loi relative à la poursuite et au jugement des contraventions, délits et crimes commis par les francais dans les échells du Levant et de Barbarie, 1836.

七、"领事制",关于明治三十二年法律第七十号领事官职务。

八、"一八五八《天津条约》",西纪一千八百五十八年天津《英清条约》《天津日本规则》《天津日本专管租界规则书》。其他凡准之。

绪论(目一)

中国所以为今日世界外交上注目之中心点者,因各国于其领土内之权利而有各种之形体存在故也。由法律上观察之,构成中国国际法,即得明其特种之国际的地位。然此等利权中,最富于法律关系之内容而须精确研究者,厥惟以领事裁判权及租借制度为首。"领事裁判权"

一语,仅为从来之惯习,而于中国之现状尚难副其实,何则? 盖各国早不满意于在中国之领事裁判,而于主要处设正式裁判所,又遇或种类事件,令其就裁判于附近之殖民地或其本国,而不专任于在中国之自国领事。余等与其因裁判之机关而名之曰领事裁判权,宁注意其权利自体而称之为外国裁判权,由义务国言之,即任他国裁判权而行于自国之意也。由权利国言之,即行自国之裁判权于他国之意也。

领事裁判权为属人的观念,今日对于外人租界之外国行政权,为属地的关系,故行政权范围内之租界类似外国领土。但近时租界以外,尚有发生同样之关系者,如外人经营附属于或种铁道之地带,其一例也。余等于凡此地域,均谓之外国行政地域,但不包含学者所谓租借地,盖租借地即领土割让与否,姑不具论。事实上,租借国政治的设施毫不异于自己之领土,与前述第因行政关系而存属地的关系者,不可同年而语也。

外国裁判权与外国行政地域,有密接之关系。盖于中国所谓领事裁判及租界不第同其起源,且租界之行政权,依刑事裁判权之后援而发达。外国裁判权,亦依租界及其他外国行政地域内行政权之助力而行使。因之中国领事裁判制度生特种现象甚多,所宜注意也。虽外人有居住外国行政地域外,而外国裁判权亦行于其外者;中国人有居住其地域内而不服外国裁判权者,然外人以行政保护之便益,自然集合居住其内。是以两者苟去其一,影响必不少。吾人预测租界制度与在中国之领事裁判权,将来必永久同其运命耳。领事裁判制度,固令自国人民得享本国同等之恩泽,且于其国贸易之盛否,亦有莫大之关系。故欧美诸国,常注意及之。如中国之多乱,贸易上竟比较的平稳者,皆受外人行政权租界之赐,即租界之价值亦因之而起也。昔日长发之乱,今日革命之乱,人民不第逃入上海者之多,即商贾亦有移居于租界而作永久计者。是租界为外国贸易根据地外,又为中国内国贸易之枢要地也。若夫铁道附属地,固有关于铁道事业,而于政治上亦有可注意者。例如,俄人据哈尔滨以为东亚经略之策源地,历其地者,观彼市街经营之状况,未有不叹为第二莫斯科者也。

余等对于中国特有之国际司法及国际行政上问题,分为五编而详述之。第一,说明关于此问题沿革之概要;第二,由国际法上之见地,说明外国裁判权性质、范围之根本问题;第三,说明其裁判权活动之主要,及外国行政之地域。第四及第五,乃说明裁判权运用之状态,前者比较诸国之外国裁判制度而评论国内法的关系,后者对于其运用而论述中国及诸权利国间所发生国际的关系。大体之论旨,虽注重于裁判制度,而因与行政地域有指臂之关系,故及之而示一贯耳。

第一编　沿革论

第一章　无条约时代(目二)

第一、沿革之大势

中国自与欧美交通后,遭遇之战乱凡八:鸦片战、英法联合战、长发乱、清法战、日清战、北清事变、日俄战争及辛亥之革命乱是也。或为内乱,或为外战,或为他国间之交战场,种类虽不一,其战乱之结果要皆于诸外国之国际关系上起莫大之变动。然因之受无上之影响而定一国之运命者,以鸦片战及日清战两者为最,即前者为外权侵入之渐,后者为利权割据之始。外国裁判及外国行政地域之沿革,亦因此体例而分三大时期。先由交通之起源至千八百四十二年《南京条约》间,为第一期。此时殆无条约,无外国权力之可言,特事实上有少数地方可作外国裁判权支配地及外国行政地域观者,故吾人假名之曰无条约时代或无权时代。由《南京条约》至千八百九十五年《马关条约》为第二期,假定之曰通商条约时代或得权时代。各国于此半世纪内,依次与中国结通商条约而获得关于各种之权利,即完成本论所谓领事裁判权及租界之两制度也。第三期由《马关条约》及于今日,假定之曰特种条约时代或竞权时代,是各国对于中国强结特种的条约而演成利权割据之实,吾人之论题亦因之而得特种的资料耳。

第二、交通初期葡人之活动及其租界

中国陆路交通始于罗马交换使节及 Marco Polo 私人之来往,至清乃与俄罗斯交通。然著海上交通之先鞭者,实为葡萄牙人,盖葡人于千四百九十八年 Vasco da Gama 始开印度航路而握东洋贸易之霸权,以印度 Goa 为中心而开拓无数殖民地。千五百十七年率 Ferhao Fernão Perez Andrade 葡船及马来船八来广东,以举动文明而取信于官吏,乃得许通商于上川岛(即欧人所谓 John's Island)。后葡人之来航益多,其贸易区域渐扩张于北方,故其租界亦蔓延及于浙江、福建及广东之沿海也。

今此等故其租界,大半已不见其迹,然由各种之证据,犹得窥其大体。先就地方言之,今日之宁波、镇海、福州、泉州、厦门、上川岛、电白县、澳门等,葡人以之为租界而从事于贸易者不知凡几,其中以宁波为最。在住者一千二百,混血者三百,留寺院八所之记录,欧人称之为 Liampo,即宁波之转讹也。他若存于闽浙之沿岸者,因招中国人之恶感而废止,遂移于电白县即欧人所谓 Lompacao 者,后又见逐,以至限于澳门一隅。职是葡人乃通贿于中国官吏,施种种之手段而增大其权力以及于今日。

夫葡人于其租界,有如何之权力,颇难尽知。第就澳门之记录观之。其所行如何之自治权,而足招中国人之反感以至制限其权力者,不难推知之也。①

澳门岛当初由葡人以借晒遇险船货物之名义,赠贿于中国官吏而得赁借者,后日葡人之租界亦限于此处。然不第葡人已也,凡欧美人之来居住者,莫不藉此为口实。其结果乃非常繁盛,直迄于英领香港代为中国贸易中枢点之时。据千百三十年之记录,居住此地者,白人三千五百十一人,合其奴隶约五千人。中国政府于千五百七十三年,筑墙壁于半岛之咽喉部,与大陆分离,派特别之地方官吏治之。及千五百八十三年以来,使邻近知县管理其事。又设海关监督,掌税关(即所称之 Hoppo)。其他如裁判权,关于中国人事件,固归其管理,即外人之事件亦属之。例如千七百四十九年,中国人之已改宗者,犯罪潜入葡人之寺院,拒不交付,而中国官吏对之绝一切供给,将胁逐于域外,葡人乃从其请。又第十九世纪初叶,虽欧人杀害他欧人,亦必从中国官吏之裁判。他如市街家屋之建筑,亦难免其干涉。由是言之,当初葡人于澳门,殆无权力之可言,较今日各地方专管租

---

① Williams,the Middle Kingdom,vol. 11,p. 427,428,王之春《通商始末记》(旧名《国朝柔远记》)第三卷第 9 页参照。(本篇页下注均为原书注,下同。——整理者)

界,尤为可怜者也。然彼则乘机锐进,扶植势力,及鸦片战之秋,遂变
为今日之专管之租界,减其赁金一千两于半额以下,迄于今日,遂纯
然成为葡领矣。[①]

　　葡人之殖民政策,执武断主义,而守彼先说教后执剑之格言。彼等
于印度及南洋诸岛,据此方针而成功,于来中国之初,亦尝试之。例如
先登者 Fernão Perez de Audrade 之弟 Simon de Andrade,继兄逞其暴
行。又如航海者 Antonio de Frria,宁称为海贼首魁也。然以中国政府
之势威强大,葡人却因惯用之手段而遭失败。最初送于北京之使节
Thomé Pires,以间谍而返系狱于广东,又烧毁闽浙数多之租界。如在
Liampo 时,二万之耶稣教徒被杀(其中葡人八百)。虽葡人自招其尤,
而遗祸于他人为不浅也。夫中国人所谓红毛种,对于欧美人不设何等
区别,先入为主,固执成性,阻碍通商贸易之发展,不其大乎?[②]

　　第三、Canton Factories 及英人之经营

　　中国于清代,虽承认外国贸易,然十七八世纪时,外人来者日多,又
耳闻英国之侵略印度,故及十八世纪中叶,对于外国贸易加以非常制
限,通商场澳门外仅广东一所。[③] 其于广东商品之买卖,则限于受中国
政府特许之中国商人团(Co-hong)[④]。而外人之商店,不得越城外西南

----

　　① 印光任、张汝霖合撰《澳门记略》Morse, The International Relation of the China
Empire, p. 43-46.

　　② 西班牙于此时代所占领 Philippine,与中国人无直接关系,但夫中国人赴 Manila 地
方从事贸易者,皆受西人压制。彼等请求政府亦还施于居住之西人,是欧人所受中国人之虐
待,大都由己所取耳。荷兰人对于爪哇 Batania 首府广为经营,1622 年,以七舰队夺取澳门,
不果,折而据澎湖岛,后又移于台湾。当时此岛无所属,建设台湾府(今之台南)、基隆、淡水,
一以行之南洋之法,行于此地,斯时也。明清递嬗,亡命者络绎不绝。1631 年,郑成功率大军
入驱逐荷人,而荷人思复仇,不得偿,第助清覆郑氏厦门之根据,以泄其余愤而已。后为清有,
而荷人无再起之日矣。要之荷人对于中国,始终取温和之态度。自明及清,遣使者,进贡物
品,立军功,而贸易上无权利之可见,不过如朝鲜、琉球、安南等得朝贡之荣名已耳。

　　③ 《柔远记》雍正二年冬十月安置西洋人于广州之条:外来洋船向俱泊于近省黄浦地
方,来回输纳关税。臣思外洋远来贸易,宜使其怀德畏威。臣饬令洋船到日止,许正商数人与
行客公平交易,其余水手人等俱在船上等候,不得登岸行走,拨兵防卫看守,定于十一、十二两
月内,乘风信便利,将银货交清,遣令回国。则关税有益,而远人感慕亦不致别生事端,云云。
外人之居住限于澳门一所,因近于广东,即认广东为临时制限之通商地。

　　④ 1702 年,中国政府许一中国人与外人贸易之特权,此特权并得让与于他人。及 1765
年,以敕令定为 12 人,后加为 13 人,称此等中国商人曰 Hong(行),称彼等团体曰 Co-hong。
Co 字,殆为罗丁语源之集合,Co-hong 则由东西南语之合成而译为商人团也。

河岸之一小区域,此即所谓 Canton Factories 者。其面积仅为二十一Acres。而英、美、法、荷瑞典等之各 Factory,依次而列焉。即其家屋,亦非为外人所已有,以高赁而由如前述之中国商人团借入者也。因之外人,于其营业固受非常之束缚,而日常生活亦大感其不便也。[1] 今将当时所定规则,录之于左:

一、外国军舰在河外,不许入虎门镇以内;

二、妇人不许入租界,铳炮枪及其他一切武器,不许持入;

三、特许商人,不得负债于外人;

四、外国商人,不得使中国人为婢仆;

五、外人不得乘舆;

六、外人不得泛舟,一月第三日得散步于对岸之花园;

七、外人不得直接与官吏交涉,若遇必要时,须由特许商人代为请愿;

八、于租界外人,必受特许商人之制缚及其管理;

九、外人于贸易期间,不得留于商馆,货物卖毕后,须即归于本国或澳门。

要之广东商店,不过为澳门之季节的置办所。而外人在留者,限于冬季一时期。如前述之商业地区,殆不得谓外人之界,其女人之禁例,亦无有敢越之者。例如一千八百三十年四月,因三妇人访英人之商馆,乃逼英停止中国贸易,彼等即逃归澳门。又同年十一月,美国妇人于广东勾留数日,亦起同样之纷议。他若散步之际,制限一行人数外,更须服从于通译者之监督。[2] 以上数端,固不便利者也。而其中不便之尤者,外人不得直接交涉于官吏,而藉特许商为媒介,是外人不仅牺牲其一切,且因之无改良之余地也。

夫以 Factory 文字表明商店,即中国人所用商馆或洋楼之意,然此事不第中国为然,印度及南洋诸岛,又十二三世纪时地中海沿岸之亚非

---

[1]　Morse, International Relation, p. 69-71,参照。又《柔远记》乾隆二十四年之条曰,总督李侍尧因奏防范外夷五事:一、禁夷商在省住冬;二、夷人到粤,令寓居洋行管束;三、禁借外夷资本并雇佣汉人役使;四、禁外夷雇人传信息;五、夷船收泊黄埔,拨营员弹压。皆报可。

[2]　赴花园散步时,一组不得超十人以上,而于彼地饮酒及止宿事,均不许之。外人之滞在广东,以四十日以内为限。遇不得已事故而受特别许可者,准延期二三日。(Morse 前揭 p. 70,71。)

利加 Sarasen 人之领土内,亦皆见之。① 凡有他种人居住时,多划地绕以墙壁,由外人视之,知为防御之作用,由土人视之,实避外人侵入也。故商馆云者,与其注意于各家屋而以为一定之区域,宁名曰外人商区及异人街为愈也。旷观古来世界各地方,外人商区之政治组织,种类不一。有就裁判行政权等而许外人以属人的权利者,有事实上变为外国之领土者,有统属所在地官吏之管理者,又有渐次变迁而增大外人之权力者。因时而异,各不相同耳。泰西人之来于东洋,先泛求土人许以 Factory,其意盖不仅藉以为贸易之根据地,并思经略四方而为殖民政策之基础。如今日之 Goa,Batavia,Manila,Calcutta pondichery,皆其当时之遗物。然中国地大而富于排外思想,故 Factory 制度不见其盛,即于广东,已大异于澳门之自由也。② 虽然,至于后日澳门,则为列强租借地,而 Canton Factories 亦为今日于中国租界之渊源。是租界沿革史上,均不得等闲视之也。

感 Canton factory 制度之不便者,首推英人,盖英人于第十七世纪初叶,歼灭葡国之舰队于印度之沿海,而渐振其势力于东方。当初于中国贸易,屡为葡人所妨害。至一千六百八十四年,设 Factory 于广东,压倒葡人而握广东贸易之霸权。然如前述,葡人所受之制限,犹不得免,故英人乃百计而思达便利之途,始则借口进舰队而欲占领澳门,继于一千七百九十二年,派特使 Macartney 进贡北京,请求开港场于宁

---

① 起于中世纪亚非利加沿岸之 Factory,土人称为 Fundigus,Fondeges 或 Alfundege。欧洲人之 Genoa,Pisa 等自由市府之人民,设于第 12 世纪至 15 世纪间,其起源为宗教之观念,而混入基教人于回教徒中。但不第妨害于回教,且恐生各种之纷争,而于此时代为贸易之利益,乃计趋利避害,划或地域而居住欧人,外则绕以墙壁,分离市之他部,其城门则朝夕开闭之。欧人于其内享乐自治政,有信仰之自由,经营商业,土人亦入而贸易。土人不仅以此为便,且以收税之目的,颇致欢迎。如建物之设立维持,却归土人之负担,而不知欧人之聪明,正缘此而方求扩张耳。(H. Skerst 独译 F. Marteus, Das consularwesen und die Consular jurisdiction in Orient,S,157,158.)

② Williams Kingdom, Vol, 11. p. 407 中,有下述之论文,中国及日本与欧人交通而失其领土,因鉴于印度、爪哇等之覆辙,绝其交通,然实与彼等以自全之策,何则? 当时欧人以异教徒之领土皆应属于法皇,而以收其时效,为彼等之义务。若中国及日本政府不加以制限,而无限收容之,恐其领土早遭彼等之蹂躏。是当时之作用,虽似为过虑,然一息其警戒,必致遗永久之祸也。

波、天津地方而设 Factory，又请求得珠山之小岛如澳门，不果。① 夫此时英国之中国贸易，属于东印度会社独占，英本国非难之声渐高，乃于一千八百三十四年，全废止其特权，派遣 Lord Napier 来华，为一般英商之贸易监督长官。更直入广东，上书总督而请谒见，不依从来由特许商介绍之制限。然因通告书不合请愿之形式，乃遭中国官吏之严拒。②迩来数年因纷纭难解，遂不与中国官吏开正式之交涉，而为鸦片战争。故鸦片战争之原因，实不在于鸦片，而其主目的在于胁中国政府改去所加于 Factory 种种之制限已也。③④

第四、外国裁判权问题

交通初期，关于裁判权问题，国际纷议不一。先就刑事上如杀人罪重大事件起之，他若民事，不第依和解或仲裁方法解决之。而于广东为中国特许商势力所左右，即刑事之轻微者，亦依赔偿方法，所谓示谈而解决是也。葡人虽始终努力思得裁判权，然如 Simon de Andrade 来上川岛，先因行刑事裁判权而受中国人之反对，又于澳门，亦因此而生纷议，竟不得达其目的。英人虽与台湾郑氏缔结有利之通商条约，规定如今日之领事裁判权，⑤然不久即归于消灭。此变例除如后述俄国之陆

---

① Macartney 使节派遣之目的，虽为贸易之改良，然于此时之司法问题，实足令英政府注意者也。盖 1799 年时，Co-hong 之过债问题。（目二八参照）。1784 年时，后述之 Lady Hughes 号炮手事件。又 1781 年，对于英人 Captain M'clary 捕获兰船，东印度会社不能加以制裁。故必设立确实之制度。（Williams 前揭 p. 45）至于 Macartney 之要求及中国侧之答辩，可参照《通商始末记》第六卷第 1 页至第 3 页。

② Co-hong 不第为 Monopoly 所有，即如英国之东印度会社，亦有中国贸易之 Monopoly，故中国贸易统为特许者间之买卖，即会社置 Taipan（大班），监督贸易事务，对于 Co-hong 负责任。Co-hong 对于外人之行为而负责于中国政府。然中国政府因英国主张废特许制度，当局者大起恐怖，不承认所谓贸易监督官（superintendent），凡贸易非如前述之制度不可。

③ John Quincy Adams 氏有滑稽之言曰："Its Cause was not opium but a pin." 即 ping 中国语之禀，请愿之意也。（W. A. D. Martin, The Awakening of China p. 153）

④ 法国之船航，1660 年来 Canton，1728 年设法国之 Factory，其贸易以本国适有事故，未能繁盛。美国之船舶，1784 年始来航，虽较迟而以贸易上已无 Monopoly 制度，不久即隆盛。

⑤ 依此条约，英人无论住居何地，凡王之使用品及米之输入，不收关税。其他物品之输入，卖却后课百分之三，输出则无何等之关税，又英人对于中国人诉讼，王裁判之。中国人之对于英人诉讼，英人之大班 Supercage 为裁判官。Willaims 前揭 p. 445，M. Von Brandt, China und seins Handelsbezvekungen Zim Ausloncle. S. T. 参照。

上变例外，欧美人于交通初期，不能有何等之裁判权，且于此时服从中国裁判权之实例，不遑枚举。今以其著明者举之。①②

Success 船员事件（关于法国之先例）

一千七百八十年于广东，英船 Success 号水夫法人为英船 Stormont 号水夫葡人攻击而互争斗，杀害之。法人乃逃入法国领事馆（无中国之承认，仅自称而已）潜伏不出，然中国官吏求犯人之引渡，法领事鉴于千七百五十四年，因不交付英人杀害之自国人而停止法国贸易事，乃应其请。未几中国官吏奉命斩首于公众前。是欧美人间之事件，受中国官吏之惨刑处分，而为一般所非难者也。

Lady Hughes 号炮手事件（关于英国之先例）

一千七百八十四年，于广东海边英船放礼炮时，其炮手误留实弹，因发火而死一中国人。中国官吏主张求交出炮手而问其死罪，然英人以不明炮手为何人，不应。中国警察官捕其船长 Smith 氏，押送城内，英、法、荷、丹、美各国商人，为风闻氏于城内虽不受虐待，中国官吏意见，谓自己船内之事件，氏必负其责。若船长之监禁无效时，当更捕东印度会社支店长，乃议由黄埔碇泊之诸船舶招轻舟，武装而为自卫租界之计。然中国官吏亦恐成大事，使使者宣言捕 Smith 氏不外谋事件审理之便，并附言 Smith 氏亦述及送炮手于中国官吏之审理。于是英人乃谕炮手单身入城，其结果船长 Smith 氏释归，而炮手监禁不逾六周，即遭极刑矣。夫此事不经何等之审理，且是否已早奉皇帝之敕命，亦在不可知之数，但依于实际之中国法言之，诚可谓无价之极刑也。

Terranova 事件（关于美国之先例）

一千八百二十一年，美船 Emily 号之水夫名 Terranova 者，由船中投土器，误落于其旁小舟之中国妇人首，不幸致死。中国官吏求其水夫之引渡，美人不应之，乃停止美国贸易。以是美少让步，承认中国官吏于其船会同审理。其结果水夫则受有罪之宣言，而锁于船中。然不交

①　如 Defence 号事件（1689）、Cadogan 号事件（1721）、King George 号事件（1722）、英佛水夫黄埔争斗事件（1754）、Francis Scatt 事件（1773）、Madrus 舰事件（1800）、Meptune 号事件（1807）、Duke of York 号事件（1820）、Lady Melville 号事件（1821）、Earl of Balearras 号事件（1824）等皆其例也。

②　Sargant, Anglo-Chinese Commerce Diplomacy, p. 8, 25, 26, 前揭, p. 450-462; Morse, International Relation, pp. 100-117.

出犹不见贸易停止之解除。不得已,遂引渡之,遂于二十四时间内斩首,归其遗骸于美船。而美国之贸易始仍其旧。际此事件,美人之当局者为 We are bound to submit to your laws when we are on your waters; be they ever so unjust, we will not resist them 之宣言。是正所谓领事裁判权不在之证言也。

　　然一方往往有反对之先例,于澳门则与葡人同,而于广东方面,则英人力免受中国裁判权。例如一千八百十年,英船 Royal George 号之水夫,为中国人猝毙而受嫌疑,物议大起。然卒立若发见犯人则依英法处罚之条件,无事而出帆。又一千八百二十一年,英舰 Topaze 号之水兵一群,受土民之袭击于伶仃岛海岸,为防御而毙中国人二。中国官吏要求英人二名之交付,英舰不应之,立向澳门而去。夫此等先例,英人于澳门受中国官吏处刑之事,为之中止。其最后之例,葡人之黑奴杀害中国人,不交付于中国官吏而自处分之。故迩来泰西人于澳门,不闻有服从于中国刑罚权者也。即英国如左记之事件以来,无论何事,皆得免中国裁判权之干涉。

　　一千八百三十年,荷兰船长为英国保护民 Parsees 人三名杀害,英国东印度会社虽认彼等为有罪,而以中国官吏为无审理权拒其交付。广东总督援一千七百八十年先例要求之,而英人允置留此等犯人于 canton factory 会社委员,以英法审理之。若无罪时,委员会开示其理由于中国官吏;若有罪时,则请中国官吏赴 factory 而监示其处罚。然会社委员会,以无关于中国人事件,则不容其有置喙之理,即委员自身亦无裁判之权,乃移送于印度孟买,而免其干涉。此事中国官吏既无所争,而委员间亦得息其纷议。①

　　要之,西人由南方海上来者,其交通之初,大约三世纪间,尚未得所谓领事裁判权,盖彼等于土耳其方面,虽力谋所为,而于中国,则因恐停止贸易,终难大遑其志。是彼等于土耳其以受土国裁判,为沐回教法之恩惠,而不谓为主权者,而亦能乘宗教上之观念,尚得饰辞,以脱其政府之裁判权。至于中国则异是。如及十九世纪之初叶,始渐致领事裁判权之惯例,故于土耳其依条约上之明文而扩张事实上之惯例。而于中

---

①　Sargent 前揭 p. 36、37.

国,则不过依事实上之惯例而生发展此制度之倾向已也。①② 一千八百三十九年,林则徐督广东,严禁鸦片,凡输入者捕而处以严罚。外人因蔑视其依事实上惯例所获得之裁判权,大鸣不平。而林氏置不问,行之如故。于是此事不第为鸦片之问题,并为外人既占司法上地位之危机。

第五、北方陆上俄国之变例

俄国 Ivan 四世利用哈萨克人,侵略西比利亚,及第十七世纪中叶,渐及于黑龙江畔。清亦新兴,平吴三桂之乱而威震四方,北方则时与俄起冲突焉。一千六百八十七年(康熙二十八年),两国使节会合于尼布楚,定两国之国境问题,定为《尼布楚条约》,或称为《Nerchinsk 条约》,即中国及泰西间最初之条约也。次两国为恰克图方面定国境问题,于千七百二十七年结《恰克图条约》。又于千七百六十八年,依恰克图追加条款补充之。此三则实鸦片战前无条约时代之例外。夫条约之目的,虽在于国境之确定,然亦包含关于通商之事项。故此条约为中国最初之条约,同时亦为最初之通商条约也。关于《尼布楚条约》及《第一恰克图条约》贸易居住之规定,列之于左。

> 今既永相和好,以后一切行李,有准令往来文票者,许其贸易不禁(《尼布楚》第六条)。

> 从来我国所有俄罗斯之人,及俄罗斯所有我国之人,仍留如旧,不必遣回,有逃亡者不许收留,行即送还(同第五条)。③

> 按照所议,准其两国通商。其人数仍照原定,不得过二百人,每间三年进京一次。两国通商外,有因在两国交通处行零星贸易者,在色楞额之恰克图、尼布楚之本地,择好地建盖房屋。情愿前往贸易者,准其贸易,周围墙垣、栅子,酌量建造,亦毋庸取税,均指令由正道通行走,倘或绕道或有往他处贸易者,将其货物入官(《恰

---

① 3&4 will. IV, c. 93, 96 之下。1833 年十二月三日敕令出,其中定设英国之刑事及海事裁判所于广东,令贸易监督长官行其裁判权。后 1836 年,延及澳门与伶仃。

② 其于民事,英人一面亦直至 1841 年,其裁判权全被否认,其例如 Turner & Co. 对于 Keating 氏有 300 元债权,诉于贸易监督官,而监督官以不得裁判故,暂以会社之金代之。后日令 Keating 氏支还此金。氏以无裁判权理由拒之,然终以己之所负故,即偿还之。

③ 此条约之条文之顺序及内客,各不同一。今所揭者,据《中俄约会章》所载。

克图》第四条)①。

然千八百六年俄国商船,由南方到广东,中国政府以开其陆路交通之故,而却拒其海上之通商。俄国遂不得加于 Canton factory 之列②,亦可见中国之不喜南来之客也。是殆如前述对于葡人事件所生之感触,并实际上突见他人直驶逼其要部,故更注意于国防上之危险也。

如前述三则中,尚有关于刑事问题者之所定,见为所谓领事裁判制度明约之先驱。

《尼布楚条约》第四条曰:

> 两国猎户人等,毋许越界,如有一二小人,擅自越界捕猎偷盗者,即行擒拿送所在官司,准所犯轻重惩处。若干数相聚持械捕猎、杀人抢掠者,必奏闻,即行就地正法。虽有一二人犯禁,彼此仍相和好,毋起衅端。

《恰克图条约》尚有详细之内容,其第十条曰:

> 西国嗣后于所属之人,有逃走者,于拿获地即行正法。如有持械越境,杀人行窃者,亦照此正法。如无文据而持械越境,虽未杀人行窃,亦酌量治罪。军人逃走,或携主人之物逃走者,于拿获地方,中国之人斩,俄国之人绞,其物仍给原主。如越境偷窃驼只牲畜者,一经拿获,交该头人治罪,其罪初犯者,估其所盗之物价值,罚取十倍;再犯者罚取二十倍;三次犯者斩。凡边界附近打猎,因图便宜,在他人之处偷打,除将其物入官外,亦治其罪。均照俄使所议。

本条犹以《恰克图追加条款》补充之。对于搜查逮捕所罚,更有详细之规定,如不得捉拿犯人时,两国官吏须协议助力;当事务官吏而不尽职时,加罚金之制裁;以被害价格若干倍为准。

---

① 《恰克图》第五条载:"在京之俄馆,嗣后仅准来京之俄人居住。俄使请造庙宇,中国办理俄事大臣等,帮助于俄馆盖庙。现在住京喇嘛一人,复补遣三人,于此庙居住。俄人照伊规矩,礼佛念经,不得阻止。"

② 王之春《国朝柔远记》第六卷,嘉庆十二年冬十二月,禁俄罗斯商船来粤互市之条谓:"俄罗斯向例只准在恰克图地方通市贸易,本有一定界限。今该国商船驶至粤东,请越关卸货,自应照例驳回(中略)。嗣后遇有该国商船来粤贸易者,惟当严行驳回,毋得擅准起卸货物,以照定制。"

要之,其规定不出于所谓关于马贼及家畜盗罪之范围,亦为承认一种之外国裁判权,即俄人于中国领土内犯罪时,中国官吏捕之,交付于国境之俄国官吏而处罚之。又俄国领土内有中国人犯罪时,俄国官吏亦交付于中国官吏而处罚之。其裁判机关不存于犯罪地而存于犯人之本国内。虽然,犯人之起于外国事件而归其本国裁判者,是亦入于外国裁判权之观念中。今日之所谓领事裁判制度内对于或种事件,亦有同样者,详说于后。又当时之制度,两国立于同等之地位,尤不可不注意及之,即俄国对于中国有领事裁判权,而中国对于俄国,亦无所异,故学者谓双方的或双务的领事裁判权。中国后日与日本及朝鲜结之,而与俄国之关系,至一千八百五十八年《天津条约》时犹持续者也。

第二章　通商条约时代(目三)

第一、鸦片战后之条约

鸦片战争者,中国从来对外关系变更之时代也。此战争之结果,中国与英结一千八百四十二年之《南京条约》,及其翌年之《虎门镇条约》,以香港之割让、开放门户而与以贸易上之利益焉。次于英而占重要之地位者为美、法两国,亦起而争贸易上之利益,以结翌年之《美清条约》及《法清条约》。最初之《南京条约》,不过以战争之结局及其直接之效果为目的,今则以条约为前提,而依他之三条约所定,故 Morse 氏言:"以历史眼观之,此四条约宁以一条约解之。[①] 在英清《虎门镇条约》第八条规定最惠国条款,《美清条约》第二条及《法清条约》第六条,亦加入之。而于通商上之点,不得不为同一之内容。若外国裁判权及租界制度之两事项,亦解为入其范围内而受此条款之适用。今后与各国所结之条约,多有此条款。故吾人关于此项沿革研究之论题,大得其便宜耳。"

《南京条约》已含关系于租界问题之规定,其第二条则如左之文句:

一、自今以后,大皇帝恩准英国人民带回所属家眷,寄居沿海之广州、福州、厦门、宁波、上海等五处港口,贸易通商无碍。英国君主派设

---

① Morse,International Relation,p. 294.

领事、管事等官，住该五处城邑，专理商贾事宜，与各该地方官公文往来，令英人按照下条开叙之例，清楚交纳货税、钞饷等费。

前仅于广东一港认为通商之地，今则以广东、厦门、福州、宁波及上海之五地为商埠，外人于此等诸市府有自由居住、贸易之权。其所云居住、贸易意义内，当然解为取得土地或赁借、建筑家屋，又买得既设之家屋或赁借，又得为礼拜堂、其他日常生活必要上之设备。顾虽泛定外人居住、营业之所，而不指定地点，故于此等市府内，有任意选定地点之权，然或因之土民间有所纷议，或取得时感其困难，故便宜上，大率依双方官吏之协议结果，指定地点以充外人之使用。此等关系，《法清条约》第六款，最能表明之。

中国多添数港，准令通商，屡试屡验，实为近时切要。因此议定将广东之琼州、潮州，福建之台湾、淡水，山东之登州，江南之江宁六口，与通商之广东、福州、厦门、宁波、上海五口，准令通市无异。其江宁俟官兵将匪徒剿灭后，大法国官员方准本国人领执照前往通商。

此地域即为今日之租界，而外人渐次于其他地域内排斥中国之干涉，扶植今日自国之行政权，而为外国行政地域。故中国开港史，一面乃构成租界发达史，从而吾人以下不得不详述中国各地商埠增加之迹矣。

裁判权之问题，最初于 Palmerston 卿之原案，有详细规定，然于英国之条约，不直接表及之，而标准于美国及法国之条约所规定。[1]其中刑事裁判权《法清条约》第二十七条，最为明了，足扫从来之争议。[2]曰：

————————

① Palmerston 卿之草案第七条规定，设英法庭于中国，且为 And, in general, causes and suits in which British subjects in China shall be defendants, shall be tried by the above-named tribunals. 全权 Captain Elliot 氏分交涉为二，其方针先主香港之割让等，通商上细则欲俟之次回之条约。是以 Palmerston 案，不见于《南京条约》。又虽于《虎门条约》，仅将领事裁判权间接规定之而已。后因美德条约所规定，援最惠条款，遂得均沾之。

② 英国虽不顾无中国之承认，而主张对于自国人之刑事裁判权。美国则如前述之 Tarauova 事件，已明承认中国之裁判权。然此条约中，美全权委员 Caleb Cushing，偶起而对于 Brandywina 号事件破其前例，即美船同号之水夫在广东上陆，揭其旗于花园之美领事馆前，人民大愤根，美人花园散步中，乃遇暴民之逆击，为防御故而杀中国人一。中国官吏求犯人之交付，Cushing 氏拒之，附六人之 Jury，开美国法庭，以正当防卫之理由，判为无罪，且宣告为将来之先例，而明定于条约焉。际此，观 Cushing 氏送于广东自国领事之书信，略谓领事裁判存于回教国，不外基于宗教文化之异同，自亦可移用于中国。Morse 前揭 pp. 327-329 参照。

一、大合众国民人在中国通商各港口，自因财产涉讼，由本国领事等官讯明办理。若大合众国民人在中国与别国贸易之人因事争论者，应听两造查照各本国所立条约办理，中国官员不得过问。

此等之条约，于从来未生问题之民事问题，外人亦渐期解决。《美清条约》第二十七条前半，先就美人间之事件规定曰：

一、大合众国民人在中国通商各港口自因财产涉讼，由本国领事等官讯明办理。

次美人与中国人间之事件，第二十八条末段规定之曰："倘遇有中国人与大合众国人因事相争，不能以和平调处者，即须两国官员查明，公议察夺。"又美人与第三国人间之事件，第二十七条后半，有如左之规定："若大合众国民人在中国与别国贸易之人因事争论者，应听两造查照各本国所立条约办理，中国官员不得过问。"

要之，欧美诸国于无条约时代，依事实上之惯例而有所取得。最近以中国官吏所蹂躏，乃藉条约之明文，明确解决之。而北方与俄国之条约，亦非狭隘，视土耳其与诸国间所存诸国 Stipulations 之表示，更见明白，所为网罗列举之事件，尤广泛矣。

然关于民事之异国籍人间事件，规定不完全应居于何国之裁判管辖，亦无所定一方为中国人者，虽有规定，而所规定者，殆偏于裁判外之调停，此等皆必俟后日之条约或惯例所定也。

第二、英法联合战后之条约

英法联合战直接之动机，为对于英船 Arrow 号之暴行及法宣教师père Chapdelaine 之虐杀，而其真原因犹在于他，即外国欲藉以改正既满期之条约，而增进贸易上之地位也。[①] 故英法联盟与中国见以干戈，美则以平和的方法周旋其间，俄之使节亦南下而效法焉。其结果遂与四国，于一千八百五十八年在天津，又于翌年在北京缔结各条约。尔来其他欧美诸国，亦标准之而渐次缔结通商条约矣。

裁判制度，美法两国袭用鸦片战争条约所定之条目，无所变化。但英国之《天津条约》就英人与中国人间之事件，加左之新条目（第十

---

① 1844 年美及法之条约，期限 12 年，至 1856 年改正之。英条约无此种规定，因最惠款之效力，同一期限可解 1854 年满期，三国代表意见一致，取同一办法，先求广东总督，次及南京总督，俱以无理由拒之，乃进军舰白河口，见中国不第不从其求，并无改正之意思，遂致用武力矣。

七条）：

　　一、凡英国民人控告中国民人事件，应先赴领事官衙门投禀，领事官即当查明根由，先行劝息，使不成讼。中国民人有赴领事官告英国民人者，领事亦应一体劝息，间有不能劝息者，即由中国地方官与领事官会同审办，公平讯断。

　　此规定后，诸国之条约文中，多准是加入。美、法相去不远，解双方官吏立会为正式之裁判，而其文面法庭果在何国，颇不明了。亦有解为凡法庭事件，不问被告为英人抑中国人，悉用英国法庭，而由中国官吏陪审者。但于实际不拘此等条约之如何，异国籍人间之事件，其性质上渐趋为被告主义，归其自国裁判管辖，惟中国人为被告之事件发生，皆由中国官吏审判，而原告人籍贯国之官吏，则立会监视焉。[1]

　　立会裁判，本仅于民事案件有此规定而已。英清《天津条约》第十六条之中国文，对于刑事亦有承认之句曰："英国民人有犯事者，由英国惩办。中国人欺凌扰害英民，皆由中国地方自行惩办。两国交涉事件，彼此均须会同公平审断，以昭平允。"

　　然于英文"两国交涉事件云云"，不见相当之文句。盖中国法制于民、刑事无所区别，民事之裁判既有立会之约，而刑事则不妨照例许之。不知刑事之被害者，非若民事原告，就裁判结果与被告立于利害相反之地位者。故对于刑事无混合的裁判，实无必要。观埃及之事可以明矣。然外人依此中国条约文，主张刑事之会审，而实际之惯例，仅对于中国人为被告而归中国法庭审判时，由外国派员立会。反之，外人为被告而归于外国法庭审判时则不然。于是会审制度，在中国民遂成刑事共通之问题矣。

　　英法联合战后之条约，所得定裁判关系之利益，犹不如增加商埠利益之大也。即外国使节北京驻在之问题及扬子江流域与北方中国之开放，为条约改正之主要目的也。一千八百五十八年十一月英使 Elgin 为选择开放地点，发上海，十二月六日抵汉口，其结果选定镇江、南京、九江及汉口。在《天津条约》，则定北方之牛庄、登州为商埠。后《北京条约》亦开放天津，至于南方之汕头、台湾府及淡水诸地，事实上本为私

---

　　[1]　异国籍权利国人间之民事，始本由双方国家裁判，后渐向被告主义。Morse, International Relation, p. 564, 565 参照。

行贸易之所，今则依《天津条约》公然承认外，更加海南岛之琼州，变从来之五港为十六港矣。其中汉口及九江，延期至发乱镇定时；南京实际至一千八百九十八年，犹未开港；琼州至一千八百七十六年始开；又登州以不便故，后变更为今日之芝罘。

又，天津及北京条约，不仅迫开此等之商埠，于特种意义之下，殆可谓为中国全土之开放。盖本来所许宣教师、探险家所入之地点，表面上不过在商埠周围短距离间（一千八百四十三年，《英清条约》第六条、翌年《法清条约》第二十三条）。然今之《天津条约》，认外人携带自国领事所发给之旅行证书者，得任意通行。[1] 又至《北京条约》，许法因传道之自由，凡法宣教师无论于何地，得以传道而租借或购买土地建设家屋。[2] 此条目后日一千九百三年《美清新通商条约》第十四条实现之。以是他国亦效尤焉。宗教之根据地，既散在全国，其结果扩大外国裁判权之区域，而几遍其全国矣。

第三、长发乱之影响

越英法联合战几二十年，而长发乱起矣。此虽为中国国内的关系，而南方几有一时为新国家之观，对外关系所及之影响甚少。以是懈于防外，而致使英、法之易成功耳。又使诸国一般于条约上取得确实之地位，而事实上又得明文以上之惯例，其中蒙大影响者为上海。关于吾人所论之事项，有左之种种变迁矣。

（一）确立租界中立之原则

上海未归洪秀全等手，惟刘丽川徒于一千八百五十三年九月据城内中国市街，一年有半。此时外国宣言中立，租界凡官、叛两军均不得以之为攻击防御之用，以欲贯彻此主张。外国水兵上陆，租界外人亦组织义勇队援助之。然其后法以特别之事由，援官军攻击之，放逐彼等。

① 发见携带证明书者犯罪时，及不带证明书之外人时，不得虐待之，送于最近之其国领事馆。又由开港地百华里（33 Miles）以内，无旅行证明书，得通行之。英国之条约第十二条言明，有 At the ports or at other places 之居住权。夫 At other places 之字，颇不明了，外人或主张为中国内地全部之开放，未见此当。其真意为避狭义解释，为限于商埠市街或租界云云。故附加此语。Sargent, Anglo-Chinese Commerce and Diplomacy, p. 155,156 参照。

② 此条款法文故不揭之，在中国文，则附加"并任法国教士，各省租买田地建造自便"之文句，与 1903 年《美清上海通商条约》第十四条之末段所言之"美国教会准在中国各处租赁及永租房屋地基，作为教会公产，以备传教之用。俟地方官查明地契妥当盖印后，该教士方能自行建造合宜房屋，以行善事。"同其〈趣〉旨。

虽有此种事变,然租界不可侵之原则,终从此而确立。①

（二）上海租界许中国人之居住

上海租界为外人之专用地域,而不许一般中国人所居住。发乱时,中国人来避难者,不知凡几,势不能抑,即由人道主义论之,亦不得固守从来之主义。遂依千八百五十四年之 Land Regulations,公认中国人之居住,积渐繁盛,而至于今日。及乱平,中国人相率而去,市街亦顿异前态,以是外人益欢迎中国人之居住。顾今日上海租界之繁盛,实发乱一战所成也。

（三）发达上海租界行政制度

上海受发乱之影响,事实上甚为微弱。而法律上见之,其租界制度因而大备。盖际此危急之秋,国权之全部悉行中止,各国领事乃共通执行租界行政。城内恢复后,亦常此不变。而租界自治制度,乃日臻完美（本目第七参照）。即上海租界之国际关系,亦多确定于此时。

（四）开现税关制度之端

中国之海关,因鸦片战后之条约,定从价五分之输入税,又因联合战后之条约,加所谓二分五厘之子口半税,对于外品而免除一切之内地税。此等收税官吏,皆为中国人。而非难之声纷起,如上海则因此次之乱,关税无官吏管理之故,外国领事协议之下,而于英人 Wade 氏外选二名摄任其事。及乱平,中国政府喜其成绩之美,不第令外人引续管理之,更扩张及于他方,多聘用外人而为其指挥者（Robert Hart）。如今日之税关制度,亦因是而成之也。

（五）立上海会审制度之基础

上海租界之许住中国人,已如上述。至于其裁判权,英、法、美领事定为凡警察犯及犯轻罪者,由领事处分之。其犯重罪者,预审后乃交付于中国官吏之惯例。而一方于诸国之条约中,亦存立会裁判之明文。以是常设会审公堂于上海租界内,而审判其内中国人为被告一切之民、刑事,即原被告俱为中国人。除民事外,外国官吏亦为裁判之陪席者,如同治七年《上海洋泾浜设官会审章程》(Rules for the mixed court of

---

① 外人对于上海之乱徒,始即摈斥之。盖彼等任意妄为,而无一定之目的也。法国尤以乱徒为新教主义之故,更不悦之。惟因其租界接近中国街,恐遭波及,乃于 1854 年十二月,Admiral Loguerre 法意援助政府军,驱逐乱徒,城内因是肃清。Boulger, the History of China, vol. 11, p. 244-245 参照。

Shanghai,1896）是也。

外人之对于发乱，始本表同情，如英香港太守 Bonham，访首魁天王于南京城，即可见之。后因彼等之行动，实暴乱无宗，乃一变其态度，令英将 Gordon 率所谓常胜军助官军而勘定之。夫英人经二大战役而并吞香港九龙，今亦因此大功，对于清则恩威愈加，而以为外交上最有力之基础。要之，裁判制度及租界之发展，并其他贸易上之利权，而以英人之功为最。故对于此等制度，英国常占胜筹，亦当然之势也。[①]

第四、《芝罘条约》

千八百七十六年《芝罘条约》之由来，非战争之结果。盖英国派遣视察云南之自国人 margary 被杀，而英则以威压之故态，表示战端开始之意。清廷震骇，乃缔结此约而与以贸易上伟大之利益。其中扬子江之开放，更为其主要之功绩。故宣言于扬子江则宜昌、芜湖为通商场，于海岸则温州及北海为通商场，他如四川之重庆，则议定待汽船全通江之日开埠。际此英官吏得常驻此地而调查蜀地之商况。又大通、安庆、湖口、武穴、沙市各地虽未为商埠，而亦承认其汽船得停泊，乘客及货物得登岸者也。英领事以此次之商埠，同于前述之商埠，乃与外国领事共同商议而协定外人租界之区域，又誓约凡对商埠之外国人租界，免除其厘金。由是言之，中国政府之于租界，既抛弃税权之一种，于租界行政关系上，亦为一极可注目之事项也。（《芝罘条约》第三章第一项及第二项参照）

裁判制度之问题，大体备于鸦片、联合两战之条约。其不足者，以自然之惯例补之。如前述上海地方所设之会审裁判所，他方亦有仿效之风，惟中国人与权利国人间之事件，其一般共通之规定，尚未备于明文。故英则利用此机会而图定关于所谓会审之意义。同条约第二章第三项曰：

一、凡遇内地各省地方或通商口岸，有关系英人命盗案件，议由英国大臣派员前往该处观审。此事应先声叙明白，庶免日后彼此另有异辞。威大臣即将前情备文照会，请由总理衙门照复以将来照办缘由，声明备案。

---

① 考 1864 年之贸易额，除英国外，而诸外国之全额，不及英十分之一。F. H. Parker, China her History,Diplomacy and Commerce,p. 103 参照。

以上所云,结果乃明显《天津条约》第十六条"会同"之意义。盖《天津条约》第十六条本为关于刑事之规定,而"会同审办"之文字,则在于第十七条关于民事之条目中亦有之。但中国民、刑事有共通之观念,已如前述,故此《芝罘条约》虽引用刑事之前条约文,而于其文体宁谓之似关于民事者。余辈亦以适用于民、刑事会审之双方者解之。其从来问题,如不明法庭之在何国,及适用法规之如何者,至此均为冰释。惟其审理之方法,尚未完全。直至千八百八十年《美清通商条约》第四条,始有近于理想之解决。然以双方条约文不一致之故,中国人乃于革命战前利权收回论方炽之时,遂起观审问题之会议。《美清条约》之明文,当详细评论于后章《观审》题目下。(目二七第一参照)

第五、清法战后之条约

清法战争之结果,见于千八百八十五年之《天津条约》。翌年之所谓《Cogordon 条约》及再翌年之追加条约,因此等条约而安南则离中国之主权矣,云南、广西则开放矣。政治上固大有注目之所在,而吾人论题之事项,影响尚不觉其大耳。盖其于《天津条约》,先开放老开及谅山两地(第五条)。于追加条约,以蒙自、蛮毛及龙州之三地为通商场。又法以开放安南之河内及海防之条,而约中国亦开放云南及广西之首府(第二条)。夫开放地之由来,一方原于外人租界,然此独不同,且宣言实为陆路通商之故,并非仿上海及其他之例,设立租界焉(总理衙门照会法使公文中之一节)。

《Cogordon 条约》为规定国境地方之裁判制度。先是法国保护安南,凡国际司法关系,安南人与法人立于同等之地位。法人或安南人于中国领土内犯罪时,依千八百五十八年《天津条约》之例处断。至于民事,若处理法人或安南人与中国人间之事件,特于老开及谅山之两地设混合裁判所,由清、法两国之官吏审判之。由此文面观之,第云此等国人间之事件,而中国人之原、被告不分言之,与如上海之第中国人为被告时,而由外国侧送陪审官者,大异其趣旨也。然后此两地编入法国之领土,乃脱外国裁判权问题之范围(第十六条)。

又吾人对于《天津条约》所最宜注意者,即第七条是也。原文为中国决意敷设铁道时,其工事必委任于法国,而法政府为得必要之人于法国,务以最便宜之法行之,但是不得解为法之独占特权。日清战后,法直提议此条文,今日激烈之铁道竞争之导线,实系于此。

第六、权利国之增加

吾人之所谓得权时代而最早获得贸易上之利权者,厥推为英,美、法次之。盖于联合战前,而中国外交殆为英、法、美三国之舞台,第瑞典通商条约(千八百四十七年)之特例,不见诸他国条约。例如比利时求交约,以小国故轻视之,第以上谕准美、法例而许其通商,其他诸国亦甘于同等之待遇,而无条约者也。然当鸦片之战,俄先加入,马蹄车迹蹂躏京城,而以挫中国人自尊之心,以致千八百六十一年结普鲁士之通商条约,而至于与左记诸国各缔结条约耳。

普鲁士　千八百六十一年(《天津条约》)

丹麦　千八百六十三年(《北京条约》)

荷兰　千八百六十三年(《天津条约》)

西班牙　千八百六十四年(《天津条约》)

比利时　千八百六十五年(《北京条约》)

意大利　千八百六十六年(《天津条约》)

奥大利、匈牙利　千八百六十九年(《北京条约》)

日本　千八百七十一年(《天津条约》)

秘鲁　千八百七十四年(《天津条约》)

巴西　千八百八十年(《天津条约》)

朝鲜　千八百八十二年(《仁川条约》)

葡萄牙　千八百八十七年(《北京条约》)

墨西哥　千八百九十年(《华盛顿条约》)

凡此等条约,除日本及朝鲜外,多依特别之规定或最惠国条款,对于中国定所谓片务的领事裁判权。[①] 然日本之条约,即明治四年(同治十年)七月《日清修好条规》第八条,其规定曰:

> 于两国之商埠,彼此均设立理事官,监督自国之商民。凡关于家财产业公事诉讼事件归其裁判,而按其自国之律令核办之。两国商民相互诉讼用愿书体,而理事官先加理解,务息其讼。不得已乃告于地方官,双方会合而公平裁断。又盗财缺落等之事,由两国

---

① Parker, China, p. 113-115, Meyers, Treaties between the Empire of China and Foreign Powers. 约章成案。

地方官捕拿审查之,但地方官无赔偿之责。

又第十三条关于刑事亦取同样之被告主义,但其犯罪地则分为开港场及内地二者。若于内地,理事官不直接执行之,由其地之"地方官检查,照会其事情于理事而查照之"云云。以是观之,《日清条约》实不外结约所谓双务的领事裁判权之制度也。至于朝鲜之条约,中国则与日本及欧美诸国之对朝鲜者相同。但于朝鲜规定自国人之裁判,属于自国官吏之管辖,而对于在中国之朝鲜人诉讼,则无如此之规定。故朝鲜之于中国,盖负片务的制度,而不入于中国之外国裁判权问题之范围者也。[①]

第七、各租界之发达

因鸦片、联合两战后之条约及《芝罘条约》所开商埠,即认为外人之租界,其结果乃为重要之处。而其实际,租界领事及中国地方官吏间所规定事项,不知凡几。即于他处,或外人与中国人杂居于中国市街,或依他因而建造房屋,无特别之规定而成自然的租界者,亦偶见之。顾正式之租界无论矣,而自然的租界果何由而发达之乎? 盖关于土木工事任诸外人,警察权亦附行之。积久乃离中国行政权之支配,而成吾人所谓外国行政地域。即行政国亦对于其他地域内之住民,而稍稍认自治的制度矣。

租界所以以上海为最大者,盖外国贸易之区域,渐次北进。而以扬子江流域为主要舞台,以上海为咽喉而成中国贸易之中心点,兼之长发之乱,上海租界权利之猛进,一日千里,谓之首也,不亦宜乎。

考此租界之沿革,千八百四十五年,英领事 Burter 因中国道台之协约,始得自洋泾浜及苏州河间二十三 Acres 之面积黄浦江岸地,以为英国租界。然当初离中国街甚远,颇形不便,因多居住于城内或近城及黄浦江之间。至千八百四十九年时,渐移居洋泾浜北,设立商店二十五,而租界乃日见其繁盛。惟美国无正式租界,其商人始乃利用

---

① 明治四年《日清修好条规》第十三条曰:"两国人民若于开港场合伙盗窃,或潜入内地杀人放火而行其劫夺者,由各港地方官严捕而解于理事官。若用凶器反抗者,格杀勿论。且剽杀事件,地方官与理事官同行查验。若其事发于内地时,理事官难自行查验者,应由地方官将实在情由照会理事官,请其查验。又罪人捕获时,于各港则地方官及理事官会合审判;于内地则第由地方官审判,而照会其事情于理事官请其查照。若此国人民在于彼国结党满十人以上,并引诱彼国人民通谋而害地方者,由彼国官吏从速搜捕,于各港则与理事官合同会审,于内地第由地方官照会理事官请其查照,可即于犯事地方正法。"

英人之租界。① 后虹口方面,大都为美人所居住。以是于千八百五十四年时,设美国领事馆于其地。虽无绝然之区划,而自然的为美国租界,中国亦默认之。顾英、美两国于其租界虽取独居之方针,但始即认开放主义。而美于成立之沿革上,尤不得不许中国人之居住其租界。后两国合并其租界,而认外国领事之干涉权。同时自治制度大为发达,而国际租界之形式亦大备矣。

　　英国租界对于居住民之自治的施设,始本有所限。即千八百四十五年,领事与上海道所订 Land Regulations 第七条,规定于其域内土地之永借者。凡桥梁之建设修缮、市街之保存扫除、路灯之设置点火、消防器械之设备、护路树木之栽植、下水道之开掘、监视者之雇入,有负担公课之义务。此等之永借者,每年集会一次,以英领事为议长,名曰民会。选举役员三名,而成立常设之道路埠头委员会(称为 Committee of Roads and Jetties)。后因长发之乱,大为变动。千八百五十四年,改正租界规则,大体虽一如其旧,而他国分子藉是加入矣。即于此域内公认外人有土地永借权。彼等取得时,申请及登记于各自国领事馆。又中国人虽无民会列入之权,而于一定条件之下,亦认为有土地永借权,由一般土地永借权者集会选举而创设市会(Municipal Council),前述之道路埠头委员会,至是告终。千八百六十三年经美国租界之合并,于千八百七十年改正之租界规则。乃附以 Municipal Council, the Foreign Community, shanghai, North of the Yang-king-pang 之名,而大成国际的之自治制度。

　　又于国际租界外,考法国之专管租界。千八百四十九年,法领事 M. de Montigny 与上海道协定由英国租界及上海城壁间,为彼之租界。后因助平刘丽川之乱,得扩张之而有自城壁至黄浦间之狭长地。夫法国对于其租界,用英、美之 Settlement 字,而不称为 Etablissement Francais 者,因当初用 Concession Francaise 语,则企如于自国领土上而行其属地的裁判权,或凡有土地永借权者,不问何国人,必申请登记于法国领事馆,而遭英领事之抗议故也。且屡劝之合并为国际租界,而法以利害不同拒之,乃设立别个之 Reglement d'Organisation municipale de la

---

① 千八百四十八年,美领事 Griswold 来,借居于英国租界而揭扬其国旗。英领事以英专管故抗议之。美领事则主张租界无专管之性质,不应。英亦以无所依据听之。以是上海英租界乃生共同的倾向也(Morse, International Relation, p. 348)。

concession Francaise 及别个之 Conseillers Municipanx,而续行专管租界之制度。①

外人于广东之租界,大异其趣。盖几经变迁、几经困难而始得居住于市内也。② 广东人民强悍,富排外思想。千八百四十二年,南京媾和条约成立时,人民激昂,烧毁英及其他二三之 Eactaries。总督耆英虽迎合外人,然不得已,遂请外人暂缓居住于市内,后英领事屡督促实行。中国当局示欲从其请,屡与本地绅民妥商,却因彼等之愤怒,辄行中止。

千八百四十七年,英美人数名于郊外遇土民之袭击,于是 General D Agnilar 乃决意炮击广东。其结果,耆督定期二年后,许其入城,又择河南之适当地为外人之特别租界。然此约及期未见实行,直至英法联合战后而始行解决此问题也。联合战之初,外人避难香港,市则入于英军之手,后归时,见其 Factories 全部为暴民烧毁。于是英人以得永久的租界,数遭困难,遂取沙市,即旧 Factories 西南方突角泥土上若干之地(千八百五十九年)。后未几,外人以莫大费用开掘沟渠,与中国街隔离,成为人工的岛地,禁中国人居住,严警备,致成所谓武装的租界,其中五分之四为英之专管,余则为法所专管,然其大部分殆放置之。直至千八百八十九年时,始建设家屋云。③

鸦片战争后之开放五港外,不见有正式租界,但厦门之鼓浪屿、福州之南台,渐次成自然的共同租界,至正式之专管租界,大都勃兴于联合战争后,其中最早而隆盛者,厥惟天津。千八百六十年,协定白河之右岸紫竹林之地,为英国专管租界。翌年法国则得其上,而美国则得其下焉。汉口则于千百六十一年,划接近中国市街之扬子江岸为英租界。其他如镇江及牛庄,英虽有租界,而居民之少,不足道也。他若诸国无请求租界之必要,而多杂居中国市街,利用英之租界,惟法则于汉口亦许有租界。然日清战后,犹放置之也。至于无正式租界之处,如前述之厦门、福州,及成为自然的租界之芝罘及汕头,皆英人执牛耳而划为外

---

① 就上海之沿革参照 Morse, International Relation, pp. 347-358. Hong-kong Daily Press,Directory and Chronicle for China etc. p. 829-848.

② 上海当时英租界既及于 470 Acres,广东 Factories 之区域,不过为 21 Acres,其中 17 Acres 建筑房屋,外人之请求居住城内及租界扩张,固有理由在也。

③ Smith,European Settlement in the Far East,pp. 156-160. Morse 前揭 pp. 376-391.

人共同生活之一地域者也。[①]

　　本章之末,必回溯澳门之变迁,盖鸦片战之结果。香港为英之领土,取自由港之方针,而夺澳门之繁盛,葡人效之,设海关于中国领土,不得。[②] 千八百四十九年,太守 Amaral 决意驱逐中国海关,通知于广东总督,不应,乃设海关于黄浦,加压迫于该处人民,并宣言无许可而迁移者,没收其财产。以是 Amaral 乘马市郊,为中国人击毙。诘问中国官吏,置不答,乃进兵占领中国街。而英、美、法等国皆表同情,暗与以声援焉。故迩来葡不第不支年额五百两之借金,并于其地域内排斥中国之干涉,事实上俨为葡之领土也。然中国政府尚未正式承认之。例如千八百六十二年,《北京条约》草案第九条规定葡、中两国有于此地设置领事之权,而否认为中国领土,不允。至千八百八十七年,因援助防止鸦片之密输入,始认为葡领,且约葡无中国政府之同意,不得转让于他国。顾以法理言,澳门终难得其明了,惟综合各般之事情而始得判断之也。盖当初租界,全然在中国权力之下。后依事实上惯例,发生所谓领事裁判权,及鸦片战后,英、美、法诸条约确定葡、人之司法上之地位,而与在上海英、美、法之专管租界有同一性质。他若 Amaral 之虐杀事件,尤为进步之好机会,故其正式承认前,事实上尚有同于今日之关东州及胶州租借之性质,即澳门始为外人之居所,继经专管租界、租借地等阶级,而变为纯然的领土也。[③④]

第三章　特种条约时代(目四)

第一、日清战后之条约

　　日清战争之结果,日本得台湾、澎湖诸岛地,通商上与大陆之欧美

---

① Morse, the Trade and Administration of the Chinese Empire, p. 203-269.

② 先由 1820 年移鸦片贸易于伶仃岛,香港割让后,其地乃为中国贸易中心,而澳门不绝如缕之贸易,仅为苦力一项,至 1873 年又行禁止。千两借金,由 1690 年为 600 两,1740 年为 500 两,及 Amaral 事件全行消灭矣。

③ 参照 Morse, International Relation pp. 337-338. 为忠于中国有名之美公使 Burlingame,彼意诸国之专管租界,即领土分割之开端。盖见澳门之变迁,而抱此杞忧也。

④ 德国之中国贸易,至普法战争后,始渐发达。及 1882 年,海军突然于汕头上陆,仿澳门、香港故事而占领地域,然其后不得其宰相 Bismark 之承认,即抛弃之(E. H. Parker, China, p. 103)。

诸国立于同一之地位。而所以定此等关系者,实由于千八百九十五年《马关媾和条约》,翌年《通商航海条约》及其他同时日清间几多之条约,余辈因以其影响所及于本论题者,而论述之。

先就国际的裁判制度而言,从来存于日本与中国间所谓双务的领事裁判制度,而一变为片务的领事裁判制度,观于《马关条约》第六条第一项之宣明,可以知之矣。其言曰:"日清两国之一切条约,因交战而消灭,清国俟本约批准交换后,速任全权委员与日本国全权委员缔结关于通商航海条约及陆路交通贸易之规约,而以现清国与欧洲各国间存在诸条约章程,为日清两国间诸条约之基础,又由本约批准交换之日起,及该诸条约之实施日止,清国对于日本国政府、官吏、商业、航海、陆路、交通、贸易、工业、船舶及臣民,须与以最惠国待遇。"

其所谓最惠国待遇者,不必俟第六条缔结通商航海条约之实行,而早发生片务的领事裁判之关系也。翌年之《通商航海条约》第三条规定,凡中国人在于日本者,须服从日本之裁判权,其第二十条乃至第二十四条,规定日本人在于中国之裁判关系,凡一切民、刑事件,日本人为被告者,须服从日本裁判权。是即从来中国与欧美诸国间所存最明了之条文,然中国人为被告,日本人为原告或被害者之民、刑事件,无所谓审查关系之规定,但依于本条约第二十五条最惠国条款,得均沾如前述欧美之条约规定,直至今日犹不得扫种种之浮议,诚遗憾也。

次《马关条约》第六条第二项,又规定中国开放苏州、杭州、沙市及重庆诸地为外国贸易场,顾由此条约以前言之,日本第有利用欧美诸国多数通商场中十五港之权,是千八百七十一年《天津条约》缔结之当时,通商场因鸦片及联合两战而开港者,不过如前述之个所。(目三第二参照)故日本之右条约亦正指定此等地方,①无最惠国条款之规定。迩来泰西各国依其后之条约而开放者,不得均沾之也。今也《马关条约》及《通商航海条约》亦加入最惠国条款,是日本不第于十五港以外诸国之

---

① 明治四年(同治十年)七月《日清通商章程》第一款,规定于日本则开横滨、函馆、大阪、神户、新潟、夷港、长崎、筑地八所。于中国则开上海口、镇江口、宁波口、九江口、汉口镇、天津口、牛庄口、芝罘口、广州口、汕头口、琼州口、福州口、厦门口、台湾口、淡水口十五所。

现在及将来开放地方,得均沾之也。[①] 但日本先是,于各埠皆无自国之租界,仅借居他国租界或混入中国市街而已。

然日清战后之条约,直承认其于重要诸地有设定专管租界之权,以是日本领事与中国官吏协定租界规则,而于天津、汉口、厦门、苏州、杭州、沙市、福州、重庆等之日本租界勃兴焉。[②] 其他诸国,望风而起。北清事变以后,各国租界之新设者,不知其凡几也。例如天津英、法之外,有德、日、俄、意、匈、比焉。[③] 又于汉口英租界之外,法、德、日、俄、比等国亦取得租界矣。即上海天津既存之租界,亦扩张其地域也。

又日清战争后,一变朝鲜之地位,废王号,称皇帝,而为独立国,其通商条约,一如光武三年(西纪千八百九十九年)之改为对等地位,其第五条第一项规定相互之裁判关系曰:

> 中国民人在韩国者,如有犯法之事,中国领事官按照中国律例审办;韩国民人在中国者,如有犯法之事,韩国领事官按照韩国律例审办;韩国民人生命财产在中国者,被中国民人损伤,中国官按照中国律例审办;中国民人生命财产在韩国者,被韩国民人损伤,韩国官按照韩国律例审办。两国民人如有涉讼,该案应由被告所属国之官员按照本国律例审断。原告所属之国,可以派员听审,承审官当以礼相待,听审官如欲传询证见,亦听其便。如以承审官所断为不公,犹许详细驳辩。
>
> 是正与千八百七十一年《日清条约》第八条及第十三条同其趣旨,而规定双务的领事裁判制度也。顾中国则新认朝鲜于其自国内有朝鲜之裁判权,而朝鲜亦得除其片务的领事裁判制度也。

第二、利权竞争及排外运动

日清战争讲和时,中国以牵制日本故,与三国以后日之口实,而启列强利权竞争之端。其实行虽始于德之占领胶州湾,而租借权、铁

---

① 一般贸易上之利权从来不过均沾他国所有者,但日本人则于开港地开自由制造,及其制造物输入中国,有同一特权及免除之新例。

② 明治二十九年十月十九〈日〉(光绪二十二年九月十三日),日本全权林董男与中国全权张荫桓于北京结《日清议定书》第一条及第三条第二项参照。

③ 第美国抛弃前取得专管租界,(1902年)而合并于英国专管租界。

道敷设权、矿山采掘权、不割让誓约及势力范围等语，实基于此时代者也。

所谓利权获得，为外人所常言者。例如，关于开港、关税、航海诸权，各国多有共通其利害之性质，但带割据之性以促竞争之烈者，乃为此时代之特色。而他方亦生有种种反动，如领土保全、门户开放、机会均等之宣言，排外运动、利权收回、内政改革等之现象皆是也。要之，自日清战争至于今日，凡内外之变端，其源皆发于利权竞争之一事，吾人亦不遑枚举。第择其中影响之最大者，如租借权及铁道敷设权与最大反动之团匪事件而研究之。

千八百九十七八两年，德、俄、法、英诸国各得胶州、旅大、广州、威海、九龙之租借权。其所谓租借，即领土割让与否，学者间犹有异论。[①]于此等地域内，第三国之领事裁判权引续行之与否，亦为当时国际间之悬案。虽然，今日之事实上租借地莫不服从于租借国之裁判权也。夫租借是否割让，固属别一问题，第以租借地而解为中国之领土，则租借之意。乃于中国外国裁判制度之下，发生一种之变则，即于中国领土一部之领事裁判权，已见为撤去者也。

中国铁道史开幕之初，虽尝有以淞沪铁道为不祥，收回拆毁，而弃诸台湾海峡之珍事。然铁道利权之竞争，实远伏线于清法战后之条约，已如前述。而日清战争，乃遂促中国之反省，于是中国朝野，或以铁道为救国之良图。其当初计划，欲以自国之资力而排外人之干涉，及利权竞争之端开，而铁道大臣盛宣怀亦认外资输入之必要。自是以后，关于铁道利权，起割据之竞争。以至于今日，夫外国之对于铁道利权，不过利用其国人之资本，以经济上之意义，用种种形式，使输入外资，或以国有或公有之名义，受供给于外资，或特设立铁道公司而借外资以支持之。因是之故，而无直接设定外国公法上之权力于中国领土者。第外国暗中或有乘机思占经济的以上地位之事而已。而最初表现之者，厥惟俄国之满洲铁道。俄于千八百九十六年，设立华俄银行，因银行及清国之条约，组织东清铁道会社，而西比利亚铁道干线得通过中国领土内。次于千八百九十八年，租借旅大，得由该处连络西比利

① Moore, Digest of International Law, Vol, 11, pp. 639-641; Hinekley, American Consular Jurisdction in Orient, p. 177. 目七第二参照。

亚线而设支线之权。是非一会社之事业,乃俄政府之事业也。又认俄于此等铁道沿线之附属地带,得行警察权(《东清铁道条例》第八条),及其地方情势之必要上,得配备兵力之权(《Cossint 密约》第五条)。俄国因此等关系,乘北清事变,大兵直入满洲,而确定其如今日之铁道附属地行政关系。虽然非徒铁道已也,而附近之矿山事业亦适用之。于是,外国行政地域凡从来租界以外,又加入铁道附属地及矿山附属地矣。[1]

他若团匪事件而又发生外国行政地域之别种类者,即公使馆区域是也。盖千九百年夏,北中国匪乱,北京、天津之外人几濒于危,因筑城于公使馆区域而得免其难。及乱平,外人以难保其后,遂依千九百一年最终议定书,而置公使馆区域于外国行政权下。其地域内禁中国人居住,平时驻各国军队,更承认其他必要防御上之设备(《右议定书》第七条)。国际法上固认有公使馆不可侵之原则,而公使馆附近一带亦为一种武装的行政地域,是则中国之特种之现象也。虽然,各国军队驻屯权不第北京已也,因确保此首府与海面之交通,认其于平时得占领天津、塘沽、滦州、秦王岛、山海关等十二所(同九条)[2]。顾此次匪乱,一方促北中国之发达,而于天津则外国之贸易骤盛。如前述之奥、意、俄、比之专管租界,乱后乃新设于白河左岸是也。要之有武装租界而外人固得安全,即于租界行政权之确定上,关系亦非浅鲜也。

此时代贸易市场之开放,为各国始终谋之而不懈者,惟割据之大势,因各国而有所异。例如南方为法、英殖民地,以陆路通商故,乘北清事变,两国则尽力开思茅、梧州及河口、腾越诸地。千九百二年,以英清追加《通商航海条约》,则开扬子江流域之长沙、万县、安庆、广东之惠州及江门。翌年依日清及美清两追加《通商航海条约》,则于满洲开奉天、大同沟及安东县。际此中国亦自知开埠之必要,不俟他国之条约而宣言开放,即所谓自开商埠是也。例如千八百九十九年,始开岳州,继三都澳、吴淞、秦王岛、南宁。又日俄战后,济南,周村,潍

---

① Rent, Railway Enterprise in China, p. 47-57, 90-95; Sargent, Anglo-Chinese Commerce and Diplomacy, p. 226-247. M. Von Brandt, China und seine Handels beziehumgen zum Auslande, S. 39-53.

② 为首府、山海关间自由占领地带,即北京黄村、郎房、杨村、天津军粮城、塘沽、芦台、唐山、瀛洲、昌黎、秦皇岛、山海关等地。又于天津二十清里以内,不许中国兵之接近或驻屯之。

县亦效之。① 最近又开放归化城数处。② 而于此时代,此等地域内之租界问题为之一变,即因利权回收之热诚,而不喜外国租界之发生,或加入下之规定于条约:"凡各国人在各该通商口岸居住者,须遵守该处工部局及巡捕章程,与居住各该处之华民无异,非得华官允准,不得在该通商口岸之界内,自设工部局之巡捕。"以防止租界之自然发生。③ 同时,中国政府虽于其条约之新市场,亦划其地为一般外人所居住,置于中国行政权之配下,而引出吾人所谓自管租界之新制度,是不第有防止外国租界新生之效力。而对于如苏州、杭州已有之外国租界,亦得牵制之也。④

第三、日俄战后之大势

日俄战争之结果,日本驱逐由满洲至朝鲜之俄国势力。又于南满代俄国之条约上及事实上所有之地位,改朝鲜为保护国,后并合之。而牵联发生安奉线问题及间岛问题。其他几多之案件,是此等条约影响于外国裁判权及行政地域者甚多,述之于左。

(一)变更路矿行政地域之权利者

日本于长春以南有俄国所有之东清铁道,及附属一切之权利财产,并让受俄经营之铁坑,又得铁道及附属地带之行政权。是俄之路矿行政地域,一变而为日本所有也(千九百五年《Portsmouth 条约》第六条、

---

① 云南府无正式之商埠,英则派领事,而法所派者不曰领事,第曰外务省派遣员,然中国于事实上已认外人之居住贸易。如于南门外划三清里平方之地,及定云南城南关外商埠总章与商埠购租房地专章,非公然认外人之居住乎? 是中国自管之租界内,而贷借土地与外人者,以一年为限,私有地亦为同样之期。又中国官吏欲限制外人居住于右区域内,而英、法领事则不肯强制自国人之移转,但禁止日本人其他之任意居住而已。

② 昨年中国政府宣言归化城、张家口、多伦诺尔、赤峰、洮南府、龙口、葫芦岛(连山湾)之开市,外人誉其果断。其首五所对于俄及日本,龙口则对法,连山湾则对于日本为牵制之策。

③ 光绪二十八年(1902年)中美续议《通商行船条约》第八款第十二节第二项;光绪二十九年(明治三十六年)《中日通商行船续约》第十条第二项。

④ 1898年,因沙市暴动,日本得偿金及于福州、吴淞、沙市、福宁(三都澳)、岳州及秦王岛,设专管租界之权利。

《日清北京条约》第一条、第二条）。①

（二）新发生安奉线行政地域

千九百五年，《北京附属条约》第六条，中国政府承认日俄战争中，日本所设安东县及奉天间之军事铁道。虽于平时得准东清铁道而处理其事务，以是于此铁道附属地带，日本亦得行其行政权，至增加与第一号同样之行政地域。但后日虽因改筑而生纷议，亦依中国政府之让步而得之解决也（所谓安奉线问题）。

（三）开放满洲之重要都市

中国政府依《北京附属条约》，开放凤凰城、辽阳、新民屯、铁岭、通江子、法库门、长春、吉林、哈尔滨、宁古塔、珲春、三姓、齐齐哈尔、海拉尔、瑷珲及满洲里诸地，为外国人之住居及贸易所（第一条）。然此等地方多为铁道沿线，其停车场附近之附属地，以设商业区域故，无特设租界之必要。

（四）发生新租界

《北京附属条约》协议关于营口、安东县及奉天之日本专管租界。此等地虽为如前述之铁道附属地，然安东县及营口为日俄战争中军事占领地，后因日本人繁居之故，引续由其专管而为自然的租界。他若奉天，日本人以杂居城内之便，又满铁附属地，亦得谓大市场，致无租界协定之必要。②

（五）朝鲜人服日本之法权

朝鲜于中国有如前述之领事裁判权。日俄战争之结果，以朝鲜为

---

① 满洲日俄之铁道附属地行政关系，一时濒于危殆者，哈尔滨市制及铁道中立问题是也。1908年，俄于哈尔滨行市制，美领事首唱反议，日本以外之各国和之。翌年乃于北京成《中俄预备协约》，形式上俄虽让步，而事实上附属地仍不失为俄之专管的行政地域。（目一五第二参照）次1910年，美国国务卿Knox向各国提议满洲铁道之中立计划（Neutralisation Scheme）其大意谓，如今日日、俄之满洲经营铁道，不第背于门户开放机会均等之主义，并害日、俄两国将来之平和，必移于列国之共同经营。然诸国以日俄两国既各侵害其已得权，置而不议，美遂失败。以是美乃提锦瑷路问题，即以美之借款敷设瑷珲与锦州之大铁道，日、俄两国亦对之抗议而阻止其实行。此次美之行动，乃促日、俄启其利害而相为和好之动机。至有日、俄新协商，而半达Knox宣言之目的。遂达其半，此时Straight虽入俄都，为美有所企图，而因俄人排美思想方盛，遂不见成功。Blond, Recent Events and Present Policies in China, 1912, p. 320-326参照。

② 商业上杂居固为有益，而于保护之点，沿满铁杂居亦不感其不便。况附属地与租界为同一之目的，我先开专管租界之例，他国效之，其愚甚矣。（参照目一五第五）

日本之保护国。以是朝鲜人之在于中国者,至服日本之领事裁判权(明治三十八年《日韩保议协约》第一条)。次明治四十三年,日本并合朝鲜,朝鲜人亦受直接《日清通商航海条约》之适用。

(六)于间岛生特种关系

所谓间岛问题,因与安奉线问题交换而承认为中国领土,乃开放龙井村、局子街、头道沟、下草沟诸地,且关于朝鲜人为特别之管理。盖彼等许与从来垦地于图们江北之中国人杂居,同时服中国之裁判权,即于此地就裁判权及居住关系为例外,而视为特种日本人(指朝鲜人言之)(明治四十二年《日清间协约》第二条至第四条)。

中国今次之革命事变,为古来未有之大政变,而吾人之对于国际关系的论题,不见其影响。[①] 惟乘此机所起西藏及蒙古问题之将来,或陷于埃及国际关系之运命,因此等地方除英、俄人居住外,他国殆无关系者也。中国国体变更,国际的关系盖不随之而变动。民国元年四月袁总统莅参议院宣言曰:"(前略)迩来外人对我态度,类皆和平中正,藉示赞助之盛,固征世界之文明,更感友邦之睦谊。凡我人民,务当深明此义,以开诚布公,巩固邦交为重。凡从前缔结之条约,均切实遵守,其已缔结而未办之事,迅速举办。"(后略)

此种宣言,无论何时,要皆对于外国表明履行义务者之义务,与从来之条约定无何等之影响,而诸条约国,依然得维持其国际裁判及行政关系也。

第二编　外国裁判权之性质及范围

第一章　关于外国裁判权基础上观念(目五)

第一、外国裁判权之意义

---

① 今次革命乱起,扩张上海会审之范围,又益确定备租界中立原则之事项,亦偶见之。(目二六第二目一三参照)又关于一般之国际关系,立作太郎博士《内乱及国际法》一书,有详细之研究。

外国裁判权者，国家领土权之一大例外也，盖领土权则完全施行于其国版图内，而以不侵入他国之版图为原则。若外国裁判权，则为行于他国领土内之裁判权，而得分积极及消极之两例外言之。消极的例外，乃义务国内对于某项事件而不行义务国裁判权之谓也；积极的例外，乃对于此等事件而延扩权利国裁判权之谓也。并和此两例外之观念，即成为外国裁判权之内容①。然所谓例外，因国而各有所异，大要以凡与外国有利害关系者为断。夫中国严取被告主义，凡事件以被告为标准，而分国际上裁判之管辖，即某项事件应服何国之裁判权，不标准民事之原告，及刑事被害者等之为何国人。而第问被告为何国人，乃属于何国官吏之裁判。然国家裁判权之例外关系，有双务的及片务的之区别。详言之，即甲国许乙国之裁判权于自己之领土内，同时乙国亦为同样之允许，是谓双务的外国裁判制度，古代多行之，今则不见其例（Beiderseitig Konsular gerichts barkeit）。反之，仅一方有裁判权于他国领土内，他方止为认受之义务，是为片务的外国裁判权制度，而今日所实行者也（Einerseitige Konsular gerichts barkeit）。由中国之人口及面积观之，实为片务的制度义务国之最大证例。如前述与英吉利、北美合众国、法兰西、瑞典、挪威、德意志、丹麦、荷兰、西班牙、比利时、意大利、奥大利、匈牙利、秘鲁、巴西、葡萄牙、墨西哥及日本十七国，顺次缔结条约，而承认其为权利国也（目三第六参照）②③。

第二、外国裁判制度之根底

所谓领事裁判制度之根底，以古来学者所见，可分为三时期。第一

---

① Piggott Exterritoriality, p. 2, 3.

② 吾人权利国及义务国之用语，如解为领事裁判之权利及承认领事裁判之义务，（Martens-Skerst Consularwesen, S. 279.）未见正确。故今日但研究片务的制度，而便宜上暂用此语。即义务国云者，中国、土耳其、波斯等是；权利国云者，其对面之文明各国是也。

③ 夫领事裁判，大都行于弱势之国家，然近来生存竞争之结果，凡弱势者，以各种之形式，事实上或名义上早为并吞。而领事裁判之土地之范围，亦次第减少。即此等之国皆不转瞬变为他国之领土，或他之保护国，由权力国之改正而为文明之裁判制度以消灭其领事裁判，例如 Bosnia Herzegovina, Cyprus, Algeria, Tunis, Tripoli, Zanzibar, Madagascar, Togo, Bolneo, 缅甸、安南、朝鲜。又中国之正式割让于他国者无论矣，即于租借地，亦已销灭此制度。反之国力发达，制度改良，亦在消灭之例，日本其一也。他若欧洲土耳其之旧领中希腊无论矣。此外如 Monlenegro, Rumania, Servia, Bulgaria 诸国，或以文明撤去，或事实上已不行。今日所残留者，惟土耳其、埃及、波斯、暹罗、Morocco, Mascat 及中国而已。Friedänder, Die Konsular gerichts barkeit Nach deutchem Reichsrecbt, S. 21-28 参照。

期为属人主义时代，以领事裁判制度为当然之规定，如中世欧洲各国互派遣领事，裁判其国人之事件，是为基于法制一般之观念，无须特为根底之诠索也。第二期则属地主义之原则渐占势力，而西欧各国间之领事裁判制度次第消灭，但土耳其维持之，致成为片务的制度，求其存在之根底，则本于宗教的观念，盖因回教与耶稣教相背而认此制度者也。[①] 至于第三期，从近学者之所见，不以上述之理由为满足，宁以东西文明之异同为其根底。虽然，依于文明异同之理论，能说明之否也，不为无疑。例如文明相同之中国及朝鲜（指独立时）间，此制度得存续之乎？又以文明之相异言之，欧美诸国得行此制度于中国，而中国何故不得行于欧美乎？以是吾人宁依双务的及片务的而区别领事裁判制度之根底。夫双务制度之根底，即属人主义之观念。古代虽盛行之，今则已归衰微，惟法律制度不发达之国，犹存属人主义之观念而已。若夫片务的制度，其主要之根底要在裁判制度之优劣与国力强弱。夫裁判制度之优劣，不第司法法规之善恶，宁谓其执法之结果而得外人信用之如何。斯裁判制度完备之一方，对于不完全之一方，行片务的领事裁判制度。然今日国际间状态，无权力则无由实行，是国力问题。尤与之有密接之关系，即同为法制不完备之国，而以国力之相异，亦得行片务制度，如中国及朝鲜，其旧例也。

　　欧美人与中国交通之始，即欲主张片务的领事裁判制度，已详论于前编。然彼等何以得主张此制度乎？盖有所举之要点在也。今列之于左。[②]

　　（一）中国之法制不完全，而对于刑事常用拷问，执复仇主义刑罚。又犯人科刑之不能时，强有血统上或社会上等之关系者负其责，而达其

---

　　① 罗马人无论于何处，不从所在地法，而受罗马法之支配。Frank 人亦然。纪元 824 年，罗马人、Frank 人、Lombard 人，虽于 Lothair 之 Constitution，亦各选从其法律。是与领事裁判制度虽为同一观念，而当时之所思，则大异于今也。例于罗马之他人种，以不得受罗马法之保护为不利益，由罗马视之，以不用其法为权利，即与今日义务国与权利国之观念，适相反对。他如土耳其人，始亦有同样之思虑，即耶稣教徒为异端之劣等者，不得浴回法之恩泽，必依其国法而生活，是他国之领事裁判权，乃非权利而义务也。迨土耳其帝国势力渐衰，而一变其义务与权利之思想，权利国依各种之手段谋扩张其范围，而成为今日之领事裁判制度。例如当初之条约，但限于外国人间之民事，凡与土耳其人混合之民事事件及刑事，土耳其握之。后渐次依于惯例，渐由惯例变成条约。一切之涉外裁判权，乃尽归于外人之手。

　　② Wiliams，Middle Kingdom，Vol，II，p. 450 参照。

必罚之目的。

（二）中国裁判官无法律之智识，又德义心薄弱，以贿赂公行为常态。

（三）中国人目外人为蛮夷，凡事则以治蛮夷之法治之。

清朝末季，政治萎靡，对于此点无辩护余地，不得不认外人之主张，然彼时犹难贯彻。及经鸦片战与联合战，始达其目的。又经日清战，而日本亦得均沾之焉。①

外国裁判权虽成于此等事实，然于今日之法律的观念，实基于国际间之合意（即条约及惯例），以区别所谓治外法权，故以之缔结特别条约者，不知凡几。普通则加入一般之通商条约中，又依他之协约议定书或规定书，包含此等事项。顾此制度颇藉于国际惯例之效力②③。然非因惯例而设定新权利，不过对于既发生之制度，补其缺而助其发展已也。如土耳其之制度，始第扩大权利国人民间之民事，成为今之状态者，则惯例之力也。又领事裁判制度，不徒权利国及义务国之关系，有及于某权利国与第三权利国之关系者，例如于中国之日英人民之事件是也。定此等权利国间之关系，殆无条约之可据，普通多依相互之惯例而解决之。

---

① 又同氏 Trade and Administration 以下亦言之：或人不能偿债时，父兄弟伯叔父代偿之，债务者出奔，则系其家族。丁汝昌之降服，因其自刎，乃免其亲族之处刑。又炮手误发实弹，则处死刑。1839 年，英美水夫与中国人冲突，杀其一人，因不交出犯人，乃全船人员受其处刑。故其刑事不问犯意之如何，但执报复主义而制裁之。Morse, International Relation, p. 111-117 参照。

② 英国 Foreign jurisdiction Act 第一条曰：Whereas by treaty, Capitulation, grant, Usage, Sufferance and other Lawful means, Her Majesty the Queen has jurisdiction within divers foreign countries……Piggott 氏评之曰："其裁判之渊源，揭明虽多，然始之三者，包括于广义之 Treaty 中，其他亦包含凡广义之 Sufferance 中（Piggott-Exterritiality, p. 39）。"他国之法制多云为条约及惯例。(《领事官制》第六条 Loi. 1836；Konsular gerichts bar keitsgesetz, §1.) Braner 氏说明此惯例曰："是非为私法的解释，领事裁判权之行使乃公法的观念。即国际法上之惯习，凡双方国家之代表者，因其职务之行使相互明示或默示，以表其行止，积久乃成为惯例（Braner, Die dautsche justizgesetze in ihrer anwendung auf die amtleche Tätigkeit Der Konsulu und diplomatischen Agenten und die Konsular gerichts bar keit, S. 100. U. S. 117.）。"

③ 英国法官 Lushniton 氏，就于 Papayami V. Russian steam Navigation Co. 事件曰："The formality of treaty is the best proof of the consent andacquiescence of parties; but it is not the only proof, not does it exclude other proof; and more especially in transaction with oriental States consent may be expressed in various way; by constant usage permitted and acquiesced in by the authorities of state, active assent or silent acquiescence where they must have full knowledge."

权利国引用之条约,殆不第为自国与义务国间之条约,直可谓条约国之全部条约,何则? 盖各国与义务国所结条约,多加入最惠国条款。因此条款之适用,凡与一国之权利而他国均得沾之,故有时第依惯例而无正确之明文。其后依他国之条约明定之,据最惠国条款效力,得为同样之条约。斯惯例与最惠国条款,合力而发达外国裁判制度以致统一者也。顾于中国之外国裁判制度,权利国之国内法的关系各不相同,详载于下第四编。而其国际法的关系,为全然同一之法律关系,即各国于过去一世纪间所获得权利之集合也。千八百四十四年清、美及清、法条约,千八百五十八年及千八百七十六年《清英条约》,千百八十年《清美条约》,实为最重要之条约也。①

第三、外国裁判权之本质

说明所谓领事裁判权之本质前,须先举学说二。其一为Exterritorialitastheorie,见于 F. Martens 之言:

> Demnach fahren die Europäer während ihres Aufenthalts in einem nichtchristlichen Staate gleichsam fort auf dem gebiete ihres Staates zuleben, dessen geselzen und Antoutät sie sich deshalb unterordnet haben. ②

即拟设权利国人在义务国地位,而同于其本国之地位。此说适合属人主义之观念,而得支配法律界,即外国裁判制度之疑问,亦得其标准而冰解。是无论裁判制度之有明文与否,大都据权利国人之本国法而执行判断,何则? 彼等虽在外国,司法关系犹得同视于本国也。

他之一说,称 Theory of agency,而 Piggott 氏论之如左:

> The rights which the king exercises in these countries are not his sovereign rights at all, but are merely the delegated rights of the Sovereign of the country: the courts which are created are not the king's Courts property so called but from part of the judicial system of the country in which they are established. ③

---

① Piggot 前揭 p. 24, 45, 46, Morse, Trade and Administration, p. 194. 曰: What is permitted to one nation is ipso facto granted in China to all nations.

② Martens-Skerst, Das consularwesen, S. 318.

③ Piggott, Exterritoriality, p. 5, 50, 51.

又法官 Lord Hoblouse 氏，就于 Secretary of state for Foreign Affairs V. Charleswerth Pilling & Co. 事件，亦持此说。Zanzibar 之英国法云："Zanzibar 之裁判官而无明文时，从 Zanzibar 法裁判。"

虽于美国，Burgess 氏亦为同说。其所著《Hincklek》曰：

> This theory is, in a word, that of agency: a consul in Turkey or China exercises jurisdiction as an agent of Turkey or China; the source of his authority as a judge is not the United States, but the Oriental power, which has, through treaty stipulation on long standing usage, made the grant of jurisdiction; the laws and regulations provided by the American government for controlling the exercise of Consular jurisdiction are virtually provided behalf of the oriental government. [1]

关于领事裁判权，日本学者千贺博士亦谓，于日本之旧条约规定外国人违反条约或通商规则时，其罚金或没收，则依外国领事之宣言。此等金钱或财物则归属于日本国库，即证明领事裁判权为日本裁判权之代理权也。[2] 顾代理说本不反对第一之治外法权说，即如 Martens 之第一说，亦以领事裁判为代义务国行裁判权。[3] 虽然，以演绎法言之，如前述 Hobhouse 法官之言，凡于条文不明时，不可不依义务国法，是不免起反对之结果也。

以上两说，虽似为巧妙之学说，然吾人不能赞同之，何则？代理说以领事裁判权为副于今日领土权之观念，不知领事裁判权不属人主义思想之遗物，与其思想本质当然格不相容，即于今日国际法上之观念，虽领土权亦有其限制，是裁判权若全部丧失，固有碍主权之独立。而关于外国人小部分之民、刑事件，不属于义务国裁判权。在例外上亦有承认余地，是于其范围内扩张权利国之裁判权，法理上何不可之有？况义务国裁判权之根本依然存留，迨权利国裁判权消灭时，当然回复原状，犹私法上所有权制限之有弹力性或反归力也。由是言之，裁判所、裁判

---

① Hinckley, American Consular jurisdiction, p. 67; Burgess, Government of Distant Territory, Political Science, Quarterly Vol. XIV, p. 9.

② Senga Gestaltung und Kritik der heutigen Konsular gerchts bar keit in Japan, S. 12. 明治二年（西历 1869 年）《日普通商条约》第六条第一项曰："犯此条约或附属贸易规律者，应罚金或没收其物，由德官吏裁断之。其罚金或没收之财物，都属于日本政府。"

③ Martens-Skerst 前揭 S. 279.

官适用法,皆应归于权利国。而以外国领事解为中国裁判官,以其法庭及法规解为中国之裁判所及法律者,未免为不经之说。又论者引用违反条约及通商规则之罚金及没收财物属于义务国之事例,是固因有特别之正文而始然。若以领事裁判当然解为义务国之裁判,斯别无设条约规定之必要。而其所以必要设规定者,即领事裁判非义务国裁判之证明也,故吾人可决意解领事裁判权为条约国裁判权之延长。若治外法权论者所谓权利国人在义务国有同一地位之说,非无根据。但此说从形式言虽可,而以精确之法理论之,犹觉间然。盖古代之领事制度不完全时代,初无如是之约言,又未尝解决此不明之问题,而及于今权利国则条约、惯例及裁判制度,莫不完备。是权利国人民于本国司法上之地位,与在义务国者大有所异,即权利国人于义务国之司法关系,依条约惯例而受国际法的几多之制限,法律关系之对手为他国人时亦然。又于国内法,依权利国之立法加各种之变更,即权利国对于义务国内自国人,便宜上多准用内地法。然基于特别事情而设特别之规定者,亦不为少,详论于后章(第四编参照)。

第四、区别类似外国裁判权者之裁判权

类似吾人所谓外国裁判权者,亦数见不鲜。其一,殖民地之裁判制度由来于殖民地有国法上者及国际法上者。前者自国领土之一部,后者实外国之领土,以条约之结果而为殖民地,如保护国其主要也。[①] 殖民国之于殖民地,虽属自己领土,然有对之仍不依内地之裁判制度,却采类似于外国裁判制度之制度者,亦复不少。是其地域虽非自并吞野蛮或半开国而来,而其地之情形,与为外国裁判权所行之国,相仿佛故也。例如英国之 Foreign Jurisdiction Acts 第一条,则有左之规定:

It is and shall be lawful for Her Majesty the Queen to hold, exercise and enjoy the jurisdictions which Her Majesty now has or may at any time hereafter have within a foreign country in same and as ample a manner as if Majesty had acquired that jurisdiction by the cession or conquest of territory.

又德意志之制,如千九百年之 Schutzgebiets gesetz 对于殖民地之

---

① Stungel,Rechtsverhältnisse der dutschen Schutz-gebiete,S. 1,2.

裁判,准用 gesetz die Konsular gerichis bar keit 之规定,由此可见两者颇为相近。然殖民地裁判制度与外国裁判制度,吾人须于其本质而注意其根本的相异,即殖民地之裁判制度,属地的观念,而于其地域内,凡一切事件,不许他之裁判权。第关于土人之事件,有特别之制度。反之外国裁判权,为属人的观念,不过及于关系深切之自国人事件。以是地之几多外国裁判权及义务国裁判权,并行于同一之义务国领土内也。

次保护国裁判制度,其种类不一。表面上虽有保护国及保护地之名称,实不过于能保护国之领土而行能保护国之裁判权,与前记国法上之殖民地说,大相径庭。然中国之租借地,可加入之,如德之适用 Schbutzgebietsgesetz 于胶州湾是也(目七第二参照)。反之,被保护国亦为独立国家时,自异其趣。但保护国之裁判关系,依保护国之条约如何而不同,或维持被保护国从来之裁判制度,或则保护权利国,并裁判被保护国土人间之事件。是所谓代理裁判权之观念,仿佛吾人所谓之外国裁判权,而其性质则大不相同,何则?盖裁判其土人,乃保护国内裁判制度之主要者,苟为延长保护权利国裁判权,而被保护国以丧失裁判权故,已不能谓之独立。故虽如以上所云,于土人之裁判权,依然解被保护国之裁判权。如是则保护权利国虽有莫大之权力,而学理上此种之裁判,犹视为被保护国之代理者也。①

又于不属何国之南洋诸岛,谓之蛮地。凡自国人居住时,驻在其地之领事及其他官宪,得裁判关于自国人之事件。② 际此非国际法上之国家,自国人得主张取得其国籍,而实行自国之裁判权。③ 其裁判制度虽仿佛外国裁判权,其内容实各有所异,盖外国裁判权本来性质,已述如前,不外停止义务国之裁判权,而扩张权利国之裁判权,并合关于领土权积极、消极两例外言之(本目第一参照)。然此时由积极方面言之,固权利国之裁判权已行于领土以外;由消极方面观之,虽停止他之裁判权,实无义务国可言,是与于公海内自国船舶所起事件同样者也。顾船舶不论到着何港,得于其地行自国之裁判权。执是以言,既自国领事执行时,得所谓之领事裁判权,而不得加入吾人所谓外国裁判权(目七第

---

① 有贺博士:《保护国论》第 301 页以下,同《满洲委任统治论》第 80 以下参照。
② Foreign Jurisdiction Act, 3. 2.
③ Hall, Foreign Jurisdiction of the British Crown, p. 131.

一目二四第三参照)。

　　第五、所谓治外法权

　　英美之学者通常表领事裁判权,用 Exterritoriality 或 Extraterritoriality 之文字。近来德及日本学者,严别治外法权(Exterritorialiët)与领事裁判权(Konsulargerichtsbarkeit)。前者表明为外国元首或外交官之特权,后者普通人于外国受自国裁判制度之意。① 此两者一为国际法上当然存在之权利,一为由条约而生之权利。吾人所谓领事裁判权,其内容乃积极及消极两例外。虽然,至于治外法权,即不服所在国裁判权,为消极的内容之本来要点。其得代以本国裁判权与否,犹为别种观念(例公使服本国之裁判而元首则不然)。然于消极的例外,虽同一义务国而有不得治外法权者,如 Grotius 氏昔曾见及之,而对于领事裁判权用 Quasi extra territorium 之文字。② 顾学者之所用"领事裁判权"一语,于今日之实情,颇为不精确之文字。而或以领事裁判权之观念,非实际领事之裁判(目一参照)。又反对学理上,谓不入于所谓领事裁判权之观念,第便宜上而属于领事官之裁判(本目第四末尾参照)。是"领事裁判权"一语,有宁谓之治外法权者,或总称两者为治外法权。而对于领事裁判权,称条约上治外法权,并有称准治外法权者。余辈则改称领事裁判权为外国裁判权,以示国际法上之不可侵权,以区别于治外法权。同时,欲吻合所谓领事裁判权之法理上之本质也。③④

第二章　服于外国裁判权之事件(目六)

　　第一、被告主义之原则

---

　　①　Kömg,Handbuch Des Deutschen Konsularwesen S. 390,Konsulargerichtsbarkeit,§ 2.

　　②　Grotius,De Jure belli ac pacis,p 297. Martens-skorst 前揭 S. 319.

　　③　英之"Foreign Jurisdiction"一语,用以表于外国之自国裁判权。德之"Fremdenge-richtsbarkeit"一语,表明凡行于义务国之他国裁判权,余辈所用之外国裁判权,乃合此二者用之。但我国尚无所见,本著所谓,不免有奇异之想。故后章犹有依旧例用领事裁判权语者,其意义实论外国裁判权。

　　④　我法文之用语,本不一贯,初用法文之文字,继则改为领事裁判权。例如明治四十一年法律第五十二号,明治四十四年三月法律第五十二号用之。同年敕令第一百六十七号,复见"关东州及帝国,得行治外法权云云"之文字。此敕令之立案者,与余辈同其意见耶? 抑漫然依于旧例耶? 法文之必统一也,不其重乎。

凡存外国裁判制度之义务国,于其国之裁判权外,与几多权利国之裁判权并行之。此等裁判权各有其范围而不相冲突。然其范围如何定之,是虽依条约及惯例,而各处必不同一者也。惟其原则,无论何种义务国,悉宗被告主义(Actor sequelurforum rei)。其相异者,为对于此主义所认各种变例。例于土耳其,关于土地事件,不问何国人,凡为土耳其裁判所所管辖。又于埃及,凡异其国籍当事者间之民事诉讼,特设混合裁判所审判之。然于中国之外国裁判制度则不然,一律宗被告主义。第关于审理之方法,有多少之变化,然亦视此原则之如何耳。[①] 夫被告主义,最为自然之条理,而普通国际诉讼所采用之原则,虽外国裁判制度亦盛行之。是诉讼而管辖于被告之国籍法庭者,为达其裁判执行之目的最便利之方法也。[②] 又就刑事思之,判决以前,被告犹未见为犯罪者,若交付于他国之法庭而以他国之法律处罚之,已为其本国所苦痛,而于民事何独不然。[③] 顾于中国之外国裁判制度,发达最后,以欧美人鉴其于近东永久之经验,始即欲立最便利之理想的制度,而对于被告主义所以不结例外之条约也。

第二、各种事件及其管辖之分配

夫于中国裁判上之国际管辖,既一贯被告主义。故研究此问题,先依事件之当事者之国籍而分类之。以是凡起于中国之司法事件,得区为左之八种:

(一)民事之原被两造俱为中国人时。

(二)刑事之被告或被害者,俱为中国人时。

(三)民事之原被两造,俱为同一国籍之外人时。

(四)刑事之被告或被害者,俱为同一国籍之外人时。

(五)民事之原被告一方为中国人,而他方为外人时。

---

① 变例最多者,为权利国人与义务国人之民事混合事件。于土耳其,依 1839 年之条约,认所称 Tidjart-medglis 一种之混合裁判所(由双方出裁判官三人合议之)。于波斯,此种事件凡依波斯法庭之管辖,但无权利国官吏之立会,不承认其裁判之效力。于中国虽据被告主义,然外国人为原告时,依会审制度之方法,即外国官吏得立会干涉其审理。(参照目二六)

② 凡被告主义,若原告败诉时,其执行甚为困难,以是 1856 年,法国 Aix 控诉院对于民事之领事裁判权,为限于法国人间之事,而不管辖法人与他国人间诉讼之判决。对于此判决,而中央之领事裁判事件委员会表反对之意见。又 Aix 裁判所,虽原告为土耳其人时,亦管辖之。又至于刑事,被害者为他国人时,亦一贯被告主义。

③ Hall,Foreign Jurisdiction,p. 148.

（六）刑事之被告及被害者之一方为中国，而他方为外人时。

（七）民事之原被两造虽同为外人，而互异其国籍时。

（八）刑事之被告及被害者虽同为外人，而互异其国籍时。

吾人约言以上所举，得称第一、第二为中国单纯事件，第三、第四为外国单纯事件，第五、第六为中外混合事件，第七、第八为外国混合事件。中国单纯事件，无关系于吾人之研究，而成为问题者惟他之三种。夫中国与十七国之条约，多依最惠国条款之效力，外虽不一，而内实包含此等之三者。其中以《日清通商条约》所定管辖问题为最明了，即其二十二条，对于刑事亦规定外国单纯、中外混合、外国混合等。但于外国混合，如日本人为被告而第三国人被害时，或第三国人为被告而日本人被害时，无区别之规定。然于第三国之条约，当相当规定之。次于民事，其第二十一条，明细规定中外混合事件。第二十二条，规定外国单纯事件及外国混合事件。且民事之外国混合事件，第云日本人被告而第三国人原告时，不云第三国人被告而日本人原告时，是亦于第三国之条约，当有相当之规定。要之宣明日本人之被告民、刑事件，凡日本之裁判官得依日本之法律审判者也。但日本人被告而第三国人为原告（或被害者）时，第三国承认日本之管辖与否？又第三国人被告而日本人为原告（或被害者）时，承认第三国之管辖与否？对于此两点，仅中国认被告主义而抛弃其干涉权之约，犹不足解决此问题。以是该权利国间之条约，愈见其必要。然至于今日，此种条约依然无睹，各国仅依从来惯习而实行被告主义而已。[1][2]

凡被告所属国家之事件，应处理于如何法庭耶，乃自由一任其国内

---

① 吾国之国际法学者千贺博士、中村博士论旧时行于吾国之领事裁判制度，犹拘泥条约之文字，谓："领事裁判权之范围，限于一私人关系事件。民事当事者之一方或双方关系于国家者，虽于刑事如行乱罪货币伪造罪无伤害个人时，亦因领土权之作用，对于外人被告之事件而用日本裁判权。"是恐为偏于国家之辩护说，若由领事裁判制度之趣旨言之，不可不包含权利国被告之民、刑事件。法文所谓特限关于个人者，第指普通之时，其精神则在条约国人之为被告者，即实际之惯例，亦何独不然。《日清通商航海条约》曾注意此点而广为规定之，然尚未达其极。以是宁不拘泥文字而以从来之用法为便。本著之说明方法，亦据此主义，例如司法事件分类中，中国人或外国人云者，不第指一私人已也。中国或外国之国家为民事之当事者，又刑事之直接被害者时，亦包含之。Senga, Konsulargerichtsbarkeit, S. 18. 参照中村博士《国际公法论》第3、4、6、7页。

② Morse, International Relation, p. 584, 565.

法裁判的规定。以是如今日中国之事件，实际有左记之各种裁判所：

（一）外国之领事裁判所；

（二）外国之公使裁判所；

（三）外国之正式裁判所；

（四）外国之本国裁判所；

（五）外国之殖民地裁判所；

（六）Count of Consuls；

（七）会审裁判所；

（八）纯粹中国裁判所。

前六者为外国之裁判所，后二者为中国之裁判所。外国裁判所以领事裁判所为原则，然或谓设特别之正式法庭，或对于上诉事件，在本国或殖民地之裁判所管辖之，或偶于在华公使馆处理之。夫 Count of Consuls 者，关于裁判跨数条约国团体之事件，特依协约而组织数领事之联合法庭。如今日于厦门及上海，共同租界自治体之被告事件，其一例也（目一四第二参照）。中国人为被告事件，居于中国法庭管辖，无论矣。其中外混合事件，亦须外国官吏之立会而特设会审裁判所，然此等之外国裁判所，十七国之条约国各有其法庭，而裁判所管辖亦多有所异（目一八、二六参照）。顾际此生权限争议时，则如何解决之。其国内法的争议（例领事裁判所及其本国裁判所之间），其解决则依国内法的司法规定之所定方法；其国际的争议（例甲国领事裁判所与乙国领事裁判所之间），其裁判所之上级裁判所，适认其下级裁判所为不当者，则求国内法的救济之方法。其上级裁判所有与下级裁判所同一之见解者，其结局则不外依外交权之共助而达其目的。

第三、关于诉讼事件并合之难问

夫于中国之诉讼，依被告主义而定国际管辖，故于普通国内诉讼法上，得合并数个事件而审判之。独于中国，凡此等事件而异其国籍时，有不得合并处理之结果。例如民事之混合事件，不许由被告起其反诉。盖反诉乃颠倒本诉原被告之地位，便宜上并合别个之事件而审理之制度也。然于混合事件，本诉之原告与被告异其国籍，起反诉于本诉管辖之法庭时，反诉之被告服从其原告法庭之裁判。结局反诉被告之国家，乃侵害条约上之裁判权利。谓予不信，试证明之。一千八百九十五年，千岛舰受英船 Ravenna 号之冲突于濑户内海。日本政府以 P. O. 会社为被告,提起损害赔偿之诉于横滨英国领事裁判所,而会社亦提起己所损害之反诉。横滨法庭以反诉之手续为违法,却下之。不服,又控诉于上海 Supreme Court for China and Japan,同裁判所却解反诉为正当。以是日本政府上告于英本国之 Privy Council,而上告审之判决,破毁控诉审判决,以反诉为违法,而正当视横滨第一审裁判所之意见。其理由之要旨曰:"日本人为被告事件,属于日本管辖,为其条约上之权利。如上海高等法院所云,提出本诉于英法庭,为表示日本政府须服从于英国法庭意思者,非也。易地观之,英人以日本人为被告,而起诉于日本法庭时,日本人得提起反诉于日本法庭而对抗之耶。"①因此判例,现行之 China order 遂为明此意义。故定外国人为原告时,被告之英人不得提起反诉。但外国法庭存颠倒原被告之诉讼时,而英法庭判被告败诉者,许停止其执行,或控除于外国法庭诉讼之请求额全部或一部而为假执行。② 故英人为被告而有反对请求者,得于本诉判决以前,先提起其请求诉于外国法庭,以为执行停止或控除之地。无如是明文之国,而提起反对之请求,法律上不生何等之效果,第以之供和解示谈之材料而已。

　　至于共同诉讼亦为一研究主题。其原告共同时,固无所论,而数多异国籍之人为共同被告提起诉讼时,应如何裁判之乎? 是亦据被告主义之原则,各从其国籍而分离提起诉讼,于其本国之裁判所,则其范围内必失共同诉讼之方便。而各国法庭裁判之结果,亦必呈不同一之奇观。又诉讼之参加,亦无异于是,盖主参加(第三者因原告及被告之诉,为损害自己之权利而提起诉讼,谓主参加)为从来原被告之共同被告,故从来之本诉于混合事件时,不各应其国籍起诉,即不得解决此问题,结局则不得达主参加本来之目的。反之从参加(第三者因当事者一方之诉,有关其己之利害者,特补助其一方而加诉讼,谓从参加)单补助当事者之一方,通常不生难问。惟被告之从参加人,于代理从来之被告时,其代理者与被代理者国籍相异,则生同样之问题。③

---

　　①　Piggott,Exterritoriality. p. 184-187.

　　②　Order of His Maiesty the King in Council for the Government of His Majesty's Subjects in China and Gorea,1904(目一七第二参照).

　　③　Senga,Konsulargerichtsbarkeit,S,71,72. 对于此点有详细之说明,可参考之。

又刑事之共犯者不同其国籍,不得管辖于同一之法庭。假令从犯者及教唆者,亦不许裁判于他国之法庭。以是一刑事事件,各归自国法庭之审判,因其国法之异,又裁判官意见之不同,对于同一犯罪,必生异样之判决。斯于今日一般之国际间,犯人逃亡于他国时,数见其例,而于领事裁判制度之义务国内,则为普通手续所辄起之现象。是为当然之结果而无可如何者也。

第四、权利国人之范围

夫于中国司法事件之国际管辖,既执行被告主义,故察知被告之为何国人,实此问题之最重要者。惟本论非研究各国国籍法之所定[1],第就于归化人一言之。盖权利国之归化人与其国人受同一裁判权之保护,但归化人之旧国为义务国而归化时,则生别一之问题。盖外国裁判之义务国,法制不备,国籍得丧之规定亦不明了,又事实上不认自国人之归化他国。此对于已归化权利国者,不许其旧国籍之丧失,则发生重国籍而起裁判管辖之冲突。故如英之归化人,归于旧本国,则失英国籍。惟失旧国籍者,得沾英法权之保护。[2] 此外各权利国,大抵一般备自国人之名簿,令彼等为申请而登记其身分,不问此等之手续如何,而权利国人当然属于自国之裁判权,不许彼等任意脱其管理,即裁判官知其为自国人,即当以裁判权及之。惟无申告及登记时,无由证明其国籍,得拒绝自国裁判权之保护而已。[3][4]

权利国人民中,亦有不服所谓领事裁判权者。如德《领事裁判法》第二条,有所谓治外法权者,即明言不服于领事裁判权。然此种规定,实为无用,何则？此等之人,乃在外国本不服其裁判权,而亦不为领事

---

① 英美对于国籍虽取出生地主义,而犹有下所举之变例。如英人男子之子及孙,生于中国时,仍取得英国籍,若美则限界止及于子。惟予以下住于外国租界传道或商业,因与美国利益有密接之关系,得保有其国籍。Hall, Foreign Jurisdiction, p. 125. Hinckley American Consular Jurisdiction, p. 91, 91.

② Hall 前揭 p. 126, 127. 参照。又昨年夏二次革命时,归化美国容某,居住北京,中国军警目为革命党而逮捕之,不认其为归化美国者,裂其美国政府之旅行券而拘禁之。美公使接报,提严重抗议,中国乃解放之,且严罚其扰事之军警。

③ China, Order art. 192. Konsulargesetz § 12 同条 Dienstinstruktion. 参照。

④ 中国人以脱本国不完备司法权之管理而变更国籍,或以船舶挂外国人之名。昔一小汽船,数月间转为英、法、美、意四国,即可见之。(Morse, Trade and Administration, p. 190.) 又中国人之船于香港登记而受英法权之保护,亦依此法行之(目二一第五参照)。

裁判制度变更此原则者也。若以领事裁判权解为义务国裁判权之代理者，此不服之规定甚宜，又解为权利国裁判权之延长者亦然。夫领事裁判权第应解为本来之范围所无者，应服义务国裁判而已。故本不服义务国之裁判权者，义务国不得支配之，乃属当然之理。更由他方思之，所谓领事裁判者，即权利国之裁判，则如公海事件之例，便宜上属其裁判者，而治外法权者之裁判应服于其本国裁判权者，亦固不妨由在外自国裁判机关便宜行其裁判。但领事职下于公使，因受其监督故，得行裁判于公使，不免生有弊害。然如英国则设特别正式法庭之制度，可毋虑及，至于民事却为有利者也。次领事已亦得服于所谓领事裁判权乎？由德之明文观之，其《裁判构成法》第二十一条，规定限于条约无反对之规定者，领事应服内国之裁判权，但无所谓治外法权。由国际法上而言，当然不入吾人所谓外国裁判权之支配范围。然以外国裁判机关而利用领事之国，则从国法上之便利计，宜不得服领事裁判权。盖其对于自己之事件，依诉讼法上之除斥规定，自己不能裁判，必以他人代之。然不第于己之区域内无相当之人，即属于他区域内同僚之裁判，亦为不便，宁归于本国之裁判所处理。夫处理于本国之裁判所，与上诉于本国相同，不外便宜上之方法，仍不得脱外国裁判权之观念。若英则设与领事对立之特别法庭于中国，凡领事之服其裁判，无异于普通之行政官也。

又于德《领事裁判法》第三条规定，凡领事裁判法，不得变更军事裁判权。以是依一千八百七十四年 Reichsmilitargosetz，现役军人服于军事特别裁判所之裁判。他国则无此种明了之规定，一般同样处理之。但此现役军人似亦须分别一思及之，即部队之在义务国与否。盖部队永久滞在时，便宜上不妨设刑事裁判机关于义务国内，如日本及俄国之满洲驻屯军之设施是也。他若现役军人，单独旅行于义务国，或聘用于义务国者，斯不有治外法权，而必服于所在国之裁判，以所谓领事裁判制度条约之结果。至服于权利国之裁判权，若现役军人犯罪时，其刑事裁判不得属于普通裁判机关之领事或正式法庭，而必由本国或义务国内特设之军事裁判所（军法会议）审判之也。

又义务国政府聘用者之地位，亦必一言及之。盖领事裁判权之义务国，因欲运用文明的新制度，或开发自国之事业，聘用外人者，数数见之，而于中国亦然。Hall 氏对之而论曰："凡聘用为文官者，止行政法之范围内,入义务国之治下,余则仍不脱英国法权之支配。其聘用为武官者,但其职务之性质上而立于义务国权力之下,他则尚服于英国之法权。"[1]例见于中国者最多,为税关事务而佣聘者其一也(目三第三参照)。外国人为税关吏而犯罪时,先解任之,更受其本国之裁判。至于民事诉讼关系,与普通外人无何等之差别。是他种之聘用者,亦得准用此种之规定也。[2] 即聘其军人为顾问或掌教育,不得为中国军队组织之一分子,而与普通之聘用者无异。如 Hall 所言,参加部队而临战阵时,或不其然,但于中国不见正式之事例。又此等聘用者中,大都有本国官吏之身分者。即以日本而言,应聘他国之军人,皆保有现役之身分,故彼等于中国守其职务所关系之中国行政法规外,尚不脱日本官吏法之支配。

第五、所谓保护民

权利国人以外者,依义务国领土权之作用而服义务国之裁判权,固无论矣。若权利国之保护民,应与权利国人同等脱义务国之裁判权,而属于其外国裁判权之保护,以是各国多设其规定而扩大其保护范围。但于中国何者得为其保护民乎?是不第由权利国所规定,并与中国之条约、惯例及他国之关系相合而决定者也,以下依次说明之。

(一)有领事保护条约国之人民

所谓领事保护条约者,一方之人民于外国受他方领事之保护也。例德与奥大利、匈牙利、瑞士及 Luxemburg 结此种条约。凡此等国之人民,于义务国统属德之领事裁判权。然此条约果得拘束第三国(中国)乎?即对之不可分欲受德保护人民之所属国家,而于中国得有所谓领事裁判权与否也。如于中国有裁判权之匈牙利,第因或地方无自国领事者,属于德领事之裁判。他若瑞士又 Luxemburg 对于中国无裁判权,苟不得中国之承认,依然解为受中国法庭之支配,何则?权利国不得与他国结条约夺中国本有之权能而归于自己者也。故保护条约之于中国,无何等之效力。

(二)被保护国人民

所谓被保护国者,普通委任外交权之全部于能保护国,而保护司法

---

[1] Hall 前揭 p. 152.

[2] Hincklez, American Consular Jurisdiction, p. 86.

上之地位,亦解为一部者也。然权利国之外国裁判权,得及于被保护国人民之上否乎? 此问题先区别被保护国之保护条约以前,于义务国已有裁判权与否。如朝鲜并合前,于中国而有其裁判权者,实基于日本之保护条约。故安重根暗杀伊藤公于中国之领土(俄国之行政地域哈尔滨停车场),俄官吏捕之,以属于日本之裁判权,而交付于日本,更移于关东州法院裁判之,为最近之适例(目一五第五,目一七第八参照)①。次被保护国保护条约前,于中国无裁判权时,可细别为二:权利国与中国所结之裁判条约,(当初或以后)得义务国认许此种之被保护国人,亦入其裁判权之范围内者,则权利国应及其裁判权于被保护国人(例如,法之于安南人,目三第五参照)。此犹为明示而认许者也。他则,权利国与中国结裁判条约以前,已为权利国之被保护国,当然解为已默认其国人服于权利国裁判权保护之下也(例如,英之印度保护民)②。反之,保护条约起于权利国与中国结裁判条约后者,而权利国其后对被保护国人之裁判,不与中国结何种之特别条约,即谓被保护人当然服其裁判权者,是乃违法也。

(三)权利国官厅之使用人

权利国于土耳其、埃及、波斯等公使馆若领事馆之通译者及其他官厅之使用人,脱其国之裁判权。而服该官厅国之裁判权,即于此等

---

① 关于伊藤公暗杀事件,明治四十三年二月十四日,关东都督地方法院判决书之一节曰:"本件之犯罪地及被告人之逮捕地,虽为清国之领土,实于俄国东清铁道附属地俄政府行政之治下。然依添附于本件所由俄国政府回送同国国境地方裁判所刑事记录,俄官吏逮捕被告后,即审问被告,搜集证据,判明其为韩国籍,决定不归其国裁判。又依明治三十八年十一月十七日所缔结《日韩协约》第一条,日本政府所在东京之外务省,今后得监理指挥韩国所在外国之关系及事务。又日本之外交代表者及领事,得保护在外国之韩国臣民及其利益。又光武三年九月十一日缔结《韩清通商条约》第五款,明记韩国于清国内有治外法权,以是管辖右犯罪地及逮捕地之哈尔滨领事,从明治三十二年法律第七号领事官职务之法律规定,得谓有审判本件被告等犯罪之权限。然明治四十一年法律第五十二号第五条规定,关于所属驻在满洲领事官管辖之刑事,因国交上之必要,外务大臣得移其裁判于关东都督地方法院。故外务大臣据此规定,于明治四十二年十二月二十七日命令移裁判于本院,即其命令为适法,而本院亦应有本件之管辖权也(中略)。《日韩协约》第一条,日本政府对于人民,均有公权之作用,韩国人民亦然,是公权作用一部中刑事法之适用,当然以韩国人民置于同等地位,其犯罪适用帝国之刑法处断,最合于本协约之本旨。故本院对于本件适用帝国刑法之规定,而不适用韩国法判定之也。"

② Piggott, Exterritoriality, p. 70.

各权利国之法令,亦视为保护民。[①] 然于中国无何等之条约,又无如是之惯例,以是彼等为中国人时,服中国之裁判权;为第三国人时,则依第三国与中国之国际裁判关系而判断之。此外于中国之邮政局、租界官衙及军队所雇佣之中国人,皆与公使馆,领事馆之使用人同等者也。

(四)私人之使用人

属于权利国之会社或个人之商店,其他之使用人而雇入土人时,亦有以为权利国之保护民而结服其裁判权之条约者。例如一千八百八十六年英与 Zanzibar 之条约,及一千八百三十九年英与 Mascat 之条约是也。然于中国无此种之条约及惯例,惟于上海及厦门等地,对于此种使用人用会审制度,似带保护之性质,然不至破裁判管辖之原则(目二六、二七参照)。又无论于何处,其使用人在权利国人之家屋内时,中国官吏不得直接逮捕之,是乃根于家屋不可侵之别个观念也(目七末尾参照)。

(五)租界之居住者

依德意志于天津及汉口之《租界自治体令》规定,其租界之土地权利者,对于其土地及自治体地位之关系,而服德意志之裁判权。然外国租界,不过为外国行政地域,不得侵害何国之裁判权。斯法规之条约违反,而学者谓专管租界之土地权利者,为相对的保护民者,自不免错误,须详细论于后章。[②] 但对于在他国之租界者,虽本国官吏,亦不得妄行侵入,而直接加以强制处分而已(目一〇第二目一二参照)。

(六)船舶乘组员

美国宣言自国船舶之船员,不论其国籍之如何,必服美国之裁判权(千八百八十一年国务卿宣言)。然以是后曰 Bullion 号事件,英美间遂

---

① Hënig, Handbuch des Deutschen Konsularwesen, Bd. I, S. 368, 369. De Clerey et de Vallat, guide pratique de Consulats, p. 575-759. 又如 Hall 前揭 p. 136-139. 之言,始领事裁判止限于白人。因推广政治的保护之区域,同时及于此法律上之保护,认为一时的或永久的之英国性,包含宗教上、政治上、经济上有种种之关系者,于或时代其范围则非常增加。例如耶稣教徒,其适用法有依其各本国法裁判时,得服耶稣教国之裁判。然今日此范围于土耳其,大加限制,第领事馆之使用人及其妻子,且彼等使用关系终止时,即脱其保护而服于土耳其之裁判权。但以前之被保护者,因在一定条件之下,而得受从来之保护。此则波斯、Morocco、Moscat、Tripoli、暹罗,均无所异。惟中国及日本,无此种敕令,限于领事裁判权,亦不是英人之所谓 Protected person。

② Sir W. Scott 对于 Constant de Rubecque 事件,以居住法专管租界之瑞士人为无条约国人,其居住准于法人。(Piggott 前揭 p. 172)

致大生纷议。① 即美国船之船员英人于东京犯杀人罪，美领事裁判之，英则提出抗议，而美最高法庭以美领事之裁判为不得当，遂交付于英。是于日本已为实例，而于中国亦取同等之见解。②

又德于一千九百年关于保护民设所谓 Anordnung des Reichskanzlers, Cetreffend die Konsulargerictsbarkeit über Schutzgenossen 详细之特别法规，以是前述官厅之使用者外，凡曾有德之国籍者及其子，并人种上属于德人者，亦加入保护民中（De facto Unterthanen）。③ 甚乃如法之千七百八十一年之法律，于旧教徒统谓之保护民，然此固有特别之条约或其惯例，若行之于中国，犹得谓之违法也。④ 此等制度对于有他种条约国之国籍时行之，固害其国之权利，而对于有无条约国籍者或无国籍人时，妄主张其保护权，亦不免蔑视中国之裁判权。又租借地之住民，于其地域内绝对服租借国之裁判。虽然，一旦出其地域外，则从其国籍而各服自国之裁判权，是对于租借地之中国人，不可不注意及之。若德亦入租借地于 Schulzgebiet 之内，以是其住民无出于中国内地而为 Schutzgenossen 者。

第六、对于法人之裁判权

关于法人之国籍，今日立法之大势，执住所地主义，即以其主事务所或本店所在地为标准。故于领事裁判制度之条约文，所指权利国人，自然人外又包含法人（本目第二注一参照）。然日本法规规定

① 1881 年 6 月 1 日美国务卿宣言曰：The judicial authority of consul of the United States will be considered as attending over all persons dully shipped and enrolled upon the articles of and merchant vessel of the United States, whatever be the nationality of such persons.

② 德、法外务省亦于 1874 年六月，宣言凡德船上之水夫为日本人或中国人，其犯罪时以被告之国籍为管辖之标准。其例如 1883 年四月 H. Bremer 号之水夫中国人，犯罪于横滨，乃不属德领事之裁判。基 1871 年之《日清通商条约》，归中国领事之管辖而交付之。1881 年十一月瑞典人于横滨犯罪时，亦交付于瑞典。（König, Handbuch des Deutschen Konsularwesons, S. 374）

③ Instruktion, betr. die Erteilung des von den Kaiserlich deutschen Konsularbehörden zu gewährenden Schutzesin türkischen Reiche mit Einschluss ven Egypten, Rumänien und Serbien, Sowie in China und Japan, 1872. 亦含同权之规定。又依之取得德国籍土耳其人等，不离其本国之 Untertanenverband 间，不得求法之保护。（§4.）又公使馆、领事馆之通译及其他之下级吏员，得其本国政府之承认而不采用时，亦不能与以保护，即第三国人亦需其本国政府之承认。（§14.）

④ 中国于 1860 年法清《北京条约》，第宣言不虐待自国人之耶稣教徒，不及其他，是可见无为外国保护民之意也。

之解释,议论不一。以住所地主义解者,谓日本法人不问其在住所之本国与在殖民地,凡在中国者,莫不视为日本法人,而受日本领事裁判权之保护。

然此住所地主义之原则,法人之住所存于义务国内者,永久不变化之乎?有住所于中国之法人,悉解为中国法人乎?更详言之,日本人设本店于中国之专管租界内,或在其地组织商事会社,犹得目之为中国法人乎?顾在中国,其政府之法律外,权利国之法律亦并行之。由权利国司法立法之见解视之,普通中国非外国乃内国也(目一七第三参照)。更由权利国法见之,则中国之住所,非在外国之住所,乃内国之住所也。(译者按,此说强解已甚,论者当能辨之。)以是权利国设住所于中国之法人,不妨目为内国法人。今日于中国有领事裁判权之十七国,莫不依此行之。但设住所于中国之法人,果属于此何国之国籍乎,而亦为一研究之问题也。解释此问题,须先区别其法人设立者果为同国籍人与否。若其设立者中无异国籍人时,则法人之国籍应解为与设立者同一,何则?所设领事裁判权之基础,乃属人主义之观念,与他国人无交互法律关系时,得一贯此观念,即于义务国内所设立之法人,全然与于国内者同一视之也。并此关系于法人无社团与财团之别,即会社其他之社团之设立者,凡日本人,固为日本法人。而财团之寄附者,无日本人以外之人,亦为日本之法人。

然法人设立者之国籍混合时,将如之何?或谓不许此种法人设立,不第见为不便,且设立后有禁会社之株式而让渡于他国人之结果。故《日清追加通商航海条约》及《英清追加通商航海条约》,认组织混合的会社,而期其损益分配之公平及诉讼上救济之适当。但今日于实际,不第与中国合办事业而设几多之法人,即权利国人间亦有混合企业。若统解为中国法人,不当实甚。以吾人之见解,唯当标准设立者之意志,定法人之国籍,此外无他法也。夫法人有独立之人格,而与设立者之法律关系,应别途视之。惟其根底存于设立者之行为时,尊重其意思,乃最为稳当之条理。① 以是设立者之总意定款之规定为日本法人,即日

---

① Meumeyer, Internationals verwaltungsrecht, Bd. L. S. 132. 以下详论此问题,与吾人之见解少异。氏又从利害之点下其判断,即于社员之各本国中,以利害关系之最多者决之。以是参酌各国社员之人数,其权利及商号为何国人之氏名等而下判断。但有对于他国籍人之法人关系所服从裁判,须本国官吏承认之说,但多数则谓第有本人之同意,即视为社员之同意。

本法人,财团设立者之一方,意思表示其寄附行为为日本法人,亦即日本法人。凡此等文书之不明者,自宜求证于其他。但明记法人设立之方法于此等文书,乃最为适当也。

然设立者有愿为他权利国法人之意思时,其权利国乃以其为自国之法人,果以何准据法而设规定,大都随其国之任意,或准用内国之规定,而不特别另定者,或附特别条件而加以相当之变更时,或于自国裁判权之保护上,设定与自国法人多少之差别。如德则设详细之规定,合各会社及合资会社之无限责任社员全部为德人时,置其本店于领事裁判区域而为纯然德之会社。其外则与他种会社同视为外国会社,又其条件则为:

(一)于定款明记服德国裁判权;

(二)德人或保护人目为重要利益而不害外国人之大利者;

(三)不背德之公益者。

备以上三项而登记于德领事馆时,则置诸保护人之列,而受德领事裁判权之保护。① 若日本无此特别之规定,设立者以为日本法人之意,依其内地之规定而履行法人设立之手续者,即解为日本法人。

第三章　外国裁判权及中国领土(目七)

第一、普通之领土及领水

外国裁判权之土地及范围,与义务国之版图一致,何则? 外国裁判权,为权利国之裁判权,而非代理义务国之裁判权。惟权利国依条约而裁判义务国本来可裁判之事件,而其事件无外国裁判权时,仍服于义务国之裁判而已。至于水面亦为同样之关系,凡中国国内几多之河川及湖沼无论矣。即沿岸领海之事件,亦从被告主义之原则而区别裁判管辖。然于领海,各国规定不一,果以何者为标准乎? 或由权利国之规定判定之例。英法对于 Carr V. Francis,Times & Co. 事件,从于 Mascat 英裁判权所及之范围而定为之涅。各国虽或依此主义,其规定不一,乃异其裁判权之范围,而多奇怪之结果。由是论之,领海之范围内无外国裁判权

---

① Konsulargerichtsbarkeits-Gesetz § 2; Snordnung des Reichskanglers, betr die Konsulargerichtsbarkeits über Schutzgenossen, § § 2,4.

时，亦应如上述从义务国法。① 但于中国无一定之法律，或有而云渤海为其领海者。此其思想，殆不足论。惟于其领海既无本国法，而条约国法亦无由适用，结局惟应用今日一般国际法上之原则，定其限界耳。

外国裁判权之管辖，本限属于义务国裁判之事件，即外国裁判权之范围，亦不出义务国之版图。然于中国之英国裁判制度，所谓百浬法者，乃指由中国沿岸线百里内英人之犯罪而言。其起点在于英船内，或在于中国船舶内，或在于无国旗保护之船舶内者，皆由在中国英法庭管辖。起于中国版图内事件，亦同样办理之。② 又无论何国制度，凡于公海之自国犯罪人，逃入中国时，其船舶所到港之领事裁判所，得逮捕审判之。关于此等中国领海外之犯罪者，本为可由本国裁判所处理事件，而不当解为应受裁判权于中国之外国裁判所者。惟外国裁判机关，亦为其权利国之裁判机关，便宜上管辖及之耳。以上所述，于外国裁判权条约内本无所及，以不害中国之公安故，一般惯行之而已。

起于中国领水内事件，既从被告主义定其裁判管辖，然或权利国人于他国之船舶内犯罪时，得变更之处。盖于从来无领事裁判制度之他国领水内，所有船舶内犯罪之管辖，分英国主义及法国主义。前者谓凡此种之犯罪，亦属于领水国之管辖。反之，后者原则以服于船舶国之裁判。例外凡乘船者外之关系，于犯罪时，害领水国之公安及向领水国求援助时，领水国得干涉之。千八百九十八年依国际法协会之决议，反于海员之纪律及职掌上之义务外，认英国主义。此等原则，果及如何影响于所谓领事裁判权乎？盖由权利国裁判权之根本观念思之，乃易解决此问题耳。即从法国主义，领事裁判权之原则无何等之变化，此等事件依然以服于船籍国之裁判权为原则，而船籍国则令在其地之自国领事行此裁判权。反之从英国主义，此等事件先想象服领海国之裁判，更适用领事裁判制度之原则，而依被告主义定其管辖。以是不顾船籍之为何，第标准犯罪人之国籍，令在其地犯罪人所属国籍裁判官为其裁判。但此事件之管辖问题，说明于后章，其关于逮捕、交付及关于船籍国之共助，不得混同之也。（目二七参照）③

---

① Piggott Exterritoriality, p. 15.

② China Order, art. 80.

③ 依 Konsulargesétz § 33. 及同条 Dienstinstrisiktion，则所在国官吏，于船舶内欲行逮捕权，须德领事之立会。推之第三国官吏欲行逮捕之时，亦同此办法。

第二、租借地之裁判关系

关于租借地之性质，诸说纷纭。多数学者以为即领土之割让。一部学者犹以为中国之领土，而租借国行于此地域上者，乃代理中国之主权，或中国于其期限中停止主权，而租借国之主权即扩张及之。[①] 然实际租借国于租借地之各种设施，与于自己领土之殖民地毫无所异，且非一时的而有永久之性质也。当初之条约文无所解释，假有贷借之解释，凡条约文之意义，依其后之惯例容忍默认等而伸缩之，可无异例，已如前述。以是于今日变当初租借之意义而谓中国领土之抛弃，似适合于目前事情而为稳当之见解。如俄之对于裁判权问题，始取中国人犯罪者交付于中国官吏之方针，而其后则大变之。[②] 今日各地方裁判权之行使，握于租借国。凡租借国之支配事物，皆取属地之制度，第对于土人之裁判，异其机关之组织，或认土人官吏之参与。是乃以自治为本之殖民政策常例，不足怪也。

然从来于中国租借内所行第三国之领事裁判权以如何之问题，而对于租借条约之当时国际上生其纷议，即于以租借地犹解为中国领土者，可一思之也。盖租借国因当时之条约，无论何地从文明国法设裁判制度，同时取排斥第三国裁判权之方针。虽北京之外交团，除日本外，多认各不自行其裁判权。租借如英、俄、德、法诸国，利害一致，当然不行裁判权于他国之租借地。其他各国无住民及领事于此等租借地，即无反抗之必要。惟日本于满洲与俄利害相反，采反对之态度，主张曰凡

---

① "割让"说，Lawrence, War and Neutrality in the Far East, C. X; Gérard, Cession Deguisées de territoires, p. 256, 257, Stengel, Die Rechtsveriältnisse der Deutschen Schutzgcbiate. S. 22, 23. "非割让"说，Rehm, Allgemeine Staatslehre, S. 824. 吾国学者中，主张割让者，高桥博士：《研究清国领土之保全，及关东州租与地法律上之性质论》第8页以下；蜷川博士：《于南满洲帝国之权利》第四页以下；主张非割让者，《法学协会杂志》第三十卷第二号第107页及8页山田博士所说，可参考之。又美浓部博士以租借地非租借国之领土，即非外国之版图。(《国家学会杂志》第六卷第一号第105页第106页)

② 胶州、九龙、广州湾之租借为99年，威海、旅大虽为25年，当时俄于此地之设施，非以短时期为目的，而有永久之性质。如于威海卫之裁判问题，则为 Within the territory leased Great Britain shall have sole jurisdiction；于旅大则定"如遇中国人犯法，应交中国国家最近地方官审判。两国办理罪犯情形，仍遵照咸丰十年即千八百六十年之《中俄条约》所开"。其依《中俄条约》者，乃有会审制度之意义，与上海地方之租界无异。其管辖属于中国裁判所，不过许俄国官吏立会。由此文面观之，对于裁判关系，以租借地与租界同视。俄始本遵行之，后乃背此约文，及其裁判权于中国人，即于他国人，亦行其管辖属地之制度，日本以外诸国承认之，中国亦默认之而任其所欲为。吾人则解为于当初条约意思之外而受变更也。

裁判权为主权之一要素,不得因单纯租借,消灭中国之裁判权。又日本于中国之领土内,不让关于日本人身体、财产之裁判权于他国,无论矣。即得行于中国者,亦不得与中国结此种条约,而非单依中国与第三国之条约,于自己既得之权利无伤秋毫之谓也。虽然,实际如日本人于旅顺以密侦而捕之时,不许俄国行其裁判权,终令俄承认交付之。若解租借地非领土之割让,则日本之主张,于理论上为正确也。然意领事裁判权,渊源于义务国制度之不完全,则租借既于其他地设文明的完备之裁判制度,第三国早无继续之必要。实际上论之,断行撤回,如在彼之被保护国可也。但第三国虽有意思表示,于此地不行其裁判权,事实上可推测为认容租借国之属地的裁判制度而暗默有撤回之表示。当时如非租借国而有利害关系之美国所执态度,最为公平。美国国务卿采用北京公使之意见,于租借地之美国领事,不第不行使裁判权,即中国所认可于租借地者,亦不得以无普通裁判权之领事为此行为之训令,后改得租借国之认可而以普通之领事行其职务。① 若于今日之实际,日本于他国之租借地,虽未驻有领事,而于胶州、威海卫等处,既居住多数之日本人,彼等服租借国之裁判权,置日本领事裁判于范围之外。故于我关东州,亦排斥他国之裁判权,而各行使日本之裁判于属地也。

第三、外国行政地域

中国诸地所有各种外国行政权,其详细别于次编论述之。而其行政关系大要,殆不第排斥全部中国之行政权而行外国之行政权,即裁判关系亦无异于中国领土之普通部分,并行从被告主义而分管辖之诸条约国裁判权及中国裁判权也。然为达诉讼之目的,不得经由裁判言之,宁由其前后民刑事之执行及刑事之搜查处分。而察其本质,乃得知必要属于行政行动范围内种类之手续。然于此等行政地域与他国行政权生不相容之结果时,必俟其共助。故研究在中国之裁判制度,有难离行政地域之关系,即须先明此等地域之为何物,乃得研究此裁判制度,以是吾人欲论裁判制度之内容而先述次论也。

第四、开放地域

中国领土之开放,非专为外人之居住,特于此地域内认定开市场

---

① Moose,Digest of International Law,Vol. II,633-641;Hinckley American Consular Jurisdiction,p. 177.

（Openport）故也。其所指定，例如天津、上海云者，为都府之名称，其范围实包含此等都府之全区域。外人于此区域内得有土地，建家屋，为贸易，营工业等事，俱认于诸国之条约，或划此区域内之一部为外人之租界，然不妨害外人于市府他部分居住生业之权利。此等租界中，认外国之行政权，即成前项之外国行政地域。惟非租界及租界以外之部分，属于租界之行政，除如后述外人家屋不可侵之关系，外国之行政权或裁判权，法律上无直接之关系，然往往意以外国裁判为限于此所开之市场。①② 例日本依明治二十二年大隈伯之条约改正案，制限领事裁判权于所许五个之开港场及外人居住之地方。而于中国外国裁判事件，多发生于所开市场，即于其内之审判，不过为事实上之关系。

开放之原则，于满洲间岛，对之有一例外在焉。即图们江之北方垦地为朝鲜人而开放，依从来之例，杂居中国人间，而此等朝鲜人服中国之法权，属于中国地方官之管辖。夫内地杂居与领事裁判权，有同时交换之倾向，对于此地之朝鲜人，乃正发现其状态，然非今日所发生者，即不严守从来中国与韩国间之双务的领事裁判制度，及内地杂居禁止之原则，而承其为事实也。（明治四十二年《日清间协约》第四条目四第三参照）

第五、军事上之特别地域

各国之租借条约中，租借地之外廓若干之地方，称为警备地域或隙地，禁中国或他国军队之入其内，设其他军事上之制限，约中国不得让其利权于他国，是出于租借地之军事上之某目的，而成一种之国际地役，本不如租借地之生领土割让问题也。中国之行政权及裁判权限，不反于此等之制限，而能为一定之自由行动，又对于第三国之裁判关系，无其国之承认，不得加如以上之制限。

中国屡与他国开战端，或为第三国之交战场，以是领土内之一地方，亦屡为外国之军事占领区域。占领国对于此等地域，一般行其军政。其结果对于中国人之裁判权，属于军政府之管辖。然所谓领事裁判权，依直接军事行动而不可能之部分以外，不妨行使之。如一千八百七十七年 Constantinople 归于俄军之手，一千八百九十九年 Samoa 为

---

① Piggott, Exterritoriality, p. 11.

② 在土耳其由领事九时间路程以上距离内住者，属于土耳其之裁判权，如暹罗领事裁判权正式所行之范围，限于海岸。

德军所占领时,亦依此办法。中国因北清事件,认直隶省诸地方为外国军队之驻屯所,于或种情形则于二十清里以内禁中国军队之驻屯,是同于前述之警备地域,而与裁判权问题无关系也。①

又于外国之船舶及外人家屋之不可侵,必一言及之。在已开市场地条约国人之家屋,中国官吏不得妄行侵入。夫外人犯罪时,无论矣。即中国人不第犯罪于其内时,并从外部犯罪而逃入时,亦不问其家屋之所在如何,中国官吏非得其外人所属官吏之承认立会,不得侵入而强加处分。此事非从关系于中国,第三国官吏亦不得妄侵入之。惟于中国关系则根据条约,而第三国之关系则基惯例。其家屋云者,即以墙栅等围绕之处,亦包含其内。他若船舶之不可侵,亦同样须船舶所属国领事之承认。② 如现上海有犯罪人船逃入之报,其犯人所属国官吏为谋逮捕之机敏,预于令状求船舶所属国官吏之证明书,若其不明为何国之船舶时,则预备各国之证书,以免牴牾。

第三编　外国行政地域论

第一章　外国行政地域总论（目八）

外国行政地域中,起源最古而占主要地位者,其惟租界乎？今日

---

① 1902 年七月十二日天津还附时,日本致公文于中国全权大臣,其中一节曰:"又望避外国兵与贵国兵冲突之机会,愿贵国政府禁贵国军队驻屯于二十清里以内,及与外国驻屯于天津之军队接近。"此点与日、俄于满洲之驻军同一者也。

② Hall 曰:"领事裁判权,本为人的,然亦有偶为物之意。即昔于土耳其,英人之家屋及船舶内,不许土国官吏之侵入,须英国公使或领事之许可及其官吏之立会。此事于中国及朝鲜行之。在中国 1850 年《天津条约》第二十一条,定中国官吏欲入英人之家屋或船舶者,须受英领事之许可。是第于开港场而然,内地则无此保证。且非以英人之家、船为中国犯人之避难所,不外保护此等地方之安全。故犯罪人有相当之证明,得拒交付于中国官吏。"(Hall, Foreign Jurisdiction, p. 143-145.)是与租界及其他之行政地域同样者也。由是言之,裁判权不至于有属地的性质,而领事裁判权仍不失为属人的支配之性质,惟基于特别事由而有地方的保障所存一种不可侵之原则。即对于租界者,为行政权也;对于家屋者,为家庭之平和也,与裁判权不可相混同之观念也。

于中国之租界中,有属于外国之行政者,有属于中国之行政者,有属于外国及中国之共同行政者,吾人称第一为外管租界或外国租界,第二为自管租界,第三为中外国共管(或共同)租界。而外管租界中,有仅于一国行政之下,及诸国共同行政之下,前则称外国专管租界,后则称外国共管(或共同)租界。此等各租界中,所谓自管租界者,不属于外国行政地域,又不生特别之关系,与普通商埠无异。故本论所特须研究之处,为外国专管租界、外国共管租界及中外共管租界三者。

由租界观察其发生之状态,得区别为正式的租界及自然的租界。正式的租界者,依中国政府与外国政府特别之协约而定,或由中国政府之一方的意思表示而定。前者多外管或外中共管,后者则为自管租界。自然的租界者,无此等双方的或一方的之特别意思表示,但基于外人生活上之便宜,同类相集居住而渐次成为租界者也。上正式的租界,恒自定其区域,明其法律关系。而自然的租界,通常地域之范围不甚明,属于中外何种之行政,亦多不明之处。且为从来之变则,故不如前者之必谓于开放地域内,大抵发生于开放地市郊之一部,或远隔开放地之海滨及山间之避暑地等。

夫租界基础的观念,不外居住的关系。其确实居住于内者,则必获得土地所有权或有同一实效之永借权。为满足此必要,得行二种之方法。其一由中国政府供给地面最广之所有权及永借权于外国政府,更由外国政府借给个人是也。他则第于或区域内定外人之租界,其土地所有权留存于中国政府或中国个人,而外人欲取得此地域内之土地所有权或永借权者,各自对其权利者交涉,际此不过省中国政府及自国政府之烦累而已。前者由政府让渡地区于政府,谓之 Concession。但此让渡,第私法上之权利及一部之行政权,而非领土之割让。后者单外人之殖民,故谓之 Settlement。[①] 然或时混用此二种之方法,即由中国政府用第一方法,于某外国之专管租界内授与一部之空地。于他之部分既有多少之住民者,则用第二之方法,如前述之用语,实际于今日犹不

---

① Piggott, Exterritoriality, p. 11, 12; Morse, Trade and Administration, p. 205.

得使用正确也。①②

租界之外，近来以外国行政地域，而生铁道附属地、矿山附属地及公使馆区域（目四第二参照）。铁道、矿山附属地，属单一外国之外国行政地域，故仿佛自然专管租界。公使馆属于外国之共同行政，故酷似共同租界。因此关系，此等外国行政地域得分类为：

（甲）单独的外国行政地域

（一）专管租界；

（二）铁道附属地；

（三）矿山附属地。

（乙）共同的外国行政地域

（一）外国共管租界；

（二）中外共管租界；

（三）公使馆区域。

凡于此等地域内外国所行之行政权，为租界的观念，而其领土权之依然存于中国，无所疑也。但其行政权之本质，各依于外国裁判权同样之条理，非代理中国之行政权，实其行政权受停止于此等之地域，而外

---

① 法国于上海早名其租界为 Concession，实依 Settlement 之方法，而滥用之。英国则不然，例于天津 1866 年所设租界之全部土地所有权，由中国政府让渡于英政府，而英人名之曰 British Concession。因图大扩张之，乃称之曰 British Municipal Extention，以区别于前者。

② 依 Morse 前揭分类租界，则（一）National Concession，（二）外国行政下之 International Settlement，（三）中国行政下之 International Settlement。余辈不满足之，依前述之行政关系及发生状态而区别之，不下如左之七种：（一）天津式。即最多外国之正式的专管租界者，以天津为模范，而有日、法、英、俄、德、奥、俄、比八国之租界；汉口次之，而有英、俄、法、德、日、比六；广东则有英、法二；上海有法国租界，人口二十万，在各属地为最多；厦门日、英则各有之；苏州、杭州、福州、沙市、重庆，第日本有之而已。（二）安东式。安东县营口铁道附租界内，亦为日本人居住。而其重要商业地则在于外，虽无正式专管租界之规定，大都在日本行政权之下，以列诸自然的专管租界之部类为宜。于上海之美国租界，亦为此种之模范，后合并于共同租界内。今日于奉天之满铁敷地与中国街间，可成谓一区域。（三）上海式。所谓洋泾浜北租界，乃正式的外国共管租界之模范，人口约五十万之大市府，实为东洋贸易之中心点，厦门鼓浪屿亦同。（四）济南式。今日最多自管租界，如济南潍县、周村、岳村、长沙、苏州、杭州、南宁、云南、安东县等是也。其中，济南及苏州为最繁盛。（五）芝罘式。芝罘为正式的中外共管租界唯一之例。（六）福州式。福州之南台，为自然的共管租界之模型，汕头亦属之。（七）北戴河式。是别庄式而不存商埠之特色，北方则北戴河为外人之避暑所，南方则庐山牯牛岭久有名者也。或谓外人不过土木上之集合，理论上犹在中国行政之下，非商埠而领事行政权不得及之，故宁谓自然专管的租界，又对于各租界之状况，于 Smith, European Settlement；Hongkong Daily Press，Directory and Chronicle；日本外务省编纂清国事情书中，有大体之记载。

国行政权乃乘此而延长之。是由中国方面观之,他国之行政权而行于自国内也;由外国方面观之,行自国之行政权于他国内也。此等行政权之运用,其单独之时,固任该国之随意,而共同之时,必参与其权利诸国之协定,而为发生有国际条约的性质之行政法规也。

第二章　专管租界

第一节　专管租界之法理的性质（目九）

第一、属地的单独行政

专管租界者,开放地都府之一部,而受一外国之行政权支配者也。此关系统依通商条约及特别租界之规定书所定。然有同样关系如于安东县及营口之铁道附属地以外之日本市街地域,无上述之规定书,似不宜附此名称,虽然由法理上而论,已包含其中者也。或以于此地域内排斥他国之行政权,任专管国之意而行其行政,较共同租界更近于外国之领土。不知界之设定,决无割让之意。观其租界之规定书,即可知矣。例如,日本《杭州租界规则书》第一条曰:"日本商民居住之塞耳德门,现既奉两国政府立有新约,作为专界专管。(中略)盖专界者,系以此处专为日本商民之界;专管者,系日本领事专管界内商民之事,而道路仍是中国道路,土地仍是中国土地。约义本是明白,诚恐中国人不明此义,动多惊疑,反生枝节,仍与中国地方官合行出示晓谕,俾众咸知。"其所谓"专管界内商民之事"者,即专属的行政权之意,以是明领土关系而防止人民之排外的感情,吾人所当注意者。①②

夫租界关系,本不过行政权之关系,以行政国有一般属人的裁判权。故虽于界内,其国人亦服自国之裁判权,即司法行政皆与本国立同等之地位。顾于此地域内之行政国,除中国人及第三国人为被告之诉讼关系外,殆一切皆得任意施行其政治。于是,于中国之专管租界,法

---

①　"道路仍是中国道路,土地仍是中国土地"云者,于日本文则译为"其道路、土地之所有权均属于清国"云云。虽然,中国本来之旧法律思想,混同公私法。即右记中国文之真意,不第私法上之所有权,并及其领土权,实际惟应置重于其后者耳。

②　1868年《美清条约》第一条,言明租界非领土割让,乃同于裁判管辖及战时中立之普通中国领土。又1904年一月天津英法庭之Macdonald V. Anderson事件判决中,亦有租界为中国领土,则其土地法应依中国法云云。(North China Herald, Xii, p. 247-250)

理上乃为专管国之殖民地，盖殖民地由其与母国连结法律关系上分类之，为国法上之殖民地及国际法上之殖民地。专管租界与（在非割让说者为租借地）被保护国，共为国际法上之殖民地。此殖民地在据有无限之他国大领土之要地，而为自国通商政策之最简便制度也。各国乃尽力争之，如天津则有八，汉口则有六，其他上海、广东、厦门、镇江、苏州、杭州等莫不现此制度，诚今日中国独一无二之特色也。①

第二、土地私权及居住权之关系

中国人一般不称租界，而名曰"租界"，是租界即赁借地域之意。夫于中国混同公私法关系，又不分其借主之为外国个人与外国政府。以是外国个人对于地方既有私法的借权，而外国政府亦得行使公法上之权力，遂变租界为一种外国行政地域。今日吾人研究关于租界法理，当严别此等之公法关系及私法关系也。于此等地方为外国政府所有者，谓公法关系之行政权；个人所有者，谓私法关系之土地所有权及永借权（吾人略称之为土地私权）。彼始以 Concession 之方法，由外国政府以个人的资格有全部土地私有权，后卖给人民时，则无异于 Settlement。盖 Settlement 之方法，土地私权其初属于第三国之个人或政府，及中国之个人或政府，所不问也。且是亦与行政关系无何等之障害也。

"专管"之语，往往用"专界"之字。（前记《杭州规定书》参照。）盖专界者，即由居住民关系而言者，而本来之字义，乃不使他国人民居住，惟充一外国人民居住使用之意也。然此主义不能绝对一贯，固执之恐侵害第三国之权利（目一二参照）。即从来既居住其区域内之第三国人，有承认其继续居住者，或有否者，然以能服其行政之条件，则许居住之。惟中国人之居住，以有害于秩序，则在禁止之例。如英之广东租界及天

---

① 于专管租界则有预备租借之附约，如日本之于天津、汉口，其一例也。其附约之内容，宁谓其注重于消极的意思，即中国政府将来不得行可为租界实在障害之处置。最重大之例，乃不得让与于第三国等。如于《天津日本专管租界扩张规定书》规定：（一）中国政府，不可使移为他国之租界；（二）私有权虽得让与于他国人时，但必记入对于日本买收租界时，不得挟有异议之条件于地券；（三）公共事业得许于中国人，若第三国人，须得日本政府之同意。虽然，此等区域苟已在中国行政之下而繁盛，则后日事实上殆不得望其为外国之租界矣。与其强编入租界，招华民之恶感，不如另觅租界为愈也。昔日本书肆，尝于天律以日本预备租界编入着色地图而卖之，致引起排斥日货之风潮是也。

津之旧租界是也。① 虽然,占租界人口之大部分者为中国人,彼等之为住居与否,有重大之关系。凡执以中国人而繁盛租界之策者,莫不欢迎之,但对于此等外人行政上与自国人同一办理与否,又为别个之问题。(目一〇、一二参照)

又专管租界,其主旨本为归专管国人民之使用,以是疑有其租界以外,不许其国人民居住者之消极的意思。盖外国人本以禁内地杂居为原则者也。② 惟于商埠则无论何地有居住生业之权,为诸国条约所公认。或居住于中国街,或居住于第三国之专管租界及外国共同租界,然中国人热心利权收回,往往执消极主义。如前于杭州城内之日本商人,被土人迫害,后得其赔偿金而去。是日本虽不抛弃条约上之权利,惟因与营业上有损,不得不抛弃也。

第三、与裁判权之关系

专管租界之专管国行政权,因系属地的观念,惟第为行政之关系,于司法权之关系则除外之。以是第三国不第不害条约上一般属人的裁判权,即中国亦承认此种裁判权,无庸怀疑者也。此原则屡濒于危,如英法联合战后,中国丁外患内乱之秋。他国于条约上权利,争为不当之扩张。其中所行之 Concession doctrine,最关系此问题。盖从其说,租界乃等于领土之割让,专管国不第对于其地域内之自国人,即对于一般人亦有其裁判权,而中国人更不得不服之也。然当时美公使 Burlingame 排斥此等不当之解释。③ 千八百六十八年缔结《中美续约》,对于此等问题,加入

---

① 天津之英国租界,由大沽路之东西而区别新旧,旧租界纯然为 Concession,而新租界则依 Settlement 之方法为专管租界,已如前述。因其性质所异,成各别之自治体而相异其行政关系。旧租界以不认中国人之土地永借及外人之使用人外,不许其居住为原则。德于汉口、天津之租界,设特别之中国人街,与以各种之便宜而广其招来。其区域以外,不得许可不准与外人杂居。日本之租界则无此等限制,如天津日本人不满三千,而中国人竟以万计也。

② 1858 年,英国于《天津条约》Treaty Ports 之后,加 At other places 之字,即嫌以外人之居住特限于租界故而避之也。商埠地外,除俄人之于蒙古,鲜人之于间岛,皆不许。但为宗教事业时,如前述早由法之条约所认。其现象亦不可蔑视,A map of China,prepared for the China Inland Mission 所述,新教传道之居住内地者,其数出于意想之外,由而旧教徒之事业恐更繁盛,以彼等于内地确实行其事业,而犹许其有永久土地所有权,但设有不可以供营商制限而已。此等例外以外,条约上不认外人居住于内地。然于实际并不严守此制限,中国人与外人间所为一种 Trust 之内约,数数见之,如前述发生之别庄式租界是也。

③ 于 Clerk University 讲演集 China and the Far-East,63,64 之 F. W. Williams 氏所说中,引证当时 Burlingame 公使关于此问题之演说。

左之规定而宣明正当之法律关系,其第一条末节曰:

> It is further agreed that if any right or interest in any tract of land in China has been, or shall hereafter be granted by the Government of China to the United States or their citizens for purposes of trade or commerce, that grant shall in no event be construed to divest the Chinese authorities of their right of jurisdiction over persons and property within said tract of land except so far as the right may have been expressly relinquished by Treaty.

日清战后,法亦当扩张上海租界时,欲执属地的主义而行使裁判权于其地域,遭英美领事之反对而止。今日德于天津及汉口之专管租界,规定于其地域内有土地私权之他国人,于其土地关系及对于自治体地位上之关系,必服从德之法律与裁判权。贯彻此规定之文字时,乃侵害他国条约上之权利,详论于后节(目一二参照)。要之今日正确之解释,裁判权之关系,不依租界之内外而区别,于中国全土一律存在者也。但租界专管国之行政权,范围颇大。假以全体之法律关系,目租界为专管国之领土,则第三国有领事裁判权,中国亦有之,不免颠倒其地位矣。是则中国之租界制度与裁判制度,相辅而行于或国之租界,与第三国之租界及普通之中国领土间,即与学者所谓行双方的领事裁判制度发生同等之作用矣。

第四、专管国行政权之范围

租界专管国行政权之范围,依与各国所订之条约及惯例而定,但对于此点,适用最惠国之条款。故诸国之行政方法,虽有差别,由中国所得之行政权范围则无异。[①] 凡于同一地方之各国租界,莫不同一者也。此问题为一般之规定,而追加于《日清通商航海条约》,如明治二十九年十一月《日清北京议定书》曰:

> 妥定置日本专有之租界于新开商埠,通路管辖及地方警察之权,专属于日本领事。

---

① 此意思宣明于租界规则书中者甚多,如日本之《苏州规则》第十三条、《汉口规则》第十一条、《重庆规则》第三十一条,又奥国之《天津规则》第十一条、比利时之《天津规则》第十条。

一切规定书中，以日本之《重庆专管租界规定书》所定行政范围为最广。其第三条则规定："租界之警察权、道路管辖权及其他一切之行政事宜，归日本之领事管理。"①此规定虽于他处亦为同样之推定，然其所谓其他之一切之行政事宜，果何所指乎？不得解为等于内国无制限之行政权，何则？例如，专管国于其地方，不许筑城。而对于中国或第三国预备军事上之行动，又于租界之沿岸设海关而征收特别输入，亦为违反条约，即中国对于租界有留保财务行政权一部之根据也。夫于租界内无课厘金、其他之内地通过税之约，如对于其地域内土地之地租，今犹征收之。其赁金或由政府送交政府，或土地权利者经领事馆之手纳于中国政府，是非纯然私法上之借赁。②此等土地权利中，属中国人有者，亦有同等之所有权，而亦同纳赁金。夫在所有权者，安得有私法上之赁金耶？

然行政权之范围如何确定之乎？余辈意由专管租界之目的而自定之，即中国对于他国特设租界而使之自行管理者，乃使其国安全于此地域达其居住贸易之目的。行政权之范围，亦第限于达此目的所必要不可缺之方面而已。具体的言之，道路、沟渠、埠头、其他市街设备之土木事项，最为其必要。关于警察、卫生及自国居住民子弟之教育事务，亦包含其内。因此等经营事业之费用，对于住民分课征税权，亦认为适当。但租界内外人之纳税义务，多生有纷议。例如千八百八十一年，美人 Reid 于上海租界拒绝纳市税，而主张依合众国议会通过法律外纳税之义务。以是美国法庭以为共同租界之 Land Regulations 及其他之租界规则，经美国公使及国务卿之间接承认，由关于治外法权条约及国会之法律效力而有法力。此租界居住之美人，亦有应从之理由，而基此等规则尽其纳税之义务。③然此理由于上海之共同租界外，对美人所不参加之他国租界不适用之。今日实际各国之专管租界，无论何国，均规

①　光绪二十八年《天津义国租界章程合同》第一款有"永让与义国作为租界，该地界内义国全行管理，与别国所得租界办法无异"之语。又日本《福州规则》第二条、《厦门规则》第二条亦同。

②　依 Settlement 之方法时，各土地所有者或永借者，明纳租税于中国政府。中国人所有者，亦无所异。若此时租界自治体，亦以土地为标准命其课税者，则有国税与地方税之关系。又由领事征收而支付时，则以向权利者所课之一部，纳于中国政府，余则用充租界之公共事业，是并合两种租税也。

③　Hinckley, American Consular Jurisdiction, p. 170, 171

定第三国人有纳税义务,而第三国人亦受其保护,因亦不以为妄加束缚于其自国人也。故以一般之惯例,第三国人于租界取得土地权时,誓服从其租界规则,且记载自国领事之承认于所具文书,以免后日之纷议。纳税问题亦因以解决矣。(目一二参照)

第五、专管租界之国内法上地位

宪法亦行于殖民地与否,依各国宪法之主义,必不同一。日本虽对于如台湾、朝鲜自国领土之殖民地,学者间亦有所议。盖宪法不行于无特别规定之殖民地内,为适合于立宪政治的精神。凡未开化之地域,虽为立宪国之领土,亦不得异之。领事裁判所行之地域,固不达其程度,至于非权利之领土无论矣。此关系仅行政作用之一部,租界之行政权不因之而受变更。故专管租界虽不行其宪法,而主权者对于租界统治条约以外,无何物得束缚其自由之行动。其为统治而定法规,亦不同于内国必拘泥立法之形式。又虽在于裁判制度,以无宪法保障之领事当之,不得谓之违法也。

次于一般法令之关系,得区别属于司法法者与属于行政法者观之。司法法关系,不区别租界之内外而皆受辖领事裁判制度也。一面则租界内非必行专管国之法规,依其住民之国籍而并行其本国法。惟专管租界,专管国之人民占其多数,故事实上多依其国法。此则详论于次编《裁判法规章》,今但研究行政法规。夫行政法关系于专管国行政之范围内,全然依专管国行政法规之所定。然专管国内地之法令,非当然行于租界,因其法规之性质上不限于内地。可行于此地者,自当别论。普通之内国行政法规,租界之立法者,以为不宜行者则不行之。[1] 但此等实例甚少,大都立法者斟酌租界之事情,为租界设特别之法规,即依其事情之轻重,或以法律或敕令定之。又属于一般外务行政,委任于本国之外务行政机关、中国公使及各地领事。又于施行自治制地方,一任其自治体之条例者不少,其中日本及德之主义,小事则委于领事及自治体之所定,大事直接定于本国政府,公使无立法之权,如英及法。反之,本国政府不行干涉,一任于在中自国公使也。[2]

---

① 如《租界施行规则》第三十六条,其一例也。

② 对于自治制之原则言之,英、法公使于各租界,设 Land Regulations 或 Réglement municipal,德则以 Gemeindeordnung 依宰相之命令,天津及汉口各有特别法则。日本之租界《民团法施行规则》,以统一之规定发外务省令。

第二节　专管租界之行政关系（目一〇）

第一、自治制度

专管租界之行政，皆以公使及中央外务主长监督下之各地自国领事当之。无论于何租界，莫不认住民有自治权。如英国虽对于未发达之租界，早设如 Committee of Roads and Jetties 之所云者，令住民得自营土木之事项，他国亦多仿此主义。[①] 其租界稍发达及纯然成自治制度者，行政事务之大部分一任之，领事不过对于紧要一部之权利而为其监督。顾自治体以有公法人之人格而为公私法上权利义务之主体，各国多所承认。[②] 其土地根据虽在中国领土，而非中国自治体及法人，乃专管国之自治体及法人也。夫此制度，原取法于法国在土耳其所设Nation 之组织。[③] 土地之外，有置重于人之倾向，以是此自治体于行政法上，为地方自治体耶，抑公共组合耶？在日本所用"民团"之文字，学者亦有谓公共组合之一种者。吾人于民团中设区别，其在中国之专管租界者，宁谓之地方自治团体。夫日本民团法令所由，不外因日本人之于朝鲜及中国者，较多于欧美人，易与土人混居，区域广大，对此而组织一日本人之团体。今日于中国施行民团法地方，为天津、汉口、营口、安东县及上海五所。其中上海日本住民虽多，无特别专管之租界，杂居于共同租界及他之地方，可名之谓人的团体公共组合。至于天津及其他之有专管租界地方，则大有所异。此等地方既有专管租界，他居者寥

---

①　自国人少而多中国人居住之地方，则委任其事务于中国人。例如于天津租界，领事指定白人一及中国人六当公共事务。

②　《日本租界团法》第二条，德意志 Gemerndeordnung für die deutsche Niederlasung in Hankau § 7；Réglement municipal de la Concession Francaise de Tientsin，art. 1.

③　欧洲人中世 Sarasen 人领土中之有 Factory，已如前述。（目二第三注五）在土耳其始亦相同，后商埠制度渐坏，如俄于 1783 年之 Capitulation 欲得置领事之权。欧人自由散居各地，以是失从来 Factory 之本意。由土地而置重于人，法亦至用 Nation 之语。观其制度之大体，各地之 Nation，为在其地领事监督下之公共团体而有自治权者，对于领事之权能，亦得稍束缚之。依 1781 年之法律，此等人民设所称 Assemblés de la nation 之民会，虽其地之领事及 Constantinople 之公使，于重大事件必听此等议会之意见而决行其事。此民会每年末选举一人或二人之代表者，有代表人民之利益；而领事于 nation 之事宜，有与之商榷之义务。招集民会之权，亦归于代表者。其初领事裁判之陪席者，亦当由领事在此等民会议员中选出。在中国以不许内地杂居为原则，遂致专管租界于特别之繁盛。是以领事裁判，取法于其自治制度，虽皆取用于土耳其之成法，而其组织大异，宁谓为有地方自治体之性质。Martens, Consularwesen, S. 283；Hinckley, American Consular Jurisdiction p. 73. 参照。

寥。其最大部分,以住居专管地间为便,遂成为专管租界之民团,加以居住其内之中国人及第三国人,当然为民团之分子而受民团法之支配。[1] 以是民团宁以专管租界为本位而有土地的团体之性质。详言之,专管租界乃以民团之法令而解为地方自治体,但居住其外之日本人,有参与之权利,其地位却与之相异。而国家视其领土外者,依然为自国之国民。又观中国之国会制度,在外之华侨,有参与本国国会之权,而国家不失为土地的团体性质,亦同此理由。专管租界自治体,以在其地域外之自国人加入团体之分子,又令其参与自治政,亦不反于地方自治体之性质也。所以欧洲人之于专管租界无所少异,皆准本国之市府制度而设之。如德于天津、汉口之租界自治体令中,用"Kommunalverband"或"Gemeinde,Niederlassungsgemeinde"之文字。日本租界民团施行规则,应依专管租界之有无而设区别。[2] 前者似内国市、町、村制之规定,后者则异其趣。吾人以为统一此性质相反之自治体规定于同一法规中,颇不得其宜也。

此等租界自治制度,各取范于本国法,而如天津之租界,宛然有世界文明各国地方政治之幻景画(Panorama)之观,又加以国际分子。其比较颇耐研究,吾人惜限于本论之目的,不得详及之,今第就其大体而述其特色焉。

先就此等自治体之权限所属之事务言之,其性质上受多少条约、惯例之制限,皆同于本国市府之自治制,而其范围以属于内务行政为限,以土木财政为主。如警察权虽或与于自治体,然或则留保于领事者也。英国之制度,所认自治体之权限最广。领事所行之职务,除其地方之裁

---

① 依德之《汉口、天津自治体令》,以土地之所有者、赁借者及其他之利用权者,为自治体之 Mitglieder。《日本租界民团施行规则》,对于自治体之团员,设五阶级:(一)住于专管租界内之日本人,绝对受民团法之适用。(二)虽于租界外,而尚在所谓民团施行区域内之日本人,大体同之。但于其地已纳税于中国或第三国之行政机关者,免其课金之全部或一部。(三)民团施行区域外之日本人,虽无团员义务,若任意纳六个月之课金,可得其资格。(四)有一定关系之条约国人在租界者,得其国领事之认可,而服从租界规则时,准于日本人。(五)中国人及无条约国人,不得据此等之形式。至于其形式之价值,详论于后。(同一二)然依吾人之见解,无需此必要也。而其一定之关系云者,于法文则如(为于租界内所有或占有之土地及家屋,所有使用或占有之物件,又特定之行为)云云,其范围颇不明了。要之,于租界立家计为营业等事,多包含之。综合此等事情,宁可谓租界自治体,为有地方自治体之性质者也。

② 美浓部博士《日本行政法》总论第 618 页参照。

判官外,与在普通文明诸国所行者,殆无少异。

　　自治体之行政机关,为民会及行政委员会。顾民会即所谓意思机关,而今日之状态,以难匹侔大市府故,皆设公民总会,乃不特由公民中选出议员。凡有公民权者皆有为民会议员之权利,惟其资格稍有制限。大体为租界之有土地私权者,有一定额之纳税者,及并合此两者之三种,凡合此等条件者,不区别其国籍而各有参政权。此为自治体之特色,其意不外应其地之事情而网罗地方重要之人民,但中国人则无民会议员之资格。于日本之法制,虽中国人亦得与焉,是出于怀柔之政策。事实上中国之到会者少,以其言语不同而无由议论故也。然今日中国人之有权者渐增,若有利害相反之事,亦有以其表决权而纷争者。以是或临事加以制压及变更法规而夺其权利,恐为彼等所怨,不如置之而不改姑息之怀柔策也。

　　行政委员会即所谓执行机关,对外部有代表自治之权。其委员选举于民会,是民会议员有被选举之资格。然统观各国之规定,除英国外,皆对此执行机关之组织,仅顾自国之利益而已。即第三国人虽有被选之资格,大都其委员之半数为专管国人,或禁同一第三国人之占多数,或其委员会议长限于自国人,使自国人得执其牛耳也。①②

　　租界自治体之行政,领事公使及外务行政长官顺序监督之。日本则依其租界之地位,省略第二次之监督,因与本国便于连络故也。夫监督权之最宽者为英,殆不加何等之干涉。而法为最严,凡民会之决议,须经领事之认可。又领事有命行政委员会停止之权,公使得行其解散之权。能酌乎其中者为德与日本。如德则定领事认民会及委员会之决议不当者,得提出其抗告于公使。日本则规定民会通过之事项,如条例、预算、行政委员选任之重要等,必经领事之认可。③

　　第二、警察关系

　　① 英国虽独不设此制限,而实际上于中国之英人势力颇大,无此之必要。如议长及委员半数之例,英以外皆取之。又如法于天津租界,以九名之委员而成立之,议长则领事当之。他之四名得举外国人,惟同国籍者不得举二人以上。(Réglement municipal, Tientsin art. 7)

　　② 日本民会议长虽举于民会,他国领事亦得为之。日本法规定禁议长兼行政委员。因鉴于此等诸国之制度,及参考自治制度之精神,而以不兼任为愈也。

　　③ Réglement, Tientsin art. 17; Gemeindeordnung, Tientsin § 37,38.《租界民团法》第五条,同《施行规则》第四条、第五十四条、第六十二条。

警察权属于专管国,得任意行使之。惟依领事裁判制度其他诸般之条约、惯例,不得不与内国者稍有所异,其要为司法警察关系。盖中国人于租界犯罪时,捕获时明记其调查之罪状于交解文书,而交付于中国官吏。第三国人犯罪者,若为条约国人,交付于其所属国官吏;无条约国人,则准中国人而交付于中国官吏。犯罪于各租界外而逃入租界内者,犯人所属之外国官吏,不得即入租界逮捕之,因侵害专管国之租界行政权故也。际此须先交涉于专管国领事,附证明于其令状后,始得以专管国警察官之共助而实行逮捕。此事规定于列国与中国间之规则书等,而条约国相互之间则无此特别之条约,但依关于租界国际惯例而对于领事裁判制度生特种之变化。

专管国于租界任意所定之行政警察关系,其大体仿内国之规定而斟酌中国之事情,设警察犯处罚令,内外人均遵守之也。顾领事往往不分租界之内外,发令自国人服从之规则,但对于租界固可设行属地的规定。而租界外自国人已服于他国行政权之下,对之为属人的效力(目二二参照)。实际上有违反此等规则时,其处分于内外人间,不无少异。以余辈之所信,凡专管国于租界内既有警察权者,对于警察犯处罚,与对于普通之司法的犯罪异,理宜始终得任意处置之,但警察犯与普通司犯法之区别不明了,且各国之所认亦不同一。以是专管国所认为警察犯者,他国则解为司法犯。以专管国处分之管辖为不当,动辄有生外交上纷议之患,故对于警察犯处分不拘泥纯粹之理论,其状态遂至与处分司法犯相类,不尽始终归专管国之任意。而今日所行一般惯例,其犯则者为条约国人时,通常不直接加以拘留刑,但交付于外国官吏而任其处置;又加科料时,亦不直接征收之,而交付于外国官吏使代征收。对于中国则少异,如拘留罚,普通不实行之,交付于中国官吏委其处分。科料时,则与内国人等,直接征收之。其犯则者之身分为下等社会之车夫苦力时,拘留亦实行之。甚有因不纳科料而拘束其身体者,然于此等之交付时,其自国官吏以为其违反自国之法规,而必处置与否,为各国之自由,无一定之办法。此一般之惯例,并不励行,时时依外交上之手段,晓谕犯则者解放之,或止放逐于租界外,最为常见之例。[①]

警察权果属于何人? 又依如何之方法运用之? 全然为专管国以内

① Gemeindeordnung, Hankau od. Tientsin, §§ 33-36.

国法的关系,得任意定之。以是日本、法兰西及俄罗斯,无论警察权之如何,取领事掌握主义,英吉利及德意志则取任其事务于租界自治体之主义。① 前者无说明之必要,后者则法律关系颇繁,盖裁判权握于领事者无论矣。而通常对于犯人加强制处分时,警察官必由有裁判权者得令状而始得执行之。以是领事与自治警察吏之关系,不可不明之也。德于天津及汉口之租界自治体令中,有最明了之规定,说明其大要于左。

此关系依现行犯与非现行犯及犯人为中国人与非中国人(德人或英人)而大有所异。先就现行犯言之,自治警察吏无令状得逮捕之,但其犯人非中国人时,须备非着制服之军人及有逃亡之虞者,或后日不得即逮捕者之二条件。犯人为中国人时,则不需此条件。且逮捕非中国人,须俟领事之指挥,中国人则直拘禁之,翌日午前报告于领事。次于此等情形以外行其逮捕,或凡交付犯人于外国官吏及引致之事,皆须得领事之承认。但中国官吏追踪中国人时,有其官吏之请求,经领事之同意,即应援其逮捕,或于必要时得以强力拒其侵入。如上所述,此等自治体警察权,不独无害于领事其他有职权官吏之警察权,且自治体行政委员及警察吏,有对于彼等之犯罪处分而与以适当援助之义务。

为租界警察之特色而足注目者,于下级警察吏雇用中国人及印度人之巡捕是也。彼中国人为巡捕则容易处理土人之事宜,印度人乃性情温顺,容貌魁伟,足以威吓他人。然实际彼等权能甚小,无所为用,第任巡查之事,对于土人以外之人而有急迫之必要时,即不能强加以处分。

租界之警察属于专管国之手,即租界虽纯粹为中国之领土,而中国警察之力所不能及。因是,租界乃为此革命运动之策源地。②

夫租界本中国领土而非外国之领土,虽政治犯人逃入其中时,不能引用国际法上政治犯人之不交付而保护之原则。然其事情,颇类逃入他国之情形,往往受专管国之同意,及中国官吏履行如前述所述正规之

----

① 《德租界警察规则》之制定,凡民会议案,领事与以认可,乃得施行。领事拒绝认可时,行政委员会有为抗告于帝国宰相之权。又规定此规则之细则,亦为行政委员之权能。(同上第二十九条以下)

② 与各国所结规则书中,切言火药及其他之爆发物,不得收藏于租界内,即由此等之顾虑而来也。(日本《苏州规则书》第一一条、沙市一四、福州一○、厦门一○、重庆一一)

手续而求交付时,犯人已不知其所往矣。又新闻纸虑中国政府之压制,置其发行所于外国租界内,而畅所欲言。专管国凡不直接害自国之利益者不干涉之,即中国当事者屡起交涉,至招外交上之障害时,亦不过稍加以约束。盖租界警察之目的,在专管国利益之保护,非为中国当事者之便宜及彼国之秩序而设。以是租界者,中国当事者所最注意之地方,而为在野政党预备以武力从事时藏身之自由乡土也。

第三、征税关系

专管国于租界有征税之权,已如前述。然是乃为土木事业、其他租界经营之目的而征者,不得计及专管国本国国库收入之增加。故认租界自治制度者,以其事务加于自治体之权限内。但其税目之如何?征收方法之如何?无自治制度时,由领事定之;其有自治会者,则使领事监督之,而自治体议会始得议决之。而今日实际所行者,以不动产税、营业税为主要,设埠头时则征集其使用料。又于日本,则所得税占重要地位。其征集之实务,在自治体时,一任于行政委员。有纳税之义务者不应其征税时,处分方法须区别专管国人民及他国之人民而言。前之问题,颇为简单,即全然依专管国所定之法规,视其纳税义务为私法上之债权,得提起诉讼于专管国之领事裁判所而求救济,遵据日本国内关于国税征集之规定处分之。以是经诉讼手续后,即得押封其财产而拍卖之。① 然专管国人以外者滞纳时,得依此等方法与否,不能无疑。盖他国人住居于租界内时,立誓服其规则,及其国领事之承认。通常无生纷议之余地,已如前述。但无誓约者及虽有誓约而亦不纳税者,将如之何?以余辈之见,理论上既认征税权为行政权之一部,关于征税方法之专管国法规,得适用于一般,似无疑义。惟其强制征集之方法,与民事诉讼上之强制执行无有所异。故一般之意见,以为起诉讼于专管国领事,或直加以强制处分之手续,为反于领事裁判制度之精神。今日所行之惯例,即遇此等情形时,先由专管国领事交涉于滞纳者之所属国之官吏,不应,其人为土地权利者时,则消灭其土地权利。② 为营业者时,则禁止其营业,有时乃放逐之于租界外。至于其滞纳金,同视为私法上之义务,依领事裁判制度

---

① 《租界民团法施行规则》第三十六条。

② 如土地权利消灭云者,非全然没收之,乃以拍卖之金完其租税怠纳额,余则还之。

之原则,提起诉讼于其所属国之裁判所,由其国司法之手续而救济之。①

第三节　专管租界之土地法关系（目一一）

第一、土地私权之性质

外国人欲于通商场达永住贸易之目的,而必得确实之土地权利,租界因此而设,故土地法关系为租界制度之中枢也。夫土地权利,本私法上之关系,而条约国为令自国人得其权利,特缔结所称租界规则书之一种条约。此私法上之权利,依国际条约,而保障于确实者也。此权利之本质果何物乎？以中国之土地法观之,与英颇有类似之点,即如英之土地所有权属于国王一人,第谓 Freeholder。如中国则依"普天率土"之观念,人民不过得永远租借之,此为公私法之混同而不分别其领土权与所有权所生之误谬也。其所谓人民之有永借权,与他国之所有权之内容毫无所异。故外国人于租界之有永借权,亦以此观念而同视其为所有权,如现德于天津、汉口之租界而使用所有权之文字是也。但附期限于个人之私权者,亦偶见之。如英于天津旧专管租界,英政府由中国政府得无期之永借权,对于个人则为九十九年之永借权。又于苏州、福州其他南中国之地方,日本之租界附三十年之期限者,数见其例。此由形式上见之,不外类似于地上权者之一种借地权。然如《日本之规则书》,借地人请求时,便有续约之权。且惯例上,中国政府不能改正地代,是非无期永久何。况或于规则书中,则有一方定为三十年,他方乃言永远代借之矛盾。② 要之此等期限,不外为容易缔结租界条约之手段,实与无期之永借权无异,而事实上与所有权同样之性质也。③

---

① 于租界之其他行政关系,依条约、惯例而准内地法解决之。但外国行政地域,以学理上之趣味而发生各种新问题,如同地方多数之租界相接时,则其间有国际关系。有时则对于防备、卫生、交通等,为联合行政者。又租界专管国置邮政局而为邮政行政之所,邮政有及于租界地以外之权利,即能递送于自国以外之人。以是租界认中国邮政及第三国邮政之效力,固不得不许其局之设置,且中国人多喜外国邮政之确实而得利用之,以避中国行政权之干涉。如革命党之新闻纸,置发行所于租界,利用外国邮政而计划新闻纸之递送是也。

② 福州《日本规则书》第三条、第四条,重庆同《规则书》第五条、第十条参照。

③ 日本于天津、汉口之租界,行 Concession 之方法。如于天津接近中国街所不用之沼地,日本政府让受而填筑之,更许给所有权于个人。安东及营口始本为陆军省所得,今归外务省管理,而实际由领事设官有财产管理委员会当其任,长期贷与于个人(营口十年,安东二十年)。其收入则用于公共事业,大半为寄附于民团。对于无借料者,规定由国税征收法处分之。是虽似混同公私法,有非难之余地,而观其收入之用途,实非纯粹借料而含有租税之性质者也。

第二、土地权之取得及让渡之方式

租界内土地永借权之设定，即所有权之取得及其让渡之方式，有地券主义及登记主义两种。依于 Settlement 之方法及于 Concession 之方法而各有所异，亦依诸专管国之法制如何而各异其趣也。夫 Settlement 者，不过由中国个人或中国政府取得其土地，其取得之方式依中国法，而其让渡之情形亦得谓之正式。所谓中国法者，以地券主义，其地券为中国地方官所发给。外国人由中国政府取得土地时，单为请求发给新地券之手续。反之，由个人取得土地时，其土地让渡之手续，不过为地券之交付。是其名为永借权之设定，而其实有所有权移转之意。故因外人永借权之设定，个人之旧权利全部归于消灭。虽有期之永借权时亦然，夫土地让渡之手续，必附旧地券于个人之让渡契约书而申请发给新地券。若中国人间之让渡，乃由于中国地方官厅为之。而外人之永借者，无论如前述之由于中国政府或由于个人，必申请新地券之发给或交付于自国领事。而领事受此申请后，交涉于中国地方官吏。双方官吏即日立会，实地调查之，如无所障碍，必作成三通之地券。一则留于中国地方官厅，一则留于领事馆，余一通则授与于外人永借者，中国地方官厅乃集合此种地券代登记簿之用，而外国领事馆普通于此外设土地登入账为权利者之登记。

一旦所取得之土地，而后日让渡他人时，其手续因当事者之双方为同一国籍与否而大异其趣。同国籍者间之让渡，有略式、正式两方法。正式之方法，如前述同样之手续而为地券之交付。普通所行略式之方法，第为地券及土地登入账之订正，即当事者申请于领事，将变更之名义记入其所持之地券。领事馆于其保存之地券及土地登入账，亦为同样之变更。且通知中国官厅，于其所留之地券为相当之订正。两法中应据何种，任当事者之选择。又从来之永借人，欲让渡于他国籍人时，先对于让渡人所属国之领事馆，求土地登入账上之取消。且记入让渡于某外人之意于地券，次对于让渡人所属之国官厅为登记及地券发给之申请手续，其地券本由中国官吏所发给，而其手续与前述永借权设定之情形同样者也。

Concession 之方法，包括地面之所有权，即由中国政府让渡于专管国者，其后个人之取得及让渡之方法，专管国得设任意之法规，或准用本国之法制，或设准用之规定，惟因英国主义及法国主义而有所异。英、法同于中国法，以地券主义，而对于租界之土地权利亦设地券，但其发给者非中国地方官，乃英国领事。德、法之主义，则取登记制度，对租界之土地，备登记簿于领事馆，准各本国法而为登记之手续。[①]

　　然一专管租界 Settlement，与 Concession 之两方法混用之时，或依登记主义，或依地券主义。而其地券若属于中国地方官之发给，颇害统一而不便于租界经营。故专管国不关中国之地券如何，设凡于租界之土地登记簿，为其登记之手续。因此制之结果，于是诉讼问题起于专管国之法庭时，标准登记之所示而判断之，若为中国法庭时则不然。以是不无裁判之冲突，然要为领事制度之结果而无可如何者也。日本之租界多混用制，故因土地法制度，宜同于德、法主义。然当局者尚若有所犹豫，则可不取一定之方针。余辈所以对于我专管租界之土地全部，断行登记制度，但虽断行，而关于依 Settlement 之方法部分之土地，同时仍不禁止中国之制度，惟须以我法庭所登记者为标准而已。当事者欲计法律关系之确实，自能履行中日两国之手续，不足虑也。

　　第三、土地私权之制限

　　专管租界本为专管国人民所设，土地权利者不过为租界利害关系者之主要分子，其土地之利用法如何，所及于租界秩序之影响甚大。故专管租界之地所，必为专管国人民所取得。但于无妨碍之范围内，许与外国人之权利。而其许可，必顾虑其人格，及立违背其租界规则时，必消灭其权利之条件。[②] 此许可非限于第一次授与权利之时，其后无论何权利者，欲让其权利于外人时，亦为必要。故许可之手续，有与前述权利让渡之方式同时付与者，而其观念则不同。凡此等之制限，依 Concession 之方法时，得理想的行之。依 Settlement 之方法时，不能充分实行之，即其租界规则中，既定不得妄放逐有权利之第三国人。其转让时，苟必要专管国领事之许可，则为既得权之侵害。但对于中国人之权利者，依与中国政府间之规则书，得命其立退，或放置之，禁让渡其土地于第三国人，违背者由中国政府处以严罚，事例甚多。又无论何种情形，道路、埠头、其他公共营造物之所有权，无别种表示者，凡属于专

　　① Verordnung, betreffend die Rechte an Grundstücken und die Anlegung von Grundbüchern in den deutschen Niederlassung in Tientsin und Hankau 1900，§ § 1-3；Réglement municipal Tientsin，art2-5.
　　② 有名义上为所有者，而事实则为他人所有，其弊不可不防及之。故借地限于本人所居住，若因事故而不能者，得托确实之亲戚、朋友、店员、同业等有相当身分者代管之。(《苏州日本规则》第七条，福州同第六条，厦门同第五条)

管国政府,专管国对于一般权利者有必要时,有得对于其土地为公用征收之权。此等关系,解为设专管租界之精神,甚稳当也。

第四节 在专管租界外人之地位(目一二)

以上所述各种之关系,为关于专管租界内中国人及第三国人之地位诸点。此则研究其根本问题,即彼等外人何故服从专管国之行政权乎? 盖在中国人基于专管国与中国之条约,无说明之必要。而第三国人本来自国与中国通商条约之结果,无论于通商场地域之何处,得自由取得土地与居住、贸易之权。服从于中国之行政权,后日则中国与他国结租界规定条约,划其地域一部而施其国之行政。第三国人既在不知之列,何故应服从之乎? 以租界行政权代理说得易解答此问题,即专管国于租界所行者,为中国行政之代理。第三国所服者,非专管国之行政,乃中国之行政。然吾人已前述代理说不足取,则其理由果何在耶? 以余辈所见,于当初第三国通商条约之精神,已承认他国租界行政权之发生。盖租界设定于第三国通商条约前者,第三国于其通商条约可作为已承认他国之租界行政权观。反之,租界之设定在第三国之通商条约后者,是租界行政权,不免害以前条约中第三国之自由居住权。然如先为通商条约第三国之英、法,亦最早于其条约中约自国租界之设定(参照目三第一)。故后日他国亦为同样租界之约,可预想及之。又已虽未为租界所约之国,因中国之形势,后日他国之必发生租界,亦可预想及之。约言之,先条约国已于开港地之一部承认后日他国得居住地之行政权,则后日其行政权之实现,亦不侵害第三国之权利也。况通常专管国之行政的施设,较优于中国。第三国宁浴其租界行政之恩泽,因此遂生事实上之惯例而承认其行政权也。然专管国之租界行政较劣中国时,苟犹服之,则为背通商条约之精神,或其各事项中明害第三国条约上之权利,服从之亦为违法。例于租界内全然禁第三国人之土地所有,或商品之输出入课特别之关税者,乃害条约上之权利。[①] 又关于租

---

① 例德于汉口租界课 Ein-und Ausfuhrabgaben,以充租界经营之费用。各国依条约上之规定,输入课五分之海关税及二分五厘之子口半税外,不受他之负担。又中国于租界有免除厘金之约,由此等精神见之,此规定明侵害外人之权。如后述法之裁判关系云云,乃以领土视其租界,蔑视中国之主权,而不顾他国权利之违法政策也。Abgabenordnung für die Deutsche Niederlossung in Haukau, §§ 1,8,9. 参照。

界之自治政,于内外人往往设多少之差别,以生地位之悬隔及贸易不公平之结果,而反于所谓机会均等之原则者,均不可许也。

前述于范围内专管国之行政制度,他国人当然有服从之义务。故今日实际上第三国人于租界内欲得永借权者,为服租界制度之誓约。其第三国领事亦必承认之,此为一般之惯例。英国则占其先,如千八百六十六年所制定现行之《天津旧租界规则》第四条,有如左之规定:

> All British Subjects and all naturalized British Subjects may rent land in the British Settlement, but in no case shall a Chinese Subject be permitted to do so, nor shall the Subject of any other Foreign State be allowed to rent land in the said Settlement unless he shall undertake in writing, in his own name and the officially certified consent of his National Authority, to obey all such Regulations and Bye-Laws or may have been already made or sanctioned or as may hereafter from time to time be made or sanctioned by H. B. M. Minister for the peace and good government of the said Settlement.

此种规定为租界规则一般所有者,如《日本租界民团法施行规则》第七条之规定,亦同其趣旨也。[①] 今由法律上观察此等土地权利者之誓约及其国领事承认之价值,先以国际行政法上果必要此形式与否一言之。夫今日于中国之专管国,对于租界有属地的行政权,第三国虽不

---

① 其方式不一定,法租界之近例揭之于左:Je Soussigné, Directeur de la Masion O. S. K. agissant en cette qualité et pour le compte de cette compagnie m'engage: 1. A me conformer scrupuleusement à toutes les conditions stipulées dans les règlements du 2 Juin établis d'un commun acord entre les antoutés francaises et Chinoises. 2. A me conformer a tous les règlements déjà établis ou qui pourront l'être par le council et Administration Munpicipale concernant le bon ordre et l'administration. 3. A payer á partir du premier janvier 1913 les impositions foncièresè et autres de toute nature qui pourraient grever la propriété. 4. De ne pas vendre on louer à un sujet chinois sans l'anlorisation de Ministre de France en Chine, ni de les vendre à un citeoyen au sujet d'um nation étrangere sans que celui-ci prenne l'engagment par ècrit avec le consentement du représentant de sa nation, de se confermer à tous règlements municipale déjà éteblis ou qui pourraient être établis plus tard. (Sgn) Y. Yasuda. I hereby certify that Mr. Y. Yasuda, Local Representative of the Osakashosenkaisha appeared in this office and signed in my presence. (Sgn) Y. Obata, Consul General for Japan. Tientsin, Jan. 5. 1913.

履行私法契约的形式。而入于租界者,当然服从专管国之行政权。故此形式声明单为义务者履行之义务,虽非违法,要为无用手续也。是不外租界之法律关系,犹未明白之初期,英人为对于外人预防将来之争议,特至于今日而尚延用之而已,抑此亦可依之促本人之反省。又足令其领事对于国人之事不得有所妄议。然此外行政法上之用意,则可谓其丝毫无有。以吾人思之,最宜重要视之者,乃此等誓约及承认之反面所含私法上之意思。盖此等之形式为外人土地利权享有之一种条件附,即外人以遵守租界规则为前提而享有土地权利也。外人违反土地所有权规定云者,可作因一种解除条件之成就而归于消灭观也。而其领事之承认,亦有公证,此私法上法律关系之价值。此例前揭条文之末已明言之,他种租界虽无此种明言,而因其誓约及承认之精神,得同样解之。事实上亦一般惯行之矣。如右之私法关系,亦可藉此以坚外人遵守租界规则之心,而于租界行政权之效力,益加确实也。

又德之主义,关于此点,更进一步,即以同样之誓约及承认,不第使租界之土地所有者、其他之利用者服德之行政权,并期彼等服从其裁判权也。[①] 誓约书之形式,可于其文书之表面见之,如下之:

> Als Eigentümer des im Grundbuch des Kaiserlich Deutschen Konsulats in Tientsin Band⋯Blatt Nr⋯eingetragenen Grundstücks unterwerfe ich mich hierdurch den für die deutsche Niederlassung in Tientsin geltenden, umstehend obgedruckten Landkaufbestimmungen.

文言,其末尾记载所有者之署名及其国领事之承认,而其里揭 Landkaufbesitmmungen 五个之条目,其中可注意者,举之于左。

> Der Eigentümer des Grundstücks ist verpflichtet.
> 1. Mitgied der in Tientsin zu begründenden niederlassungs- gemeinde nach Massgabe der Gemeindestatuten zu verden;
> 2. sich dem deutschen Recht und der deutschen Gerichtsbarheit in allen des Grundstück und die Stellung zur Nieberlassungsgemeinde

---

① Verordnung, bet, die Rechte grundstucken und die Anlegung von Grundbüchern den deutschen Niederlassung in Tientsin und Hankau, 1900, § 7; Anordnung des Reichkanzlers, betr die Konsulargerichtsbarkeit über Schutzgonossen, 1900, § 2; Geneindeoridnung für die dentsche Niederlassung in Tientsin(od Hankau). 1906, § 2.

beetreffenden Rechtsverhältnissen zu unterwerfen;

3. dafür einzustehen, dass die Verptlichtunen zu I und 2 von Mietern, Pachtern und sonstigen Nutzungsberechtigten sowie von deren Unterberechtigten ubernommen und erfullt werden。

观租界内之个人地位,行政关系固为属地的而服从于专管国之权力。然若乏司法的关系,则为属人的而服从于本国之权力,乃条约上不可动之铁案,不以个人之誓约及领事承认之如何而有所变动,即个人不能自由脱本国之裁判权而服于他国之裁判权也。领事无缔结条约权,虽承认此等个人之誓约,要为反于条约之个人意思表示决无效力,且其承认并得谓之违法。假令为误为其承认,关于誓约裁判权之部分,应归无效。若德则以不履此形式,不许其土地权利,是无异全然拒绝外人土地所有权之取得,侵害所谓外人于商埠到处得居住之条约上权利,以德之誓约,仅解为德裁判官。惟得为仲裁判断者之私法上仲裁契约时,自当别论。若为严格服从裁判权之意,欲强行于租界内之权利者,而再兴如前代之所谓 Concession Doctrine,他国固无承认之义务,然事实上不第默许之。且外国领事因自国人屡履此种之形式,乃至以惯例变更条约之正文,领事裁判制度之原则亦为之变化,则专管租界恐有进而为接近于租借地法律关系之日矣。

第五节　专管租界之战时关系(目一三)

专管国与中国交战时,租界关系应受如何之影响? 盖通商条约得解为因战争而消灭或停止。但交战国人民间之通商贸易,不为法律上被影响。以是为通商贸易之目的所设租界制度,亦不为战争而有所阻害。仅以专管国领事退去之故,事实上不得行其行政权而已。如清法战争时,上海专管租界之行政事务一任于俄国领事。若退去时而无所托者,应如何解之乎? 在此时租界之有自治体者,则依然存在,委任以平常领事所行之职务。若有行政权而无自治体者,及有自治体而不行其事务者,依中国领土权之反归力,当然入于中国权力之下。[①]

专管国与第三国交战时则如何? 盖租界虽为专管国之行政权,然

---

① 于 Clerk University 讲演集《China and the Far-East》,p. 63,64. 之 F. W. Williams 氏所论中,引照当时之 Burlingame 公使关于此问题之演说。

其地非其国之领土,而为中国之领土,故当为中立地域。然此原理,英法联合战后,外人对于条约上之权利为不当之扩张解释时,已图破坏之。即于此时代,已行如前述之 Concession doctrine 与 Exterritariality doctrine,凡条约国于中国有 Exterritoriality,故其水域及专管租界,解为中国领土以外者,于其地方得自由为战斗行为。交战国之专管租界,专管国得为战争而利用之。又其对手国对之得为包围攻击等事,以上之解释,依美公使 Burlingame 之斡旋而除去之。千八百六十八年所缔结《美清条约》第一条,有如左之宣明:

> His Majesty the Emperor of China, being of the opinion that in making concessions to the citizens or subjects of foreign powers, of the privilege of residing on certain tracts of land, or resorting to certain waters of that Empire, for purposes of trade, he has by no means relinquished his right of eminent domain or dominion over the said lands and waters, hereby agrees that no such concession or grant shall be constructed to give to any power or party which may be at war or hostile to the United States the right to attack the citizens of the United States, or their property, within the said lands or waters……

然思及海战之情形,则以当时通商场文字之上通谓之商埠故,而设此之租界必受由水上攻击之危险。凡陆上之攻击,而攻击军必通过中国之普通领土或第三国之租界者,非寻常之问题。但其租界接近主要之陆战地域时,到底不得贯彻此问题,何则? 盖中国无实力尽此中立之义务,而专管国以战争之必要,于租界得设武装而防守之,第三国亦得对之而为夺取之行为。日俄战争时,满洲全部即实行此状态,一租界云乎哉。彼之铁道附属地,如后述亦颇近于专管租界事情,而亦以之为战争之主要地点也。

中国与第三国交战时,租界应受如何之影响乎? 盖专管租界亦为中国领土之一,宜为战争行为之地域。然租界为通商贸易之目的而设,中国及第三国为交战时不得妨及之。故与专管国之领土同样为中立地域,以是中国之敌国,不第其军队不得由中国之专管租界上陆或占据之,并不得以侦察为目的而利用之。如清法战争及日清战争当时之广东及上海之租界,严守其中立是也。顾日清战争时,于上海法专管租界之日本人二,以间谍之嫌疑,为法官吏所逮捕,而交付于战争中代理日本领事事务之美国领事。[①]

又中国内乱之际,叛军政府得交战团之承认后,租界之国际关系与中国及第三国交战时为同样之状态,即正当政府及叛军皆须尊重专管国之利益,不得累及于租界。夫正当政府依于条约,暴动时有保护租界之义务。然以此名义而妄进兵者,其结果却反于保护之目的,况在租界对于叛军而为战斗行为乎。叛军亦无侵害及租界者,因恐取消交战团体之承认,或因是不得达革命之目的。若租界中立之原则,如第一次革命时汉口及第二次革命时上海之例,最为明了者也。[②]

中国近来尚不进步,匪乱暴动不绝,排外掠夺时有所闻。革命时虽以幸免,然中国政府无保护外人身体、财产之能力,各国不得不讲自卫之道。而于自国民多数之处,平时屯兵以应临时之必要,有事则于租界为其防御,分配兵备。一如外国之领土,顾于太平乱时,有合上海全市及附近地方建设一大市府而属列国保护之计划,及革命之初期,天津领事团亦有此议。

第三章　共同租界(目—四)

中国之共同租界,可特说明者为上海、厦门及芝罘三所,今日皆达于设自治制度之程度。其中上海为最完备,厦门则近年始模仿设之。至于芝罘则大异,反于前二者之外国共同行政,宁谓之属于中外共同行政。故吾人先并前二者论述之,后又说及芝罘。

---

　　① 其后对于此处置,大生纷议。盖美国国务卿因中国公使之抗议,以美国不能代理裁判权故,而发不干与之训电。然租界之舆论大非难之,谓委中国裁判,却害中立之原则。且清法战时,俄领事对于法人之裁判,既有先例也。但此事件,其后关于日本在战争中之领事裁判权效力之解释而决之。即日本此时领事裁判权条约上之保证,因战争而停止,宣言其裁判权应及于在日本之中国人。同时于中国之日本人,亦应服中国之裁判权。(Hinckley, American Consular Jurisdiction p. 174-176)

　　② 要之,租界无论何种战争,以中立为归宿。故其中立不第陆上,接近之水面亦然,以租界之目的不得不然耳。第一次革命时,扬子江左岸租界接近水面之一半,禁两军之战斗行为。且一昨年一月由领事馆向黎元洪、段祺瑞两将提议,迄后于汉口、汉阳及其水面一带,不得为战斗之约,未至得其承认,而南北已媾和矣。

第一、外国共管租界之行政关系

自治制度之准则在上海，则千八百九十八年所称改正之 Regulations for Foreign Settlement North of the Yang-King-Pang；在厦门，则千九百二年所称创定之 Land Regulations for the Settlement of Kulaugsu。凡在其地之各国领事与中国道台其他之官吏交涉作成后，更经北京之外交团及中国中央政府之承认，故此等规则有条约之性质，不经作成时同样之形式，不得改正之也。

自治体之意思机关，乃所称 General Meeting 之民会也。民会议员为租界内所居住之主要外国人，而中国人虽归化于外国者，亦无议员之权利。① 其资格在上海则标准土地所有（永借）纳税额及家赁，在厦门第标准土地所有及纳税额，其额虽有差异，多为有此等资格之公民直接会合，而不更选举议员，与专管租界同样者也。② 会期每年开通常会一，有领事团各领事行政委员会及一定数之议员请求时，则开临时会，议长以领事团之首席领事充之。决议之事项，大体无异于普通之自治体，而以财政上之事项为主要。其决议经领事团之承认，得拘束租界内一切之居住人，又每年于通常会选举行政委员。

行政委员为执行机关，即 Municipal Council 之谓也。今日在上海由民会出九名成立之，在厦门则为七名，其六名由民会所出。他一人为中国人，由道台指定之。是厦门共同租界，不及上海之繁荣，外人少而势力弱。其自治制度于中国之自觉后成立，故中国人亦得列入其间。然在外国领事监督之下，不得视为中外共同租界。外人之行政委员选举资格，其条件较重于民会议员，盖上海则标纳税额及家赁，厦门则标准土地所有及家赁也。③

又委员之任务，与普通之自治体无异。但此机关有左举之权能，须注意之。

① Land Regulations，Amoy，art. 4.

② General Meeting 者一，Meeting of Ratepayers 之谓也，在上海之议员资格：（一）有500 两价格以上之土地（永借），且为年额 10 两以上之纳税者；（二）居住家赁年额 500 两以上之家屋者，在厦门 2000 元以上之土地所有（永借）或（二）为年额 5 元以上之纳税者（Land Regulations，Shanghai，art19；Amoy，art. 4.）

③ Municipal Council 委员之被选资格，在上海（一）合地税及家屋税两种年额满 50 两以上者，（二）居住家赁年额 1200 之家屋者，在厦门（一）500 元以上之土地所有者（永借），（二）不动产租金年额 400 元以上者。（Land Regulations，Shanghai，art19；Amoy，art. 4.）

（一）作 Bye-laws 之权，但要民会及领事团之承认；

（二）对于 Land Regulations，或 Bye-laws 之违则者为租税或罚金之强制征收，有起诉于违则者国籍之领事裁判权；

（三）握土木、经济上事务外警察之权力，在上海有义勇队、消防队，更有土地委员 Land Commisioner 掌关于道路其他公用地之事务，其员数为三名，代表各种之利益，即其一名由 Municipal Council 出，他则一出于民会，一由不达民会议员资格之小地主中选举。

租界之警察制度为英国式，依其沿革上之理由而然也。顾因各国之共同行政，领事均不得擅其权力。其结果警察权则全部归于自治体，而自治体之权力更大，惟其警察规则之立法，经民会议决后，必经领事团之承认。其实务属于行政委员与彼所任命并监督之租界警察公署行之，以是对于犯罪人所加强制处分之权，亦握于自治警察吏之手。而各领事馆及中国裁判所、会审公堂之警察官，对于自国之犯罪者，亦不得独立直接逮捕之。又外国人于租界犯罪时，必区别现行犯及非现行犯。现行犯时，自治体警察不待令状得即逮捕之，而交付于犯人所属国官吏。非现行犯时，依其所属国领事或正式判事之令状，与所属国警察官共同逮捕之，而交付于其官吏。犯罪于租界外而潜伏其内者，亦同样者也。次中国人于租界犯罪时，若现行犯则自治体警察吏直逮捕之，而交于会审公堂。非现行犯时，会审公堂中国裁判官之令状，首席领事之证明，而后自治警察吏执行之，即犯人为外国人之使用人时，其令状亦必要外人所属国之领事证明。又中国人于租界外犯罪潜入其内时，对于其地方官之令状，亦取同样之手续。①②

上海自治体警察外义勇队组织之起源，乃在长发乱之当时，今则凡遇大小之变乱，皆藉以保护租界之安宁，分步、骑、炮三种，以各国人之绅士壮丁编成之。以是上海亦如天津、汉口，不见外国军队驻屯之必要，即平时外人亦忌中国兵之侵入。如千九百年行政委员会，以许李鸿章之卫兵通过租界，恐遗后日之恶例而拒绝之。

第二、外国共管租界之特色

---

① Jernigan, China in Law and Commerce p. 196, 200. 条约国人犯罪者，在于其国人之家内时，不待自治体警察吏之共助，其国官吏多直接行其逮捕。

② Land Regulation, Amoy, art12-14；Bye-laws, Shanghai, art. 38.

上海及厦门之共同租界,颇有英国之情形,已述于前。而其性质上与专管租界则大异,今举其主要者于左:

(一)在诸外国共同监督之下

自治体行政受各条约国领事团之监督,其上则受北京公使团之监督。顾在专管租界,方为计共同利益而须领事团之活动。而于上海、厦门,为其租界之共同,领事团之价值更大。此等之监督,本由团议而定,比较的非重大事件,平常委任首席领事专决处理之。

(二)有独立国家之形状

租界因不专属于一国,而自治体之权限大为扩张,即租界之行政,领事之干涉甚少。前述之监督权,殆有其名而已。况对于中国诸列国之共同利益,日形膨胀。其性质上,凡权能除留保于中国者外,均包有之。如上海共同租界面积大而人口多,宛然在世界文明诸国保护之下永世局外中立小共和国也。顾上海当长发乱及革命乱时,当然维持其中立。即清法战、日清战并日俄战时,此等交战国之一方或双方,不论其为租界行政之参加国与否,常严守其中立。①②

(三)住居者之国籍无影响于法律关系

在租界各国人之地位多为平等,惟英人事实上占有势力。其住民于司法关系,与专管租界同,服于各本国之裁判权。在行政关系,则同服于租界行政权,不依其国籍如何而异其参政权。又土地权之取得,亦不以或国之人民而与以优胜之地位,但中国人无如前述之参政权。取得土地时,亦有多少之制限,即凡土地取得及让渡之方式,依前述专管国租界之Settlement,而地券必由中国道台发给。③ 然以对于异国籍人让渡,不别

---

① 上海共同租界,比当初之面积已大扩张,今于事实上犹不知所止。况自治体现竭力买进城外之邻地、延长道路、建筑家屋、整理水道及其他之设备,而派遣警察吏,即藉道路而侵入内地也。近因中国人之自觉而为抗议。外人则宣言于其地方断水道及电灯之供给,居住民因不堪其不便,乃自愿加入之,以应外人之意思。又最近依上海电报所传,近于租界犯罪之流行,外人提议以外部中国警察之方针不得其宜,欲置于邻近租界警察管辖之下。若为事实,所谓上海国之领土,俄然膨胀,恐今日之中国政府,不易承诺也。

② 中国有裁判权(会审制度),课关税权外,又对于土地亦留保税权,即中国政府对于外人之永借土地,每年十二月十五日止,得取得翌年分之地租。其急纳时,得诉于其本国领事法庭。(上海 Regulations, art. 8.)

③ Land Regulations, Shanghai, art. 2-6. 又《上海英美法租界租地章程》《上海会丈局酌议定章》可参照之。关于此等土地法制度,有详细之规定。

设制限,同样行之。而每一让渡,必经中国官吏之地券给换,颇阻害于土地之流通。以是千九百三年日英间之协约,两国人间之让渡,须正式地券之给换。中国官吏或鸣其给换有障碍时,第利用原地券为名义给换,而终了其备于领事馆之土地登录账上取消及记入之手续可也。

(四)自治体对于被告诉讼设特别之裁判所

共同租界虽亦为法人,而国际法人则无或国之国籍。以是对之提起诉讼时,则亦无法庭为之管辖。故一千八百七十年以来,上海特设Court of Consuls 之裁判所,由领事团选出之三名领事当其事务,后厦门亦仿之,是为不专属于何国领事之一种国际的混合裁判所也。①

(五)对于中国人被告之事件特设会审衙门

中国人为被告之诉讼,本由中国法庭所管辖,而与有关系之外国官吏立会裁判。在上海此等事件甚多,常设所称会审衙门或会审公堂之特别裁判所。立会之外国官吏,对于裁判大有势力,名义虽中国法庭,而立会者殆取得裁判官地位,且今日驯致网罗凡起于上海中国人被告之民、刑事件,而试其干涉。中国法庭,有变为上海法庭之观,厦门亦类似之。其详细述之于后(目二六第二参照)

第三、中外共管租界

为属于中国与外国共同行政之租界标本者,芝罘是也。夫芝罘本无正式之 Concession 或 Settlement,不过于北方之突角自然的生外人之杂居团,而得中国政府之承认。其行政久不能成为特别之自治体,第所设于外人间之 General Purpose Committee,任意出金钱而营土木、卫生等之事业。此等负担,不得强制于住民。其怠纳者第烦所属国领事之劝告,又对于中国人不课何等之负担。然基一千九百十年一月之国际的协约,设中外联合之自治机关 International Committee。因之有组织一种国际的自治体之观,其制度大要如左:

(一)团体之区域,与包含从来外人之杂居地近接之中国街(名第六区)之部分;

(二)委员会由十二人成之,其中半数由外国人选出,他则由中国会

---

① Land Rgulation 上海 art. 27;参照。至于其诉讼手续,于上海则 1882 年定 Rules for procedure for the Court of Consuls,英则于昨年之 China(Amendment)Order,art. 25. 规定认此等法庭之裁判,英法庭应承认之。

社及个人商人中选出；

（三）委员会之书记，外人或中国人均可；

（四）为经营如从来之土木、公安、卫生等事业，由住民征收租税，对于人力车及运物车亦课税；

（五）对于中国住民课税之官吏，由委员会推荐，由中国道台任命而与以俸给。

又须注意者，即此委员会无警察权是也。其结果警察依然遵从来之方针，[1]于中国街则行中国警察权，而于外人杂居地，颇不明白，则解为属于各国领事馆之警察权。观于此等状态，芝罘之制度，乃位于如上海之外国共管租界与在中国行政下所谓自管租界之中间也。夫外人之共同租界而发达如上海式之制度者，本为少见，且近来因中国人之自觉及利权收回热之影响，而必加入中国分子。厦门及芝罘即为此例，但厦门尚未脱外国共管租界之范围，而至于芝罘已成中外共管之形式。他如今日福州、汕头未发达之杂居地，将来隆盛时，亦不外取此形式也。

第四章　铁道附属地（目一五）

第一、地域及行政权之范围

在满洲俄之东清铁道及日本之南满洲铁道与安奉铁道之附属地，异于中国普通之铁道，即俄及日本之行政权所行之地。顾铁道地所，本合轨道之长地带及各停车场之地而言。但在满洲铁道，此外停车场所存之地，为铁道役员之居住及商人营业之所而广取其地面，编入附属地中，其面积依其地方之中国都邑状况及将来发展之预备如何而伸缩之。就中南满线之奉天、长春，东清线之哈尔滨，颇为广大。而哈尔滨已较大于南满铁道附属地之全部，故附属地为充市街宅地最要之所。又从属于此等铁道事业之采矿事业，谓之矿山附属地，据广义亦包括于铁道附属地中。[2]

此等附属地铁道国之行政权，根据于前述之一千八百九十六年八月中国与俄清银行间缔结之《铁道敷设条约》，其第六条曰：

---

① North China Herald 1619. p. 123. 参照。

② 如南满洲之千金寨、北满之札来诺尔，即为此例。而广有矿山采掘之附属地，若千金寨，其市街区域之繁盛，已不亚于租界。

　　凡该公司建造经理防护铁路所必要之地，又于铁路附近开采沙土、石块、石灰等项所属之地，若系官地内，中国政府给与，不纳地价；若系民地，按照时价，或一次缴清，或按年向地主纳租，由该公司自行筹款给付。凡该公司之地段，一概不纳租税，由该公司一手经理，准其建造各种房屋工程，并设立电线，自行经理，专为铁路之用。除开出矿苗处所另议办法外，凡该公司之进项，如转运、搭客、货物所得票价并电报进款等项，俱免纳一切税厘。

　　右中国文单用"由该公司一手经理"之语，其为铁道事业之经营乎？抑为行政权之行使乎？颇不明了。在法语原文，则有相当之语句，为 La. scicété aura la droit absolu et exclusif de l'administratif des terrains，即会社不第事业之经营，而更有行政权。其行政权独立于中国领土，同时得排斥他所行之行政权等意。此条约若以法语为标准，而以中国语为正确翻译之时，则中国当局者恐蒙自国民之非难，因故意曲译之也。又此行政权由铁道会社云者，实俄政府所行无疑。他若同年十二月所发布《东清铁道条例》，此意益为明了。其第八条规定："铁道会社即俄政府为保护铁道附属地内之秩序安宁，得任命警察吏。"又制定《警察规则》，此犹为实际上明许之也。外又对于此地域之行政及配备兵力，中国亦默许之而使彼任意行之耳。但此附属地内俄之经营，不侵从来之裁判关系，仅及于行政范围已也。此等既完成之行政地域，因日俄战争之结果，长春以南之一部移于日本，后又准之而有安奉线行政地域之设定。

　　第二、北满附属地之行政关系

　　铁道国对于附属地，应取如何行政方法，一任各国之自由。顾俄之对于东清铁道附属地方针，置铁道长官，以军人任之，取至大之权力。会社之地位虽不过一役员，而实际掌握对于附属地军事上及政治上之全权。但对于行政之方面，其一部则设民政部而当一切之事务。又于哈尔滨、满洲里、海拉尔及横道河子，应其大小而设市、町、村制，令其住民行适当之自治政。①

① 俄于日俄战后，戒严令撤回时，就于行政关系立十条之规定，可注意者有三，附之于左：在哈尔滨其他之铁道附属地认为必要时，得设自治局，且得令该地居住之被选者出席。依关于《东清铁道地方自治所规定》，而行该地之施设。但此时警察之管辖权，依然归东清铁道会社。又无自治局之地，其施政权由东清铁道会社直辖之(第二条)。就自治局之编成，及其行为之范围，依于东清铁道会社所制定之特别规定定之(第五条)。自治局为其管辖内，欲备何等之设施及机关时所要费用，基于前记第五条之规定，由土地、家屋、商业等课税，即于其范围内支出之(第六条)。

其中哈尔滨之自治制度，为最完备，遂酿国际上之纷议，惹起关于一般附属地域之行政权问题。

又不设自治制地方，公共的设备所要之费，由居住民分课之。又不问自治体之有无，以当附属地之行政事务故，特设铁道长官附属之民政部。

哈尔滨占西比利亚线与满洲线之三叉点，松花江沿岸之要地。俄人于铁道附属地内建新市府，而附属地外所接近之中国街，亦因而繁盛。铁道长官与右附属地内之住民协议，设市制案，经俄都本社之认可。此规定由千九百八年实施之，其制度大体同于普通市制，今就其特别点说明之。

第一，为事务之范围，可属于市之权限者。如关于土木、卫生、教育、公安等事，有必要课税之权，然警察权则留保于铁道厅。关于外交事务，亦须铁道长官之同意。其他市机关之行动，必受铁道长官及在俄都铁道本社之监督。

为市之机关者，市会及市参事会也。市会于租界非公民直接之总会，由其中特选举议员成之。选举权及被选举权，以纳税额、不动产永借权及不动产短期赁借料为标准，不拘国籍、宗教之如何①，即中国人亦有其资格。选举之方法，定候补者为可否之投票，以得过半数可票之高点者六十名为当选；不足六十名者，亦以之组织市会；其不及四十名时，更选举之；若又不得达其全数时，则不足者由铁道长官选任之。

参事会由参事会长及五名之参事委员而成，参事会长选举于市会，兼市会议长，必以俄人充之。其委员三名则选举于市会，他二名由铁道长官于铁道会社员及普通公民中选任之。参事会决议，限于其全出席者一致时，得实行之，不然要无铁道长官之异议，有则付市会决议之。

此等市制及机关所定之规则，得拘束凡其市制实施区域内之住民及其团体，即外人亦依其所定而受不动产税、营业税及户别割等之课税。其强制手续，不依裁判之方法，得俄警察官吏之助，由市之特别征税吏实行之。外人于其地域内借受土地时，须有服从附属地俄行政规则之誓约。若第三国人有其国领事在此地时，须提出已经其领事所承

---

① 选举及被选举权：（一）年 10 卢布以上之纳税者；（二）评价 1500 卢布以上之不动产永借人；（三）借赁银 600 卢布以上之不动产短期赁借人。

认之证明书。①②

俄于哈尔滨实施此自治制后，因具有野心之驻满美国领事之首唱，大起纷议。如美领事 Fisher 曰："哈尔滨既为对于今日各国商埠，其铁道附属地不得由俄任意为其商业地区，即课税问题，亦须由各国领会议决之。"要之哈府宜为如上海之列国共同租界也。③　日本因与俄利害一致，始即对于俄之施政，表其同意。明治四十一年二月哈尔滨总领事馆，有"东清铁道会社，据清国政府之约，于铁道附属地内有其行政权"之公示，以训令使日本人服从俄之所为。然中国官吏依美领之教唆，颇持强硬之态度。他诸国领事亦附和之，不承认自国人纳税之义务。而俄则强欲达其目的，以警察力押闭中国不纳租税之店铺。一时铁道长官、哈尔滨道台共赴北京，开外交上之谈判，以致耸动天下之耳目。然此谈判之结果，形式上俄终大为让步。称一千九百九年之《预备协约》，其让步之要点：

（一）中国政府在不害既存条约之范围，不妨为自国主权之行使而执行各种法令规则；

（二）凡各国人之地位，均为平等，兼行政委员长之市、町、村会议长者，不问其国籍之如何；

（三）中国交涉局总办与俄铁道长官，对于自治政并行其监督权，对于委员及议员之任命权、其他或种决议之认可权，亦共有之。

右则不过所谓《预备协约》，而后日、俄则必基之向中国交涉而定其细则。假令亦行现时之自治制度时，必更加入中国长官之监督权及中国人于行政委员中。但俄则对于此问题，仍出其弃名取实之手段。④如右之条约表面，虽似为大让步，而其所谓细则之规定，果迁延至于何时？若永维持此现行制度，则中国总办之监督权及中国委员之加入，终

---

①　《哈尔滨市制》第八条、第五十二条、第五十三条，此等诸点，全然同于专管租界。

②　本来铁道附属地之一部，由中国政府无偿取得，一部由个人买得。不拘其名称如何，事实上不外为会社之所有权，在个人则永借或短借之。永借权之设定及让渡，须民政部官厅之记录；其转借或典当时，则依公证人役场之公证。

③　行政权之最主要者，警察权及课税权，当时中国之所主张，警察权回收于中国，课税问题由领事团会议议决之，即设共同地域于中国警察下之意见也。而《铁道敷设条约》第六条之 Droit absolu et exclsif de l'administratif 云云，仅铁道事业之意，而非谓附属地之课税、警察、其他国家的行政也。

④　依《铁道会社敷设条约》，定会社之总理为中国人，而副总理为俄人。最初之总理许景澄死亡后，不置后任，至今日乃无所异。如此种之表面与事实异者，数数见之。

于有名无实也。此时日本无论矣,即其一时唱抗议诸国,亦改其态度,而有一任各自国民所为之倾向矣。

第三、南满附属地之行政关系

日本于铁道之权限,则两分之。其军事警察及监督之权,属于关东都督,其他则属满铁总裁。又各地之驻在领事,司对于从来于附属地外日本人之事务及于附属地日本人之司法事务,又掌管外交之事务。是我满洲经略,蹈于三头政治之弊,颇害统一,不免世之非难。此弊在使领事兼都督府事务官,而都督事务官又令兼领事官,实际上虽稍与以宽和,而法理上权限关系之混杂,则不得除去之也。①

满铁会社之行政权,为对于所谓殖民会社委任行政之观念。明治三十九年八月递信、大藏及外务三大臣之联合令第五条曰:"其会社受政府之认可,得于铁道及附带事业之用地内,施设关于土木、教育、卫生等必要事项。"又第六条曰:"所有支办前条之经费,其会社受政府之认可,得对于铁道及附带事业用地之居住民,征集手数料,为其他必要费用之分赋。"满铁会〈社〉基于此命令,得对于其居住民守诸种规则,令之负担公费。如害公益者,得警察官之援助而命其退去。又对于所许各国之居住民,亦为同样之办理。而附属地之事以中央为机关,而置地方课,连络于本社,更以地方为机关,而设经理处于各地。② 由一般之施设状态观之,对于此等附属地内之居民,颇取稳便之方针,宛然如处理私法关系,又实际上多公私关系混淆之事件。从营利会社之方针言,亦可谓之得宜。抑又思之,其所谓地方事务附属地之土木、教育及卫生等事项,以本来日本法主义之自治体事业之全部,一任于满铁会社,果为如何自治制之问题耶?吾人已闻今日于大连之人民,有市制要求之声矣。盖铁道附属地与租借地事情,必不相同。如居住于长春、奉天大规模之市街地区者,犹得令之盲从一殖民会社之所为乎?即俄犹认各地方如前述之自治制度矣,是亦我国将来必起之大问题也。以是鉴如前述关于哈尔滨市制之纷议,斟酌断行条约上固有之权利,若抛弃其一部

① 明治三十九年敕令第二〇〇号,同四十一年敕令第四号、第五号、第二七六号,同四十三年敕令第一八一号参照。

② 明治四十九年九月《南满洲铁道会社社则》第十二号、《附属地居住民规约》同《社则》第十五号、《公费及手数料规则》,又《铁道附属地警备(夜警)卫生组合规约准则》《安奉沿线夜警卫生组合规程》,其他分课规程及所示达之关于经理人等之设置,可参考之。

者,殊非必要耳。

第四、铁道附属地及开市场

铁道者,连络重要都府,起所谓经济上之革命,而易荒地为大都府者也。设外国行政地域附属地于此等都府时,其开放与外国行政权,是否生冲突之结果?顾设铁道之真意,其正面理由在计世界交通贸易之便益,故其地方当然为通商而开放。以是附属地关系与开放为两种问题,即于既开商埠之都府,亦得设附属地。此种法律关系,同于新设专管租界,于既开商埠,又在既有附属地之都府,亦得为外国贸易而开放之。当 Portsmouth 之会议时,俄全权大臣对于日本全权大臣之发问,言明:"俄于满洲不问如何之港及地方,均不反对外国贸易。但此约束为双方的,须并及于辽东方面。"日本全权大臣承诺之。[①] 而其后因日本与中国之《北京条约》,在铁道沿线有多数之商埠。如哈尔滨为无所规定之地,俄亦于其附属地全然新建都府,而中国则开放之。故中国于附属地犹得目为自国领土而有开放之权也。[②]

夫不问其为何地方之开市场,而其开放区城以何地为止,亦为一可研究之问题。若开市条约仅指都府之名称,其范围颇不明了。以吾人所见,开市之精神即为通商贸易之趣旨,当然置标准于经济的观念。申言之,在经济上之意,凡一都府之部分皆包含之。苟无反证时,不仅可不顾及中国行政区划之如何。例如,跨数国之行政地域者,亦得作一都府而编入于商埠,且开放之始,尚不得谓之市街。后因商业之发达,扩张成为市府者,亦得解为包含于其内。如在哈尔滨铁道附属地外,近接俄市街之罗家甸,渐成中国市街,而中国官吏以在别种中国行政权下之故,于《北京条约》解为不编入哈尔滨开放地范围内,放逐其内之外人居住者。然外人不应之,依然至于今日而多数居住其内,非违法也。

基以上之原则而可判断,在铁道附属地内之外人居住、贸易权,顾铁道附属地虽为外国之行政地域,而其地方则为中国之商埠时,外人于其附属地内仍有居住、贸易之权。反之,在中国未开商埠地方之附属地,铁道国对于外人许其居住、贸易与否,一任其自由,实际今日日、俄

---

① 八月十五日之会议录参照。

② 既开之安东县、奉天外,又开凤凰城、辽阳、铁岭、长春、哈尔滨、海拉尔、满洲里诸地,皆为附属关系后所设之商埠。(可参照目四第三)

于外人以认许为原则，而可为特别之制限。且此等地方，后日中国为开市时，附属地亦为开市地之一地，而铁道国失其制限权。要之，于未开放地方附属地之市街，中国及铁道国皆有开放之权。但铁道国之开放权，不过为附属地行政权之作用，其开放限于附属地。凡在中国行政权下之接近地方，不得延及之也。

第五、铁道附属地之本质

铁道附属地，已如前述之包含各种方面。然其国际上之法律关系，大体同于专管租界。如市街区域，殆亦同其法律之关系。其他之地域，虽因铁道国之施政方法各有不同，而于国际关系亦无所异也。顾私法上之土地关系，依专管租界中 Concession 之方法而为同类。惟其事业之性质上，先设铁道会社，有土地全部之权，更许一私人之永借或赁借。而市街区域以外，则留保事业之专用。夫铁道附属地，往往由新奇制度而屡起国际上各种之问题。以余辈所见，应永年之条约、惯例，今日在专管租界，将确定之法律关系为标准而解决之最为便宜而精确之方法。

在铁道附属地以属地的主义而行铁道国之行政权，凡对于其支配人及物之裁判权，无影响之可言。因裁判关系同于中国之他处，凡铁道国之领事裁判权与他条约国之领事裁判权，为属人的而并行之。又中国之裁判权，亦行于中国人间，是以其裁判权之实行，不害铁道国之行政权。故铁道国以外之官吏，对于各自之国人亦不直接而加强制处分。此等国人于附属地内犯罪者，或犯罪附属地外而逃入其内时，同于专管租界分现行犯及非现行犯，必借铁道国官吏之助而捕之。例如，加害伊藤公者安重根，犯罪地为哈尔滨停车场内，俄宪兵捕获时，必经国境裁判所之调查，而交付于日本领事，其明证也。

夫学者有解以附属地为铁道国领土者，依蜷川博士之说，中国对于铁道国认其于附属地内有配军队而保护之权能，故其民事裁判权亦如刑事裁判权而与之，即可解为地域之割让。若一定年限后，中国能买收其事业全部与否，犹在不可知之列，乃变为无期限条件。以是铁道国对于附属地，更可解有解除条件附之领土权。[①] 然吾人由条约上之表面及实际之事实见之，觉此种立论为无据。不在海岸，不过于他国领域内延长细线者，不得强谓国家之领土也。又先年以哈尔滨自治制纷议之

① 蜷川博士《南满洲帝国之权利》第 10 页以下。

解决而所成一种之预备协约,犹宣明行政权与中国为共有者,是不第为空文,亦无关系于日本者也。又实际中国对于附属地,对或部分之自国住民课税,是亦为侵害铁道国权利之问题以外者。如前述附属地铁道国以外之裁判权,将如中国之裁判权者,战时或类于交战之时代,固当别论。今日事实上则仍行之。又观条约及日俄媾和会议时,双方全权者所承认,对于此点毫无异议也。^① 若以附属地为日本之领土,则日本于其自国之领土内,何以又有中国之领事裁判权。况前述中国于铁道国附属地内新设之都府,亦有开放为外国贸易地之权利。然则解附属地为中国领土者,果何据而云然耶? 如论者唯一有力之据,军队之配备耳。又日本于铁道沿线,亦有数处不欲中国电线通过之例。然此等事实,同于他租界,即如天津及汉口之租界,亦有军队之分配。若以之为领土割让之证据,则租界亦可谓为领土。是经所谓 Concession doctrine,Exterritoriality doctrine 之沿革,皆有不承认之观念矣(目九第三目一三参照)。要之无论以何法观之,而谓铁道附属地有领土割让之意者,无根据之语也。是不过为谋事经营之安全,而认其经营国属地的行政权之一种新制度,有因商业而设者(如三姓地方俄人之农牧地),有因农业而设者,有因矿山业而设者(如为矿山事业设独立之关系)。^② 盖因铁道事业须复杂的施设,故于直接运送路线外,包含此等之地域。^③ 吾人以租界铁道附属地其他有同等法律之关系者,均称之曰"外国行政地域"。世人往往对于铁道附属地租界用"租借地"之文字,与学理上有关东州、胶州等有领土割让之义者,不可不严别之也。^④

第五章　公使馆区域(目一六)

公使馆区域者,在北京城内南端水门所接近城壁之一方形区域也。

---

　　① 依八月十四日之会议录一节,日本全权大臣质问:"俄于哈尔滨地,因铁道事业之必要伸张其权力,阻害日本人依日清间条约所得之权利。"俄全权大臣答辩中谓:"对于外国人之司法权,毫无侵害之事。"

　　② 光绪二十八年,吉林将军长奏俄人拟租三姓所属荒地作为码头及田庄牧场,议立草约折。同年,隆兴公司云南采矿章程第十八条参照。

　　③ 如今日哈尔滨设市街之地,为附属地内之极小部分。他之部分,贷与为农作地。在长春同样之地面,特立有称为《农工地贷付规定》之规则。

　　④ 高桥博士于前揭论文,改租借地为租与地,为区别法律关系适切之方法。

南方为右城壁,他三方与中国街离隔,绕以空地。各国之公使馆其他外人之家屋集团在焉,故名之谓公使馆区域(Quartier Diplomatique 使馆界址),禁中国人居住而成一种之外国行政地域。基一千九百一年九月七日团匪乱后《最终议定书》所定。其第七条曰:

> 清国政府以各国公使馆所在之区域,充各国公使馆之用。且认全然属于公使馆警察权之下,不与中国人以居住权,且承认置防御之状态。(中略)清国千九百一年一月十六日之一书简,认各国为防御其公使馆故,有常置护卫兵于公使馆区域内之权。

观此规定,于本来为供各国公使馆使用地域性质外,更有兵营、邮便局、银行等事。又万一与外部往来断绝时,得暂时设日常生活供给品之商店。而实际拳匪乱时,已成为外人居住营业地,中国人亦多数杂居之。及乱平,中国人全部放逐,凡公使馆均置于此内,外人之居住者仍与前同。

依右条文,此地域之警察权专由外国人行之,是日本报所揭载,而由法语原文之 Place sous leur police exclusive 确实译出之者。若于中国语原文,用"独由使馆管理"之句,却表示为广义行政,更由其为平时防备之状态而排斥中国人之居住等思之,其司法关系别论,第解如全部之行政权要为适当。① 而于实际之事实,亦无少异。但依右文面,其外国行政权虽不表明为共同所行使,而此地域之性质上,当然向于共管经营之方针。际此基于一千九百四年六月如前述之《最终议定书》第七条,十一国公使会议后,作成一议定书,确定全区域之土地关系防御方法等事项。又于其第七条,设共同行政制度,定得本国政府之承认,乃实施之。② 然以各自利害之不相同故,至余辈所调查时止,犹未见实行。近则包括此全地域,殆如上海之外国共同行政自治体,但其性质上

---

① 公使馆区域中,仅长安路北方委任于中国警察,因此处为我房屋之偏地,越路而行警察权不便故也。

② 依 1912 年一月之草案,大要如下:(一)由五名之委员成立行政委员会,其中三名由公使馆选出,其一名委员长,他二名由普通之住民选出。其选举权为不动产所有者及二十五元以上之纳税者。又区别二十五元以上者一票,五十元以上二票,百元以上三票。(二)行政委员之权限同于一般租界,属于普通自治行政者皆包含之,受公使团之监督,其决议非经公使团之承认无效。(三)支办行政经费,对于地所及建物之课税及营业税,然委员会得外交团之许可,能别谋收入之途。

直接受公使之监督，又不如上海之民主的而颇受官吏之干涉。如行政员之一部，由公使团指定，其警察权、驻屯军队之援助共留保于官吏，是因其区域内之地面，公使馆其他之官有地占大部分，普通人之利害关系为少故也。

今略述其行政状态，所称公使馆区域内，有三行政区域存焉。其一东公使馆区域，其界址南北横断流水御河东方之最大区域也，为日、意、西、比、法、奥之共同行政地域。御河之西，谓西公使馆区域，美和俄三国相集为共同行政。独英则别为一区，故有解为二个之共管行政地域与一个之专管行政地域者。共管行政之方法，由各公使馆出代表者，当有共同利害关系之事务。然一般规则不完全，多依从来之惯习，或本来有诸规则，如前述屡屡会议犹不得成草案，因便宜处置之。其事务之种类，同于普通租界，所支办土木、卫生、警察之课税，无一定之标准，常袭用其初任意所定者，欲改时，屡起纷议。又对于怠纳者，无一定强制之方法，但依赖其人所属公使馆之催告。①

然警察关系，颇为严格。设有特别役员，又雇中国人为巡捕。各国驻屯警察兵，亦干与普通警察之事，无所遗憾。其地域内之司法关系，与一般之中国领土无异，诸外国及中国之裁判权以属人的行之。以是犯罪人之处分，大体同于上海，惟不专属于共同行政机关之警察吏。对于外人，普通委于其各本国警察官吏之手。他国官吏捕得现行犯时，交付于其本国官吏，中国犯人亦逮捕后交付于中国官吏。中国人被雇于外人，居住其家，或一时宿于旅店外，不许为独立之居住，因警备上之关系，而严重励行之也。② 又中国军队，即不携武器，亦禁止入于此域内，惟例外则为预经交涉者。如访问区域内外人之官吏所有之随从者，及为送货币于银行之护卫兵则许之。今回第一次革命战后，孙逸仙宿于六国饭店，政府表敬意而派护卫兵，以未预行交涉故，外国乃提出抗议。

公使区域中东、北、西三面绕以空地，兵学上所谓隙地（Glacsis），而南方则与城壁相俟，为防御之目的所必要者。以是我火器之射击，敌则无可蔽之余地，难于接近。此地面为各国之共有财产，分担其管理防

---

① Réglement de police et de voirie；Réglement de la police militaire；Réglement pour les rikshas；Réglement en cas d'epidémie sur les animaux；Réglement sanitaire.

② 例如昔法人之土地所有者，借家于中国人，由外交团责难，乃命其退去。

备。各国代表者不合同一致承诺时，无论于何地，现存建物之外，不问其为永久的或一时的，禁一切之工事。[①] 又公使馆区域为防备故，留保南面之城壁，禁中国人通行。而其形胜之所，平时备炮或设炮架，一旦有变，则炮口即可直向宫城发弹之势矣。

第四编　外国裁判制度之内容

第一章　外国裁判法规（目一七）

第一、外国裁判之准据法

可以用为外国裁判制度之准则者，如何之法规耶？详言之，设裁判机关，定诉讼手续以及适用于裁判之实体法，果以何国之法律而规定耶？大概欲明此等之关系，当从实行外国裁判权国之法规，即权利国之法规，征之所谓治外法权之观念，实自然之理也。何则？盖领事裁判制度云者，无异使权利国人在义务国与本国立于同一之地位也。即让一步而言，义务国既以裁判权许与他国，是明明并行此裁判之法规之权能亦含其内，可以不言而知。若曰不然，则为裁判机关者，固为权利国之官宪，而应用之法规仍以义务国为限，是不过义务国采用外国人为裁判官之意义。领事裁判制度云乎哉？领事裁判之精神，不在裁判之目的，而在使权利国人受本国法律之保护。[②] 征之领事裁判发达之沿革，昭然若揭矣（目五参照）。故此原则向例于通商条约中多有明规，即于权利国之法令中亦有明示。[③] 设无明示，亦事之当然者也。

外国裁判制度，既依权利国之法规而裁判，则裁判官当裁判时，惟视自国法之如何而已足。虽便宜上亦有援用义务国法之时，然此因在

---

① 1904 年《议定书》第三条乃至第五条，又各国之专有地，除个人之私有地外，凡道路、沟渠、城壁及其他一切之工作物、草木，皆为共有财产。同上第二条，故行政关系以外，诸国之对于防备无论矣。虽于此私法上之点，亦在于合同的关系。

② Hall, Foreign Jurisdiction, p. 162.

③ 法 Edit 1778 art. 11. 英 Order, 1864 art. 7. 普 Gesetz 1865 § 16.

权利国法明言其旨之故,非实依义务国法而依宣言义务国法之可以援用之权利国法也。换言之,即依与义务国法有同一内容之权利国法也。但自国法规有反于国际法及条约之明文之时,则如之何? 余谓即反于国际法及条约之时,裁判官仍应依自国法者。[①] 亦有谓既反于国际法及条约之时,实无守自国法之必要。盖领事裁判权原由条约而来,在条约所许之范围内,始得有效。故裁判官限于有效之部分,而得适用云云。[②] 虽然,此非仅领事裁判制度所特有之问题,无论何种法律皆然也。于此须注意者,先不可混同立法论与解释论。夫裁判官,非立法者而解释者也。解释者只知自国之法规,其于国际关系而害他国之利益,当如何避? 或有之而思如何改革者,乃立法者之事也,裁判官不与焉。但对于以条约而直为法律之国,斯应认为法律与法律之抵触;在不以条约为法律之国,裁判官纵反于条约,法律仍为法律,不可不从也。此事于国内固不成问题,然在领事裁判法规,则事关国外,往往有之。故立法者,欲避此等之抵触,当其设定法规之时,每用"于条约之范围内"或"于条约之下"等字样附加于法文中,其例颇多也。[③] 于此情形,裁判官为此等法文之解释,不得不为条约之诠议,是不言而知矣。此处之所谓条约者,实为关于义务国之条约之意义,与权利国及第三国之间所存之普通条约,无关系也。此等条约,其效力并领土的殖民地犹且不及[④],况于非条约国领土之领事裁判区域耶? 故领事裁判之运用,无论立法者与裁判官,实无顾此等条约之必要也。

　第二、诸国之外国裁判法规

　　今观领事裁判制度之沿革,法国发达最早,实为各国之模范。在中世时代,欧洲诸国间固已认领事可以裁判。盖领事之由来,原因裁判而发生,但其法规始未有完全之规定,而着此先鞭者,厥维法国。在一千六百八十一年,有名之海法,首有关于此制度之关〔规〕定。及一千七百七十八年,更以敕令而有关于领事裁判民、刑制度之规定。迨一千八百

① 　Hall 前揭 P193.

② 　Piggott Exterritoriality p. 29. Hinckley, American Jurisdiction, p. 48.

③ 　《关于领事官职务制》第三条,《居留民国法》第二条。

④ 　《日英通商条约》第十九条,《中法通商条约》第二十二条,Stengel Rechtsyerhältuisse S. 82. 参照。

三十六年之法律,复于刑事之部分加以修改,而有详细之规定。① 嗣后虽不无多少之增删,然此两者实为法国领事裁判制度之根本法也。此等制度,法国原以土耳其及地中海沿岸为目的,故为此等地方领事裁判所之上级审之 Aix 控诉院之判决例,至今犹有参考之价值也。

法国之制度,虽于极东亦能适用,然于极东最占重要之地位者为英国,故此地当以英国之制度为重。初英国本效法国之主义,毫无异同,自诩可以发扬英法之特色。但于今日之中国,则大改其面目,乃与美国之制度相合,对于法国而别树一派矣。盖英国原非如法国之有统一的规定,因地而异,每以敕令制之。② 惟在今日,则以一千八百九十年之 Foreign Jurisdiction Act,规定共通之大原则,各地方之细则尽出其下也。就极东方面而论,初以一千八百六十五年之 The China and Japan Order in Council 定之,后于一千八百七十七年、一千八百七十八年、一千八百八十一年频加改正;及一千八百八十四年更扩张而为 China, Japan and Corea Order;至一千八百九十九年,遂有 Supreme Court Order 之颁布;迨夫一千九百零四年,因日本领事裁判权撤废之结果,乃制定 China and Corea Order。③ 此即今日之现行法也。其后朝鲜虽归并日本,而法律仍如旧观,但于一千九百零七年及零九年稍有增删。最近于昨秋发布之 The China(Amendment)Order in Council,关于上诉手续加一部之改正焉。

德国之领事裁判制度,虽属法国主义,但其制度最新而最完备,颇足嘉也。自来德国因国内组织统一,无暇向外发展,故于领事裁判制度未尝注意。如于一千八百六十五年,始以普国法充之。其制度之不完

---

① Ordonnance sur la marine 1681; Edit portant réglement sur les fonctions judiciaires et de police qu'exercentles les consuls de France en paysétrangers. 1778; Loi relative a la poursuite et au jugement des contraventions,délits et crimes par des français dans les echells du Levant et de Barbarie,1836.

② 英国于 1833 年,因东印度会社之特权废止,制定关于广东裁判制度之法律,使贸易监督长官行其裁判权;后由鸦片战争之条约,遂正式获得裁判权;在 1843 年,发一法律(6&7 Vic,C,89),委任香港太官及香港立法府使之实行;又规定对于中国及海上百哩以内之英人之法律与命令(但必须提出议会而求承认),由国王授与权能于此等机关。其故实欲避从伦敦而支配远东英人之困难,不可谓非大胆之计划也。此法再以 1865 年三月九号之敕令而改正,盖因中国及日本新设 Supreme Court,欲以极东事件,经中国公使而置本国政府直接监督之下。(Sargent, Anglo-Chinese Commerce and Diplomacy,p. 85,86.)

③ Order of His Majesty's the King in Council for the government of His Majesty's subjects in China and Corea,1904.

全,固可不言而知。至一千八百六十七年,更以此为北德之法,后复用为德意志联邦法,相沿甚久也。[1] 然至近年,因其殖民政策蓬飞勃跃,凡关于殖民地之制度无不力图完善。加之于一千九百年,由其民法之实施,从前法律状态为之一变。于是对于领事裁判制度,乃规定同年现行之 Gesetz uber die Konsulargerichtsbarkeit 矣。此制度也,不独以之为一般的统一之领事裁判制度,且转用而为所有殖民地之司法制度之准则。今观彼之规定,非如法国制度之繁琐,不过利用本国各种司法法规,而加以明确之变更耳。故吾人宁置法国之旧法于后,而以之为大陆法主义之代表,与英国制度比较而论可也。

日本之制度,以明治三十二年法律第七十七号关于领事官职务制为根本法,此实模仿德国之旧制也。其后更颁各种附属之法令,例如于明治四十一年有敕令第二十一号,为关于智能的财产权之规定;有法律第五十二号,为关于满洲领事裁判之规定。至明治四十三年,有外务省令第五号,为关于间岛领事裁判之规定;有法律第五十二号,为关于司法事务共助之规定。惟总观此等规定,甚不完全,即其应用亦疑窦百出,此吾人所以日望改革,为当今之急务也。于后当详论之。

第三、外国裁判法规之立法方法

凡权利国之宪法,苟无特别规定,自以不行于领事裁判区域为善,前已详述。[2] 若取宪法而能行于领事裁判区域主义,则定裁判制度时,当从法律之形式。但此指大纲而言,吾于细则,则与内国相同,仍不能以法律定之,只有命令之形式而已。若不取宪法而行于领事裁判区域主义,则无论何种之立法形式,固可自由。但裁判之事,实关人民之权利,其重要者应仍取法律之形式,轻微者可由命令出之,此最普通者也。今姑置宪法问题于不论,就诸国之领事裁判法规而观,不期而尽出于一致。盖其大原则莫不经国会之协赞,由立法而来,其余之规定多从各国

---

①　Gesetz betreffend die Organisation der Bundeskonsulate sowie die Amtsrechte und Pffichten der Bundeskonsuln 1867. 关于此法律之裁判部分,即第二十二条至二十四条,虽因新领事裁判法而删除,其余至今尚有效力。又关于此,有 1872 年之 Instruktion。

②　宪法虽不行于殖民地或领事裁判区域,但对于殖民政策及外交政策之立法,不妨设规定于宪法中。例如德国宪法施行之范围,虽限于内地,然依其第四条之特别规定,则谓当定领事裁判制度时,须经国会协赞之法律,皇帝更依其委任而发敕令。

元首之敕令或布令以下之命令而定。① 但于敕令、布令以外之命令，则与前述租界规则时相同，有集权主义与分权主义之两种。例如英国取分权主义，外务大臣普通不得立法，一任在各地方之为其中心机关者而定。如在中国之行政的事项，则北京公使定之(因得有加入多少刑罚的制裁权，故成为司法问题)。② 关于诉讼手续，则上海 Supreme Court 之判事定之。③ 反之，德国乃取集权主义。此等权能，各地之机关不得而有，全握于帝国宰相之手，惟细微如警察罚处罚令，则使各地之领事，得以规定。④

欲正式而规定外国裁判法规，其数势必不亚于本国，故就其与内国

---

① 于 Piggott Exterritorialty p. 75,158 有言曰：在英本国，虽为三权分立，至于外国，则国王兼此三者而有之。F. J A. 第十六条有 Jurisdiction includes powers 之文。所谓 powers 者，含立法权、行政权之意也，此权国王兼有。若在行政，则与此权于公使或领事；在司法，则与此权于领事或特别之裁判机关；惟立法权，国王独有，得 Privy Council 之辅翼而行者也。

② 领事裁判法之立法权，何人得有之耶？即为获得裁判权之人为何人？然此实别一问题。盖从外国而获得裁判权，每由条约而来。故有条约之缔结权者，即为有此权能。然定裁判权之法规者，未必即有缔结权者。例如，英国之有条约缔结权者为国王，国王虽有裁判权获得之权，然欲实行，则因有影响于个人之权利、义务，必须以国会之 Act，国王更依其委任而后得实行也。Foreign Jurisdiction Act, sec. 1. 参照。

③ 北京公使，有以下三种立法权：一、关于英人之平和秩序及监督之事，条约及中国法遵守之事，关于英船、英人出入之事等；二、对于租界之经营之规定，及定与他国国际条约之规则；三、关于监狱制度之诸则。谓此等法规为 Kings Regulation，向例无国王之承认，则无效力。今日只须外务大臣之承认，但在急迫之时，可以径行规定，而经其追认。次在上海高等法庭之判事，所谓 Rules of Court 者，有以下各种立法权：一、审理之手续；二、证据法；三、各种之书式；四、裁判所管理之义务；五、诉讼费用；六、告诉人、证人、juror、assessor、通译、医师等之补助费；七、送证人于中国领土外之事；八、对于执达吏之事务。此等规定，彼有其权，惟亦须外务大臣之承认。若在急迫之时，但经公使之承认，即得行之，但其后苟无外务大臣之追认，则失效力。由是而观，凡民、刑诉讼手续法之全部，已尽其内。故英国之裁判官，可谓立法者也。美国上海之 United States Court for China 与此有类似之权能。惟斯皆手续法而非实体法，实体法则无权限，不可不注意也。

④ 领事裁判法规之公布式，在德国之旧法，虽法律且不由官报公布。至其新法，则原则必揭于官报，惟宰相可从特别之方法。至其效力发生时期，于欧洲、埃及、黑海、地中海之沿岸，则从柏林官报公示之日后二月；其他各地，则后四月。但因领事裁判区域而特定之法律，关于此等事项之规定，多含其中。以上所述者，为法律。至于敕令以及其他之命令，则并不依此，以临时便宜之方法而公布也。

法有同一内容者,只须略加适当之变更而已。① 于或种之立法,则但规定关于领事裁判,准用内地法之主旨而已。但虽谓准用,因地因时,由裁判官之裁量,不得不加以便宜变更。何则? 大抵领事裁判区域之事情迥异本国,即其裁判权亦被属人的范围制限而发生,尤于中国,从租界及其他外国行政地域之关系,应须变更者,正复不少。② 此今日各权利国,所以因其变更之原因既同,其变更的规定亦自不得不同也。故今日诸国之本国裁判制度,虽大相径庭,而其于中国之各国领事裁判法,如出一辙也。

外国裁判法中,所引用之内国法,乃司法法也。或谓如日本之制度,领事之职务,明言依内国之法令。故其裁判,应依司法法之部类,可以不言而知矣。但所谓司法法者,如民法、刑法之成为特别之法典,固无疑义。惟有时行政法之法典中,亦有司法法的规定。例如特许法中,不仅规定所谓特许权之私权,因其保护之故,且涉及刑罚法。于斯时也,在领事裁判区域,可否直以之为民、刑事法而适用,此德国之学者间久成议论。Stengel 之言曰:"凡法典之主要部分为行政法,则其中虽含有司法法的规定,不得适用于领事裁判区域。"③反之, Gareis 之言曰:"凡法典之主要部分,虽为行政法,然其中苟有司法法典性质之规定者,可得而适用于领事裁判区域。"④云云。 由是而观,德之学说显成二派。虽然,元来法典之编纂,属于便宜问题,非特行政法典中,含有司法法典的规定,即普通如民法、商法之司法法典,非无公法的规定在于其中也,必欲如 Stengel 之就法典之主要部分,而区别适用与否。然则遇有其主要部分不易判断为司法法的抑行政法的之时,则如之何? 假使其主要部为行政,因谓第能适用此主要部分,而其余不能适用,实为无据。

---

① 德国之旧法,实简单之内地法准用式之制度也。在新法,原则仍依内地法,然规定其变更之处非常精确,绝不与内地法重复,良足取法。法国 1836 年之 Lois 及英国之 China Order 规定之数虽多,然与本国法重复者不少,后虽稍加修改,然仍有准用本国法及殖民地法之事项。英国于此有三种方法,其一应用某法律之全部,即 Fugitive Offender Act 1887 Merchant Shipping Act 1894,1864. 是也;其二用其一部者,即 Colonial Removal Act 1884 是也;其三多关于实体法者,止定有事情所许可以准用之言而已。英国刑法及普通法,皆用第三之例。

② Martens,Consularwesen, S. 418. 领事裁判法之所以必由本国法而加 Modification 者,理由有三:一、其裁判域之事情与本国异;二、其裁判机关简单;三、商事贵迅速。

③ Stengel Rechtsverhältnisse der Deutschen Schutzgebiete,S. 180.

④ Gareis Deutschen Kolonialrecht,S. 121.

不观夫今日之中国乎? 在其专管租界及他之行政地域,虽纯然之行政法规,往往直以内地法而行之者,非无其例也。故余辈以为解决此问题,不可不别设合理的标准,标准维何? 即为其问题之司法法规之目的之事物,其在领事裁判区域,是否如内地之同样存在,依之而解决。若有适用之事物则可耳,何必诠索法典之主要部分也。但有时其目的事件,即为依法典之行政的部分而设之制度。是以苟于领事裁判区域,不行制度,即亦无从有其目的事物也。是以实际上,此等关系可疑之旨颇多。从立法论而观,对于此种法典之适用,终应设明了之规定耳。①

夫领事裁判制度,既可适用内地法,然则领事裁判区域是否与内地属于同一之法域,不可不研究也。大抵内地、殖民地、领事裁判区域,三者间之法域之异同,实由诸国立法之方针各不相同,又依法令中之各规定,而得判断之问题也。其法令最初原对此等地方共通而发布者,则此法令属于同一法域,固不言可知。非然者,其与内地法令之形式同一之立法形式,以之而定为可以行于殖民地或领事裁判区域之时,则内地法因之而扩张其范围,犹之当初对于此等地域共通而定者一也。若然,则前后之规定相俟,有对于此等一切地方设一个法令之观。是以从此一法令而言,此等地方可为同一之法域也。② 以法律而区别国之内外之时,其内外之意义不在领土之关系,多指法域之异同,不可不注意也。故虽为日本领土,有时可以台湾、朝鲜解为帝国外或外国者。反之,虽为中国,有时在属人的范围内,可视如内国或帝国内,而有不能不适用法规之事也。

司法法之全部,既如右述之在共同法域之状态,凡各地方之裁判关系,可得视为统一的之一区域,故吾人欲称此为共同司法区域。此司法

---

① 德国司法部素取以下之见解,即属于民事及刑事之法规,于帝国领土外之领事裁判区域,皆得适用。此其原则,且不独有明定其适用者可以适用。即无明示,苟除其性质上不能行于领事裁判区域,以及领事裁判区域无此制度之外,皆可适用也。(Konig, Handbuch S. 380)至其新领事裁判法,则规定甚详,在其十八条以下,列举可以适用于领事裁判区域之法律,且对于某事项规定可以敕令而加变更。若尚有可疑之时,则以敕令解决之。

② 殖民地之法域问题,请参照山田博士《殖民地法与内地法之关系》(《法学协会杂志》第三十卷第二号以下)。博士以殖民地为宪法不行之领土,殖民地与内地法之关系,从法规之形式及内容而观察,置于篇首,有详细之研究。吾人以为如此论法,领事裁判区域与内国法之关系,亦可适用。是等两种法规,或形式与内容皆异,或内容同而形式异,或形式同而内容异,或形式与内容皆同。于前三者之时,是领事裁判区域与内国,应属别个之法域。惟法规之内容、形式皆同之时,可视为共同法域。

区域之异同，未必与宪法上、行政法上之关系同一，因而其关系上一体之处，亦得为别个之司法区域。又司法区域与领土关系，亦可别视。详言之，虽非自国领土之地方，只须于裁判权所行之范围内，可得编入与自国同一之司法区域也。属于司法法之一切法规，欲严正其共通，内地且不可期，联邦制度之国尤难，况于殖民地及领事裁判区域耶？在殖民地及领事裁判区域，扩张内地法之法域之时，因其地方之情形，非无多少之变更，但从大体而观，司法法规既有共通之状态，即可视为共同司法区域。是故从此意义而观，诸国之对于内地、殖民地、领事裁判区域，三种地域之裁判制度，则有统一主义与别个主义二者。例如德国，以内地法稍加变更，即使适用于领事裁判区域，更稍加变，而以之转用于各殖民地。因之一切司法法，无论形式的与实质的皆同。由是而知德国对于此等地方之裁判制度，取一体之方针也。反之，英国则不然，于此等地方，行政上亦建别个之制度，对于司法制度虽亦有多少共通之例外，然原则为别个制度，其在内地、殖民地、领事裁判区域三者之间，固无论矣。即各殖民地相互之间，各领事裁判区域相互之间，以一方裁判所而较他方裁判所，几与外国裁判所无异也。日本对于台湾、朝鲜及关东州，其所取之方针与英国相同。若桦太则以之为内地之一部，而处置与北海道无异，领事裁判区域亦成共同司法区域之观。何则？盖内地之司法法规，以明治三十二年法律第七十号第三条，明言可被领事裁判区域准用。故司法法之全部，可解为扩张其法域于此也。若裁判机关，虽与内地不同，然亦可以之与内地之区裁判所及地方裁判所同视。至于第二审、第三审，不特内地裁判所为合议体，即其第一审刑事之重大事件之公判，由内地裁判所等处观之，可谓其为共同司法区域中一部之变体也。虽然，因取对于司法制度之主义不一贯之方针，各种疑问油然而生，甚至颠倒殖民地与领事裁判区域关系之轻重，有非改良不可者，容后述之。

第二章　裁判机关

第一节　裁判所（目一八）

第一、裁判所之种类

对于外国裁判事件，应用何种裁判机关，原属权利国之自由，无论其于条约文中，或谓领事，或谓官宪。从今日之大势而观，可得大别为三：设立特别之裁判官者，其一也；利用领事者，其二也；以公使或公使馆员充之者，其三也。第一之制度虽不背于理想，然事少地广，欲一一而特设正式法庭，良非上策。故不如利用在外行政官之方法，或与前者并用为便利。但以公使或公使馆员充任，从其外交上之职务而观，犹觉不适。即从其数目上而言，亦有顾此失彼之虞。惟于领土狭小之地方，用为上诉机关，似无不可也。故普通之裁判机关者，最宜以各处之领事充之。盖其数既多，且于此大部分概为商事之裁判，此领事裁判之名称所以普及也。

外国裁判机关能否用第三国之官宪，此不可不研究者也。从条约之文面严格解释，自觉不可，必以权利国之领事及其他之官宪为限。推而论之，苟权利国相约而欲设混合裁判机关，若无义务国之承认，亦所不许。然此实与义务国无特别之痛痒，故为一般惯例所认许。其最要者，当权利国与义务国交战之秋，凡权利国民之裁判，必委任于第三权利国领事。如中法开衅之际，法国领事既退之后，暂由俄国领事摄行裁判，此其实例也。

外国裁判机关之组织，有以直接法律定之者，有不然者之两种。例如德国于新领事裁判法，就此有明细之规定。反之，英国则否，法律并无规定，苟国王而认裁判权之行使，则无论欲设何种机关，一任国王自由，皆以敕令而制定。其在中国之裁判机关之组织，则以 China Order 定之也。今观诸国之在中国之裁判机关，大要可分为法国式与英国式二种。前者专以领事为主，后者则重正式法庭之裁判。英美属后者，其他诸国属前者。第此亦非绝对的划然分别，其间仍有多少之变更。试说明诸国裁判所组织之要领如左。

第二、法国之外国裁判所组织

法国之外国裁判所制度，三审制也。分作在中国之领事裁判所，在安南之柴棍裁判所，及在本国之巴黎大审院为三级领事裁判所。在中国之重要通商地，有管理一切民事、刑事之权。但刑事之大事件，即须经预审者，其公判审理，则属柴棍第一审裁判所，领事只许预审而已。凡预审手续以及违警罪等，领事可以单独当之。若夫一般民、刑事件，则为合议制，以领事为裁判长，更加由人民选定之陪席者二人，方得审判。此盖补领事为裁判机关之缺点，按之置重商事之性质颇合原理。故自法国首创以来，至于今日，除日本外，各国莫不以此为模范。

柴棍之裁判所分为第一审与第二审。第一审为预审事件之公判，以专门判事三人及由人民选出之陪席者二人所组织。第二审乃对于在中领事裁判所之民、刑裁判之不服申告，及前述之预审事件，对于第一审柴棍裁判所，已为公判之不服申告。此裁判所以裁判长一人、人民代表者一人及专门陪席判事七人所组织。若对此第二审之裁判，更有关于法律之不服，可向巴黎大审院上告也。

法国领事裁判，最初原行于土耳其及地中海之沿岸，故当时以南法之 Aix 裁判所为领事裁判上级审，一千六百八十一年及一千七百七十八年之法律所明认者也。盖法国地中海之贸易，Marseilles 实为中心，故择管辖此地之 Aix 控诉院，深为适当，宜乎彼之判决，足为诸国领事裁判制度之模范。然依一千八百五十二年之法律，将从来之制度一仍其旧，而欲援用于远东，是再以 Aix 为上级审，未免有扞格之虞矣。故先于 Mascat 易以 Réunion 岛之裁判所充之。中国、日本、朝鲜、暹罗等则以印度之 Pondicherry 充之，后由一千八百六十九年之法律，关于东亚之领事裁判上级审，乃始移至今日之柴棍。[①]

第三、德国之外国裁判所组织

德国之领事裁判制度，虽属法国之系统，然其今日之制度少有不同之特色，不从法国之三审级而取二级制，其一也。凡民事之轻案，不如法国之必须合议制而认领事之单独制，其二也。此外因民、刑之不同，各有相异之点，试分说如左。

对于民事，则领事单独而可处理也。凡与本国 Amstgericht 同样之事件，即依《裁判所构成法》《民事诉讼法》《破产法》，属于初级裁判所之事件。并依帝国普通法，属于初级裁判所之非讼事件，皆可管辖，谓此为 Konsul 之裁判。若加民选之陪审者于其中，则为合议裁判所，谓此为 Konsulargericht。依《裁判所构成法》《民事诉讼法》，凡属于本国 Landgericht 第一审之事件，皆可管辖。其陪审者常为二人，实效法国之制度。但其第二审，无论为 Konsul 之裁判，抑 Konsulagericht 之裁

---

① La loi du 28 mai 1836, art. 37, 28; La loi du Juill. 1852, art. 3; La loi du 28 avril 1869, Art 1; Férraud-Giraud, Juridiction francaise dans les échelles du Levant et de Barbarie. t. 11, p. 311-332. Martens-Skerst, Consularwesen, S. 281-292.

判，皆属于本国 Leipzig 之 Reichsgericht 也。

　　至于刑事，则领事单独无裁判权，惟其事件之轻微，在本国之检事可为即决处分者，领事亦得为之而已。其余一切之事件，可分为两种之正式裁判：一、比较的事件之轻者，即于本国 Schöffengericht 及 Landgericht 可为第一审之管辖者，使之属合议制之领事裁判所，即 Konsulargericht 是也；二、比较的事件之重者，即于本国 Schwurgericht 及 Reichsgericht 可为第一审之管辖者，领事裁判所无管辖权，不得不移送于本国。但领事当为保全处分，或于急迫之时，得为必要之预审处分而已。此虽与法国之移送预审事件至柴棍相似，然因其远涉本国，故其范围较狭，仅限于重刑以及国事犯耳。于此有宜注意者，即属领事裁判所管辖之事件，其法庭之组织有与民事不同之点。例如，当属本国 Schoffengerieht 种类之事件，虽与民事无异，若当属本国 Landgericht 种类之事件，则除以领事为裁判长外，须加四人之陪席者。盖在民事之时，向例仅二人耳（但此于不得已之时亦许用二人为陪席）。他如领事裁判所，不过为第一审，其第二审当属于本国之 Reichsgericht 则与民事无异。①

　　今以德国之裁判制度比较而观，其内国制度为三级审，而领事裁判不过二级审，此其审级上之不同也。他如事件之管辖、内部之构成，在民事固无大变更，但于 Konsulargericht，虽不如本国裁判所之用三人之专门判事，自觉微有不同。然从他方而观，其于本国商务繁盛之地，特设 Handelskammer，不用陪席之判事，而以民选之陪席者代之。今夫领事裁判，本以商事为主，如此规定，却见其用意之精密也。反之，刑事则其领事裁判与本国之制度，大相径庭矣。盖德原来之刑事管辖关系甚为复杂，非列举其种类不易说明，试详述如左：

　　甲、最轻者，检事可为即决处分，但正式裁判仍与乙同；

　　乙、稍轻者，属 Schoffengericht 之管辖，依为裁判长之专门判事及民选之陪席者（Schoffen）二人审判；

　　丙、稍重者，属 Landgericht 之管辖，无民选之陪席者，独以专门判事三人审判；

_____

① Konsulargerichtsbarkeits-Gesetz §§7-11; Konig, Handbuch, Bd. 1, S. 374-376, S. 381,382.

丁、最重者，属 Schwurgericht 之管辖，以判事三人、民选之陪席者十二人审判，但此处之陪席者（Geschworene）与乙之所谓陪席者不同，对于犯罪，只有决定事实上责任之有无而已；

戊、国事犯，初审、终审皆属 Reichsgericht 也。

右之所述者，为德本国之制度。就领事裁判而论，丁、戊之场合，领事裁判区域实无其制。盖此种犯罪事所罕有，故可不于领事裁判区域审理，直送本国而为正式之诉追也。甲、乙之制殆与本国相若，盖用素有法律智识之裁判领事，无异本国之判事检事，即其陪席者亦与内国之 Schöffen 同一也。① 至于丙之制度，使欲全如本国之用，三人之专门判事，在领事裁判区域内，势有所不能，故倍加陪席者之数（四人），以补其不足也。

第四、英国之外国裁判所组织

英国之制度，对于行政权而独立，故设与内地同一制度之正式裁判机关，已如前述矣。但英国非完全不认领事裁判权。正式裁判所惟于或地有之，若去此相远之处，则比较的轻微事件仍使该处之领事，行其裁判也。正式裁判所云者，凡隶其地之一切事件，以及不属他处领事裁判之事件，皆得管辖；且对于此等领事之裁判事件，可立于第二审之地位。其裁判所之事务，普通于所在地行之，惟于较远之处，为便宜计，应莅该处而裁判。约言之，英国于领事裁判区域取有正式法庭，有第二审，以及巡回裁判之方法，此其制度之特色也。此种正式裁判所，谓曰 Supreme Consular Court，一千八百五十七年始设于土耳其之 Constantinople②；后及于上海，以中国、日本、朝鲜为其管辖区域。但此亦有多少之变例，即于去其远隔之重要管辖地域，可设与 Supreme Court 第一审有同一权限之正式裁判所，前者对此只为第二审而已。又如在其管辖区域中，有去其本裁判所远，而近于英国殖民地裁判所者，则以殖民地裁判所为其管辖，盖取其便也。在中国之广东、广西，则以香港法院代之③。

----

① Senga, Kousulargerichtsbarkeit in Japan, S. 64；Brauer, Justizgesetze, S. 75.

② 称为 Her Britanic Majesty's Supreme Consular Court for the Dominions of the Sublime Ottman Port.

③ Tarring, Britsh Consular Jurisdiction in the East, p. 45-47；Foreign Jurisdiction p. 169-170.

英国之制，凡在中国所发生之民、刑事件，设三级之裁判机关，地方领事裁判所，最下级也。Provincial 使在各通商口岸之领事任之，其管辖事件，以轻微者为限。初其管辖事件之金额定有制限，今日则无。但五百磅以上之事件，及法律上含有困难问题之事件，遇有起诉者，地方领事裁判所，将其事件之开始与性质，当即报告高等裁判所，而听其指挥。若高等裁判所以为应属自己管辖者，则移至高等裁判所。否则简派判事，反临该处，而为正式裁判。若夫刑事，则领事裁判所之权限非常狭小，凡超越十二月之自由刑，或百磅之镴金者，已不得处罚，有之不得不移送于高等裁判所，而听其审理也。① 至于领事法庭之组织，则因事件之大小轻重，各有不同。轻者领事可以单独裁判，重者则领事之外，必加以民选之陪席者，一如德例。陪席之数，或为二人，或为四人，遇有一百五十磅以上事件之民事，则非附加陪席不可；其余之民事、刑事，由领事酌定。

次之，其第二级之裁判机关，即前述之常设于上海之高等裁判所（Supreme Court for China）以第一审之资格，可以管辖一切事件；同时以第二审之资格，对于地方领事之裁判，又能管辖之。② 法庭之构成，以专门判事、Judge 及 Assistant judge 充之，均须国王之任命。曾在英国七年以上 Bar 之职者为必要，今日受任者皆只有一人。③ 此外外务大臣，更得任命 Acting judge、Acting Assistant judge 或 Additional Assistant judge。事件之轻者，此等判事，可以单独审判；其重者及第二审等，则仅能为他判事陪席，且不问民、刑事，因事件之轻重，而加以 Jury 或 Assessors。前者之定员，五人至十二人；后者之定员，一人至三人。凡民事一百五十磅以上之事件，可因当事者之申请，加以 Jury；其无申请之时，虽一百五十磅以下之事件，苟裁判所认为适当者，可以职权而附加之。Assessors 则对于无论何种事件，由裁判所之酌量而加。至于刑事，则政治犯及杀人犯，不可不有 Jury。若认为

---

① 此外，对于法律问题，若认以 Supreme Court 判断为适当者，亦得移送。（China Order，art. 85.）

② 控诉于 Supreme Court，若民事 25 磅以下之事件，刑事法律问题以外之事件，则不得原裁判所或控诉裁判所之许可，不得为之。（China Order，art. 113，Amendment Order，1913，art. 7.）

③ China Order，art. 7.

强奸、放火、家宅侵入、强盗、海贼、通货伪造、伪誓，及自由三个月，或罚金二十磅以上之刑事事件，则或加 Jury，或加 Assessors 而裁判，但得被告之承认，即可省免。其他一切事件，苟裁判所认为适当者，皆得添加也。[①]

外国裁判事件所属之最上级，本国之枢密院也（Privy Council）。[②]盖在英国，从国王为正义之本源之观念，故最终之裁判权属之于王，王使枢密院行之，是以称 Majesty in Privy Council 为上告。在枢密院，设 The Judicial Committee of the Privy Council 而审判此等事件，与从殖民地裁判所上告之事件无异也。

第五、美国之外国裁判组织

美国之制度昔属法国系统，今则仿效英国。其初制度之特色，认公使为有裁判权，凡各处之小事件，不服该管领事之裁判者，公使可以第二审之资格而审理。[③] 第此久不满于人意，故自一千八百八十二年 Davis O Conner 案之发生以来，拟划中国为三大区域，在上海、广东、天津三处各设 District Court，分别管辖；并思以日本为另一区域，亦置 District Court 于横滨；同时更于上海立一 Supreme Court，而为此等裁判所之第二审，以代公使及 California 之控诉院也。然其规模虽大，卒未实行。至一千九百零六年六月，遂以法律变更旧规，仿英国之制度，而始设正式裁判所，谓曰 United States District Court for China。从一千九百零七年一月施行，常设于上海，在广东、天津、汉口等处，定期开庭。但有特别之必要，则无论何时何处，皆得开庭。此其制度之大略也。惟上海以外各地，凡五百元以下之民事，及处自由刑二月或一百元以下之罚金等刑事，则领事仍得裁判。至在上海之一切民、刑事件，则其第一审皆属 District Court，他如不属各处领事管辖之事件，以及对于各处领事之裁判，遇有申告不服之事件，更以第二审而审判，无异英国之 Supreme Court 也。但于此有须注意

---

① China Order, art. 45, 92.

② 但许上告者，仅五百磅以上之民事，其他之民事及一切刑事，如 Supreme Court 认为上诉适当之时，或有王之特许之时，方可上告。China Order, art. 115, 87；Amendment Order. 1913, art. 17.

③ 美国旧制，凡领事裁判之上诉，苟在 2500 元以下事件，则提出于北京美国公使馆裁判所；其以上者，则属 California 控诉院（Circuit court）。

者,美之 District Court,与本国之地方裁判所相同,故上有两级之上
诉机关,较之英国迥然各别。凡对此裁判所(即 District Court)之裁
判,而欲上诉者,先向本国之第九巡回区之控诉裁判所,然后及于中
央之最高裁判所。①

第六、俄国之外国裁判所组织

俄国之制度虽以法国式为根底,然颇有异彩。故 F. Martens 氏,
于英国式、法国式之外,更认俄国式。所谓异彩者,即利用外交机关而
为裁判之制度也。盖俄于各处,亦如法国之加陪席者,而于领事法庭以
外,在公使馆内设第一审裁判所,将其附近之事件,以及不属各地方领
事裁判之事件,由其管辖,而使公使馆员任其审理;②且为此等一切第
一审裁判之上诉审,复设于公使馆内,更使高级之馆员为之审理。③ 此
实模仿美国之旧制也。初行于波斯,后施之远东,但其今日于满洲,则
设特种之裁判制度,仿佛与英国之正式裁判所相似。凡非混合事件,详
言之,则不涉他国人之俄国人之民、刑事件,使为裁判。其地位则与本
国地方裁判所相同,称之为国境裁判所(Pogranitchny Okrujnoi Sud),
设于哈尔滨,其下则有多数之区裁判所,分置各处;其上则戴 Irkutsk
之控诉院。大事则以国境裁判所为第一审,小事则从区裁判所为始,而
以国境裁判所为第二审。至其组织与诉讼手续等,皆取范于本国之法
规。若夫上诉,则属于 Irkutsk 及 Petersburg。按此制度,初与日本关
东都督府同设于旅顺,后因日俄战争之结果,遂移至哈尔滨。哈尔滨俄
人之移住者已万数,故于满洲,毕竟不完全之领事之裁判,万难满足,故
仍续行正式法庭之制。④

第七、日本之外国裁判所组织

日本之制度,迥与各国不同,其法庭之构成,全用领事之单独制。

---

① United States Revised Statutes, sec. 4089-4107; United States Court for China, Act of
June 30, 1906 Hinckey, American Consular Jurisdiction, p. 46-50, 74-77.

② 30 卢布以下之事件,则无陪席者,领事以及其他之官宪,可以单独裁判。

③ Martens Consularwesen, S. 311. 谓俄国使外交官参与裁判之制度为有害。

④ 此国境裁判所与本国之地方裁判所相同,故曰国境地方裁判所。在日俄战争已从旅
顺而移至哈尔滨,当时尚谓之旅顺裁判所,因名不副实,故易今名。区裁判所谓之始审裁判
所,共分十二区,区各设一,哈尔滨为第八区始审裁判所。地方裁判所者,裁判长及陪席判事
三人之合议制也。此外,陪审制度亦被采用,与本国无异。若夫法律,则以 Alexander 第二世
司法法中 1896 年五月十三日之敕令,凡施行于西比利亚之全部条项,皆得适用。

惟于事件管辖关系,颇似法制。所谓单独制者,即一切第一审之民、刑事件,皆属领事管辖,而认单独裁判是也。但刑事事件之须经预审者,领事只能预审,不许公判。此外,外务大臣如认有外交上之必要者,则无论何种事件,皆得禁其管辖。至于不属领事之管辖事件,则属本国裁判所或殖民地裁判所之裁判。今试区别在满洲与在满洲以外者而论。在满洲以外者,详陈如左:

一、为第二审者,因事之大小,或为长崎控诉院,或为长崎地方裁判所,惟第三审则皆为大审院;

二、预审事件之第一审公判,长崎地方裁判所行之;

三、由外交上之必要,已离领事管辖之事件,则因其种类,或使之属长崎地方裁判所,或区裁判所。

至在满洲之事件,则又须分间岛与间岛以外之地而论。其于间岛以外之地者,则关东州高等法院及地方法院,从前述一、二、三之区别而管辖。其于间岛者,则朝鲜高等法院、复审法院及地方法院,亦如前之区别而管辖。但此两者,皆以高等法院之裁判为终审,不涉于内地大审院也。[①]

第八、各国制度之比较论评

历观上述之各国制度,若以之比较而论,则为外国裁判事件第一审之裁判机关者,除以外交官充之之变例外,可得分为三种:

一、以正式裁判官而组织者;

二、以领事为裁判长,复加民选之陪席者而组织者;

三、以领事单独而组织者。

例如英之制度,因事件之大小轻重,三种机关酌量并用;德则以二三之两种,组织而成;法亦取第二之合议制为原则;独日则取第三之单独制也。夫有专门裁判官者,制度之最进步者也。次之则有民选陪席者,若并陪席者而弃之,一任为行政官之领事独断独行者,实最危险而未发达之制度也。即在领事裁判区域,各国所以使行政官而兼司法事务者,原非所好,出于事之不得已,而欲避不能也。故于其为裁判官之学识经验,莫不力求无逊于普通司法官以补其不足。例如德国,凡第一

① 《领事官职务制》第六条、第十二条,《满洲领事裁判制》《间岛领事官裁判制》,明治四十年朝鲜总督府令第四十七号,及明治四十二年外务省令第一号等参照。

次学术试验及第者,在内地办理司法事务或为律师,已在三年之后,尚须出任领事馆之职务二年以上者,方得许为领事。他国之制,虽未有如德国之严厉,然于有领事裁判权地方之领事,必选有法律智识经验者充之,则一也。然而反观今日日本之制度则如何?所谓领事者,素乏司法上之学识,即稍有一二,略解梗概,然于经验,可谓绝无,几不能为正确之裁判,而于民事诉讼尤甚。推源其故,厥由外务大臣之奖励和解,彼等奉之为金科玉律所致。故偶有民诉之起也,彼等据其行政官之地位,威胁当事者,惟强为和解,商民而欲不服,他日恐将不利于己,不得已而不论理之曲直,莫不俯首屈从。职是而观,日本之于中国所有之领事裁判权,至夫民事,实无异条约上之空文也。吾侪之旅居天津,亘六年有余,然从未闻领事判断一诉。夫天津为中国北方贸易中心点,吾国人士不知凡几,所谓模范的专管租界者,殆与内地之市府无异,岂真民无所争耶?抑欲诉而不得耶?表面虽尚和解,卒致信用扫地,使非现金交易,人民观望不进,商业上之受其影响,不堪胜言。天津既然,他可类推矣。此岂全系当局者之罪哉,实我领事裁判制度不良之结果也。若夫刑事,就其性质而言,原不能放任不理,故非无裁判权实行之可见。然使素无法律学识经验之领事,独断独行,其危险更何堪设想。苟明乎此,可知吾国今日之制度,欲不改革而不得矣。就吾侪之所观察,吾国今日之于中国之地位与人口,久可如英美之例,特设正式裁判所,或为巡回裁判,更取法国主义,加用陪审制度于其间。如是则较之一切民、刑事件而任领事一人之独断独行者,不将有霄壤之别耶?

再就各国之制度,而为外国裁判事件之上诉机关者,比较而论,试先分三种如左:

一、利用本国之裁判所者;

二、利用殖民地之裁判所者;

三、设特别机关于中国者。

英于此点,亦将三者并用;法与日皆取第一、第二;惟德则取第一也。关于上诉机关,日之制度,信无闲然,且其原则采用三级审,较之德之二级审,尚有优点足言。盖置控诉审于本国,在日本取之则为良策,在欧美取之则为拙计,何则?欲使本国之裁判官而了解远地之事情,势有所难。此德之所以甘采二级审,而他国不得不设控诉审于中国,或使附近之殖民地行之也。日本以长崎裁判所为领事裁判事件之上级审,亦不过一水之隔。他如满洲之利用关东州及朝鲜之裁判所，尤为得计也。但吾人欲更进一步而论，凡黄河流域以北，使之同属满洲而利用关东州法院；扬子江流域一带，仍如今日旧观，使隶长崎裁判所；他若福建、广东、广西等处，则使之归台湾法院管辖。如是则更高一筹也。惟其审级与此等殖民地裁判制度，均须改革，何则？盖吾殖民地中，朝鲜为三级审制，台湾与关东州为二级审制。领事裁判既为三级审，而殖民地裁判则为二级审，岂非使昔日曾行领事裁判之地域，一旦隶吾版图之后，其审级反降一级，谓非本末倒置而何？且也，因欲利用关东州之二审制度裁判所为领事裁判之上级审，并使三审制之领事裁判，复化为二级审，岂非又于同一之领事裁判区域，或为二审，或为三审，偏重偏轻，无乃太失均衡乎？加之殖民地之裁判制度，每离内地而独立，无论其用内地之司法法与否，从法律上解释之统一而观，流弊丛生。职是之故，吾人常谓吾国之殖民地，既多毗连本国，人情风俗亦相去未几，当立与内地法大同小异之裁判制度，共分三级审，而使最高审属于中央大审院，以图法律解释之统一。如是则凡殖民地之上级审，皆在东京大审院之下。其第二审不过为事实审，与内地之控诉院列于同一之地位，遇有领事裁判之第二审，则可与前述长崎控诉院相并而行。若然则既随各地之便宜，复协执法之统一，诚完全之领事裁判上诉机关之制度矣。

第二节　关于裁判之职员（目一九）

第一、裁判官

为领事裁判制度之裁判官者，自以领事为主，但领事不独为商业上之机关，摄篆司法之外，尚有外交上之职务，且在中国又俨立于租界行政机关之地位，事务繁琐，实非举一人之心思才力所能胜任。此所以晚近领事裁判机关，渐有采用专门人才之倾向也。不观夫法国乎，在一千八百六十三年，因于亚非利加方面，自国住民众多，特设 Cousul-judge 于 Alexandria，专任裁判之事，而别于他处之以领事有裁判权者，Judge-Cousul。[①] 更不观夫英美乎，亦于中国任用独立之正式裁判官，有如前述。其他诸国虽未至此，然于商务繁盛之域，莫不于领事之外，更择法律家之副领事以佐之。例如，德国随各地之情况，宰相于普通领

---

① Martens Consularwesen. S. 300.

事以外,更有任命 Richterkonsul 权。[①] 又如英国,在一千九百零七年之 Amendment Order,设 Additional judge 之制度。此皆于各处裁判区域,与领事有同一之裁判权,或与领事同时同地开庭审判,或竟异地亦得行之也。[②]

第二、陪席者

在领事裁判制度,有与领事以及他之裁判官共占重要之地位者,从住民所出之陪席者是也。但在今日,尚不由人民之互举,一任裁判官之选择。且其权限,亦少逊于裁判官,或为事实点之判断,或仅陈述意见而已。考此制度,渊源于法国,法在地中海沿岸回教诸国之领土内,有所谓 Nation 之自国民之自治体者,久已制限领事之权能。详言之,则此自治体,参与领事之裁判权也。例如在一千六百八十一年,Louis 第十四世之有名之 Ordonnance sur la marine 第十三条中,有 Le tout pourvu qu'ils soient donnés avecles députés et quatre notables de la nation 之规定,即谓领事者,不问事件之轻重如何,皆须与人民代表者二人及绅士四人之陪席者,共为裁判云云。但其人数如此之多,每有难得之虞,故于一千七百七十二年之法律,遂减少二人;其后以一千七百七十八年之敕令及一千八百三十六年之法律,至今犹仍此制也。

至于陪席者之资格,须为民会 Assemblée de la nation 之议员,但在今日,因其民会之性质已变,故陪席者,亦不必全系议员,即非该处之住民亦可。惟必须有商号在其地者,否则无所谓 notable 之资格也。他如选任方法,则领事可从住民中任意指定,每年编一应任陪席者之名

---

① 从 1865 年之普鲁士法,则裁判权操于公使,后由 1879 年之法律而废止。领事之裁判权不受公使之监督,领事非原有裁判权者,须经宰相之许可。宰相于普通领事之外,再得任命代理领事而行裁判权者,即所谓 Richterkonsul。此盖恐使领事而为裁判官,或有法律智识经验不充足之故,或法律智识经验虽已充足,因其地之事务纷繁,未暇兼及裁判,专使委身于商业政策上之事务为得计也。

② 日本之裁判事务,实际各地有使"领事官补"充之者,但《关于领事官职务制》第十九条,所谓领事之代理者,可得为裁判云云,乃本领事不在其地,而定代理领事事务之谓也。法文之精神,原属如此。即令有领事之际,仍以使领事官补裁判为适当者。然其判决,亦不得不用领事官补之名,庶合法理,乃吾领事馆今日一般之审理,固由领事官补行之,独作判决书,则用领事之名。此实反乎直接审理之原则,为诉讼法上之大违法也。盖裁判事务与普通之行政事务迥异,未有上官盲从下僚之处置,而盖印于其上者。职是之故,吾国之领事裁判所之判决,所以一至上级审,每易破弃也。

簿,将其所以应任之理由详加记载,然后送呈本国外务卿,求其承认。
外务卿如以为不然者,可任意更易,故领事实不得自由也。但此节颇有
反对之者。例如当一千八百三十六年法规改正之际,各 nation 之代表
者开会议于巴黎,要求由人民互选,惜未见之实行,徒有空论耳。[①] 于
此不可不注意者,就选任而观,领事固有大权,惟一旦既经指定之后,则
无论裁判上之法律点、事实点,陪席者与领事有同等之表决权,与领事
共构成纯然合议制之裁判机关也。[②]

　　上述法国之陪席制度,除日本外,各国皆先后效法,但亦非绝对模
仿。凡遇事之小者,则多省之,就中如德国新领事裁判法之规定最为详
密。因案件性质之相异,陪席制度各自不同。在刑事固非有不可,在民
事之小者,则许从省。民事常为二人,刑事则因轻重之分,可有二人与
四人之别。设有不足法定人数之时,民事遂由领事单独裁判,刑事则减
四人为二人。若并此二人且不得之时,则领事不能单独开庭,须移送其
事件至他区领事裁判所,而明记其陪席者之缺席原因于诉讼记录。所
谓原因者,即法律上之除斥、忌避、死亡、疾病、不在、繁忙等之谓。此其
规定之大略也。彼之所以在刑事而许减少人数者,实欲避移送之劳。
至于民事之虽无陪席,亦得审理者,因民事之利害关系,直接间接,每易
牵涉他人,陪席者动辄发生故障故也。

　　领事在其区域内,从德国之殖民中有相当之身分者,每年应选定
陪席者四人,但有时可减至二人,有时可添至四人以上。如殖民中无
相当之身分者,可不问其国籍,更从他之住民中选择。所谓殖民者,
于其区域内有住所之德人,或德之保护民也。领事每年更须编一陪
席人名册,陪席者而有受刑事或破产之宣告者,则从此免职。其人民
册中,复许指定各人之代理者。遇有本人疾病以及他之障碍之时,可
得使之代理。此册每年当报告本国宰相,宰相阅览后,惟得命领事孰
应削除,孰不得再选而已,并非预求其承认,故于陪席者之效力,绝不
相关。

---

　　① 当时 Feraud-giraud 氏力主反对,谓陪席者若欲由住民互选,则势非制定选举法不
可。然而领事区域之情形各有不同,欲一一因地制宜,以定选举法,事颇不易也。后卒从氏说
而罢,Martens 则非其说,以为陪席者若由领事任意选定,是失之公平,且缺人民之保障也。
Martens,Consularwesen S. 285-286. 参观。

　　② 陪席,当就职之际,不可不宣誓,其方式规定于 Edit,1778 art. 39.

陪席者,名誉职也。故殖民者被选为陪席之时,不得推辞,盖受领事保护之酬报也。惟殖民外之住民被选之时,则许之。领事为防其辞退计,预订契约以绳之。陪席者在最初之公判时,当行宣誓式。其方法乃准用内地之 Schöffen 之规定,但在不奉耶稣教之国民,则依其本国所习用之方式。如无正式之宣誓,则虽有陪席者,仍不得组织法庭。此其受任之成例也。至于权限,则陪席者并非将诉讼法上之手续阶级尽得干涉,不过其最要之口头辩论以及裁判两事。此外仍由领事单独审理,惟既为其所干涉者,则绝不受领事拘束,有自由之表决权。换言之,即与领事居于对等地位,无异法国制度也。要之,德之陪席制度,实与内地之 Schöffen 及 Handelsrichter 相似,惟此两者之不须一定资格,及不由人民互选,为其不同之点耳。他若裁判上之权能,如出一辙也。①

英国之制度,有 Juror 与 Assessor 两种,虽迥异于他国,然此实不足怪,盖其于中国设有与本国同一之裁判所也。所谓 Assessor,犹之他国之陪席者,而于地方领事之法庭尤为类似,但不如德、法之与领事有同等表决权,不过陈述意见而已。若领事反其意见而为裁判之时,彼等惟有详载其意见于诉讼记录耳。至其选任,又与各国之陪席无异。各领事馆,在每年之一月,从该处之人民中,择有公正而且适职者,选为 Assessor,并制一名册。以后或增或减,一视将来之情形而定。所谓 Juror 者,惟于 Supreme Court 之事件适用,盖在他国领事裁判所之重大事件,莫不移送本国复加 Jury 而审判。故在领事裁判所,未有 Jury 之必要。英国则不然,无论事件之大小,悉在中国组织法庭审理,此所以有 Supreme Court 之设。既有 Supreme Court,遂有 Jury 之必要。换言之,与此正式裁判所,有不可相离之关系也。不观其一千八百六十四年之敕令乎,对于土耳其,已采此制。今日所行于中国者,即此耳。今从其 China Order 之规定而观,凡为中国英国法庭 Juror 之资格有五:

一、须年在二十一岁以上;

---

① Vorwerk, Konsulargerichtsbarkeit, §§ 8, 9, 11, 12, 13. 参照。且依其第二条之说明,使他国人而加入陪席者之数,从其关系而考,在领事裁判法庭之用语,未必全系德国语,可得而知也。

二、须通晓英语；

三、须有 Rules of Court 所定之相当收入；[①]

四、须未曾犯罪者；

五、须非公使馆员、领事馆员、陆海军人、僧侣、律师、医生等。

　　苟备以上五项条件者，方为合格。裁判所于每年之一月，编一Jury list，而为公告 Juror 及 Assesssor，如被法庭召呼，当立即就职，以尽其义务。有拒绝者，可处以十磅以下之锾金。[②]

　　第三、裁判官以外之职员

　　在领事裁判，素无检事之设。如有其职务必要之时，领事可由馆员中选任以充之。故今日英国虽置完全法庭于中国，尚未有检事制度之可言也。他如书记、执达吏等，英国有之，其余诸国遇有必要之时，亦由领事从馆员中指定，或馆员中而无相当之人，更从馆外选用。在领事裁判，无论民、刑事件，皆许引用律师，此久已承认者也。但在其悬牌之时，须经领事之许可。若欲在英国特别法庭出庭者，尤须经该裁判所之许可（但此等许可一般皆得取消）。至其许可之条件未有一定，虽于本国尚无律师之资格者，亦得充之，且不问其为自国民与保护民也。向例凡经一国之法庭许为律师者，虽在他国法庭亦得行其事务。此外，如在素无律师之领事裁判区域，而其事件尤为诉讼法上必须律师干涉者，则领事另选有法律智识者以充之。[③]

第三章　民事裁判制度

第一节　民事实体法关系（目二〇）

第一、权利国内地私法之准用

　　领事裁判制度之准据法，既从权利国之所定者为原则，故于民事实体法，亦当从权利国法而行，是固不可言喻也。但此在民事之原被告皆为权利国人时，纵无疑义之可生；若遇事件之混合者，譬如原告为义务

---

①　为 juror 者，每年须有 50 磅以上之收入。此与 1864 年之敕令，施行于土耳其者相同。

②　China order, art 32-34, 45-47, 92-95, Rules of Supreme Court in China. art, 26-30.

③　德法，如领事拒绝律师之许可，或取消其许可之时，可向帝国宰相抗告。K. G. G. §17. 领事未有许人可为公证人之权利，领事自为公证人者也。惟关于手形钱票之拒绝证书之作成，则行书记或执达吏之职者，可得为公证人。再 Vorwerk 前揭§17. 参观。

国人,而被告为权利国人时,则颇有疑义。有主张不用权利国法,而以义务国法裁判者,其言曰:"若置义务国原告于不顾,而使受权利国法之支配,是义务国人在本国与各国之人贸易,势非博通全世界之法律不可。反之,权利国人之被告既在义务国时,实易知义务国法,舍难就易,当以此为标准。"①虽然,领事裁判制度原非以义务国人之利益为标准而规定,乃为权利国人之便宜计也。欲使权利国人不为不完全之义务国法所支配,实为此制度之精神。故各国于条约法令中,每有明言,凡私法关系,有惟权利国法是用之例,设无明言,亦事之当然也。但在私法关系往往有以当事者之意思而为标准,换言之,即当事者有愿依义务国法之意思表示之时。若此,则解释上可为从义务国法,然亦并非裁判官服从义务国法,不过由于当事者之意思,仍得谓为服从权利国法也。

在外国裁判制度所定之权利国法,其最普通者,则转用内国法与准用内国法之概括的规定而已。例如日本之以一切法规,皆为包括的规定。又如英国之以私法关系,初尚设有特别之规定,在一千八百六十五年之 China Order 第五条曰:In conformity with the common law,the rules of equity,the statute law and other law for the time being in force in and for England,而于现行法,亦略之而为 As far as circumstances admit……in conformity with England 耳。但取此概括的主义之规定,实际上每易横生枝节,何则?所谓准用者,必经裁判官之裁夺。既经裁判官之裁夺,久必成为一定之习惯法,故与其取此暧昧不明之立法策,不若在领事裁判区域,将自国之私法,明加变更为善。德国之新法,知其然也,一面许于领事裁判之民事,可以援用本国一切私法法规及有效力之普鲁士法;一面复设变通办法,有可不用本国法者,有用本国法而加变更者,有可采用义务国法者②③,分门别类,死法活用,实最良之制度也。

---

① Senga,Konsulargerichtsbarkeit,S. 91,92.

② 例如,土地法、智能财产权法、法定利率及婚姻之方式等,则以敕令而设便宜之规定。又如设立公益法人,须经联邦参事院之许可,发行无记名债券,须受帝国宰相之承诺。(K. G. G. §§ 19-20,31-40. 参照)

③ 寺院法不入 Bürgerliches Recht 之内,故于领事裁判,亦不适用。Stengel Rechtsverhältnisse S. 179.

第二、国际私法之准用

在领事裁判，须转用国际私法之时颇多。如英国之以领事裁判区域，别为一法域者，因欲解决法律之抵触，所谓准国际私法问题，尤为多见。此外在领事裁判，混合事件最盛，凡起于权利国人与义务国人之间者，实屡见不鲜。故欲解决其争端，亦有转用国际私法之必要。但斯时之所谓国际私法者，何谓耶？今日既无世界共通之国际私法，各国皆以自国之法律而定。故遇有此等事件，只有从权利国法庭之权利国国际私法耳。换言之，譬如于日本法庭之事件，即以日本之国际私法判断之而已。

然则在领事裁判，既得转用权利国之国际私法，谓可尽善尽美乎？是又不然，又有特别问题发生焉。试问从国际私法上而观，义务国者果为外国耶？抑否耶？大概除身分关系视义务国人为外国人外，他几不能以外国解之。于此亦未尝无不能全与内国同视之事情，盖不论一国之内地与殖民地，只有一国之法律能行，而于义务国，则除权利国之法律外，尚有他权利国之法律，以及义务国之土著法，并立而行。此事在国际私法中属人的规定，纯然可视义务国人为外国人，毫无丝毫影响。若属地的规定，则生问题焉。盖在国际私法上所定为准据法者，如物之所在地、当事者之住所或行为之所在地等，皆以地方为标准，而依其该处所行之法律也。设今于义务国内，亦欲以地方为标准，则如之何？例如，有在中国缔结契约者，一旦其成立与效力，成为领事裁判上之问题，就国际私法之原则而论，自当从其行为地法。无奈其行为地之法律，非独一国之法律，各国法律皆得而行，然则欲解决斯问题应从何国之法律耶？向使非混合事件，自可适用权利国法，原无选择之必要。若遇混合事件，譬如发生于英人与日人间者，则从日本法耶？英国法耶？抑中国法耶？苟单由国际私法之文面而观，实不明了，故吾人不得不旁求适当之标准。此无他，惟有仍由领事裁判制度之精神而着想，亦照法庭国之法律而解释。换言之，即从被告所属国之法律判断而已，但权利国苟自信其用国内法不若义务国之土著法为便之时，则亦有多少变例耳。①

第三、惯习法

为领事裁判制度权利国法规转用之一大变例者，即一般所援用之义务国之习惯法也。盖在领事裁判，原以商事为主，商事素重习惯者也。考斯习惯之所由来，或生于外国人间，或生于义务国人间，或生于内外双方之间，千端万绪，奇异百出。而要皆不反乎公共秩序及善良风

----

① 对于准据法，先就当事者在契约上之意思表示而定。苟契约上而无明了之宣示者，则察其默示之意思。如行为地之为何国租界，目的物之为何，契约文字之为何国言语等以定之。若于此亦有不明之时，然后行为地法之应从当事者间何国之法律耶？或中国法律耶？疑问遂生，而有莫衷一是之虞。若从吾人之标准，恒以裁判国法即解为行为地法者，是其法律关系，虽因当事者之孰为被告，少有不便，然此实领事裁判之通性，不得已也。当事者苟知其故，可以预定准据法之援用以避之。

凡不法行为，生于领事裁判区域之时，学者有谓其准据法，当依行为者之国法者（Piggott. Exterritorialty, p. 261）。然不法行为之问题，类于刑事诉讼，每向行为者所属国之法庭而请求损害赔偿。故无论行为者之国法与裁判国之国法，其实皆一也。但即向不属行为者国之法庭而请求，亦无有使其法庭坚从行为者之国法之必要。例如今有一英人，为日人之使用人，一旦英人而为不法行为之时，日人遂向日本领事庭起诉，领事庭之欲决英人之行为，是否不法行为。若依吾人之见解，仍不必从英国之法律，惟照日本之法可耳。循是而观，故不法行为之准据法，亦可舍行为者之国法，而以裁判国之国法解释行为地法，实最精确之论也。

夫身分关系，一般多从属人主义。故于领事裁判区域，普通与文明国实无大异。但如婚姻之方式，不无属地法之例外，今试分别而论：

一、凡同一权利国人之婚姻，其关系原与本国相同。虽在中国结婚，其所谓举行地法者，以吾人见解，即为权利国法。故其方式，仍与属人法相同也。（但日本素无宗教上之仪节，惟有申报领事馆之一法，《民法》第七百七十七条，有其规定。）

二、所谓权利国人间之异国籍之混合婚姻者，因双方之国法，皆行于义务国，故有谓当行双方之方式者。（Hinckley, American Consular Jurisdiction, p. 94）然领事裁判所，原与本国之裁判所立于同一之地位，只须行自国之方式已足。但事实上，当事者每郑重其事，多行双方之方式而已。

三、为今日学者间最有议论者，即权利国人与义务国人之混合婚姻也。大抵义务国因有多妻蓄妾之风，彼欧美人之在本国，欲为而不敢为者，一至东洋，遂纵欲败度，恬不为怪。而学者之议论，亦谓如此男女结合，虽为婚姻，亦属无效。故有正妻于本国者，虽再娶东方之妻，不为重婚。既有东方之妻者，复归迎西妻，亦无不可云云。（Piggott 前揭 p. 238-240, Hall, Foreign Jurisdiction p. 202-203）虽然，斯岂可一概而论哉？夫性交之结合之为非婚姻，固可谓其无婚姻之合意。若其实有婚姻之真意，且已具备婚姻之条件者，谓非婚姻而何？奚论其举行地之为多妻国与一妻国，抑夫妇一方之为义务国人与权利国人耶？悲夫吾国今日在中国之妇人，尚有为此种问题之人物也。至其婚姻之方式，如无特别之规定，自与彼权利国人间之混合婚姻相同，只须履行自国之方式可耳。但法国之判例，凡法人而从东洋所在国之方式者，其婚姻亦为有效（本目第三参照）。德之新领事裁判法，亦许照土著法之方式，得为有效，而以敕令规定之。

俗者,方得采用。惟所谓公共秩序、善良风俗者,果以义务国为标准耶?抑权以权利国为标准耶? 论者有以领事裁判之本质,原不过为一种代理,应取义务国之公益为标准云者。但余辈则谓不然,苟裁判官信为不背自国之公益者,乃可以为标准也。

在领事裁判制度,各国之采用土著习惯法,久有其例。如法国 Aix 控诉院之判例,则认左之原则:

一、虽不从法国方式而依义务国之惯习缔结婚姻,亦认有效;

二、凡算期限,可不从法国之历,而依土耳其之历;

三、不依法国法格式之一切汇票、期票、支票皆认有效(即依土著法之手形);

四、利息之有无以及利率之限度,皆从土著法而定,故于法国应无利息之时,可有利息;应有利息之时,可无利息;且其法定利率,亦非如本国之为百分之六及百分之十二也;

五、一切契约,皆从土著之习惯法而解决,非特混合事件为然,即法国人与法国人间之交易,亦然也。

英国者素取习惯法主义之国也,故对于裁判,每重所在地之习惯法。此固夫人而知,但其于东洋习惯法,亦许适用与否,或有疑之者。请观其现行之 China order 第一百六十条:

Nothing in this Order shall deprive the Court of the right to observe, and to enforce the observance of, or shall deprive any person of the benefit of any reasonable custom existing in China……

且与此有同样之规定者,自一千八百六十四年对于土耳其之敕令以来,常见者也。

德国亦于一千八百六十五年《普国领事法》第十六条中,关于商行为,特认土著习惯法有优先之力。[1] 故其今日之领事裁判法,亦本此旨而规定,在第四十条曰:

In Handelssachen die Vorschriften der im § 19 bezeichneten

---

[1]　Martens Consularwesen, S. 417, 418; Fer and Giraud, juridiction française, t. 11, p. 236.

Gesetz nur insoweit Anwendurg, als nicht das im Konsulargeri-chtsbezirke geltende Handelsgewohnheit ein anderes bestimmt.

元来在德国内地，无论其为民法、商法，皆于习惯法之可用与否，未有规定，往往引起纷争者也。然于领事裁判区域，则有明文，颇易解决。其于商事也，先从习惯法；无习惯者，次用商法；再次则用民法，顺序相推[1]，一望而知。故今日于中国各处，凡商事裁判，则以土著习惯法位于第一也。

要之，在领事裁判之义务国，因无普通完全之法典，是以多采用不成文之习惯法。故于今日之中国，向使其编纂法典之时，或将习惯法之一部编入其内。然此并不因其为成文法，遂弃而不用，从法律之精神而观，习惯法仍为习惯法，依然可为领事裁判之标准也。[2]

第四、土地法关系

土地法关系，前编已略述一二（目一一参照）。但彼为租界内问题，此为一般之土地法关系，不可不分别研究也。原来土地为领土之一部，关于一国之政治者大，故在国际私法上，久从所在地法办理，而于领事裁判制度，亦有特别处置也。例如在土耳其，由一千八百六十七年之条约所规定，凡土地事件，不问当事者之国籍如何，皆属土耳其裁判所管辖，而照土耳其法裁判。[3] 今于中国，虽无此种条约，然亦不过从被告主义承认外国之裁判权而已。凡各条约国，关于土地事件，苟其被告而为自国人时，亦有管辖裁判权，而其准据法，仍不外从前述之原则而解决。在中国之各国法庭，先准用其国际私法，而在土地之法律关系，则依其土地之所在地法耳。惟所谓所在地法者，裁判国之法律之意义也。今请进而述其规定之方法，或有设与内地相异之法规者，或有援用他国之法规者。故于今日之中国，可设三例而论：一、在裁判国之专管租界，及其他之行政地域内之土地关系，则准用内国法而处理，如前编所述。

---

① Varwerk, Korisulargerichtsbarkeit. S. 101.

② Martens, Consularwesen, S. 430. 曰：民选陪席者之制度，在此习惯法之一点而观，最足以供其智识而补领事之不足，实无上之妙法也。又氏因欲确定习惯法之存否，曾立一案，须招有信用之人民三人以至六人而决之。俄国于波斯，亦先从波斯习惯法；无习惯法之时，乃用Caucasus法；若并此法亦无之时，然后始用普通之俄国法。

③ 因土耳其否认外人之土地所有权，交涉颇久，后于1867年之法律，始许外人亦有土地所有权。其交换条件，则为关于土地之诉讼，从土耳其法，而由土耳其裁判所管辖。

二、在第三国之行政地域内之土地关系，从论理上而言，裁判国自无承认该行政国土地法之义务，全可援用自国法而裁判，但实际上则有不然者。何则？当执行裁判之时，不得不赖该土地所在之行政国之共助（目二五参照）。然而土地关系，因与行政权有莫大之影响，设其裁判而与行政国之土地法规有抵触者，则不得共助矣。既不得共助，势必裁判国仍以行政国之法规为准据法而后已。三、在外国行政地域外之普通中国领土内之土地关系，亦因尊重中国行政权之故，以其土地法为准据法也。① 由是而观，今日实际上，中国之土地法关系，实不问其事件之起于何国法庭，皆以其目的物之所在地，而有行政权国之土地法为准据法也。② 例如德国，敕令无特别之规定之时，则依义务国法③；而其自国之专管地之土地，则无论何人，皆须从德国法。由此而观，对于他国之行政地域内之土地，实承认他国之同一权利也。又如英国，即自国租界内之土地，有依中国而裁判之例。④ 其故实因中国之土地法，类似英法。如前所述，且中国法之大部分，皆从习惯法而成，习惯法之所由来，往往有受英法之感化者。故无论其为租界之土地之英法，及其附近之土地法之中国法，几无分别也。

　　第五、智能的财产权

　　在领事裁判区域，如文学、美术等之著作权，并特许、意匠、商标等之所谓工业所有权，其关系如何，不可不研究者也。原来此种权利，其效力在禁止他人之行为，与普通权利迥然不同；而其禁止，又须藉裁判上之救济，始得确保。然而在领事裁判区域之法，非一国之法，几多之裁判权，因属人的关系，并立而行。故此等权利之效力之范围，不可不区别在同国籍人间者与异国籍人间者而论。

---

　　① 例如《济南租建章程》，以三十年之期限而许永借，作地券，至期须易地券。（第六条）然如云南，期限则为一年，且不许永租。（目四第二注四）其他各处有种种之规定，如《苏州通商场订定租地章程》《岳州城陵租地章程》《长沙租界租地章程》《南宁租界租地章程》《芜湖租界租地章程》等，各有不同，可以参观。

　　② 在共同租界，如前述之依各国及中国之联合规约而定土地法，大体中国法被英法之影响。又参照 Land Regulations, Shanghai, art. 2-9. 及上海会丈局酌议定章。

　　③ Verordnung zur Einführung des Gesetzes über die Konsulargerichtsbarkeit. 1900, art. 2.

　　④ 1841 年一月十六日，天津英国领事裁判所 Macdonald V. Anderson 事件判决。(North China Herald, xii, p. 247-250)

　　凡在同一国籍人间之关系，实有裁判权国家之自由也。若其立法方针而以领事裁判区域与内地视为同一司法区域者，则其本国已定之此等权利之实体，对于侵害者，加以民事上及刑事上之制裁之法规，盖亦不外司法法规，而其适用之事物应及于领事裁判区域。故关于此等权利之内国法，当然于领事裁判区域，解为有效力，而尤以不须登录手续之权利，更为无疑。即要登录之权利，或有于领事裁判区域，是否须于公使馆或领事馆特行登录为疑者。然既在同一国人之间，则其区域自与内地无异，已于内地登记者，当然在其区域亦有效力，此实不辨可知。独日本不解此理，以明治四十一年敕令第二百零一号，对于工业所有权特设明文①，可笑孰甚！彼英国之立法方针，素取以领事裁判区域为另一司法区域主义者，故不可无特别之规定也。因之彼于 China order，规定一般著作权及工业所有权，无论其在内地在中国，皆有共通之效力也。②

　　虽然，其权利者与侵害者，苟在异国籍时，则事情为之一变。其权利者，若从第三国人而受事实上之侵害之时，则于其权利国之法庭不能取救济方法，不得不向第三国之领事裁判所求其救济也。然而第三国之裁判所，惟依其自国之法而裁判，未有曲从在权利国法规之义务，而各国法规未必当然承认其权利。③虽于今日文明诸国之间，对于著作权、工业所有权，莫不有保护同盟，然又如前述之一般条约，在领事裁判区域，未有效力，仍不得据之而要求保护也。向使以此等权利之效力，仅禁止自国人，岂非反抑自国之事业，而扬他国之事业也。此欧美诸国，于一千八百九十五年，所以在 Morocco 结商标保护同盟。而于中国，自一千八百九十八年以来，奥、比、法、英、荷、意、美之间亦有同样之同盟条约。但日本于中国，则未加入此同盟，惟与美、法、俄诸国间之一

　　① 依德国议会之委员会之意见，则以为商标法虽可适用于领事裁判区域，著作权法及特许法则无适用者也。何则？如特许法专行于自国人时，反与利益于外人，而害本国人。故从实际而观，不可许也。König Handbuch, S. 378-379.

　　② China Order, art. 69.

　　③ 关于此等权利之法律，普通皆取相互主义，即自国人有害他国人之权利而受制裁之时，他国当设同样之制裁，以为条件。惟日本更于他国在朝鲜之领事裁判权撤废条件之下，加入于同盟。

般智能的财产权,则有特别之保护条约也。[1]

且也,义务国人之侵害行为,较第三国人更应频繁。于此时也,亦非以权利者所属国之裁判权,可得处置,与第三国人侵害之时一也。故与其谓此为领事裁判特有之问题,宁谓之为一般国际保护问题。因之义务国若加入万国保护同盟者,则当然可以解决。中国尚未加盟此等条约,惟见于中日战役后所改订之诸国之通商条约中,中国为尊重对手国之智能,有可以保护之规定。

第六、住所关系

住所者,不独为民事实体关系,各种之法律关系以之为标准。然其本质,依于民法所规定,吾人欲以此种意义之住所,在领事裁判区域可得而有之耶? 殆当分别言之。夫住所有取唯一主义与不取唯一主义之别。若德国之立法例,认多数之住所者,则对于住所之取得,不分内外;同时于内地殖民地领事裁判区域,皆得而有。反之如英国,则取唯一主义,因之其住所,必于内地,始得而有;在领事裁判区域,无论其住居若何永久,亦不能视之为住所。依英学者之说,则住所者,与领土之观念不可相离。[2] 领事裁判区域非英国之领土,故英人于印度可取得 Anglo-Indian domicile,于中国非可取得 Anglo-Chinese domicile 为解。即其判例,如 Lushinton 氏对以在土耳其之事件,英人虽至土耳其,而不混入其社会,因之无从被认为有永久居住其地之意思。以此为理由,而否认土耳其住所。[3] Chitty 氏亦对于中国之事件,于领土之居住而诠释住所之法律上意义之要素,谓上海租界者,不外中国皇帝之领土。是以英人无论居住若何永久,不得为住所,枢密院亦赞成其意见也。[4][5] 虽然,从吾人而观,西人之弃其本国之宗教惯习,而混入于中国

---

① 日本不加入之理由,因若加入,则他国人在近于中国之日本登录,有束缚多数日本人之行为之利益。而日本人,因此而于远隔之欧美登录,则其效益只能抑制来中国之少数欧美人,交换利益,不权衡之故也。但于朝鲜,因他国撤销领事裁判权,遂不得不徇各国之要求也。

② Dicey,Conflict of Laws, p. 79. 曰:The domicile of any person is, in general, the place of country which is in fact his permanent home……

③ Maltas V. Maltas. 事件。

④ Tootal's Trusts and Abd-ul-Messih v. Farra. 事件。

⑤ 依英美之观念,则英人于中国不得 Domicile,单有 Residence 而已,但其 Residence,几与住所有相去不远之效力。故与有住所,实为大同小异 Residence 之意义,示于 Rules of Court,1905 art. 1. 即不可不为 Fixed place of abode。

之社会者，不可谓绝无其人；且如宗教家，欲埋骨此土，为永久计者，又不少也。领事裁判区域，非权利国之领土，诚然，但于裁判权之范围内，作为权利国领土之延长，非不可也。若以领事裁判区域与内地为同一司法区域之立法例，即与内地同视亦无不可也。明乎此则虽如日本之取住所唯一主义，亦无限于内国之必要，通领事裁判区域，以其生活之本据为标准而下判断可也。例如某日人，在天津专管租界有一商铺，而于内地无丝毫之财产之时，若是，则其住所可解为不在内地，而移至天津。而从法律上观之，并非为有住所于外国，依然为内国之住所也。是以彼之对于有住所于外国之日本人，以其最后之住所视为住所之规定者，于此有不适用焉。^① 信如是，则较之今日之以毫无生活上之关系之内地旧住所为标准而定法律关系者，其便利不且有天渊之别耶？况乎移住者，往往于内地旧住所有竟无一人者耶。

第二节　民事手续法关系（目二一）

第一、民事诉讼

在领事裁判所之民事诉讼手续，大都以内地法为标准，而加变更也。今就诸国制度之共通而且重要者说明之，但其适用变更之规定，以其事件之系属于在义务国裁判所时为限。若已进至内国裁判所或殖民地裁判所时，则皆从其内国法之手续。此盖与实体法不同之点，而为手续法之特色也。

口头审理主义虽为今日文明国诉讼法之原则，然于领事裁判，往往有欲从而不得从之困难。何则？当事者之所在地，若远离裁判所而有交通上之不便者，苟欲传其出庭，不特有费时日与旅费，且足以害其职业。设有不出席者，即援用缺席裁判之规定，实失之过酷也。故若必欲从口头审理主义，而使当事者出庭对审，则原告因之本欲起诉者，遂致中止，被告因之原可防御者，甘心屈服，此岂法律之精神哉？是以今日虽无特别之规定，而解释上只可于事情之所许者准用内地法。否则若有如上述之困难之时，则全依书面审理，或当事之一方出庭，对造则提出书面而受普通之裁判已耳。又如混合事件，若义务国人而为原告之时，虽无地理上之事由，然因言语不通，一般惯例，亦从原告之书面陈

---

① 例如《民事诉讼法》第十三条。

述,裁判所惟传讯为被告之自国人而已。

关于证人讯问之原则,凡证人不应裁判所传呼之时,可得加以强制,处以刑罚,固为民事诉讼法所认许。然于领事裁判区域,亦有不得不变通办理者。何则? 彼当事者尚得以交通之不便,土地之远隔,有可以恕之者,况为第三者之证人耶? 故在英国,久已注意及此,其以一千八百六十四年之敕令所定者,谓领事如欲讯问证人,只许传呼居其区域内之英人。彼在今日中国之现行法,亦取此主义也。但从吾人而观,虽住在同一区域内者,强其出庭,有时亦有不妥之虞。他如以外国人为证人之时,必须其本国之共助等规定,当于次编论之。

在民事诉讼,有以使辩护士代理原则之立法例(强制辩护)。然于领事裁判,不能适用此规定,盖有不得辩护士之地方也。是故德国凡领事裁判之民事手续,皆依区裁判所之诉讼手续。[①] 此何以故? 盖其所谓 Konsul 之裁判,则用区裁判所手续,Konsulargericht 之裁判,则用地方裁判所手续。然而地方裁判所手续,取强制辩护士主义者也。在领事裁判,不能转用。[②]

人事诉讼、法人诉讼,民事也,而有检事干与之必要。然于领事裁判所,无特别之检事,若之何其可? 德国则有明文,当领事欲用检事之时,可从辩护士、裁判所之职员或居其区域之德国人中选择适当之人以充之。除裁判所之职员外,有不愿就职者,固可拒绝,但辩护士,则领事握有取消其资格之权,实得间接而强其承诺也。他若不如德国之有明文者,亦可作如是解。苟有检事之必要,可从领事馆之职员或普通人民中选择而行其职务,不得因无检事之故,遂付缺如也。[③]

上诉手续大体与内地无异,但领事裁判之上诉机关,大都皆在义务国外,而利用权利国裁判所,故因其遥隔之理由,凡上诉事件,少有制限。例如英国,对于高等裁判所之判决而欲上告者,必须五百磅以上之事件,其他非得特许不可。又如法国,虽其第二审裁判所即在柴棍,比较的尚不为远,然非超过三千法郎之事件,亦不许其控诉。再如德国,

----

① Konsulargerichtsbarkeits-Gesetz § 41.

② Fredländer, Konsulargerichtsbarkeits, S. 63. 曰:为领事裁判之民事之特色者,不用强制辩护以及交换准备书面也。

③ K. G. G. § 42. Vorwerk, Konsulargerichtsbarkei, S. 104,105. 参照。不预定行检事之职务者,可以临时选定。

为领事之裁判而不逾三百马克之事件者，亦不得上诉。独日本则反是，不设何等制限，但因其地方与事件之种类，上诉机关各有不同，此不可不注意也。（目一八第七参照）

在领事裁判事件，亦有诉讼共助之必要，尤以裁判权为属人的结果，更有国际共助之必要，但此待后章详论。今之所欲言者，国内的共助也。凡与自国领事裁判所相互之间，以及内地或殖民地裁判所之间，所有调查证据之嘱托，以及其他之共助等，则可准用内地法。如以领事裁判区域而与内地视为同一司法区域者，则不必别设明文，惟日本则有明治四十四年法律第五十二号之规定。此规定，与内地间之关系，虽无必要，而与殖民地间之关系，实由此而始得解决。他如领事，对于送达，而受内国裁判所之嘱托，在民事诉讼法虽有明文，然此实于无领事裁判权国之驻在领事，始见其适用。若有裁判权之领事者，无论从共同司法区域说，抑从共助法之规定，皆甚明了也。但于中国，因其重要之都市，皆有各国之邮局，非特对于自国人民，可以邮递，即中国人及第三国人，无不可以直接而行。故内地裁判所之送达，今日一般皆从此办理，欲求领事裁判所共助之时，实甚少也。

第二、强制执行

裁判之执行，元来与裁判不同，各国之条约仅言裁判，而不及执行。但既认裁判权，则执行权自亦包含其内，可以无疑，否则实不能贯彻所以设立领事裁判制度之精神也。然反而观之，凡受其执行之人，有非裁判国之人民之时，有虽为裁判国之人民，而其执行须在他国之行政地域内之时，则枝节横生焉。何则？领事裁判权为属人的观念，裁判之执行，不能及于他国人，且其执行，又有影响于行政权。此所以对于执行，亦有国际共助之必要，详见后章。今之所欲论者，未有若此关系之时，即对于在裁判国之专管租界以及其他之行政地域内之裁判国人之执行也。

在此普通时之民事裁判之执行，原与内地无异，惟无特别之执达吏耳。故领事每从馆员或警察官吏中指定适当之人，而使之行执达吏之职务，法至便也。惟关于执行，而成为法律上之问题者，即裁判之效力之范围，其于同一义务国内自国之领事裁判所相互之间，所谓执行者，原有共通之效力，与内地无异，例如天津领事裁判所之判决，可以准用内地法，即于汉口，亦得执行，此固不言而知。然而如斯效力之共通，其于领事裁判区域与内地、殖民地之间则如何？此盖由各国之立法方针，

互有不同。例如在英国，以内地、殖民地、领事裁判区域分为各别之司
法区域者，则此处之裁判彼处不得执行，故视为外国之裁判。此处之裁
判，须得彼处特别承认，方许执行也。[①] 然如德国，则取统一的立法例，
彼此之间不须何等承认，直有执行力也。他如日本，元来内地与领事裁
判区域间之效力，皆为共通，惟在殖民地之立法，因取不统一之方针，未
免疑惑，故特依明治四十四年之《共助法》而设明文，不论其司法区域问
题如何，凡行日本裁判权之区域，皆有共通之执行力也。然多数之国虽
无此种明文，而内地裁判所之裁判，每于领事裁判区域，不须执行判决，
直可执行；而领事裁判所之裁判，亦于内地直可执行，学说判例所久认
者也。[②] 独日本法，在无明文以前，凡于中国各处之领事馆，以内地之
判决，视作外国之判决，却而不纳，须更向领事馆重行起诉，实为违法已
极。且也，凡遇刑事，则内地之令状，直得执行，独于民事之判决则否。
夫令状与判决，共为裁判，一认一不认，实主义之不一贯也。领事裁判
所有此态度，犹可说也，而内地裁判所亦取同样之方针，此吾人所不堪
惊讶者也。虽然，此问题也，对于判决，可依前述之共助法以解决，犹有
判决以外之债务名义。例如内地公证人所作成之公正证书，附有执行
力者，可否直于中国执行，则又无明文。但从吾人之见解，以领事裁判
区域与内国同视者，则一切债务名义，应认为有共通之效力，实用无论

---

① Piggott Exterritoriality，p. 261.

② Feraud-giraud，juridiction française t. 11，p. 306. Martens Consularwesen，S. 486；
Stengel，Rechtsverhältnisse，S. l74；Vorwerk，Konsulagerichtsbarkeit，S. 113. 并在 Seuffert，
Commentar zur Reichscivilprocessordnung. 7. Aufl. S. 838. 与我现行法相似。于德国旧领事
裁判法之时代，旧《民事诉讼法》第六百六十条之所谓外国裁判之执行判决者，乃不属德国裁
判机关之裁判所之裁判之意味。因之德国领事之裁判，不为外国裁判也。在吾国寺尾博士所
著之《国际私法》第 778、第 779 两页之中，亦久取同一之见解。彼之言曰，我在外领事而于外
国所下之判决，非外国裁判所之判决，以内国裁判所之资格而行之者也。故不须执行判决，当
然生有效力云云。此言实获我心，领事之判决，既于内地应有效力，况内地判决之于领事裁判
区域也。然而我在中各领事馆从前之方针，非特不认此当然的效力，并《民事诉讼法》第五百
十四条之执行判决，且摒不用，惟使当事者重为诉讼。不知执行判决之规定，本因外国之裁
判，原无效力，但信其裁判，而依简单之承认手续，付以执行力也。今在领事裁判，谓可准用
《民事诉讼法》。然则领事裁判所，依《民法》第五百五十四条之准用，虽对于他国之裁判，尚得用
此执行判决之规定，乃对于吾内地裁判所之裁判，其信用较之外国之裁判且为不及，不亦矛盾
太甚耶？职是之故，设长崎之权利者，追败诉者至上海，而求其执行，因未重行起诉，而见斥于
领事裁判所，正在预备手续之间，义务者复逃而之他。若是，则领事馆或可免其最恶之民事手
续之烦劳，而人民之受其损害，何可胜言耶。

矣。即理论上,关于执行保全之各种裁判,亦不得不谓为同一也。

　　第三、破产手续

　　因破产法亦于领事裁判区域可以准用,故债务者,苟在一领事裁判区域内有住所或营业所者,该领事裁判所可以准用内地法,对之为破产之宣告也。且观多数之例,凡强制执行,在内地、殖民地、领事裁判区域之间,皆有共通之效力。今夫破产手续,亦不外一种之强制执行方法也,故亦得谓有共通之效力。例如,于内地破产宣告之效力,虽其债务者之财产在领事裁判区内,仍得波及。又如,于领事裁判区域破产宣告之效力,虽其债务者之财产在内地,亦自有影响也。职是而观,凡破产之效力,如法、意之取普及主义者,无论矣(Universtätsprincip)。即如日、德之取属地主义者(Territorialitätsprincip),因以领事裁判区域与内地视为同一之司法区域之故,其结果实无不同也。[①] 惟领事裁判为属人的观念,故对于自国人之破产宣告,若其效力有及于外国人时,除其外人自加入手续,否则不得不特别而向该国官宪求其共助。

　　英国之强制执行,既取别个主义,故破产宣告之效力亦然。如于中国而有破产者,其效力亦仅限于中国,China Order 有特别之规定也。试言其详,英国之在中国之裁判所,因欲开始破产手续,其破产者之必须有居所或营业所于中国领土内者无论矣。其他加入之债权者、债务者等,亦不问其国籍如何,而要皆于中国领土内不可不有居所或营业所,是以彼之破产财团,仅在中国为限,法律行为之禁止,亦惟于中国而有实效。若其破产宣告之效力,欲及于内地或殖民地者,则非得该地方之裁判所之承认不可。而内地与殖民地之破产宣告,亦非得在彼英国法庭之承认,不及效力于中国,盖在破产实视中国为外国也。[②]

　　第四、和解及仲裁

　　和解为内地裁判所所奖励,而于领事裁判区域之不完全之普通裁判机关,更有奖励之必要,非特可免人民涉讼之烦累,且遇事件之混合者,足以融和国际的感情也。[③] 和解有两种:一于诉讼中而为之;一欲避诉讼之劳,特由当事者之一方,申请裁判所传呼对手人而为之。若在

---

　　① 　Konig. Handbuch des deutschen Konsularwesen, S. 387-389.

　　② 　China Order, art. 99; Piggott 前揭 p. 205-206.

　　③ 　刑事可以奖励赔偿, United States Revised Statutes, sec. 4099. 参照。他如在美国之 Consular Court Regulations for China, 1864, art. 32-36, 对于和解,有详细之规定。

后者之时,既可从外国人请求呼出裁判国人,复许从裁判国人请求呼出外国人。虽有呼出而不应者亦无何等之不利益,故外国人亦得呼出也。若于和解双方允洽之时,有当事者之请求,当作正式之公正证书而与之。否则有领事之认证文书,亦有十分之证明力也。①

领事有被指定为仲裁人者,有他人为仲裁人者,而其执行,当如之何而后可? 元来仲裁手续,可入广义之民事诉讼中者也。故其执行,为裁判权之作用,若在无领事裁判权之文明国,关于仲裁判断,乃全依该国之法律;而其执行,亦尽属该国裁判机关之管辖,此固不言而喻。但于行领事裁判之国,则同一权利国人间之事件,可得与其本国同一处置。虽当事者指定他国人为仲裁人,而其仲裁人亦不得不从当事者之国法而解决。此学说与判例凤所承认者也。② 他如混合事件,普通之诉讼,因从被告主义,而定管辖之精神,故虽无论何人为仲裁人,而其执行,不得不向受其执行者之所属国之领事裁判而请求。如其执行而有反于自国法者,裁判所必不肯承认,结局仲裁人者,当其判断之际,亦只有尊重该国之法律而已。

第五、非讼事件

领事裁判所,对于自国人固可管辖非讼事件,然驻在文明国之领事,如身分登记以及遗产事件等,亦得掌有此权。故非讼事件,并非领事裁判制度之特色也。③ 但驻在文明诸国之领事,其所有之非讼事件之权能,多为驻在国之国权所制限,迥与本国不同,而在中国则有领事裁判权之故,凡领事对于自国人之一切非讼事件,均可管辖而处理,无异于本国也。惟为非讼事件之特质者,无原被告之区别,故可不依被告主义之原则。然而各国之权力,并立而行,苟欲不背属人主义之观念,不可不定其界限也。

遗产事件之在文明国也,他国之领事虽有几分之权能,然关其遗产之保存以及遗产之争执等之裁判,皆为所在国之法律所支配,领事无其权,此通理也。但于中国,则此等事项,一任权利国官宪之权限,如德国之以非讼事件之管辖而属区裁判所者,则使领事单独可以处理。英国

---

① China Order art. 99 Piggott. 205-2-6;;Konig Handbuch, S. 355;Konsulargesetz, 1867 § 21 及同条 Dienstinstruktion 参照。

② Martens 前揭 S. 333,Feraud-giraud 前揭 t, 11. p. 266.

③ Senga, Konsulargerichtsbarkeit. S. 106.

原则虽属 Supreme Court 之管辖,苟其事件无争者,亦使各处之领事裁判所处理,且在五十磅以下之遗产,设不履正式之手续者,裁判所直得引渡与自信为适当之人。

凡后见事件领事裁判,亦可为后见裁判所。后见人之为何人,虽各视其本国法而定,然设有其人居在内地,则不能保护未成年者矣。故法国久有先例,如于领事管辖区域内而有已死亡自国人之子尚未成年者,领事有选任特别后见人之义务。但此后见人,专为管理在义务国之财产而设,其于本国而有正式后见人者,对于本国之财产未有管理权也。且未成年者,如去其地而归本国,则以有正式后见人之故,特别后见人当然消灭。

由来禁治产事件之为非讼事件抑诉讼事件,学者争执不已。但吾人从其性质而观,实信为非讼事件也。惟因便宜之故,多用人事诉讼之规定。英国之学者中,则谓英国之于中国之裁判权,仅以关于英人之身体及财产为限,若禁治产,则有影响及于他国人之财产,故能否属于英国领事裁判所之管辖,尚属疑问云云。① 然此不单为禁治产事件,一般之惯例,权利国之领事裁判所,对于自国人,且得为禁治产之宣告也。惟此事件,若依大陆法系,则同为人事诉讼,有关公益,当以检事之临场为必要,故领事不得不选定可行检事之职务者,使之干与其事。英国之主义,则对于禁治产事件,须参以 Jury。惟在中国之法庭之 Jury,可得减为五人,然事件之重大者,仍须十二人也。

登记事件未必皆属裁判所之管辖,或有使行政官办理者,但领事有双方之资格,故凡身分登记、不动产登记、商业登记、法人登记、夫妇财产契约登记等,几皆属其管辖,各照本国之法,在领事馆内,置备登记簿,而为相当之手续也。② 惟船舶之登记簿及智能的财产权之登记簿,则于领事裁判区域,无有特设之必要。盖已于本国或殖民地登记者,其效力可得及于领事裁判区域也。是故英国虽于可行法权之外国港,每以敕令而得规定船舶登记者,其在中国领土内亦不照行,只设登记所于

---

① Piggott, Exterritoriality, p. 149.

② 法人之登记,固可于领事馆为之,然关于民事法人之设立,须得主务官厅之许可者,则如之何? 从来解释吾国法者,议论不一。有谓以外务部为主务官厅者;有谓就事业之种类,分别各部为主务官厅者;有单以领事之许可为已足者。三说之中,实际则从第三说也。但事情之重大者,须由领事申报外务大臣,请其内训。今此问题,已由明治四十三年外务省令第五号而解决,即民事法人之设立,须经其主事务所所在地之领事,申报外务大臣,请其许可而行之。

香港,凡登记之船舶,不独限于英人,即中国人之所有船亦可受其保护。因之南方之中国人,几有争相就之之势。又如德国,依其一千八百七十四年之法律,对于商标,为德人及德国保护民,曾置登记簿于领事馆,但后由一千八百九十四年之商标保护法及其施行令之规定,移此而属管辖此事权限于内地之特许局。

公证事件亦属领事之管辖,惟驻在文明国之领事,不过稍有其权。如中国之可行领事裁判权者,则权利国领事与本国之公证人有同一之权限,可作正式之公正证书,而备正式之账簿于领事馆,一般所认者也。其不同者,俄国之本国公证人之权限颇大,因于哈尔滨亦有同样特别之公证人,此就正式证书一方而论。其他最广行者,另有一种方法,即领事可以加跋于私署证书,而证明其内容,实无异为公正证书之一种,较之普通私署证书,证据力大且倍蓰也。① 顾此两种之公证,如普通非讼事件,是否单以自国人为当事者为限,不可不略加说明。一千八百六十一年 Constantinople 之法国领事裁判所,则以外人与法人之公证事件,不属法国领事之管辖为裁判,Aix 控审院及巴黎大审院亦以为然。但他国则否,如意大利一千八百六十六年之法律,德国一千八百六十七年之法律等所规定者,苟当事者之一方而为自国人时,则领事不妨为其公证。② 今在中国,一般多取此主义而行。其行之最广者,凡外人与中国人订立契约之时,每以其契约书至自国领事馆,请求领事为之加跋,俾中国人当知所遵守,普通皆取此法也。③

第四章　刑事裁判制度

第一节　刑事实体法关系(目二二)

在领事裁判区域,可以转用权利国之内地刑法以及其他之刑罚法令,可以特对其区域而设特别刑罚法,可以采用其土著刑罚法,而施之

---

① Konsulargesetz, 1867, §§ 15-17.

② Konsulargesetz, 1867. §§ 14-17.

③ 依法国 1783 年之海令,则分公正证书事件为二:小事使书记为之,大事则在领事指图之下,书记方得为之。今日实际,日本于中国,不作正式之公正证书,从法文之解释,虽领事非无可以认此权能之余地,但欲明其关系,应设特别之明文。且现在吾国人之居于中国者,已不为不多,恐有特认以公证人为职业之必要。

自国人也。

先就内地法之转用有不可不注意者，彼之区别犯罪为对于个人、对于社会、对于国家之学说，今姑不论。所谓害国家法益之犯罪者，此"国家"二字，在领事裁判区域，当作如何解释？从领事裁判制度原为权利国而存立之精神而观，则权利国明明以保护自国法益之范围，扩张至义务国之领土。是故所谓国家者，权利国自身之谓，非普通义务国之意也。例如今有日本人，在中国煽动革命，以冀颠覆中国政府，而革命卒不成功者，然而不能适用刑法内乱罪之规定。何则？以其非犯自国之法益也。但斯种行为因其有碍邦交，应否另设制裁方法，实为别一问题。英国则有特别刑法，详见后述。①

立法例而以领事裁判所与内地视为共同司法区域者，是刑法之适用，内地与领事裁判区域固无异也。因之再犯关系亦然。有于内地犯罪而已受处罚者，若再于中国犯罪，即为再犯；有于中国犯罪而已受处罚者，若再于内地犯罪，亦为再犯也。② 他若一般国际刑法之规定，在领事裁判区域，因之亦无适用。例如有于外国犯罪，虽已受确定判决者，而于内国亦得处罚，其已受处罚者，或得减轻其刑，或得免除其刑等之规定，解释上不能以外国视中国也。③ 但法文中所谓内外之意义，未能明了，多以法域为标准，故有时因从特种之理由，不得不以领事裁判区域视为外国者。例如以移送外国为目的之略取诱拐，特有重罚之规定，若向领事裁判区域而有密航妇之时，则又不得不视领事裁判区域为外国，而仍适用内国法也。④ 又如内国《刑法》通货伪造罪之规定，在中国流通之货币，不问其为中国货币、第三国货币抑权利国政府或银行所

---

① 对于中国革命援助之行为，有谓可以适用《刑法》第九十三条私战罪之规定，然此误也。在私战罪，单有预备及阴谋之规定，而无实行之规定。由法文之精神而观，惟处罚在日本内国之计划者，而不问其于相手国之行动也。若于中国之为预备阴谋者，亦加以处罚，则有较预备阴谋更重之实行者，将如何？恐不能说明矣。况私战罪者，其意义乃相手国国人以外者所为之计划为主，非其自国人运动之谓。故中国之亡命者，于日本领土内，欲谋其革命之恢复，我国人亦与援助，决非对于无论何国人，皆可适用私战罪之规定也。

② Stengel, Rechtsverhältnisse, S. 178. 依吾法制，中国与内地之间，对于再犯，乃有共通关系，而关东州与内地之间，则无共通关系，可谓颠倒轻重也。其最奇者，关东州与中国领土之间，实不可认再犯之共通关系，乃关东州反取此方针，不便孰甚！况且关东州法院，一面于刑事，多裁判领事裁判事件，直可谓之有领事裁判所之关系，不亦类于滑稽乎？

③ 《刑法》第五条参观。

④ 《刑法》第二二六条参观。

制之货币,其有伪造者,亦不得不以中国为外国,而又不适用内国法也。此点吾国法有特别的刑罚法之设定。[1]

在领事裁判区域,对于内国法之准用,而有详细变更之规定者,可以一目了然;其无详细之规定,单谓准用内地法,而取漠然主义者,则当其准用之际,不可不斟酌各种之事情,以决其可用与否,或加相当之变更。例如我刑法之赌博犯中,关于富签之规定,就原则而论,于中国不能实行。在大连、台湾所以发行彩票者,盖为殖民地之事业,从中国人吸收现金之政策也。然而为推广销路,引诱中国富豪计,若非日本人先行交易,以开其端,将何以昭信于中国人。是故因欲贯彻此等事业之目的,日本人有于中国内地而从事彩票卖买者,则不得加以刑法上之制裁,此其明证。但吾人从立法论而观,对于刑法法规,与其取此暧昧不明之准用方法,必不若斟酌领事裁判区域之情况,而设明确之变更规定,较其得策焉。

对于中国而设特别的刑罚法者,其例不多,惟英国则于 China Order,有左之规定。[2]

一、或为脱税之目的,而私行输出输入者;或为法律所禁止之输出入品,而以之输出输入者;或为中国政府之专卖品,未得其许可,而行贩卖者,皆处罚。

二、附和中国之反乱者,或当内乱之际加入政府军者,皆处罚。

三、藉新闻印刷物等,而扰乱秩序者,除科以刑罚外,尚使其具结悔过,以警其将来。有不从者,立命退去(或不科罪而仅使其具结者有之)。

四、对于中国人宗教上之事物,有加侮辱之行为者,科以特别之刑罚。

五、公使及各处领事与第三国之公使、领事及中国官宪,关于卫生、警察、贸易等所定之规则中所附之罚则,可得适用于英人。

最后之一点,为各国所同认者,如《上海租界规则》其明例也。一般警察犯处罚,原就各地之情况而定。故无论何国,皆不依内地法,而于

---

① 明治三十八年法律第六十六号,关于外国流通之货币、纸币、银行券、证券等伪造、变造及模造制。

② China Order, art. 70-79.

中国设特别之规定,且一任各处之领事立法也。① 于此当复考前述之
行政地域之与警察规则间之关系。在专管租界、共同租界、其他之外国
行政地域,则各该行政国单独或共同而定警察规则者有之。又于中国
之纯粹领土内,则有中国官宪所定之法规。大凡此等有属地的性质,苟
不害他国之裁判权及他之条约上之权利,对于无论何人,有可适用之性
质。然此处所称之警察规则,仅对于自国人而适用,惟其所行之范围,
不止自国租界及他之专管行政地域内普及者也。警察权为行政关系之
一部,虽不可及于他国之行政区域内,然俟其违则者,入于自己之行政
地域内,或得所在行政国之共助而行之,有何不可也。元来警察罚与司
法罚之区别,因不分明,故警察关系对于行政地域,未必定为属地的,已
如前述(目一〇第二参照)。尤其于中国行政之地域内,各国皆行使属
人的警察权,全然与裁判权不异之自由行动之惯例生焉。是故在他国
之行政地域内者,不可不谓为受他国之属地的警察法与自国之属人的
警察法二重之支配也。②

今夫刑事,几无适用土著法之可见,只有关于贸易上之事项,爰中
国政府特设各种之行政法规,其中含有几多之罚则。例如,关于海关、
航行、输出输入等之规定,因皆订在条约,故外国人亦不得不服从,而受
中国法之支配也。但此种刑罚,迥与普通刑罚不同,有三大特色:凡外
人适用刑罚之种类,止有财产刑,而其程度,亦以没收为最大限,此其一
也;凡由刑罚而所得之财产物,纳之中国国库中,此其二也;纵有海关上
外人等之干与,而其裁判尽依中国政府之机关而行,此其三也。③ 职是
而观,此实为领事裁判之例外,中国政府实自握其裁判权也。然则除受
中国之罚则外,其犯者所属之本国,应否再对此违法行为,而加以他种
制裁? 此乃为该国之自由,若英国则有如前述之对于私行贸易者,处以

---

① 依 Konsulargerichtsbarkeits-Gesetz,§51. 德国领事可于其所管辖区域之全部或一
部,对于服自己之裁判者,发警察规则,对其违反者,而得加以六周间以内 100 马克以下之刑
罚。惟此等规则,应报告宰相,宰相有取消之权。若于如中国之有公使之国,此规则且须送于
公使,公使从政治上之见地诠议,而得报告其意见于宰相。Vorwerk, Konsulargrichtsbarkeit,
S. 118.

② Senga, Konsulargrichtsbarkeit, S. 98. 曰,若斯之可属行政范围之法规亦能适用,元
来非条约上之权利,但依义务国之所谓忍容而得也。

③ Hinckley, American Consular Jurisdiction, p. 98.

特别刑罚之规定。①

第二节　刑事手续法关系（目二三）

第一、刑事诉讼法

在刑事手续，亦只须就与内地法所异者而研究，其为领事裁判所刑事诉讼之特色，无检事之制度也。领事一面为裁判官，一面于裁判之前后，掌检事之职务，自为犯罪之搜查，自为审理裁判，甚至刑之执行亦自指挥也。搜查与执行，形式上虽可使用领事馆员及警察官等，然此实为领事之手足行动，从法律之精神而观，所谓使领事择行检事职务之规定者，于此实不适用。何则？盖为原告官之检事之职分者，乃使附属于领事之吏员而为之，法意岂如是耶？② 然则领事既自行检举，自行裁判，是领事裁判实离弹劾主义（Akkusationsmaxime）而属纠问主义（Inquisitionsmaxime）。③ 英国之制度，原无检事，自被害者而为刑事之起诉，故于领事裁判，性颇相近。④ 若大陆主义之法律，在刑事诉讼，则认告发，是以不得以搜查之一手段，即视为起诉。今于领事裁判，既取法本国，焉能以被害者之告诉，即视为诉讼法上之提起公诉也。若然，则果以何时而视为起诉之时期？此不外以领事之某行为而解。所

---

① Neumeyer, Internationales Verwaltungsrecht, Bd. 1. S. 198—200. 论新闻纸之犯罪，依 1865 年土耳其之《新闻法》第三条之规定，凡外人欲发行定期刊行物，须受土耳其政府之许可，并新闻纸法违反事件，亦属土耳其法庭之裁判管辖。是故 1895 年，在 Smyrna（东土耳其都城）之意大利领事裁判所，有对于意人以新闻纸诽谤为理由，而请求损害赔偿之诉者，该裁判所乃于无有管辖之判决。然法国则不取此主义，在土耳其之法国人之新闻纸，因诽谤他之法国人，Smyrna 法国领事裁判所，虽判定为无裁判权，而 Aix 控诉院则以原裁判为不当而破弃之。英国之 Order in Council 所规定，如遇此种情形之时，则加以特别之刑罚。第从吾人而观，此不独为新闻纸之问题，凡于行政法中含有司法法之时，每生同样之问题。今在中国，应分别而定。例如新闻纸之许可，属于行政处分者，因无特别之惯例。论理上依行政地域，先区别何国而有许可之权，然其后发生之一切司法关系，即刑罚或民事上之制裁，皆从被告主义，以分其裁判管辖。

② 在吾领事馆，对于刑事裁判，亦有规定立于检事之地位者，使之出席法庭，论罪求刑，一如内地法庭之所为。然此实误解法律之精神。何则？盖原告官之职分，使裁判所而独立者为之，始有意味，非可使听命于领事而行动者为之也。德、法之法，为我法所自出，然亦无此规定。Loi 1836, art. 1；Martens, Consularwesen, S. 480；Friedländer, Kousulargerichtsbarkeit, S. 56.

③ Kousulargerichtsbarkeits-Gessetz, 58, Senga, Kousulargerichtsbarkeit, S. 78.

④ Seng 前揭 S. 80.

谓某行为者,因领事既兼检事之职务,即搜查手续已终,将以该事件公判,或付预审手续之处分之意。但吾人从立法论而观,既有如此重要关系之处分,实应设特别之明文。

犯罪之搜查原属司法警察,不过为行政关系耳。故权利国人之犯罪事件,义务国亦不失其搜查权,在外国行政地域者,则依该国警察权之作用而搜查;在中国纯粹之领土内者,则依中国之警察权而搜查。犯罪之发生于中国行政地域者,无论矣。即不然者,若其犯人与证据等,如藏匿于中国行政地域之时,亦非得中国官宪之共助,权利国不易搜查,矧中国官宪为自国之治安计,关于外人之犯罪,亦负搜查之责,苟有发见者,不得不为诉追之要求。职此之故,于是学者遂有以义务国之检察官、警察官,为领事裁判之搜查机关,而以检察官直得提起公诉于领事裁判所,当其审理,可以为原告官而干与之说起矣。然此实误也。夫领事裁判所,为权利国之裁判所,而其官吏不可不为权利国之官吏,岂有以义务国之官吏,而可为检察官也。彼之所以搜查者,一为国际共助之义务(目二五参照),一为自卫之必要,不外警察处分,奚得视为权利国之搜查官,矧为检察官者,必须列席法庭耶?①

令状之效力,在义务国之一权利国之领事裁判所相互之间,以及内地或殖民地裁判所间之关系,应如何而决定?盖令状既为裁判之一种,则其关系自不得不与民事裁判之执行相同。因之,一领事裁判所已发之令状,对于义务国全土,有执行力。至于内地、殖民地、领事裁判区域之间,则依各国之立法方针而不同。例如德国,不问其为内地、殖民地、领事裁判区域,其裁判制度之立法例,悉取统一主义者,则此处裁判所已发之令状,彼处直得而有执行力。反之英国,因以司法区域取个别主义之制度者,则一方之令状,若欲于他方执行,须经该地裁判所之承认而后可,故于 China Order 亦有规定。如本国裁判所已发之令状,若欲于中国执行,必须 Supreme Court 或公使之奥书②(在其令状表示承认之意,日本用作书文之跋尾解)。他如日本,则如上章所述,从前对于民

①　Martens, Cousularwesen, S. 467 之言曰:被害者所属国之领事,苟遇其加害者为他国人时,非特无裁判权,因欲罚此犯罪,且有必要之义务,如报告其犯罪事实于犯罪者所属国之领事,而请求其适当之搜查以及审理云云。此与义务国间之关系,可谓同一。

②　Fugitive Offenders Act, 1881. 3. Foreign Jurisdiction Act, sec. 5; China Order, act. 88.

事裁判之执行,虽不认共通之效力,而于内地之令状,则有犯人逃往中国之时,内地裁判所直送其令状至日本领事。领事以之分饬警察官逮捕犯人,解回内地,久取共通之方针也。但于今日,因依司法事务共助法之规定,凡民事裁判之执行、其他之事项以及令状执行等,在内地、殖民地及领事裁判区域之间,皆有共通之效力矣。

刑事与民事不同,领事之裁判权大有制限。凡重大事件其审理之全部或公判审理,皆使特设于中国之正式法庭或权利国内之正式法庭而管辖也。若日本与法国之立法例,仅以公判属于正式法庭者,则其事件于领事庭,尚经过起诉之阶级。领事更以预审判事之资格,进而审理。审理之结果,或移请内国之公判,或即免诉,有预审终结决定之宣言也。反之如德国之立法例,以审理之全部属于正式法庭管辖者,则领事单有检事之资格,原则只为搜查处分而已。故其事件于领事厅,不达公诉提起之程度,皆移于内地,而使内地之裁判所之检事,行起诉之手续也。

刑事之上诉不如民事之有制限,一切事件皆可。[①] 惟如违警罪事件之最微者,一般多不许,任领事单独裁判,以为终审为原则[②],且领事兼行检事之职务者也。故其认为可以上诉之普通事件,因被告之利益,亦得上诉。就理论而言,领事既为单独裁判,而再自行上诉,似觉先后矛盾,然彼或有自悟其一时裁判之非者,正可藉此补救,谁曰不宜。且凡组织合议制而为裁判之时,领事往往为陪席者之表决权所束缚,不得自行其意。若是,则对其裁判,而以检事之资格上诉,尤事之常见者也。[③]

上诉审而在内地或殖民地时,其被告人之身体则如何? 大抵刑事,被告人当立于法庭,不许代理为原则。然有距离太远者,因为被告人计,少有变通办理之法。例如德国新《领事裁判法》之规定,经权并用:一、无论何时,被告人当自己到庭;一、可以书面而授权与内地辩护士,使之代理,有选择之自由也。法国一千八百五十二年之关于中国特别

---

　　① 对于英国 Supreme Court 之刑事判决,不如民事之可以上诉于 Privy Council,但有特许者则可。(Amendment Order,1913,art. 17.)

　　② 在德国之旧法,一切违警罪皆不认上诉;而于新法,则分种类。比较之重者,遂许之。(K. G. G. §63.)其故因在议会大起议论,谓违警罪之制裁,有关于个人之名誉及他之利害之时云云,是以采用。然违警罪之制裁,所谓秩序罚也,必就一处之情形文化而定。苟将其事件而向内地上诉,颇有隔膜之虞。且以区区小事,耗费日月,良非得策也。Vorwerk 前揭§63参照。

　　③ Vorwerk 前揭 S. 140.

法亦然。①②

第二、刑之执行、恩赦及押送

义务国既以刑事裁判权之行使许与他国，是其刑罚之执行权亦包含其中，与民事之裁判之执行无异也。英国于中国，既设正式法庭，将一切事件，使之管辖。故其监狱制度亦自完备，仿佛与本国相同。但其于此点，则认公使有大权。如监狱事务之规则，公使定之；又如死刑之执行，必须有公使自署命令书，公使且得易死刑以他刑。其他诸国，因于中国所裁判之事，以轻微者为限，故刑执行之范围颇狭，皆为裁判官之领事，以检事之资格指挥执行也。

刑之执行，应于何处为之？此为权利国之自由，在中国犯罪者，虽必于中国执行，但重大之裁判与上诉审，既许移归殖民地或本国裁判所，是刑之执行，在殖民地与内国，亦无不可也。且为便宜计，权利国间，可与他国设立共同监狱。但所虑者，为国内法上之关系，盖此亦为裁判之执行，内地、殖民地、领事裁判区域之间，一方所命令之刑罚，在他方能否执行，实不能无疑。故如英国，依 Foreign Jurisdiction Act，凡外国英法庭所已宣告之刑事判决，则于以敕令所已指定之他之场所而执行；其宣告于中国者，则依 China Order，或送与香港太守，或允其执行之他之英领，有明定也。③ 他如一方之犯人，往往有逃于他方者，其为未决囚之时，自以送还原处为正式；若已受裁判之确定者，则可不必。德国在此点，以关于联邦间之规定，援用于领事裁判区域，与自国领地之间，且因其距离较远之故，扩张其范围，彼与中国之间，苟在自由刑六个月以下，互不送还。④ 他国虽无此种规定，然对于逃亡者，无不准用内地法，于便宜之场所执行刑罚也。

英国之法，对于死刑囚，公使执有恩赦权，已如上述。此外不论何时，Supreme Court 对于公使，可得请求刑之减免，公使酌量情形，更得

① Konsulargerichtsbarkeits-Gesetz § 69，Loi du 8 Juill. 1852，art. 11.

② 在民事，对于当事者之出庭，皆取宽大之处置；在刑事，亦有相同者。如德国《刑事诉讼法》第二百三十二条，对于可得预期六星期以下之自由刑之被告，许因以远隔为理由之申立，免出庭于公判之义务；在领事裁判区域，更扩张其范围，而至六个月之自由刑，可以取此办法。(K. G. G. § 59.)

③ F. J. A. sec. 7；C. O；art. 66.

④ Gerichtsverfassungsgesetz § 163. Kousulargerichtsbarkeits-gesetz，§ 18.

任意减免。他国公使,则无此权。虽取英法主义之美国,此权乃属于大总统,德国皇帝有恩赦权之规定,亦明定于新领事裁判法之中,其他未有明定之立法例,解释上当与内地相同。[1]

在诉追手续上或刑之执行上,押送囚人之时,其方法之如何,既无特别规定,是惟有准用内地法而行之矣。[2] 但与义务国领土不相毗连国之押送,实取航路为便。若由陆路,则假道第三国时,必须得其承认为原则。[3] 惟海上押送,虽其船舶必入第三国之港湾,然因不达害其秩序之程度,故不必预得领海国之承诺也。

第三、退去处分

放逐处分固非刑事问题,然因便宜而说明于此。凡权利国对于自国人之在义务国者,纵非犯罪之人,苟认为有害公共秩序及善良风俗之时,可以行政处分,使其退还本国。此虽不含于领事裁判制度之观念之中,或因之而有特别之条约,然实随此制度而发生,故不论在何义务国,皆所承认,有惯例可证也。如彼之援助义务国之内乱者,在权利国固不能视之即为犯罪,然因其有伤国交,正可藉此放逐处分而解决,此不过其一端耳。外此有害于公共秩序、善良风俗者,更不必视其有碍义务国否,皆得放逐也。然则义务国得以自己之意思而行对于外人之放逐权乎? 于此学者之议论不一,有谓义务国之放逐权,全行让与他国而否认之者;有谓此当分别而观,苟其事情而有危及义务国国家之存立者,义务国尚有放逐权[4];有谓此为行政关系,义务国虽不失放逐权之权利,

---

[1]　China Order. art. 64, 67; United States Revised Statutes. sec. 4103; Konsulargerichtsbarkeits-Gesetz §72.

[2]　德国如从中国押解犯人至本国,当经过香港之时,须经该处德国领事之承诺,查验其是否犯罪本人,而证明之。(König Handbuch, S. 396.)

[3]　König 前揭 S. 394. 他如德、意、荷、西等之间,凡犯人押送之通过,有不求特别承认之条约。此种条约,从领事裁判区域而押送者,亦能适用。

[4]　于 Hall, Foreign Jurisdiction, p. 174-180 详论放逐处分。今节述如下:Deportation 有司法的与行政的两种:司法的者,因刑事之审理,或刑之执行,自为权利国一手所握,固不待言;行政的者,即 Administrative deportation,更分为二:一为警察之目的者,一为政治之目的者。其为警察之目的,单因有害公共秩序而行放逐之权,理应包含于领事权中,而操自权利国。惟有危及义务国之存立,而涉政治之利害者,则放逐权尚为义务国所有。何则? 盖不能使义务国因许领事裁判权于他国,而并自国之自卫权亦失之。是以权利国,每从外交上之目的而行其放逐权。由是而观,行政上之第一种之放逐权为权利国所独有。其第二种,则为权利国与义务国兼有云云。

然因其强制外人身体,不可不待该国官宪之共助而后行。[1] 学说纷纷,顾此多为抽象论,或以土耳其为本位而立论,非所以语于今日中国之实情也。夫中国有特别之外国行政地域及居住制限等之关系,独殊之现象,举世罕有其匹,不可不注意也。其于外国行政地域内也,则该行政国对其地域有属地的之放逐权,非特可以驱逐自国人回国,即中国人或第三国人亦可以行政权之作用,逐之域外。故在此地域内,中国之放逐权,对于无论何人,实无可行之余地。但第三国之属人的放逐权,不可置之不顾。盖因第三国欲实行放逐权,而有请求之时,当与以共助也。他如于外国行政地域外之中国领土内,则对于外国人之放逐权,有操自外国者,有操自中国者,并立而行。但又因商埠与普通地之别,微有不同。其于商埠也,以中国官宪对于外人欲实行放逐权,必须强制外人身体,故必得驻在该处之本国官宪之共助,此为一般惯例所认。若于中国内地,则无求共助之余暇。故于必要之程度,中国官宪自得直行强制,只须有正当之理由耳。所谓正当之理由者,如依中国法之解释,已为犯罪者,或无旅行护照而混迹内地者,或不遵守居住禁止之规定者等之意也。[2]

凡权利国对于放逐处分,不必全以其国内法之规定为标准,故法国久有定制。此等放逐权,一任领事之自由裁夺[3],他国亦先后效之。今日于中国,此权皆操自领事也。惟英国则不任领事专断,使属 Supreme Court 之最后判断,其于一千八百六十四年之对土敕令中,已有规定,今日于中国亦同也。先以 Foreign Jurisdiction Act 明定领事裁判所之放逐命令,对于义务国之全区域,而有执行力;更于 China Order,而设以下之规定,即领事裁判所对于有害平和危险者,先使其具结悔过,而

---

[1] Neumeyer, Internationales Verwaltungsrecht, Bd. 1. S. 9, 10. 论曰,义务国有无放逐权利国人之权,议论颇多。或谓彼以义务国之放逐权利全行让与权利国为说者,实无沿革上之理由。领事之放逐,乃行本国之权,与此并立之义务国之所有之权利,不可不认也。然其说亦非尽善,若在条约所许之范围内,固当如是。但于条约上,权利国人实不应受身体之强制。是以义务国,毕竟无权利国领事之同意,不得行放逐之权也。又曰,领事当行放逐之时,义务国之利益如何,实无顾之之必要。但其人留在义务国,义务国有法律上之利益时,少有不同。例如 1902 年,法国从 Marokko,放逐 Abdel-Hakim 保护国人 Tunis,而从 Marokko 法。其人则为 Marokko 人,且有官吏之身分者,因此之故,遂议论百出焉。

[2] 《日清通商航海条约》第六条参照。

[3] Edit, 1778, art. 82.

立充分之保证;有不从者,即使之退出中国领土外。其退去之地方,即其人所属之英国领土,或许其退入之英国他领土也。当其命令实行之前,领事须作文书,报告其理由于上海 Supreme Court。Supreme Court 酌裁之下,或承认,或取消,或加变更,悉听其定夺。惟有必须实行放逐者,则将其事实与理由通告公使及外务大臣,此其大略之规定。Martens 素善此制,力劝他国仿之。他若我国之领事放逐制度,民间颇有非难之声。盖于中国之我国领事,其权力之伟大,较之内地官吏,不可同日而语,不特兼有普通之行政权与裁判权,即此专断的放逐权亦操其手。因之威胁人民,退去之严令一下,令人历年辛苦经营之事业付之泡影者不知凡几,而人民之所以不敢不盲从者,恐惧他刑之故。噫! 谁为之而谁致之? 此与前述之裁判改革问题,所以同有修正之必要也。[①]

第五章　　在中国裁判所与内国裁判所(目二四)

第一、裁判管辖之分配

领事裁判所与内国裁判所之关系,其重要之问题,为民、刑事件之裁判管辖应如何分配。而其被分配之事件,当裁判之实行,应如何共助而已。今夫管辖,关于审级上之问题既已说明,普通于领事裁判所,凡民事之第一审皆得裁判,然对于民事之事物的管辖则有思设制限者。初法国之学者,有主张领事裁判之事件仅限于商事,其他民事皆属本国裁判之学说。但其一千七百七十八年敕令第一条之规定,则并不分民事商事。民事之诉讼,领事亦许裁判,可为彰明较著矣。然而议论犹不息,仍有以领事裁判,不应超越商业范围为说者。惟多数之学者,则主张无庸设此制限,Aix 控诉院亦兼民、商事而审理也。他若俄国,关于领事裁判原无特别法,从来其民事制度之编入于商法中者无论矣。即其商事外之普通民事,亦久已在领事裁判所处理也。[②] 其他诸国大抵在此一点,无有疑焉者矣。

次之在领事裁判,又有不能管辖人事诉讼之说。如英国之明将婚姻事件中之离婚,及婚姻之无效、取消等,使属本国之裁判所,而与领事

---

① 明治二十九号法律第八十号《清国及朝鲜在留帝国臣民取缔法》参照。在第三十一次帝国议会,议会中曾提出此法律废止案,但从吾人而观,不能全废,只有大修正之必要。

② Martens Cousularwsen, S. 349.

裁判无关也。[1] 然多数之国，无此明文。法国学者，有唱消极说曰：凡于人事诉讼之时，大概其问题之事实之发生地，莫不远隔东洋，与此无直接之关系，故使不谙裁判之领事，而判断不明难解之事件，谓非失策而何云云。然今日多数之学者则否认之，而 Aix 控诉院亦于一千八百六十三年五月，就 Bechara 对 Diohara 事件，明认人事诉讼属领事裁判所之管辖。日本法及德国法之解释，既无特别除外之明文，则应解为包含于领事裁判之中。但日本之人事诉讼，多以当事者之住所为专属的管辖，而取惟一之主义。故若以领事裁判区域之住所视为外国之住所者，则学者自有以其内地之居所或最后之住所视为住所，而使其地之裁判所裁判之说起矣。然吾人不以领事裁判区域为外国，而与内地为共同区域，信依生活根据之事实关系决之为正当。故此人事诉讼，不得谓有持归内地之必要也。（目二六参照）

民事之土地管辖即所谓裁判籍者，有普通的与特别的两种。普通的者，以被告之住所为标准，对于被告，在其地之裁判所，可得提起一切之诉，此为今日民事诉讼法之一般立法例。故关于领事裁判制度，其对于住所关系之如何办理，亦不可不依之而决定。如德国之立法例，凡在自国裁判权所行之各地，有二个以上之住所者，同时并认，故民事诉讼之普通裁判权亦在其住所地，多数并存。[2] 若日本则取住所惟一主义，故以领事裁判区域与内地作为共同司法区域，则从内地及领事裁判区域两者之中，择其生活之根据地为标准，而决定其住所，或在内地，或在领事裁判区域。若在领事裁判区域者，则不必以之为外国住所，而再于内地设立拟制的住所，为其普通裁判籍，如前论人事诉讼时所述也。英国之法，其住所只认在内地，而不认在领事裁判区域。惟在中国，则以 Residence 为各种法律关系之标准，对于裁判管辖，几无因住所之互异，而有不便之感。盖此等裁判籍，原告不拘在何地方，对于被告可得起诉也。顾法国之学者中，则谓民事诉讼因属领事裁判所之故，原被两造，不可不皆住于领事裁判区域内。若被告虽在领事裁判区域，而原告有在本国之时，则其事件应属首府巴黎之裁判所管辖云云。然自 Féraud-Giraud 以及多数之学者莫不反对其说，咸以为被告既住在领事裁判区

① China Order, art. 101.
② Stengel, Rechtsverhältnisse, S. 79.

域为已足,而 Aix 控诉院之判例,亦赞成斯说也。

　　原告居住于领事裁判区域,而被告不居住时,则如何? 若英国则被告虽无居所于中国,苟其财产而在中国,就其财产关系,可向在中英法庭起诉也。[①] 但从吾人之见解,以内地与领事裁判区域为共同司法区域之制度,则不独普通裁判籍,即特别裁判籍,通此等之区域,信为可认内地法同样之关系。申言之,即不拘原被告之住所如何,例如契约之履行地在中国,有欲诉讼者,则提起其诉于该处之领事裁判所;店铺之在中国者,则关其营业之诉,于其所在地亦得裁判也。[②] 且对于专属裁判籍,从此可以一气贯串。例如关于租界之土地、家屋之诉,必于其所在地之领事裁判所,可以管辖;被告之住所,虽在内地,而于内地之裁判所,无可裁判之问题也。

　　在刑事裁判管辖之事物的分配,其重大之事件尽属内国裁判所之管辖,已如前述。今所研究者,为土地的管辖。土地的管辖问题,若其立法例,以领事裁判区域之司法制度与内国共通者,则其种种关系亦与内地无异。故如一般之例,因定刑事之裁判籍,而认犯罪地主义(forum delicti Commissi)、居住地主义(forum domicilii)、逮捕地主义(forum deprehensionis)者,则虽于内地犯罪,而犯人之居住地或逮捕地,在领事裁判区域者,则领事裁判所直得裁判。反之,在领事裁判区域犯罪,而犯人之居住地或逮捕地在内国者,则内地裁判所直得裁判。换言之,一个之犯罪通内国及领事裁判区域而有数多之裁判籍,其最先审理者,可为实际之诉追,不必解还犯罪之区域也。[③] 他如共犯关系亦可从此理论而推想,其以内国及领事裁判区域为共同司法区域者,则从犯应为正犯之裁判所所管辖;共同正犯,则不得不以先着手审理者之裁判所,并他之正犯而管辖裁判也。然一千八百三十六年 Aix 裁判所,对于 Linker et Weimberg 事件,其首犯先被诉于埃及领事裁判所;而其从犯,后于法国

---

　　① 出诉期限,非常之短,凡欲于外法庭裁判者,其诉之原因之行为、不行为,或过失等之事由,从其发生时起,在六个月内必须起诉。(Foreign Jurisdiction Act, sec. 13.)

　　② 关于会社之普通诉讼,在领事裁判区域有营业所,则领事裁判所可得处理。若以根本权及生存条件为目的之时,本店在内地者,则不得不向其本店所在地而起诉。(Martens Consularwesen. S. 830.)

　　③ Loi, 1836 art. 1. 之规定,只于有领事裁判权之地方,法国人而有犯罪者,领事可以裁判云云。于是从 Féraud-Giraud, Jurisdiction française, t. 11, p. 346 正面解释,则领事对于在法国犯罪者,无有裁判权。

本国捕获之时,并不移解埃及,即于本国之裁判所独立裁判也。试思共犯之所以必于同一裁判所者,原出于便宜之理由。故从立法论而观,在本国被捕者,必欲使其属裁判机关不完全之领事法庭裁判,而移解外国,是反不便,不若否认之为佳矣。且于领事裁判,既谓准用内地法,从准用之意义而言,在此种场合,即以解释论而解右裁判例,亦颇稳当也。①

英国之司法制度,虽采用别个主义,然关于刑事裁判之管辖,因不能贯彻其精神,故对于各领地,特设诸种之共同法,而于领事裁判区域亦许准用也。于是英本国各殖民地及领事裁判区域,凡英法权所行之地域,皆为共通的者矣。何以言之?例如在甲司法区域之犯罪嫌疑者,若于乙司法区域被逮之时,则乙司法区域之裁判所先行审理,设认为有罪者,则应送还甲区域。但其犯罪,或为轻微,或即不然,苟乙区域之高等裁判所,认为适当者,则不送还,即在其地可以处分也。又如在两个司法区域相邻之时,从其界线五百 Yards 以内犯罪,则双方区域之裁判所,可得管辖。此等问题之在极东者,中国领土与香港、九龙、威海卫间屡有之事也。②

第二、司法事务之共助

内国或领事裁判区域之裁判所,当其实行裁判,一切事务必须得他地域裁判所之共助,前已屡述而说明矣。今再总括考之,则知此皆从司法制度之根本主义而判断也。例如德国之以内地、殖民地、领事裁判区域,施统一共通的司法制度之主义者,则领事裁判所与内地裁判所中之地方裁判所或区裁判所所同一也。其与内地裁判所间之关系,犹之内地裁判所与乙裁判所之关系,无有异也。因之不独裁判之执行,凡为审理各阶级之证据调、送、达等之种种共助事务,不须特别之规定,皆准用内地裁判所间之规定也。反之如英国,因取不统一之别个主义制度故,对于此等事务,内国裁判所与领事裁判所之关系,不啻与他国之裁判所同视,几皆准用次章所述之国际的诉讼共助而判断也。然此有时究觉不便,故其亦有特别规定,而宣言效力之共通者颇多。加之于其殖民地及领事裁判区域相近之时尤觉必要,是以彼亦不区别其自己之领土与否,以英国法权能行之数多区域为一集团,而取效力共通之方针矣。如在东亚者,则以香港、九龙、威海卫及中国领土为一团(从前日本、朝鲜

---

① Martens Consularwesen, S. 440.

② Piggott Exterritoriality, p. 100, 102, 103.

亦在其内)，此等地方之英国裁判所间，令状之有共通执行力，以及证据调，皆准用英国内地法而行。[①] 此盖英国对于散在世界各处之殖民地，便宜上设几多之集团，再联合此等之各集团，而欲达统一目的之殖民政策也。日本从前则不拘以领事裁判区域与内地为共同之司法区域，对于殖民地，或为共同，或为别个，因之裁判事务之共助屡成问题，而感不便，卒有明治四十四年法律第五十二号之发布，即前所谓《共助法》也。至是诉讼书类之送达、证据调、令状之发付及执行犯罪之搜查，并判决之执行，皆与内地裁判所间之关系相同，有共助之规定矣。顾此仅就主要之共助而言，尚有几多之问题，迄今犹觉不便，恐非改良不可也。

第三、国际法上之观察

对于自国裁判权之行使各国，固可自由规定其管辖共助等裁判机关相互之关系。然试反而思之，则领事裁判区域究与殖民地不同，实为他国之领土。此等关系，毕竟须审其不背国际上之条理与否。今夫领事裁判者，纵非代理义务国之裁判权，然既为代理义务国之裁判权以权利国之裁判权居其地位，则凡可属领事裁判所之事务，向使无此制度，不得不谓当属义务国裁判所。是故领事裁判所，除对此一切事务裁判或共助外，应不许其干涉矣。然而今日实际所行者，果不违此原则耶？凡起于领事裁判区域之或种事件，例如刑事之以军人为被告，及事体重大者，莫不出领事裁判区域，而移归权利国本国，岂非违法耶？且也，今日一般所行之上诉审，多利用内地裁判所，或殖民地裁判所。由此原则而言，亦不正当也。他如民事之混合者，因持去内国，原告为诉讼之故，不得远赴义务国外，不便孰甚。至于刑事，凡在义务国犯罪者，应在其犯罪地域加以制裁，盖一所以为惩一儆百计，一所以为慰被害者之心，而亦移其事件于外国，将何以达此目的耶？然而之数者，不论何国，无有反对者，何也？大抵权利国之欲如何而用其裁判机关，皆无不可。故领事裁判，虽只为一审制，不挟异议。然当事者，苟不欲一审，一出义务国外，仍有上诉之途之利益。惟民事之第一审，若亦移于义务国外，则夺人民之便，故不见其例。至于刑事，因与被告人之身体有重大之关系，故有不易判断者。为被告人之利益计，与其依不完全之裁判机关，不如移归本国而尽郑重之审理，亦可谅也。由是此等关系，今日殆为当

---

① China Order, art. 88.

然之事,而一般认容之惯例,因之生焉。[1]

抑有进者,在领事裁判区域已犯罪之权利国人,若逃匿于本国时,其本国之法庭捕而加以处罚,亦不足怪。何则? 在普通文明国间,有于他国犯罪而逃归本国者,本国可得加以处罚,为今日国际刑法之原则也。然则在领事裁判之权利国内犯罪之自国人,有逃亡于领事裁判区域之时,该犯罪人所属之领事裁判所,或捕之而即在其地加以处罚,或执行本国之令状,而解还本国。若是则从领事裁判制度之本质而言,可有不合条理之观矣。何则? 领事裁判,原不过以可属义务国裁判所之事务代之而处理,向使义务国无领事裁判制度,则此犯人自不得处理矣。申言之,捕他国之逃亡犯人而加以处罚,非今日国际刑法之原则。设有本国之要求,亦无引渡之义务也。岂知今日实际之领事裁判制度,较斯纯理之范围,更有他之意味。在文明国间,有所谓犯罪人引渡条约者,即捕他国之逃亡犯人,而引渡其本国者也。在领事裁判条约,不特并此引渡条约而包含之,甚至本国官宪自行逮捕犯人,而加以处罚,或送归本国,此等权利亦认之。大抵此意义,往往于通商条约中立有明文。[2] 即无明文,亦以之为是方如得协条约之精神,义务国一般多默认之。[3] 加之,彼之以内国之民事裁判,而于领事裁判所直得执行者,亦依此条理而解释。盖此时与刑事之执行状,从本来而言,共助义务国外所为之裁判,原不属领事裁判所当然之职。然惟解为不属于本来之职务亦可行之者,却合条约之精神也。

第五编　裁判上之国际交涉

第一章　国际的诉讼共助(目二五)

第一、国际的诉讼共助之总说

---

[1]　Senga, Konsulargerichtsbarkeit, S. 56-59; Piggott, Exterritoriality, p. 195, 196.

[2]　1843 年《中英虎门镇条约》第九条,1858 年中法同条约第三十二条,1860 年《中俄北京条约》第八条、第十条,明治二十八年《中日马关条约》第二十四条参照。

[3]　Piggott 前揭 p. 119.

在中国,除中国之裁判权外,几多之外国裁判权并立而存,各有其行动之范围。范围云者,从"事件"、"人"及"地方"之关系而定,曾于第二编详述。一国之裁判权,在其诉讼手续之一切阶级中,皆不许侵入他国裁判权之行动范围内。然于民事诉讼之进行中,若仅以自己范围内之行动,毕竟不能贯彻其诉讼之目的,不可不俟他国之裁判机关,或行政机关之共助。此于普通国际间常起之问题,而于领事裁判区域,因多数裁判权并存之结果,其发生之机会更觉频繁。因之此等共助,虽不失为一种之国际的诉讼共助,然因于同一领土内而行,且于中国,从其独特之外国行政地域而观,自异于普通之时,而有特种之现象矣。

今日在普通之国际关系,一国共助他国之裁判事务,一般之原则,不为应尽的义务也。是故因诉讼共助,既非当然的义务,各国有关此而结特别之条约者。例如一千八百九十六年,德国、奥大利、匈牙利、俄罗斯、瑞典、挪威及罗马尼亚之间,对于诉讼共助而有联合条约。其他如犯罪人交付条约,各国颇多其例。是故在中国之此等诸国之领事裁判所,因之而互有国际共助之义务。例如日本与美国,结有犯罪人交付条约,故美国之犯罪人,若逃入天津日本专管租界时,日本遂有逮捕交付之义务。否则条约之效力,如无特别之明文,惟本国内地被其制限,不及于殖民地及领事裁判区域。是以此等条约,无拘束在中国之当事国裁判官之力也。①② 然而今日实际上所以广行诉讼共助者,何耶? 无他,即中国对于外国间之共助,多特别之条约。因之与某国结一条约,莫不由最惠国之条款之适用,致成为与一切条约国间之共通的关系。于权利国相互之间,一般虽无关于诉讼共助特别之条约,而在或种程度,因迫于必要之事情,自然遂致有共助之惯例,甚至有时以权利国之租界法或裁判法,对于他国,命为或种之共助,且亦有其例也。③

---

① Hinckley, American Consular Jurisdiction, p. 104. 曰:犯罪人交付条约,单于 territorial jurisdiction 所关之犯罪,其行于 extraterritorial jurisdiction 之下者不包括其中。故如在中国犯罪之英人逃入美国之时,非可交付于英国。

② Meili, Das internationale Zivilprozessrecht auf Grund der Theorie, S. 31; Neumeyer in der Zeitschrift für internationales privat und Strafrecht, Bd. IX I. 466. 但非无反对之裁判例,1891 年二月,瑞士联邦裁判所对于 Cini 事件,在 Cairo 之意国领事裁判所已受有罪判决之意大利人,逃入瑞士,仍依意瑞间之交付条约,而交付也。

③ Gemeindeordnung für die Dentsche Niederlassung, Tientsin, §§ 33-36, China Order, art. 153,154.

于中国诉讼上之国际共助，其重要之犯罪人处分及民事判决之执行等，别设一节详述于后。今就民、刑事双方之证据调及书类送达之共助而论。凡书类送达，普通无特别诉讼共助之必要，与内国裁判所间之关系相同。盖于中国重要之都府，有各国之邮政局，因之邮政事务，不如裁判之属人范围，而受束缚。即对于他国人，苟其地址明了，亦不妨送达。裁判事务可利用此交通机关，而避国际的共助也。设使受信者不明之时，亦不由裁判机关上之共助，从裁判所依托自国邮政局，更从邮政局转嘱他国邮政局，恃邮政事务之国际共助，而达其目的者多。对于邮政事务之共助，诸国与中国之间，结有特别之条约，又各国相互之间，一般有共助之惯例也。

诉讼上之证人，无论何国人，若任意出庭之时，则不妨利用之为证据调，固不待论。如居住裁判国行政地域内之他国人，自知苟招裁判国之反感，于己为无利，有裁判所之官宪或人民之请求，而不肯出庭者，殆无其人，但居住他之行政地域者，则未必可望其任意出庭。然则他国人而不应裁判所或当事者之请求之时，则如之何？若是，则不得不求该国之共助矣。惟一般于中国国际上之诉讼共助，与普通之时不同，不介以正式外交机关，乃裁判机关以及领事直接交涉也。例如他国而欲以英人为证人，而使其出庭之时，若英法庭认为适当者，即命本人出席，本人而有不从者，遂加以一定之制裁。①②

第二、犯罪人逮捕及交付

犯罪人处分，权利国与中国之间，则有条约。其最普通之形式，即一千八百五十八年《中美天津条约》第十八条所揭者也。今录于左：

The local authorities of the Chinese Government shall cause to be apprehended all mutineers or deserters from on board the vessels of the United States in China on being informed by the Consul and will deliver them up to the Consuls or other Officers for punishment, and if criminals, subjects of China, take refuge in

---

①　China Order, art. 152.

② 　在欧美诸国，证人之宣誓，实寓宗教上之意义。然于领事裁判区域，义务国人或他国人中，每有不能用同一之方式。故遇此种情形之时，果以何种之形式而促被讯问者之反省为得策耶？各国莫不设便宜之方法，若英国则用"I……solemnly promise and declared"方式。

the bouses or on board the vessels of citizens of the United States, they shall not be harboured or concealed, but shall be delivered up to justice on the due requisition by Chinese local officers addressed to those of the United States.

在中国，犹在土耳其，外人之家屋、船舶不可侵犯，是以中国官宪不许妄行侵入。然除此以外，他之地方，曾于外国行政地域中详论，一般不可不尊重中国行政权。故一方国人之犯罪人，逃匿他方之时，因欲逮捕，必须他方之共助也。

在外国行政地域之犯罪人处分，第三编已详说，大抵关此而有条约之明文者少。惟就某租界，租界规则书中稍有规定。例如于《扬子江沿岸日本专管租界规则书》中，有"若由清国地方派出差役，而赴租界逮捕犯罪者之时，先须将逮捕令状，送交日本领事馆呈请领事签字，然后由领事饬警察会同捕缚，日本人不得故意隐匿清国犯罪者云云"等字样，但无规定之租界，实际亦然也。①

关于此等之家屋、船舶者，与关于行政地域者比较而观，则于前者，其共助由他国官宪独立逮捕，交付本国官宪；后者经中国官宪逮捕，并由行政国官宪协缉。但此等共助关系，既为他国逮捕交付本国，谓为本国行裁判权，他国加以助力云云，无非空论而已。实际除现行犯外，犯人之本国官宪，若不临场，事实不明，结局大半系双方相协缉助，逮捕犯人后，由本国官宪带回。

以上所述者，条约国与中国间之共助关系，虽有可为根据之条约之明文，但某条约国与他之条约国之关系，则无此种条约。然今日之实际，依一般之惯例，其共助亦如此。例如法国人之犯罪者，潜伏于德国之租界或德人之家屋内之时，从法国之领事向德国领事交涉，双方警察官吏立会之上，各自为主，而行权力，以完逮捕交付之手续也。

再此，行政地域关系与家屋关系有重复之时，其于某外国行政地域内有中国人之家屋，固不生问题。然若有第三国人之家屋时，家屋不可

---

　　① 日本之《杭州规则书》第八条，汉口第十条，福州第八条，厦门第九条，重庆第十七条参照。其他于 1904 年天津领事团之会审裁判所设立案中，有"No warrant of the Mixed Court against the person living in the Concessions shall be enforced unless countersigned by the respective consul"之规定。此案虽未得中国之赞成，然于天津，根据事实上所行之惯例，已设此规定。

侵权者,行政权不可受侵害,故曰生重复的关系。例如于英国租界内之德国人之家屋内,英、德之犯罪人潜伏之时,或更有法兰西人潜伏之时,若是,则惟有合并前述之关系而定夺。第一之情形,英、德两国官宪,共同逮捕;第二之情形,英、德、法三国官宪共同逮捕耳。

此外与中国领土相接连之国,犯人从一方之领土逃入他方之时,有定特别之共助关系者。若俄国,因与中国领土毗连之故,久于一千六百八十九年之《尼布楚条约》,及一千七百二十七年、一千七百六十八年两次之《哈克图条约》,有关于国境犯罪人交付之规定,如前所述(目二第五参照)。次之英国,因鸦片战后之结果,得以香港为领土,又因联军战后,更扩张至对岸,于《虎门镇条约》第九条、《天津条约》第二十一条,关于两国领土间之逃亡犯人,遂设共助之规定。法得安南保护权后,亦于一千八百八十六年《天津条约》第十七条,而有相互之规定。虽然,于权利国领土内犯罪者,而有遁往中国内地之时,实可依前述之广义的领事裁判权之观念,权利国求其犯人之交付之权,或自行逮捕处罚之权,皆有也。故此等条约,不可谓非为中国一方之利益而设。是以今日日本,既与中国领土相接,复于各处有各国之租借地,在权利国之一方,无设此种条约之必要也。

第三、民事裁判之执行

民事裁判之执行,是否与对于犯罪人强制处分同一? 换言之,即裁判国(含中国)对于自国人在他国之行政地域(含中国行政地域),或他国之家屋、船舶内,欲实施执行之时,是否以他国之承认及共助为必要? 夫民事之性质,较之刑事,事态稳和,不及影响于他方之秩序,且不用强制手段。故实际本国官宪,直接临其场所,不别向行政国交涉,而了其手续,一般之惯例如此也。其为自国人之家屋、船舶之时尤然,但债务者或有反抗行动,必须警察权或兵力援助之时,则当与刑事有同一之关系。[①]

---

① 在《中日通商条约》第二十四项,有"在清国之日本人,有犯罪或负债而不偿还,诈伪逃亡者,遁入清国之内地,而潜伏清国民之住居或清国船舶之时,清国官吏从日本领事请求,当交付日本官宪"之规定。又于第二项,"中国人之逃亡者,潜伏于在中日人之住家或船舶内之时,日本官宪亦有同样义务"之规定。此应解为犯罪人交付之规定无疑,惟观其所谓"负债"云云之语,不可不认为关于民事共助之规定。在中国法,民、刑事件原混合为一,有不辨济债务者,同视为犯罪人,而拘束其身体,固不足怪。是此种规定,在中国为必要,但对于日本人,则颇失稳当。于此中国官宪既不可拘束日本人之人体,而日本官宪亦不应有此种权能。盖日本法,民事不能拘束人民之身体,有日本官宪临其现场,而为财产上之执行,或本人自愿赴审时,自由随往而已。

　　然于民事，有对于无刑事存在之他国人之强制执行。如于中国之或国裁判所，他国人为原告，而受裁判之全部或一部败诉者，言渡债务并宣告诉讼费用之负担，常有者也。诉讼费用，因为起诉之条件，可以使其预缴，固无何等困难。若债务，则如之何？于此时也，先对本人催其任意清偿。若本人置之不理之时，不得不求该本人所属国裁判机关之救济。何则？裁判所不能对于他国人加以强制，领事裁判之性质也。且因此之故，亦无重行对于本人所属国之领事裁判所，提起诉讼之必要，依普通简单之手续，经其裁判国之承认，即可执行也。惜乎今日未有此种共助之条约，仅照该国之规定，及一般之惯例而行耳。例如英国China Order 之规定，①凡英人服中国裁判所，或第三国裁判所之裁判，而受其裁判，已言渡应支诉讼费之时，英法庭认为适当者，使其英人辨济，犹之自己法庭之言渡也。又英人于他国之裁判所，受返还或言渡支付之裁判者，从对手处得其裁判所之证明，差出于英法庭之时，英法庭可共助其裁判之执行。但其外国之裁判所，于同一情形之时，对于英法之庭判，亦不可不与同一之共助也。其于无此等特别规定之国，对于自国人，信用他国裁判所之判决之时，亦取同一之办法。②即对于中国，虽不结执行共助之条约，实际之便宜上，互对他国之判决，准用执行判决之惯例也。③④

　　① 　China Order, art. 153,154.

　　② 　Friedländer, Konsulargerichtsbarkeit, 568. 曰：例如法国人，起诉于德国领事裁判所，败诉而受诉讼费用负担之言渡时，法人不服德国之强制力。故其判决，必须法国领事之宣言执行（Vollstreckbarkeitserklärung），因之不可不从法国法，而诠议其条件云云。

　　③ 　依 China Order, art. 151，英国法庭规定外人对于英人起诉时，若认为必要者，可嘱起诉人誓从英法庭裁判，以书类差出其国官宪之承认。又立诉讼费用之保证，不拘此等书类如何，被告主义者，今日中国确定之一般惯例也。苟履此形式，则后日之履行自易，而得共助之便也。

　　④ 　执行判决，毕竟为信用问题。对于中国裁判所之判决，未必承认。是故中国裁判所，亦未必执行他国领事所下判决。但当审判之际，经双方官吏会审者，则莫不执行。各外国之间，不特互认他国之在中〈国〉法庭之判决，对于本国殖民地等之裁判，亦同样处理。中国判决，因不能在他国领土执行，故中国未必承认在外他国法庭之判决。但英国对于香港之裁判，有特别之规定，即中国人之债务者，从香港而逃亡之时，其人之财产，若在中国内地，中国官宪依英领事之请求，应为适当之处分。（中英《天津条约》第二十三条）

第二章 会审制度(目二六)

第一、会审制度之总说

在土耳其,不问自国人为被告与否,凡关土耳其人之事件,皆主张为自国裁判所管辖。而于中国,当初裁判管辖,则从被告主义。苟外国人为被告之时,则任外国法庭裁判,惟中国人为被告之时,始由中国法庭裁判也。然领事裁判制度者,实因外人不信中国法庭而来,中国法庭之事件,其与外国无关系者,固无问题之可生;若与外国有关系者,如民事之原告为外国人时,是中国法庭之裁判如何,遂与外国人有直接之利害关系。又如刑事,外国人为被害者之时,是因其裁判之如何,尤于外人之精神上大感痛痒,间接且有影响于一般外人之身体、财产。若是则既不信仰中国裁判,岂可不求他之方法,此会审制度之所以起也。由一千八百五十八年诸国之《天津条约》、一千八百七十六年中英《芝罘条约》、一千八百八十年中美《北京条约》,对于各处中国法庭所管辖之有外人关系事件,外国官宪遂得莅庭而干涉其审判矣。初彼欧人之见于埃及之混合裁判制度之成功,颇思仿行之于中国,故于一千八百七十九年北京外交团会议曾提出此议案,后因英美公使之反对,卒不成事实而止。按彼反对之理曰:"埃及领土狭小,外人之利益可以集结,且因近于欧洲,文明的法律制度埃及官吏易得而知,从而与彼等协同,而于二三之地设立混合裁判所,固无不可。若中国则为大国,开港场散在各处,且其官吏而能解欧美法律思想者极鲜,何能移埃及之制度而适用?"[①]云云。此所以今日中国之会审制度与埃及之混合制度,有根本的之不同。且不特其制度之各处互异,即如次章所述之观审问题,至今尚为外交上之悬案也。按此制度,最发达者为上海,久称为会审公堂。常设特别之裁判所,凡租界内一切之事件,皆得管辖而裁判。其他在厦门鼓浪屿共同租界 Land Regulation 第十二条之规定,亦许照上海共同租界会审公堂,而设同式之裁判所。又于南中国一带地方之日本专管租界之规则书中,亦定可设同样之裁判所。惟在未设之间,便宜上为普通之中

---

① Hinckley, American Consular Jurisdiction, p. 159.

国法庭，或日本领事馆，双方官吏会同而审理也。[①] 此等皆以租界为本位，而仿上海会审制度，故余统谓之租界会审或上海式会审制度。对之又有称为铁道会审或哈尔滨式会审制度者。盖在满洲，凡与俄国铁道事业有关系之中国人为被告之民、刑事件，则有中俄两国官宪会审协约之规定，即此名称之所由来也。今于南满，日本既居于俄国之地位，当然亦有此同一之权利，可不待言。此制度原于铁道沿线之各地而行，哈尔滨为铁道事业之中心点，附属地既广，会审事件亦多，故此制度之发达不亚于上海。是以吾人今但述上海、哈尔滨两地之制度，以概其余。原来会审制度非无多少之条约，然依实际之惯例，不特变化无穷，且凡无有明文之大部分事项，不外以种种之惯例为标准。今以著者亲赴其地所调查之材料，而说明之。

第二、上海会审制度

在上海共同租界及法国专管租界，各有会审裁判所，大体两者皆同，故今单就共同租界为主而说明之。其为此会审制度之根据成文者，前述之 Rules for the Mixed Court of Shanghai，即同治七年称为《上海洋泾浜设官会审章程》十二条之条约的规则（目三第三参照）。此规定本不完全，故亘半世纪之间，事实上改废添削之事项颇多。至一千九百零六年，上海领事团更根此十二条，立一改正案，经北京十国公使团之会议，遂提出于外务部。[②] 外务部仅一征海关道及会审衙门裁判官之意见，乃付之高阁，盖因利权回收之热，不喜其变更也。

今日在上海共同租界之会审裁判所所办理之事件，可得区别为左之五种：

一、中国人为被告之民事，条约国人为原告；

二、中国人为被告之刑事，条约国人为被害者；

三、关于无条约国人之一切民、刑事（但除条约国人为被告之时）；

四、中国人间之民事；

----

① 《厦门日本规则书》第九条，《苏州日本规则书》第三条，《杭州追加规则书》第一条、第五条，沙市第十五条，福州第八条，重庆第十七条等参照。

② 英、美、德、奥、俄、比、意、西、葡、日十国公使联名提出，大体以今日之实状为法文，但又规定中国裁判官，因各种类之事件，皆有审理裁判之权能，当须添一二人之补助员，以及外国裁判官与中国裁判官有意见不同之时，可诉之海关道及领事等，不可不注意也。North China Herald，Feb. 2，1906，p. 228-229.

五、中国人为被告之刑事，中国人为被害者。

依前述之天津、芝罘、北京诸条约，其为会审制度之本来事件者，只有一与二之两者。然外人因在此以外之事件亦有关系，乃由同治七年之章程及以后之惯例，遂扩张其范围焉。先以无条约国人之事件，从其性质而言，是与关于中国人时无异。除条约国人为原告或为被害者之时外，实不可适用会审。然同治七年之章程，亦以之为会审事件（第六条）。他如虽于中国人中有为外人使用者之时，对于四及五之事件，照会其主人之国籍领事，限以十二时，因其回答，而亦附以会审（第三条）。不特此也，此章程以外他之事件，苟可藉口者，莫不力思干涉。革命以前，中国人为被告之一切刑事，既皆会审，故于租界内为中国裁判所之事件而无会审者，惟中国人间之民事一项耳。然乘革命之乱，并此亦罗致于会审范围内，今日中国人虽思复其旧观，交涉恐不易也。兹请说明对于此等事件之会审手续之要旨于左：

一、会审裁判所

会审公堂者，旧设于美国租界，一日而开庭三次，因其事件种类之不同分别审理。其于午前者，称为早堂刑事之审判也；其于午后者，称为会堂外人原告之民事审判也；其于夜间者，称为晚堂中国人间之民事。革命以前，外国官宪之立会者，仅早堂与会堂，晚堂无与焉。然在今日，晚堂亦须外国官宪之立会矣。当其会审之时，中国裁判官与外国官宪，并坐案前，中国裁判官为主席，外国官宪为陪席。所谓外国裁判官者，从各国领事派遣，领事自己无有为之者，常以副领事（或通译）充之。凡条约国人原告之民事，则从其原告之国籍领事简员会审。若关于无条约国人之事件，则从首席领事派遣。刑事及中国人间之民事，则从英、美、德等国之各领事馆，定日交代会审为原则。若有利害关系国之领事请求，则可使该国官宪会审也。会审法庭久许用律师，且不论外国人、中国人皆可。惟其辩护，在民事亦不取诉讼代理主义，常偕当事者同行出庭，不过居于补助辩论者之地位而已。

且也，会审公堂，第一审裁判所也。对其裁判之上诉，则如何？原来会审公堂，中国裁判所也。何则？在中国所定之管辖标准，以被告主义为一贯，会审者根此主义而对于中国人为被告之事件，仍为中国裁判所之审理也。外国官宪，不过立会而已。是故其裁判，亦以中国裁判官之名而行，其审级制度亦从中国法也。中国在革命以前，虽已改新裁判制度,然上海会审制度并未受其影响,仍以旧有之制度为标准。所谓旧制者,不分裁判机关与行政机关,行政监督之阶级,即为裁判上之审级。① 会审公堂之裁判官,既为同知,故对其裁判而欲上诉,乃向其监督者之道台,而求复审之制度也。因之如前所述,会审公堂之审判,则于中国裁判官外,加以外国副领事或通译为陪席者,故在第二审道台之审判,则应该国本领事立会矣。但会审事件,不如中国之普通事件,此外再经几多之阶级。若对于道台衙门会审之结果,仍有不服,实再无以司法手续,可以上诉之途,惟有移交北京公使之手,而请外交上之解决矣。

二、民事会审制度

外人为原告,中国人为被告,原告若欲向会审公堂起诉民事,先作一诉状,提出于自己之国籍领事,领事以之转送会审公堂,公堂定一开庭期日,答复领事,领事再通知于原告。惟为被告之中国人,则从公堂直接传呼,或预先拘禁,在民事而可束缚当事者之身体者,中国法所不足怪也。故被拘禁者,可以觅保保释,一与刑事无异,当其审理之时,中国裁判官为主席以行其职务,而陪席之外国官宪亦可自由发言。盖会审之起原,以恐中国裁判官之不公正,出于保护外人利益之故。是以陪席者,往往弃其裁判官之地位,而为自国人之辩护士,实此制度之精神所致也。他如证人、鉴定人,本亦所许,常偕当事者同行赴庭,但于中国法庭,虚言不足怪,人言不足信,是以证据方法中之人证,其效力颇弱,几以书证为唯一之方法,而有一切案件尽为证书诉讼之观也。且由裁判官起,以及法庭之诉讼关系人止,因为双方不解言语者之集合,必以通译官,及当事者同来之通译者,介于其间,有二重手续也。至于判决,则从中国裁判官与外国裁判官合议之后,而用中国裁判官之名言渡。其判决内容,又无一定之形式,多为与主文类似之宣言,而不作判决书,仅由书记揭录于记录耳。判决之执行十四日后确定,而其执行虽在裁判所,处置其实务则以警察官行执达吏之役。执行之方法,可以拘束债务者之身体,甚至累及债务者之亲族,本人之债务辨济,乃使亲族负担,实为中国从来诉讼之常法。迩来名为改良司法制度,实不过一形式,仍沿用旧习也。

当裁判民事之案件,其实体法之如何适用,最为难题。从法理上而

① 台湾旧惯调查会:《清国行政法》第四七三以下参照。再,近来中国裁判制度虽加改正,上海会审制度仍毫无影响。

观,会审裁判所既为中国法庭,当依中国法而判断。然中国法甚不完备,甚至于混合事件,可为第一标准之国际私法之原则,亦未有规定。他如民法、商法,多不成文,或有之而缺点甚夥,将何以令外人满足。于是遂参酌实际之惯习,借证文明诸国之法律,不外从所谓条理者,而下适当之判决已耳。然此实漠然不明,中国裁判官又多无能,易被陪席外人说服,故事实上,几皆从陪席员之国法,而陪席员自为判决也。

关于中国人之民事事件所谓晚堂者,从来外国官宪不陪席而裁判,其法庭在会审公堂内,实与中国之普通裁判所无异也。然当第一次革命之际,自上海道以及上海之官宪逃亡殆尽,以致无有当裁判之事者。顾会审事件,原为中国之民事,然为维持租界之秩序计,实不可一日无裁判机关。于是领事团,一面从中国人中选择裁判官,委任其事,一面虽晚堂事件,亦皆立会,直至于今日。但此种会审,本与混合事件不同,外人无有利害关系,故一如刑事,乃诸国官宪交代的会审也。[1]

三、刑事会审制度

刑事与民事不同,其犯罪而起于租界内之时,纵非外国人为被害,亦足以扰乱租界之秩序,外人之生命财产,在在堪虞,是以外人不得不干涉,而有会审之必要也。[2] 顾刑事裁判之结果,不如民事之一胜一败,视其审判之如何而定,且与外人无关之事件,更无纤微之利害。故其会审,不过每周定日委任英、美、德副领事以充之,必与某国有利害关系之事件,然后该国官宪始有会审之必要。因之陪席者,每多沉默静听,不过监视其裁判,未有十分干涉者也。加之会审,非一切之事件,皆为最终手续,凡案情重大者,须移上海县审理,会审仅为一种之预审而已。[3]

租界警察权,因为 Municipal Council 所有,是以搜查处分自治体警察官宪,亦得为之起诉,则与中国他之部分相同,大约仿佛英国之制

① 刑事之时,英、美、德之副领事轮番会审。中国人间之民事事件,则加以奥国副领事。但会审于早堂者,再无在晚堂出席之理由,是故别有一种轮番之次序。今日中国政府,颇思复其昔日之旧观,不许外人干涉晚堂,曾与外人一再谈判,其能达到目的否,亦未可知。然外人一旦既得之权利,恐非易失也。

② Morse, Trade aud Administration, p. 198.

③ 于1903年,江苏巡抚因镇压革命党之目的,请求交付在租界内发行新闻之主笔六人,领事团主张不可不经会审公堂之预审,于是遂于会审公堂,不由外人会审而审理,宣告无期流刑。因之除俄、法公使外,各国公使遂向北京政府抗议,乃再以通常之手续审理,处首谋之二人以惩役。待其执行后,逐出租界了事云。Hinckley,前揭 p. 173,174.

度,有被害者之犯罪,则从被害者提起;无被害者之犯罪,则从中国官宪及自治体警察官提起,且不特被害者本人,即其亲族乡党,亦可提出也。至于犯人之逮捕,则从前述之自治体警察官实行,若非现行犯则用会审中国裁判官之令状,加以首席领事之奥书(俗所谓领事签字)而行。①若夫监狱,则有会审公堂者与自治体者两处,其重大事件,预审后,遂移送上海县;非然者,则其刑之执行,即于此实行。

法国之专管租界内,有别个之会审公堂,除其关于民、刑两事之陪席官由法国领事馆派遣外,其余制度与共同租界内者无异。但今欲研究者,即于共同租界会审裁判所,与法国租界会审裁判所间之其事件之管辖如何分配也。例如法国人与中国人之混合事件,法国人住在共同租界,而为被告之中国人,亦住在共同租界者有之。反之,他之条约国人与中国人之事件,外人住在法国租界,而为被告之中国人,亦住在法国租界者有之。若此,则何处公堂而有管辖裁判之权,不能无疑焉。职是之故,在一千九百零二年,有特别之国际规则,称之谓 Rules of Mixed Courts of the International and French Settlement 是也。此约于上海以外地方,有多数专管租界并立之时,欲定何国官宪可以会审,即以之为标准而准用,今分析说明如左:

甲、单纯事件,即被告者,其对造之原告或被害者皆为中国人,则其事件之管辖,准照普通之事件,依土地的标准而分配。

一、在民事,则依被告者之居住地。即被告住在共同租界者,则由共同租界会审公堂管辖;住在法国租界者,则由法国租界会审公堂管辖,盖不问原告之居住地在何处也。

二、在刑事,则依犯罪之地方。即在共同租界犯罪者,由共同租界之会审公堂裁判;在法国租界内犯罪者,由法国租界之会审公堂裁判,盖不问被告及被害者之居住地在何处也。

乙、混合事件即外人为原告或被害者,其事件之管辖分配,则从人的标准,依其外人之国籍而定。

一、在民事,法国人为原告之时,则不问被告之中国人住在法租界

---

① 凡对于条约国人之被用者所发之令状,必须其外国人主人之国籍领事之奥书,如前所述。(目一四第一)Hinckley,前揭 p. 86. 曰:扩张会审以及此令状奥书之保护,至各处商埠之外人使用者,如买办等,亦能适用,实为误解。盖此在效法上海会审制度惯例之南方租界,固能适用;若非南方,尤于无租界之地方,实不可用,且事实上亦不能行也。参照目第二七第二。

抑共同租界，皆归法租界之会审公堂管辖。若法国外之外国人为原告之时，则皆归共同租界之会审公堂管辖，不问被告者中国人之居住地如何也。

二、在刑事，加害于法国人，或扰害法国之利益之犯罪，即在法租界公堂会审；若加害于其他之外人或法国外外国之利益之犯罪，则由共同租界之公堂会审。非特不问其犯罪地及犯人之居住地，即被害者之居住地，亦无关系也。

抑有进者，从右之原则，更有双方租界公堂，共生裁判管辖之时。例如法国人及他国人，皆为被害者是也。若斯之犯罪，则从诉讼法上之理论，以何方先行着手裁判者，定为实际之管辖，惟与他国有利害关系者，则他国官宪亦许立会。[①] 又其裁判之执行以及犯人之逮捕，有影响于他之租界行政权之时，自须共助，不言可知矣。

第三、哈尔滨会审制度

俄国关于满洲铁道之司法事件之会审，与中国定有《吉林哈尔滨铁路交涉总局章程》《黑龙江铁路交涉局章程》及《奉天省铁路交涉局章程》。今日在哈尔滨有吉林及黑龙江之交涉总局，分置分局于各处，使之管理小事。其哈尔滨之一切事件，以及他处之大事件，则归哈尔滨总局管辖。光绪二十七年（一千九百零一年）所立之《吉林哈尔滨铁路交涉总局章程》第二条曰：

> （前略）所有各事件，或正关涉铁路公司，或连涉铁路公司，再或正关涉或连涉东省铁路作工之人，并承办各种料件之各包揽人各匠人，又所有居住铁路界内，或暂住或久住之华人，如买卖人手艺人，或服役或间居诸色人等，虽不涉铁路差使，亦均归哈尔滨总局定断办理。现在各段皆有交涉官员，是哈总局可以派令该员，遇有不甚违背中国律例及铁路章程之事，就近与各该段监工商议办理；而遇大项事件，其违中国律例及铁路章程，如命案、聚众犯上、强奸窃盗，窃盗逾吉铁三百吊以及贪贼等事，并类此之案，无论犯事距哈远近，均应归哈局查究定办。（后略）

---

① 例如宋教仁暗杀案，其事件重大，本审判固在纯粹之中国法庭，但其犯罪地为共同租界警察范围内之沪宁铁道火车站。故其预审，由共同租界会审公堂管辖，而其铁道，因与英国有关系，故从英国派出会审员。且其犯人，又在法国专管租界被护，因之法国亦与会审也。

又同章程第五条曰：

> 凡呈控呈请，在第二条所载之事，统归哈尔滨总局官员，会同东省铁路公司总监工，或全权代理人查讯。再凡一切事件，应如何办定，亦同总监工或代理人，彼此和衷办理。

今揣章程意义，似独指刑事裁判而言，其实不然。因当时中国人之法律思想，不分民事、刑事，言刑事中含有民事也。所谓总监工者，又指俄国之东清铁道长官而言，因当时哈尔滨不为开放地，俄国不置领事，即使铁道长官保护俄人，迨后任有总领事，然后将裁判之事移归领事。故在今日，其所谓总监工或全权代理者，当解作总领事以及其代理者也。

满洲之俄国裁判制度，除前编所说明之正式裁判所、领事裁判所外，尚有此会审裁判所，不可不注意也。正式裁判所者，管辖纯粹俄人之事件；领事裁判所者，处理俄人为被告之混合事件。是故中国人有为原告者，亦归领事管辖。若夫俄人为原告（或为被害者），中国人为被告之事件，则分两种：其与铁道有关系者，则由铁路交涉局审理；其不然者，则诉之中国法庭。后者非满洲之特色，故不多述。前者之所谓与铁道有关系者，章程中言之纂详，今更分析述之。

一、中国人为被告之民、刑事件之事物，与铁道有关系之时；

二、被告之中国人，为铁道公司之使用人时；

三、中国人而居住于铁道附属地内之时。

以上三者，皆包含其内，第三种之以附属地域内之中国人之民、刑事件皆归交涉局管理，实与居住上海租界内之会审相同。第一、第二两种，较之于上海之范围更大。但此多为关于居住附属地内之中国人，故实际亦无异耳。

为此等事件会审裁判所之交涉总局，有吉林交涉总局及黑龙江省交涉总局。虽分省管理事件，然莫不相并而设立于哈尔滨铁道附属地内。至其裁判所用之手续法及实体法，未有特别之规定，皆依中国从来之裁判法，加以惯例，照条理而裁判，实与上海无异也。因之立会之俄国官宪与上海相同，在第一审，总领事无有为之者，使副领事及他之代理者以充之。即交涉局方面，总办亦不自己会审，命其部下之官吏行之。若至第二审，则总办自与俄国总领事会同审理矣。

第三章 所谓观审问题(目二七)

第一、观审问题之事实

革命以前,中国当改革裁判制度之际,颇思收回利权。在与各国所结之条约之中,见有"观审"字样,遂以之为根据,主张混合事件,凡外国人立会于中国法庭,只许袖手旁观,无何等干涉之权云云。于是外人竭力反对,主张效法上海之先例,寻致引起国际纷议,迄今犹属悬案,此即所谓观审问题也。欲明此问题之事实而对之评论,先当读其关系条约之正文。在于一千八百五十八年之《天津条约》中,始有"会同审办"或"审断"断之字样,其于一千八百七十六年《中英芝罘条约》第二条之末,为之解释曰:

> 总理衙门,照复以将来照办缘由声明备案。至中国各口审断交涉案件,两国法律既有不同,只能视被告者为何国之人,即赴何国官员处控告。原告为何国之人,其本国官员只可赴承审官员处观审。倘观审之员以为办理未妥,可以详细辩论,庶保各无向隅,各按本国法律审断。此即条约第十六款所载"会同"两字本意。以上各情,两国官员均当遵守。

又一千八百八十年,《中美北京通商条约》第四条曰:

> 倘遇有中国人与美国人因事相争,两国官宪应行审定。中国与美国允此等案件,被告系何国之人,即归其本国官员审定。原告之官员于审定时,可以前往观审。承审官应以观审之理相待,该原告之官员如欲添传证见,或查讯、驳讯案中作证之人,可以再行传讯。倘观审之员以为办理不公,亦可逐细辩论,并详报上宪。所有案件,各审定之员,均系各按本国律法办理。

试思条约当初之精神,所谓会审者,仅指民事而言,且相互的者也。然今并刑事亦罗致其内,且外人为被告之时,中国官宪不许立会。惟中国人为被告之时,外国官宪昂然立会,是为片面的者矣。[1] 此制度由来之

---

[1] Hinckley, American Consular Jurisdiction, p. 161. 曰:中外混合事件中,中国人为被告之时,外国官宪之立会,固为审判之必要条件。但外人为被告之时,纵无中国官宪之会,亦无不可。惟对于中国人或为裁判执行之时,因确保此裁判之故,便宜上可以认其立会。

故,吾人已于沿革论中详陈。再有因租界之发达,更变化无穷者。如在
上海管辖租界内之一切事件,原由混合事件而生,却离其本来之意义,会
审裁判所几有即为租界裁判所之观。自厦门而及南中国一带,莫不受其
影响,渐有创设同样之制度之观。惟于北中国方面,久为外人所闲视,且
租界亦不繁盛,关于会审亦无特别之协酌,偶有事件之起,不过仍用旧式
法庭,取暧昧之会审方法而已。然自庚子拳匪扰乱以来,外人之来此者
激增,商务之发达,一日千里,天津实其中心也。于是此地之租界之制度
随之发达,而外人对于裁判制度,知非改良不可,乃思效法上海,建立常
设会审公堂矣。一千九百零二年,先自英国专管租界 Municipal Council,
建议设立会审衙门,提出于自国之领事,请谋之各国领事。迨夫一千九
百零四年,领事团间之会议已熟,遂选任委员,使之草议七大问题,①再征
求各团体之意见,如各国之租界民团、商业会议所,及辩护士等。然后即于
是年之末,参考各团体之意见,而作《天津会审裁判设立案》,向中国交涉。
今举其主要之点如左,即在一切租界内常设会审部门,管辖左之事件。

　　一、居住外国租界内之中国人为被告之一切民事、刑事;

　　二、居住天津县,其他属天津知县裁判权之中国人之民、刑事件,与
外国有利害关系者;

　　三、关于无条约国人之民、刑事件。

　　法庭之构成则中国官宪为主席判事,外国官宪为陪席判事。依其
事之大小,有左之区别:

　　一、违警罪轻微之犯罪事件,及二百五十以下之民事等,则由知县
代理者及常任陪席判事 Permanent Assessor 审判;常任陪席判事,由
领事团选任;

　　二、其他一切民、刑事件,则由天津知县自身及有利害关系国之领
事之代理者审判。

　　三、对于第一号之事件,不许上诉;第二号之事件,则可由海关道及
有利害国之领事自身审判。

　　且也,对于第一号事件,裁判官之意见相互不一之时,由第二号之

---

　　①　所谓当时之七问题者,约言之:(一)在天津设立会审裁判所之有无必要,及其理由;
(二)裁判所之组织方法;(三)裁判管辖之范围;(四)律师之许否;(五)不须诉讼费用或则对于
刑事费用为相当之酌量;(六)无任命登记吏之必要耶;(七)裁判所建设费及职员俸金,应归何人
负担云云。

两裁判官决之；第二号之两裁判官有相争之时，由第三号两裁判官决之。要之，即以上海之制度为本位，而加改良耳。① 然此案卒不得中国

---

① 一千九百零四年十一月十六日，从领事团首席之德国领事所发之议决书，其原文如左：
Principles,

laid down by the consular body at Tientsin for the establishment of mixed court.

The M. C. shall be competent in all cases,/ criminal, and civil/ against

1. Chinese living in the foreign concessions；

2. Chinese living in the district of the Tientsin Magistrate or coming otherwise under his jurisdiction, proved a foreign interest is concerned, including the interest of the different Municipalities in police matters and in crimes committed in the Concessions.

3. Foreigner without consular protection.

The Court, the language of which shall be Chinese, is to be composed of a Chinese official and in cases where a foreign interest is concerned a foreign assessor with equal powers. President of the Court shall be the Tientsin Magistrate. In police cases and minor offences as well as in civil cases involving less than $250 against Chinese one of the Magistrate's substitutes will sit daily, with a permanent assessor in case in which a foreign interest is concerned who will be elected by the consular body and fulfil also the duties of Registrar of the M. C. Other cases against Chinese shall come before the Tientsin magistrate himself and as far as a foreign interest is concerned a foreign assessor delegated by consul of the nationality in question. The cases against foreigners without consular protection will be dealt with by the magistrate and the permanent assessor. In the cases decided by the substitute of the magistrate and permanent assessor no appeal shall be admitted, in the other cases against Chinese appeal may be made to the Haikwan Taotai and the Consul concerned in the cases against foreigners without protection to the Haikwan Taotai and the Senior Consul. If there is different opinion between the permanent assessor and the magistrate's substitute, the magistrate and the delegate of the consul concerned shall decide. In cases of difference between the foreign assessor and the magistrate the matter shall be brought before the Haikwan Taotai and the respective consul.

No warrant of the M. C. against the persons living in the foreign concessions shall be enforced unless countersigned by the respective Consul. If the defendant is living in a house occupied by a foreigner, the warrant must also be countersigned by the consul of the nationality of the said foreigner. In all cases the Municipal Police of the concession concerned must be asked to co-operate.

Lawyers shall not be admitted to practise in the M. C.

Fees shall be paid only in the civil cases.

Fees and fines shall go to the funds to be provided for the maintenance of the M. C.

The cost of the Mixed Court buildings which shall be in one of the concessions, of the person connected therewith, which shall be under the supervision of the permanent assessor of the Chinese official will have to be provided by the Chinese authorities, the salary of the permanent assessor, registrar by the foreign nationalities.

承认,答以详细审查而已。

　　然至一千九百零八年,中国政府新草《法院编制法》,大改裁判制度。从来由知县裁判者,至是移之新设之审判厅办理,而通告其诉讼手续于领事团,盖意在使混合事件亦用普通之审判厅审理也。于是领事团,对之再三抗议,欲求修正而不得,因之得北京外交团之许可,不认审判厅之规则,仍以旧来之手续而会审。当此之时,适丁日俄战争以后,此地之贸易非常繁盛,各国洋商竞争售货,卒致中国商人之倒产者接踵而来,而外人债权者所起之巨额之数,每遇审判厅不公平之裁判。加之一千九百零九年十二月,就 Mackenzil. & CO. v Yan-yū-Ho 事件,从英领事派送之陪席官 Combe 至审判厅,而审判厅不与相当之座席,因之氏遂愤然归来。于是英领事对于总督乃提出抗议,且报告英公使,更提出抗议于外务部。至是天津领事团,遂决议引照前述之诸条约,及上海、汉口等之实例,促总督之反省,而欲实行,然总督回答(用汉英两文)之一节曰:

　　　　(前略)此节十六项(《天津条约》第十六条之意)所载"会同"两字,本意为观审,而非会审,更属毫无疑义云云。

　　　　……The meaning of two words "hui tung" of the Article XVI is merely to watch the proceedings and not try the cases together……

　　观审问题,于是乎起矣。领事团因之再行抗议,且引前揭之《中美北京条约》中所言之 "to examine and cross-examine" 文句,以驳其误,忠告总督,速仿上海、汉口之例,允设会审裁判所。中国乃答以南方虽有确定之特别惯例,然始作俑者谁耶? 天津之所以无之者,不可不依条约之正文也。其文书中条约正文之解释,有左之意见:

　　　　(前略)如观审员座位一节,公函谓约章既谓承审官,应以观审之礼相待,其中必定包括应于公堂设座等语。不知观审之礼,东西文明各国法庭均有规定,本可比例而知。内既无公案设座明文,岂得以悬想之词,并疑为隐有玩藐之意,应请嗣后各领事或代表洋员到厅观审,于法庭特设观审员宾座,开庭时由承审官引至宾位列坐,以示优待,此宣明二。如观审员可以辩论一节,公函谓在庭询问案情,非必因承审官判断不公,或谓添传证见,或谓他事相关。

是询问之权,遵照《中美续约》烟台条款,是应操之在彼,然亦非故事询问,遇有询问之时,承审官例应照允。倘观审员,以承审官办理不公,即以其权利逐一辩驳,及转详上宪,此系自有权利,即不得谓观审员只可静听默观等语。不知该厅所称只可静听默观等,系指并无审判不公及添传等事之时而言。观审员在接待室,有可向承审官询问或辩论,亦无须莅庭互相辩驳。如观审员欲传证见,或查验人证,及认为办理不公之案,向承审官逐细辩论,承审官如认为辩论不确,当可即照约再行传询。盖观审员虽无审问两造及人证之权,原可向承审官辩论,约章所载甚明,应请饬厅遵守,此应声明者三。(后略)

此宣统二年四月二十八日陈总督回答文书之一节也[1],并附法庭座席图案一。若照此而行,则外国官宪,不如在上海地方之对于原被告与中国裁判官并坐,不过特设旁席,与中国官厅之旁听席无异也。领事团至是颇怪其与地方政府(指直隶总督署)交涉之愚,乃以问题之全部移交北京外交团之手。于是陈总督亦通牒外交部,及各省督抚,藉表其自己之意见。[2] 南方督抚声气相应,莫不思破从来之例,举国报纸亦竭力鼓吹,藉以号召天下。然而万丈热血,不旋踵而革命之军起,直至今日也。

---

[1] 在法庭内座席之事,因为观审问题之中心,今揭其图于下,可与上海会审公堂比较而观。此图系一千八百九十四年陈总督附于致领事团文书中之法庭座席图案也。但除此中之点线及英字母,其于上海会审堂则 f 之处,为外国会审员之座席,e、g、h 之处则无;f 之处则为外国书记、警察、官吏等之座席,c 之处则为中国书记之座席,a 之处则有刑事被告人时其所居处也。(图略——整理者)

[2] 当时天津《大公报》传其消息曰:"近闻陈制军曾通电各省督抚,内称法部通行各埠审判庭,对待华洋互控案件,谅达冰鉴。此事敝处因天津从前设立审判厅之初,洋人控告华人案件,即归该庭审理,并照约准各国领事及派员观审,迭据各领事引援咸丰八年《法约》第三十五款、《英约》第十七款,请设会审公堂,以与光绪二年《中英烟台条约》第二端、六年《中美续补条约》等第四款所载观审不符,历经驳拒,现始议观审办法,正因座位暨讯问等事坚持未下,而所定司法统计表,列有'会审'字样,恐其藉口,电请酌酌,嗣准法部文开,已设审判厅之处,各国商民来厅诉讼,均照我国审判厅新章办法。其不愿来厅者,暂由行政官厅,照观审条约办理等语。核与津厅向来办理不同,且于司法独立,亦似未合。况行政官厅,专审洋人控告华人案,近于会审公堂,恐有流弊,当以鄙见,函询外部、法部,并将部文暂缓宣布。顷接外部来函,嘱仍照津厅现在情形办理。惟观审官直接讯问一层,必应切实争持,观审官亦不宜与承审员并坐。法部文内,有事关外交、不厌求详之语,原可变通办理等因。目下正在商议,特先电闻"云云。

第二、观审问题之论评

凡随领事裁判制度，以义务国人为被告之事件，其裁判之如何处理，有五种阶级之观察，列举如左：

一、一任义务国之裁判机关，权利国官宪对之不加何等之干涉；

二、权利国官宪，在法庭外，虽加干涉，而于法庭内，不过所谓静听默观而已；

三、当在公庭审理，亦可自由发言，然未至裁判官之程度；

四、权利国官宪与义务国官宪对立，而有进为裁判官之程度；

五、遂至构成特别之国际裁判所。

日本之旧时代所行之制度，为第一种。今日埃及所行之混合裁判制度，为第三种。若中国，则兼第二、三、四之三种而有。其在上海者，原为第四种，惟有常设之特别法庭，颇似第五种。然其根本的性质，毕竟不同。何则？因上海之会审公堂，尚属被告主义，仍不失为中国之法庭。若埃及之混合裁判所，与其谓埃及之法庭，宁不如谓不专属于一国之国际法庭。盖在彼者，虽与埃人无关系事件，凡民事之混合事件，皆得管辖。于此者，仍以中国人为被告之时，始可裁判也。此外仿上海之例而设者，无不可以编入第四种。虽然，若此之无特别协约与惯例，原只可以条约之文面而解释。吾人今以公平之见地，案其条文而下判断，则知条约之意思所在，盖指第三种之制度之意义也。外人先于上海进一步，而实现第四种之状态，更乘势风靡南方，渐思及于北方。而中国之观审论者，则又从条约之意义，引下而思，列于第二种。不知在南方，上海则有同治七年之《会审章程》，厦门则有中国官宪加入所定之租界规则中之会审之规定。其他各处，不特有同样之明文，且以上海为模范之惯例自行规定，故在今日已无可如何者矣。但欲以此地方之制度援用于天津，则不可也。何则？在天津则连结会审制度与租界关系之特别条约、惯例，双方皆无，只可以一般通商条约之明文为根据，而从向来此地之惯例为解释，解释云何？即限于条约国人为原告之民事及为被害者之刑事，不过有会审之权，但条约国之国家自身为原告或被害者之时，亦含在其中。彼之于南方，除此之外，更扩张而及条约国人之使用者、居住于条约国租界之中国人以及无条约国人之事件，甚至凡起于租界之一切事件，皆使入于会审之范围，固不当也。是以外人亦无要求协约之权利，然如前述之可以附于会审之事件（条约国人为原告或被害者,条约国国家自身为原告或被害者),在法庭不可不有自由发言之权。观于一千八百八十年中美条约之英文,实无可疑之余地。中国文虽暧昧,然观其所谓"两国官员应行审定"及"查讯、驳讯"等语气,必欲如中国方面所主张,谓其意义不过于法庭只许默听。如欲陈述意思,须至接待室而为之云云,实不能解释也。吾人之意见,并非以为外国之立会官宪当为正式之裁判官,惟如裁判官所行之对于当事者、证人、其他关系人之讯问之权,信为可有,且不必如辩护士之须通问裁判官方可质问,直接对于关系人发问,乃固有之权利也。又不须如普通诉讼法上陪席判事之须得裁判长之许可,方许发问也,惟不可妨害其审理是耳。然则立会之外国官宪,因欲行其此等权利,是座位不可不与中国裁判官同席,从会审制度之精神及其沿革而观,分所当然也。盖此制度,原因外人不信中国裁判官之所为,亲临法庭,求其审理之公正而起,故如右之程度之干涉权,孰谓非必要也?若如陈总督之"观审之礼东西文明各国法庭均有规定,本可比例"云云,因于普通文明国关系,裁判官外之官吏,或外国之宾客,许以旁听。而欲在会审制度,准此设定法庭之座席,谬亦甚矣。毋乃其不知文明国之制度,误信他国亦有会审,故出斯言耶,实无非难之价值矣。中国近因改革裁判制度,组织一新。顾此为国内之关系,不可破弃国际上之法律关系。旧时代既在知县衙门内设座于知县之旁,而招外国官宪共行审理。今日欲于审判厅设席于推事之旁,而取相异之待遇,不可不谓违反条约之处置。然虽违反条约之之处置,今日北中国地方放任已久,所谓依惯例之效力,外国已抛弃其权利矣。

结论（目二八）

中国之关于外人司法关系,非全以上来缕述之裁判制度而解决,有欲恃外交手段之补助,以匡其不足之时者颇多。其最要者,如属中国法庭所管辖之混合事件,因中国裁判制度之不完备,故若纯依司法方法,毕竟不能得满足之救济。是以对于普通事件,外人宁由外交方法,令中国行政官之压迫其对造,藉得解决。若问题之重大者,尤非司法问题之所能为力。盖虽个人之负债,若其额大,而于当事者多数之时,外人明知非权威微弱之中国裁判所所能解决,大抵直以之为外交问题。请举最早之例,一千七百七十九年之 Co-hong 亏债事件,当时广东多特许商人,对于外人约负五百万元之债务,而不能清偿,外人直诉之北京,其一部遂依上谕而得赔偿。他又如有名之天津市面救济问题,亦最近之例也。拳匪事后,因北中国贸易发达,天津中国商人之间约有一千二百万两之外债,一时经济界为之大恐慌,遂筹善后之策。于一千九百零九年,由关系最多之德、法、日三国领事及重要商人,相集而组织天津华洋商务理事会(Chinese and Foreign Joint Commission,Tientsin),宣言曰:凡个人负债,固非其政府之责任,可以勿论。但于特别之事情之下,多数人民受其苦痛之时,必须官宪之适当救济云云。于是乃向直隶总督交涉,得其赞成,费二年余之岁月,经双方之协议,筹出最后之一策,即从中国政府及外国银行出资组织一北洋保商银行,发行此银行之债券与债权者,以藉减少金额之辨济,问题遂得解决。此外类似者,不胜枚举。又就刑事之问题而论,例如外人被暴民杀伤盗夺等事,屡有之事也,莫不置司法机关于不顾者。其大者则向中央政府,小则地方政府,以为外交之交涉,而讲被害者之赔偿,犯人之处罚,并将来保护外人之法也。且不论何种之暴动内乱,常为国家之责任,而使之赔偿,不必拘泥国际法上之原则,此国向来之惯例也。

对于今日在中国之外国裁判制度之全般,所最不满足者,即民事混合事件之解决方法也。中国人为被告之时,尚有前述之会审方法;若外国人为被告之时,其原告之为中国人或第三国人之利益,无有可为保障之途,全听命于被告国家之所为而已。故观于今日之实在情形,被告之国家每执偏颇之处置,不顾他国人之利益,混合事件之裁判虽有而若无。闻之一般商民之间,所最不平者也。其有害相互通商贸易之发达,尚何堪言。职是之故,吾人求其救济之策,知非依适当之混合裁判制度不可。凡各条约国,相合而立左之共通的裁判制度,使中国亦加盟其中,如是则改良今日之恶事件,庶几有望焉。

一、于各国领事驻在之各商埠,设第一审混合裁判所。但其开庭之地方与机关之构成,当随时变动,即开庭在被告之国籍领事馆,而其构成以被告之国籍官宪为裁判长,原告之国籍官宪为次席,更加第三国官宪为陪席。其第三国之应为何国,依原被两造之合意。苟双方不合意之时，则由两国之裁判官决之。若再有不能协议之时，则从预定顺序而行。可为裁判官者，以驻在国领事或代理者充之。但于下案所述之有第二审之地方，则常以代理者充之。若使中国加入联盟，则中国方面之裁判官，从地方审判厅推事中选任。

二、在奉天、天津、汉口、上海、广东五处，设立第二审混合裁判所，开庭之地方及机关之构成方法，与第一审同。但为裁判官者，驻在国领事自身充之（故于第一审如前述之使代理者充之）。若在其地而设正式法庭之国，则不妨使正式判事任之。中国而〔之〕加盟者，则其裁判官从高等审判厅推事中选出。

三、第三审则认限于法律点之不服，其裁判所利用荷兰海牙万国仲裁裁判所，准国际事件之义务的仲裁裁判之手续而行。

四、法庭之言语，用被告所属国之言语为原则，依当事者及裁判官之合意，可得用他之言语。

五、此等混合法庭之裁判，联盟诸国当然任强制执行之责，即以在中外裁判所，与中国法庭直以之为执行名义。又其于联盟外国之本国，可有同样之效力。

联盟诸国，务必编成可以适用此裁判之共通的法典，至是则依从来之例，不外以被告所属国之法律为标准。吾人深望条约国之全部，为相互之利益计，出于同一之态度，而于中国关系较多之英、美、德、法、俄、日六国，尤当先联盟而为他国倡。其中最有关系之日本，更冀其首先提议。且吾人预知中国政府，必喜加入其中。何则？今日之会审制度，片面的者也。由实际之关系而观，外国人为被告之时，中国官宪绝无容喙之余地。若加盟于混合裁判制度，则可得回复其主权矣。想文明各国，必有雅量容之也。噫！领事裁判权者，悖于今日国际领土之观念，有伤义务国之体面最甚。一旦而共通的法规编成，大足以资中国编纂法典之参考。而在裁判机关中，加以中国推事，又得藉以实习执法之事务，双鞭齐下，促其司法制度之完备，可浴领事裁判权撤销之幸福也。

领事裁判之司法制度缺点颇多，久为一般学者所唱道。今综合而观，则一在领事裁判之本体，一在其规定方法也。例如所谓领事者，以行政官而摄裁判权，故其司法上之智识经验之不足，无论矣。且背于立宪政治之精神，弊窦因之丛生，且使其立于公使之监督之下，每蒙处理外交事务之影响，岂不与可期正确之司法事务之性质，大相背驰也。加之又无检事之制，故与裁判官对立之公益代表者，可付缺如，甚至如刑事纠问主义之诉讼制度为旧时代之恶法而排斥者，尚留于今日。他如无论何国，其事件之重大，或须上诉者，莫不移至国外（义务国外），使有裁判关系者，跋涉重洋，废时失业，不便孰甚焉。凡此皆其制度规定方法之短所，若裁判制度本体之缺点，即在其根本原则之被告主义也。盖在义务国，因多数之裁判权及司法法规并立而行，遂生矛盾不统一之结果。例如同一之问题，往往甲国裁判所所为者与乙国裁判所所为者迥然各别，甚至同一事件之民诉，某债务者明明胜诉，而他债务者遂致败诉。又如共犯，一人获罪一人被免等之奇观，屡有所见。不幸而此起于同一之地方，则使人民非特不知适从，且诱发其国际间之反感，其有妨害交际与贸易，何可胜言！虽关于右制度之规定方法之缺点，因其地方之事件少，不设完全之制度，不过恐耗经费之故，若竟不吝经费，或至事件增加，而行与其本国同样之制度，原可补其所短，但关于领事裁判本体之缺点，仍不得除。盖此制度根于属人的观念，为前代之遗物，实不适今日之事情。苟其制度存在，终不免多少困难者也。

由是而观，领事裁判权者，亦未必为权利国便利之制，不过此种制度，较之义务国之所谓司法制度者，尚觉安全，不得已而遗至今日也。故若义务国之制度已臻完备，则权利国宁撤销其权利，非如他之利权异也。例如在欧洲，旧土耳其所领之诸国，亚非利加之 Algeria、Tunis、Madagascar，东亚之日本、朝鲜、安南、缅甸等国，曾存外国之裁判权，而今则无矣。他如 Morocco、Tripoli、Zanzibar、Tonga、Borneo 及暹罗等，或被中止，或一部消灭，或已变形。但此有自力撤回与他力撤回之两种：前者自行改良裁判制度，而得排除；后者成为他国之领土或保护国，藉其庇荫而消灭。而要皆由其地之制度完备，得见消灭。在中国，其于一千九百零二年《中英通商航海条约》亦曰：

China having expressed a strong desire to reform her judicial system and to bring it into accord with that of western nations, Great Britain agrees to give every assistance to such reform and she will also be prepared to relinquish her extra-territorial rights when she is satisfied that the state of the Chinese laws, the arrangement for their administration and other considerations warrant her in so doing.

此种条文,一千八百八十二年美国与朝鲜之条约先行插入,在中国则始于英国。日本及美国之新通商条约中,亦有同样之规定。其于英国条约中所谓"When she is satisfied"者,类于民法上之以债务者之意思为停止条件之法律行为,今日中国虽不能骤以之为口实,然此国之制度,可谓有撤销之一日之望。今日中国经千古未有之革命,万政维新,正为挽回国势之机,若片务的领事裁判权,辱国实甚,吾同胞所切望其早日废除者也。但与其大声疾呼,无补丝毫实益,宁退而思此制度所以存立之故,力覆其根底。此无他,内国裁判制度之改良耳。取彼泰西之形式,副以东洋之事实,参酌日本之制度,实无上之得策也。顾所谓制度之改良者,非独编纂法典而已。法是死文,活用在人。裁判官之得人,尤其最要者也。故此又非办事才能之谓,可重者在德性,威武不能屈,富贵不能淫,知有法而不知有他,视名利犹视土块,要在廉洁之人格耳。友邦之识者,其猛省。

宪法泛论

[日]筧克彦　口授

成应琼、刘作霖　合编

整理者按：本书是由成应琼、刘作霖翻译并整理的日本法学家筦克彦的讲义录。

1872 年筦克彦生于筑摩县诹访郡上诹访（今长野县诹访市），1897 年毕业于东京帝国大学法科大学，进入研究生院学习。次年留学德国，在德学习 6 年。1903 年归国后接替穗积八束就任东京帝国大学教授，担任行政法第二讲座。同时，他还在明治大学、国学院大学、海军大学校等学府讲授宪法和行政法。此外，他还在法政大学法政速成科为清国留学生讲授宪法。因公务繁忙无暇校阅，其宪法讲义的中文版未能全部刊行。自 1935 年至 1940 年，筦克彦在东京商科大学（今一桥大学）讲授宪法。退休后，在国学院大学担任教授。1961 年 2 月去世，享年 88 岁。

本书原整理者成应琼、刘作霖的生平不详。据现存信息，只知成应琼曾在湖南法政专门学校（后改名为湖南大学）法律系担任宪法课程的讲师。

收入本书，以民国二年（1913 年）由长沙集成书社再版发行的版本为底本，进行整理。全书铅字印刷，正文部分 206 页，附图若干。由于筦克彦本人并未出版过宪法相关的著作，故而本书对研究其宪法思想有参考意义。

例言

一、是书系日本法学博士笕克彦先生所口授,编者笔述而成,纯为一家言,不参入他之学说。

一、是书为先生最近讲本,与前所讲《法学通论》及《国法学》二书不免少有差异,阅者试比较参观,足以知学问研究之进步。

一、是书分为二编。第一言国家及国法推本于社会心理规律的合成意力,为本书最要之法理;第二言国法上之人格及国家之外部组织,证明臣民及团体之活动力为国家活动之本源。旨远意深,皆他学者所未及。

一、书中名词,如"自我""普遍我""绝对我"以及"理力""需要力""自由力",均本原著。编者学识浅陋,未敢妄易新名,失其真意,阅者谅诸。

一、编中于晰理处颇形重复,然不反复明辨,不足以显其微妙,阅者当自知之。

一、是书第一编第二章第一节内第三项至第四项,系据先生所著讲义译入。恐背原意,故直译甚多。若以文字求之,则与前后所编者未能一律,难免阅者之诮。

一、是书第二编第二章第二节内,虽论日本宪法,然论理处皆包括各立宪国之精神,阅者其留意焉。

一、是书出稿仓卒,脱漏错误恐所不免,海内外同学幸匡正之。

第一编　总论

第一章　国家

第一节　国家之意义

凡论国家,当先知国家之意义,而后其真象乃明。然自来言国家之意义者,纷纭旁午,莫衷一是。有谓土地为国家者,夫土地一大块耳,何足为国?有谓人民为国家者,夫人民一民族耳,亦何足为国?有谓君主为国家者,其说以君主独尊于人民,以其有权力耳。有权力斯有命令,凡被其统治者,无论自国人与外国人,皆当服从之。是说也较前二说稍进,然学者仍不公认之。盖天之生人,皆畀之以权,西儒天赋人权之说,即基于此。虽然,有权则必争,争则紊乱无已时,于是知人类之权,不可不定于一尊,乃择人类中智力最强大者,相率而奉之以权,是君主之权,因一般人民所推认而成者也。例如甲、乙、丙、丁诸人各有权力,若甲为乙所认,丙、丁亦从而公认之。斯时权力之所以归于甲者,非甲固有此权力也,曰基于法而已。君主之权力,既由法而定,自非夺众人之权,以私于一身,而亦纳其身于法之中,以奉行人民之权也。若君主不能守法,则其权力为无效,而与平民等,且君主不能独有其权也。国无大小,无强弱,有统治者,必有被治者。首出而为君,次为宰辅,次为百僚,再次为游徼巡吏,无不各有其权。虽自宰辅以下,其权以次递减,要皆分君之权以为权。是故人各有权,即人各有法。权在法在,岂得谓有权力者即为国家乎?

土地、人民、权力,皆不可为国家。然则国家者,当合土地、人民、权力而归于法之中,乃谓之国家统一的全部。此统一的全部,有有形与无形之分。有形者,即土地、人民,为国家成立之要件。无形者,即国家之灵魂,所谓精神上之统一也。故曰国家有无形之要素,譬如甲之视乙,仅见其官骸,而灵魂不得见也。国家者,于有形之中,而贯注以无形之精神,故其统一的全部乃盖巩固而存在。

第一款　国家之要素

国家成立之要素有三,试分论之。

第一,人民

人民之全部曰国民。以国民为国家分子,人民之总体也。故自全部之统一言,则曰国民;自分子言,则曰国人,或曰人民。然人民不以多少为限。如中国号称数亿,欧美各国或有不达一万者,要皆为国权统治之人民,乃国家成立之要素。

第二,土地

构成国家之土地之总体者,谓之国土。国土亦无论广狭,但能完全于国土上有统治权者,即得认之为国家。至于一府县、一町村,不过为国土之一部,不得以国土称也。

第三,特殊之权力

国家有特殊之权力,法律上谓之国权。试晰言之:

(一)权力

基于社会心理以合成意力为其本质。

(甲)在于社会之力

所谓社会者,乃物质的、精神的之交通,为人类之集合也。盖自古代以迄今日,世变日多,物质因而进步,于是人类之欲望,遂乃日奢。甲国之取求,不能不需之于乙国,丙国之盈余,不能不泄之于丁国,相应相求,相抵相制,而权力从此生焉。此基于物质的交通之说也。哥伦布之发见新大陆,麦哲伦之开通太平洋,环球变通,互换智识,殖民事业,勃焉以兴。此基于精神的交通之说也。

(乙)自由意力

与信仰力不同,信仰力则如宗教上之迷信。在妇人孺子,皆知崇拜孔耶,此虽于社会上占有绝大之势力,究不得谓之权力也。自由意力者,盖具有自信之能力者也。如爱其所爱,不以他人之爱为爱;恶其所恶,不以他人之恶为恶,是之谓自由力。人人有此自由力,则虽外部有非理之压迫,自可施其对抗之手段,是之谓对于外部之发动。若是者,谓之权力。

(丙)合成意力

对于分意之称,盖由数种分意相合而成,即基于物质的、精神的之交通也,是为权力之本质。如有甲乙丙丁戊五人,晰之各具一分意,会粹为一,乃成一我意,然此犹不得为权力也。必合无数分意以成一我意,复运动我意而对于他人之一部,为全体之设施,乃可谓之权力。如一身然,有耳目手足,以为卫身之具,然非汇其知觉于脑海,不足与外界相对抗,以其无合成意力也。又如甲、丙二人,共议一事,执己见而不相下。若有乙、丁、戊三人,以其分意参入于丙,则丙胜;或参入于甲,则甲胜。胜之者谓之有权力,故此权力非一人所成,乃因参入众人之分意也。且乙、丁、戊既参入于甲,则甲之权力,即足以支酌乙、丁、戊,但不能强及于丙,何也? 丙之分意,未与甲合成也。由是观之,权力者,有一定之范围者也,出其范围,则其权力直视为无效权力。又非腕力之谓也。腕力属于本质的,如争斗之类是。权力者,属于精神的者也。如有德慧术智者,每为世俗所钦慕,而其

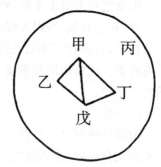

团结力,虽历久而不少衰,盖亦由于自由意力之合成也,故亦谓之权力。

（二）支配权

一名强制权,谓得强制而防其分意之退脱之权力也。夫一国之支配权甚多,惟有绝对的命令之权力者,乃可以支配之。若无绝对的命令之权力,则对于众人无强行之效用。而众人对于命令,亦得任意而自由退脱。故能强制执行者,即得以支配众人,而对于众人之分意,可预杜其退脱之患。虽然,国家所以有此支配权而能施行无阻者,乃为受支配者之所公认,非出于单独之意思。如甲、乙、丙、丁四人,甲为大部,乙、丙、丁为小部。而大部之甲,可以

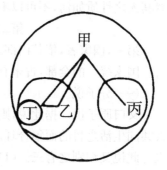

支配乙、丙、丁,丁又为乙所支配,以乙之权力,固由甲所分授,丁乃从而公认之。而甲之权力,又实由于乙、丙、丁所公认也。

（三）自主权

谓自本其支配权,得认他之支配权也。盖他部分之支配权,皆源本于国家之统治权或国权,故必待有统治权之承诺,而后生效力。且此统治权为国家最高之权力,若有驾于其上或与之对抗而侵犯之者,

则统治权之资格不得成立存在。此统治权之资格,谓之国家之人格。故国家者,乃基于自己之人格,自己确认自己之统治权为其最高人格者,并非缘他方面以观察之。则此统治权,又谓之国家之自主权及本来主权。自主权与自治权有区别者,以自治权须由人认之,而自己不能认定也。

(四)总揽者

国家之权力属于无形,则其结果不能不赖自然人以总揽之。如网之有纲,衣之有领,否则大权旁落,纷乱无纪,乱之阶也。故在君权国则有帝有王,在民权国则有大统领与国会,皆名之曰国权之总揽者,亦曰总揽机关。此总揽机关非仅为国家之最高机关,且与他种机关全然异其性质者也。

(五)法

为维持国权之主脑者,谓之法。法之制定,生于国家成立之时,故国家永久存在,而法亦随之。与他团体之藉法律认定而存在者,迥然不相侔也。

第四,统论

前三项分言国家,此则合而论之。国家者,据有土地而为统一的全部,有自主权之人类团体也。譬如人之一身,具有五官百骸乃始成人,然其人之性质如何,不可以不辨。故于下款言国家之性质。

第二款　国家之性质

第一,国家者,依其内部之力之统一的全部也。

国家统一的全部,古来有二学说:曰分子说,曰有机体说。

(一)分子说

又曰原子说。据此说,则国家非有特殊之形体之存在,不过为各个人共同生活之目的而集合耳。换言之,不外以人之集合,即称之为国家也。此说又细别之有三。(1)国家即君主说。谓国家之权力,由君主一人所独揽也。(2)国家即人民说。谓国家由于人民之集合,有人民斯有国家,古代君主出治,不曰治国而曰治人民者,盖本于此。(3)国家即状态或关系说。谓国家非君主,亦非人民,乃君主统治之状态及人民集合之关系也。

上所举三者学说最古,然仅能得其一部,而不能括其全体。例如合铜丝、玻璃之属而为电灯,仅指铜丝与玻璃,可以谓之电灯乎? 合土木、雕漆之饰而为巨室,仅指土木与雕漆,可以谓之巨室乎? 凡物不察其全体之应用者,不能得其真相。国家分子说之谬,盖如此矣。

（二）有机体说

依此说,则国家不仅为各个人之集合,而别由特殊之统一的全部而成也。例如以土块制瓶,以木片构几,既成几与瓶以后,固已统一此巨细方圆者,而为特殊之全部也。国家亦然,虽为多数人类所结合,然非仅结合而已,必有统一之者,以成为特殊之统一的全部。虽然,国家并非如瓶与几之蠢然为无生物也。无生物之为统一的全部,不过基于吾人之目的以认定之,非出于自己之意力,而为自然之活动也。国家则反是,乃由于内部分子之个人,以自己之意力自相统一,而不受外界之压迫,且基于自己之外部的组织以为统一的活动。恰如吾人之身体,不仅为无数之细胞及机关集合而成,乃因于自己之气力及组织而成为统一之有机体也。进而言之,国家既为统一的全部,则其对于外部之发动,自非出于个人之资格。例如日俄之战,乃国与国相争,非两国兵士之互相寻仇,亦非两国之君主及国务大臣交恶而起干戈也。至于外国缔结条约,亦为国际间之关系,非外务大臣之私相约束也。又或人民不法,为巡查所逮捕,而送于裁判所受判事之判决。判决终了授之监狱之禁卒,而为刑之执行。是等各个之活动,虽为巡查、判事、禁卒等各个之行为,而其实乃国家使之,为国家之活动,非各个人之自为活动也。由是观之,则国家为特殊之全部而存在,固无疑义矣。

虽然,有机体说尚不止于此也。谓国家既为特殊之社会,而有机体必有一种之精灵,而为有意思与感觉之有生物也。此之论点,学理上不采用之,何则? 国家固无形象而有精灵,然精灵之为物,恍惚渺冥,无所闻见,其果附于国家之形象与否? 恐非吾人之智力所能知。若仅属于臆度,不得谓为学问上精确之知识也。盖人类备有精灵,而与人类同其存在之顺位,如他之动物者,亦得以推感而知其有精灵。若与人类异,其存在顺位之事物,如国家者,而欲推测其备有精灵与否,则属不可能之事。例如手足者,人身之分子,其手足之有精灵与否,不得而知。即手足之对于人身之有精灵与否,亦不得而知。何也? 我之手足致于损伤,我能知苦痛矣,而不知我之手足亦自知其苦痛否,且不知我之手足亦知我之知苦痛否? 由是以推,人类为国家之分子,其于国家之有无精灵,恐不可知。既不可知,即不足信。

要之,谓国家为有机体,以说明其为统一的全部,是其所长。然谓国家备有精灵感觉,又为有形的所统一,此有机体说之所短也。

第二,国家基于自然必至之关系,并藉人为而自由存在之人类之共同团体也。

国家者,由人类而成为共同团体,非人民于外部所创造设备而存在,乃人民为国家所生之自然现象也。盖人类原为自然之生物,而基于自然之心理,以发生为人类统一的全部之团体,谓之国家。是国家者,乃应自然之必要而存在者也。所谓自然必至者,谓立于自然因果(因缘)关系之下也。如渴而思饮,饥而思食,其本于自然也,固不待论。即以人类言之,无论智、愚、贤、不肖,不能无生与死,且不能离国家而别为世界。此亦自然必至之关系也。

虽然,国家之人类,皆有自由意思也,以其自由意思定一目的而为活动,以组织适当之国家,且使之变更发达。如古之英雄,或为专制,或为立宪,或为共和,或为改革,无一非出于自由之活动。故国家之存在,虽基于自然必至之关系,而欲求其完全发达,非藉人为之自由,则不可也。例如日俄战争,当未交战之先,知衅端既开,非出于一战不可,此自然之关系也。至其指授方略,派遣军舰军队与否,则属于两国之自由,故自然与自由之关系,即国家所以存在之理由。其详当于下节言之。

第三,国家者,团体人格也。

人格为活动之主体,所谓活动者,与活动不同,与运动亦异。譬如人掷物于地,是为活动;物之运转于地也,是为运动。又如风之吹,雨之降,草木之发生,小儿之长大,出于自然,原于自动,是活动也,不得谓之活动。活动者,伴夫精神力之运动也,而又为心力作用之结果。

人格有二:(一)固有人格;(二)机关人格。固有人格又分为单纯人格与合成人格(或团体人格)。何谓单纯人格? 即其本体之运动,而为有形之活动者也。何谓合成人格? 即集合单纯人格,别成一种之精神力,而为无形之活动者也。今且就合成人格而晰言之。

(一)合成人格者,与内部之法共为存在者也。活动为竞争之原因,若人人为保持存在而活动,则必互相妨害,而团体不能成立矣。故谓团体人格者,乃与内部之法相维相系,在法律上谓之法人者也。然既有法人,必有所谓法者。法者维何? 即基于社会心理之规律的意力之合成也,谓之合成人格。盖合成意力,由单纯人格组织而成,譬如电灯之悬于室也，必有绳以系之。其所以构成此绳者，要必由数百千缕，或用人力或用机器，为之组合而成，故曰合成意力之组织，即基于社会心理之规律的意力之合成也。又如组织一会，须举干事以为主体，干事既为会员所公举，即为会员所公认，故干事欲宴会，而会员无不服从者，何也？宴会非干事之私意，乃会员之合成意力，不过藉干事为之发表耳。是以会员之服从干事，乃基于社会心理之规律的意力之合成也。又如一家之中，有户主焉。户主与家人等耳，何以家人对于户主，凡一言一行而奉令承教若此？浅言之，则曰生于父子、夫妇之爱情。深言之，则曰由于社会心理。国家亦然，国之有君，犹之会有干事，家有户主。君主何以与人异？以其有权力也。然权力非君主固有之物，乃由国人公认之。故君主所发命令，国人无不服从之者，曰基于社会心理之规律的合成意力之故。此合成意力为单纯人格之意力所合成，亦谓之精神力。惟国家有精神力，故能为活动之主体。既为活动之主体，则法律上不得不认为有人格。是人格者，基于合成意力，即基于单纯人格之意力也。而此意力之组织者，在一会为干事，在一家为户主，在一国为君主，所谓法也。故单纯人格为自然人，而国家为法人也。

（二）合成人格者，非依法律之拟制而为意思之主体，乃事实上合成意力之主体也。意思与意力有别。意思者，个人之私心也；意力者，合乎众意，而又根于事实上之不可易者也。学者或谓君主之命令，非公众之意力，乃本于一人之私意，而为法律所拟制者，此在野蛮社会容或有之，非世界之公理也。

盖众人各具有自由意力，谓之分意。君主者，合众人之分意，以为自由意力。复发展其意力，以为众人之自由意力者也。故君主无人民，则无以构成君主之自由意力；人民无君主，则亦无以统摄人民之自由意力。二者须相辅而行，然后国家有合成之意力。有合成之意力，然后有合成人格。故曰：国家者，法人也，非依法律之所拟制也。

第四，国家者，依其法而自成法律上之合成人格也。

国家乃集无数小团体而成，此无数小团体，必法律上认为有人格者。故法律上之人格，即为法律上活动之主体，而国家尤为法律上活动主体中之主体也。今将主体分为二：曰法律上之主体，曰事实上之主体。事实上之主体，如人与猿、虫、马及伯鲁里亚疑物等是，法律上之主体，惟人为可信。然在古时，亦有不以人为活动之主体者，如奴隶是。

然则所谓人者,不过占法律上之一部分耳。

凡寻常团体,不能自命为团体。须经法律之认定,而后为有效。国家则反是。国家之为团体人格,原与他团体不同。他团体皆受治于法律,而国家之团体则由于法律之自认,不待外认也。夫法律如尺度然,无尺度,则物之大小、长短不能得确实之标准,团体之于法律,亦犹是也。国家之内,有无数团体,而通行于团体中之法则一。故国家之法,与各团体之法,微有不同。如甲为国家,乙、丙、丁皆为团体,乙与丙与丁之法,须待甲认之。又必与甲不相违背,乃有完全之效力。至若甲之法,孰认之? 法自认之也。法何在? 在国家。故曰国家者,依其法而自成法律上之人格也。凡有一物,必有一物之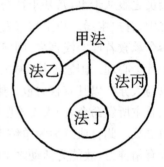根据。无根据则不能发生,室之有基,柱之有础,皆所以为根据也。法律亦然,团体之法律,以国法为根据,国家之法,即以事实为根据。故欲研究法律,当以研究其根据为前提,而后能有精确之效果。国家之根据,即为国家之事实。事实与法律虽各不相侔,要皆相因而成者也。

第二节　国家成立存在之理由

国家成立存在之理由,即所谓事实也。古来大儒,关于此之学说甚繁。大抵多就一部分言之,兹不备述。特就予之所自信者,概括述之。则其根本的理由,实在于人类之自由活动。

第一款　自我之自由活动

自我者,各人之自我也。万象皆变,而自我不变。譬如今日之川流,非昨日之逝水。现世之草木,非古代之植物,此显而易知者也。即以人身言之,身体之血液,经七年而一变;脑筋之感觉,历一时而一变。然则欲于至变中而求一至不变者,莫自我若。自我何以不变? 以有思想在也。无人不有思想,有思想即有我。我有思想,我即自认为我,故我之为我。自生至死,无时无地,不有我在也。然我非孤立,必有与我相对待者,人各有我,即我之外,无不有一对待之我。故以我视人,则人为客观之我,而我为主观之我。若以我视我,则精神为无形之我,而手足百体为有形之我。如欲以无形之我,运动有形之物,非得所依据,则不能表著我之自觉。故我之对于物，又必据一物焉。如以手持茶壶，茶壶固一物也，手则依于身，故手与茶壶之相接近也，是之谓据于物。我据于物，则生出我之活动力。而我之精神力，即因之而见焉。所谓活动力者，非虚而无凭，乃实在之作用也。试披阅历史，凡古来英雄豪杰，其丰功伟烈，炳耀于后世者，无不本其活动力之实在作用。而此活动力之作用，即为自由。盖未有不自由而能活动者也。故必有我之自由，乃能有必至之关系。如我思入校听讲，即持书而往，我之自由活动非人所能阻，而我可自操必至之权也。故曰活动者，基于自由必至之关系。

自由｜社会｜责任心｜外部（责任心部）｜内部（自由部）

　　自我固能自由活动也，然惹起其活动者，又有自然必至之关系。自然必至者，以我外有人，人以外有我，则当以自我之自由。推及于他之自我之自由，而后自我乃生责任心矣。有责任心，而后人与我各得以自由，此社会之所由来也。盖自由与责任心皆存在于各个人之内部，即社会之内部有责任心也。外部之能自由者，即各个自我之自由而有责任心也。二者隐相维系，皆出于自然必至之关系，试列表以明之。

　　苟人各言自由，而心不负责任，则对于内部无所谓自由，即对于外部，亦不能自由。例如置食物于前，人人而自由而食之，则争夺必起，而人人实无自由矣，故得而断之曰：外部之自由与制限，共存在者也。绝对的外部之自由，与无自由等。再申言之，自由之制限，必本于责任心而后可。无责任心，则无自由之制限；无自由之制限，则全无外部之自由。盖责任心，为自由活动之义务，自由活动为责任心之报酬。责任心增长，自由亦增长，于是有外部的组织。外部的组织之最发达者，则莫如国家。国家者，乃组织之中心点也。有国家，则个人之自由活动，即活动于国家之中。国家愈发达，个人之自由活动亦愈发达。故论国家之特质，非制限人之自由活动，乃增长人之自由活动也。何以见之？国家对于个人之自由活动，有所谓束缚者，使各个人自我之自由，不妨害他人自我之自由是也。亦有所谓秩序者，使各个人之自我，仍各不失其自我之自由是也。如开一宴会，于酒酣耳热之时，保无有放弃礼法者，于是设监置史，使不敢有放肆之举动，是束缚也。众人各受其支配，静谧而无紊乱,是秩序也。然各个人何以受其束缚,以各个人负有责任心也。何以不紊其秩序,以各个人自为之也。故国家有此束缚与秩序,乃为国家成立存在之一大部分。

第二款　绝对我之自由活动

自我有自觉与直觉。以我一心之思念为思念,能自觉自我者也。以我与我相接,能直觉自我者也。然人人有自我,则自我非一我也,我自觉其有我,我直觉其有我。焉知我外之我,非有自觉与直觉之观念乎?则自我对于我外之我,即可作自我观。观我之自我,即可知我外之我,是以我而推感之也。我能推感,人亦能推感,即我心与人心相印,何在不可推而感之?是故推感者,乃人与人相团结之一原因也。人之所以有推感力者,亦以人与人为同类耳。若离人而言物,如木石等,则必不能推感。何也?木石之为物,未备自我之知觉,故其性情嗜好,人不得而知之。至于群动之中,如禽兽虫鱼,与人非同类,然蝼蚁之微,人得设饵以诱之,可知蝼蚁尚有一觉根性。虽不知其自我如何,要未必不可以推感。特不过人与人之推感易,而人与物之推感难耳。古代国家对于蛮夷戎狄何以全无推感之情乎?盖彼虽同为人类,而我特以非人类视之,遂觉其不能推感耳。然既可相推感,即不得不认为同体。人与人同体,即自我与自我同体,是谓之绝对的自我。欲明绝对的自我之如何,请就人与物同种之说而一征之。如人本乎祖,其所含之性质,由其祖之分形赋性而来。而其本身,又含有特别之性质焉。迄后子以传子,孙以传孙,支派愈岐,蕃衍愈甚。虽各含有祖宗所遗传之性质,而其各个所具有之一种特性,则递差而递远,由此以推,至于不可穷诘之处。凡所谓禽兽虫鱼之种种动物,安知不与我同一祖先乎?即同一祖先所遗传之人类,而以形象言语之各别,岐之又岐。安知不更由人类而变为异物乎?故溯人物之渊源,不得以其特质之不同,遂断其非同出一祖也。盖同此世界,同此人类,同此种子,即为同一祖先无疑。近世学者所倡人与猿同祖之说,其言虽若离奇,然征之生物学上,良不诬也。

人与物同祖先,既如上述矣。但祖先之性质,赋于自我之有异者,谓之绝对我。其同一祖先之支派者,谓之普遍我。如有甲乙丙三人,皆承祖先之性质,又各具有特别之性质,或甲为农,乙为商,丙为渔,各有专业,即各有其自由活动,此之谓分业。但个人分业,滞碍良多。不得不互相组织,合为农、为商、为渔者,以谋一家之生活,是之谓共同。无共同则无分业，无分业则无共同。此分业与共同，所以为自由活动，即所以为其普遍我之自由活动。反是，而无分业无共同，则其自由活动当减少，达于最低之限度。由是以观，分业与共同，为自由活动之根本，不可偏废者也。若人人皆有分业、共同之自由活动，即为绝对我之自由活动。绝对我之自由活动，果谁使之乎？国家是也。故国家之成立存在，又在于绝对我之自由活动。

第三款　普遍我之自由活动
第一项　人类之自由活动

人类普遍我者，即前所云绝对我之传衍近之支派是也。人与物之支派远，则推感难；人与人之支派近，则推感易。然人类虽同一祖先，而其相推感也，异国人不如同国人之易，一般同国人又不如各个人之兄弟、亲族、信友为尤易。反言之，则近之如兄弟，亲族信友既可以推感，远之如蛮夷戎狄又何由不可推感乎？盖人类为万般活动之主体之长，能支配万般活动之主体而发展绝对我之自由活动，以图人类普遍我之自身之自由活动之发展者也。何也？世界中既以人类为最优，则万般活动之主体不得不受其支配。而人类中之优者，又可以支配劣者。劣者之受支配，名为服从。其义即伊尹所谓以先知觉后知，以先觉觉后觉也。试观英雄崛起，集合同类以捕不道，是为自身之自由活动也。迨全部统一之后，又必施仁发政，以联络舆情，扩张权力，更进而发展人民之自由活动，方不失为万般活动主体之长。由是观之，彼西人谓人类为万物之中心，良不诬也。

第二项　国民之自由活动

绝对我既有优劣关系，而优者得以支配劣者，以为自由活动之中心，已如前述。于是人类普遍我之中，有无数国民普遍我，亦欲为人类普遍我之中心，则此中之优劣，果如何而定乎？以短时间言之，如于战争之际，断定某国为优，某国为劣，固觉不难。若于永久期间而判定国民之优劣，虽有智者，恐未能遽加论断也。今之欧洲人，尝自诩为世界最优人种，而以亚洲人种为最劣，然此不过近二三百年间事耳。若举古代历史观之，所谓今世欧洲之文明，大都自亚洲输入,而以当时之亚洲相比较,则欧洲大都未脱野蛮习气。故欲凭现时东西强弱之异形,定欧亚人种之优劣,决非正当之论也。即以天演公例而论,劣等民族当服从于优等民族,虽属不可逃之趋势,然实际上之孰优孰劣,殊不能定。盖以世界民族,无不欲为人类普遍我之中心,于是国民间之竞争以起。国民间之竞争者,即国民欲为人类普遍我之中心也。若能以一时之竞争,而定永久之优劣,则某种人类既得优胜,可永为普遍我之中心,而竞争可以不起矣。然试问事实上,国民间之竞争,果有已时否耶? 夫国民既对于外部有不可避之竞争,则其对于内部也,又不可不依其秩序,以达其自由活动之目的。盖国民之竞争与国民之秩序常相表里者也。秩序云者,必有相亲爱相扶助之心,而后可言各个人相互之自由竞争。有相互之自由竞争,而后能合全体以对抗外界之竞争是也。所谓外界之竞争者,非排斥轻侮之谓,亦必有扶持敬爱之心,而后可以言竞争。故国家者,为构成国民对于外部维持秩序所必要之外部的组织,又为对于内部而维持各种团体及各个人之秩序,而使之发展者也。故有国民之自由活动,即国家之自由活动。试于下款言之。

第四款　国家之自由活动

国家者,以国民普遍我为自然的基础,而以人为的使维持发达之者也。国家与国民之关系,试以浅喻证明之。牛乳被蒸,其气膨胀,上凝而成皮,即如国民普遍我构成国家之状态也,是故国民者,实质也,国家者,实质之表面也。以国民构成国家,其间之竞争与秩序,非国民普遍我所能为功,必赖国家有以维持于不敝也。盖竞争与秩序,恰如车之两轮,国家即为此车轮之中心点,故国家无国民,不足以成国。既有国民,而无国家以维持其秩序,亦不足以发展其竞争。然则国家者,乃受人类普遍我之自由活动之分配,以分担为其权利,而同时为其义务者也。盖国家为人格者,有独立不羁之性质,故对于外部能有自由活动,而不受他国之干涉,此之谓权利。若对于内部,则当使人类各自为活动,以尽其天职,故又谓之义务。

第五款　自由活动之分配问题

自由活动之分配问题,即普遍我之组织问题,实与国家成立存在之问题不可相离者也。盖人类普遍我对于绝对我为自由活动之分配者,以人类为万般活动主体之长,有使绝对我自由活动之发展之义务。而人类普遍我为自身之自由活动之分配，即在分担各个人之秩序之竞争，以为其权利。故国家自由活动之分配者，乃在人类普遍我自由活动之范围内也。试就经济界富之分配言之，人民愈劳动者，富之分配愈多，是富之分配殆与劳动之力相准，此狭义之分配也。若社会问题，则自由活动之分配，不止富为然。凡国家、社会、国际及其他生活万般之问题，皆包括于其内，其义甚广。如一国之内，若者修法律，若者主政治，若者统海陆军，皆此自由活动之分配是也。但是国家之自由活动，由于各个人之所积，则必于各个人中择其一人或少数人，以为万般活动主体之长，而复以之分配于各个人，是有主体然后有分配也。然此分配果何以定之乎？于是有种种之标准，试分言之于左：

（一）能力之方向、范围、程度。凡作一事，须视其人之能力如何。如智者能力强，则分配多；愚者能力弱，则分配少。又对于有特别技能者，当量能而器使之，此为自由活动分配最重要之标准。

（二）目的之如何。分配虽以能力为标准，然使能力相等，则又何以定其分配，故当视其目的之如何。例如有为私人之利益者，有为公共之利益者，其目的固不同也，故目的亦为分配之一标准。

（三）自由竞争。能力与目的，皆未易知，当于其自由竞争知之。盖自由竞争者，能力、目的之结果也。

（四）法。即秩序也。盖有竞争，须有法以维持之。于一方示以限制，一方助其发达。若无秩序，则竞争必不可保。

（五）情。即爱情也。夫人民之所以尊君主者，非法定之也。盖出于爱情之自然。情爱之厚薄与国家之强弱为正比例，故欲使国民之爱情厚，不得不求法制之完善，盖法制善则爱情厚，反是者必薄。

（六）第一事实。如上五者之分配，尚未妥协，则又不可无第一事实，所谓官职是也。有官职，斯有职务，职务定，而后能力、目的、竞争、法、情之标准，亦因之而定矣。

第三节　国家之目的

国家为活动之主体，已如前述。但活动从何而生，必有目的在。目的不止一端，如国家对于甲、乙、丙三方各有各之目的。就各方之目的观之，谓之抽象的，抽象的（对具体的而言）果有规则否乎？有谓有规则者,有谓无规则者,要亦不可拘滞。概括言之,只有数大目的而已。例如集多数学生于一室,虽面目、身体各不同,而自有同一之思想国家之目的,亦如此矣。

第一款 诸学说

关于国家目的之学说,甚觉纷繁不能遍举。约言之有四:

(一)权力说。谓国家以维持或发达其权力为目的者也。此说甚古,当国家未发达之时,以君主为国家,君主之目的仅在于维持发达自身之权力。如征收租税,皆以压制手段行之是也。究之,此等权力不过为君主个人之权力,而君主乃在于国家之外者也。故有反抗此说者,是之谓道德说。

(二)道德说。此说甚繁,姑举至要者言之。谓国家之目的,不在权力而在道德。君主为民之长,当导民遵道而行,有不率其教者,然后惩之以罚,其与权力说不同者,以君主在于人民之中而同为一体也。故古来称颂贤君,必推源于修身齐家,然此乃属于精神上之发展,非能征诸实际者也。故又有幸福说以救其弊。

(三)幸福说。此说与前所言分子说有密切之关系,而与道德说不同。道德为一般人所共有,非个人之私有物,而幸福足以启发各个人之竞争,是道德为公,幸福为私,道德丽于虚,幸福征诸实也。"幸福"二字,含义甚广。凡富庶、安乐皆包括之。故较前二说为完备。盖以国家不仅维持权力,使民行道,当增进幸福以保全国民之安乐也。当欧洲十七八世纪之间,国家相互竞争之状态,与中国战国时代略同。大都务于富国强兵,即以为增进人民幸福之基础。故幸福说风靡一时,而竞争之政策以起。其要点在于竭力输出本国货物,以吸收他国之利益。复加重进口税,以排斥他国货物之输入。而后本国商业乃占优胜,然税愈加重,而竞争之心愈甚。如甲国之货输入于乙国,乙国加税,则甲国务使成本减少,人工精细,较他国价廉而物美,故其输入于他国也。无论税率如何,而不能阻其畅销之路,且得令其输出之增加。于是各国又知工业之发达与商业相表里也,乃对于商业一方面,采奖励与干涉二主义。凡人民有用外国货物者,须处以罚,其目的在使民富以增进其幸福也。然用极端之干涉,亦足以妨碍国民之幸福,于是又有法律说。

(四)法律说。欧洲当十八世纪之后半期,与十九世纪之初期,此说盛行。谓国家之权力,非以干涉人民,乃维持法律制度安宁秩序者也。

盖国民之幸福,国民当能自谋,无俟国家之干涉,但当以法律防护之而已。此说之极端,亦有弊害。诋之者谓之为夜番(更夫),以其仅足以守夜而防盗贼也。

第二款　国家目的之解决

以上所举四说,虽不完全,然当盛行之时,皆有价值。不过自今日观之,只有真理之一部分耳。然则真理何在? 请分二段以解决之。

(一)国家最高之目的(此不能从历史看出),在于国家自身之自由活动(为人类普遍我之自由活动,即绝对我之自由活动)。

(二)国家之目的(此能从历史看出):(1)国家权力之维持发达(自身);(2)法及秩序之维持发达;(3)个人之充实发达。(甲)精神上之发达(即道德);(乙)物质上之发达。

第一段国家最高之目的者,在于国家自身之自由活动,即为人类普遍我之自由活动,实即绝对我之自由活动。例如与他国有战争,即为国家自身之自由活动,故谓自由活动之发展者,其自由活动,生于将来无限之自由活动所不可缺之最适当之手段。且其现在之目的,亦可谓适于人类先天的理想者也。第二段国家之目的,从历史上观之,固在法及秩序之维持发达,然非国家自身维持发达其权力,则个人之自由活动不能充实;非个人之充实发达,则国家之自由活动不能发展,故此三者皆为人类普遍我自由活动之所以发展而不可缺者也。个人之充实发达者,有精神上之发达,有物质上之发达。而精神上之发达,国家不能强制之,仅就物质上使之发达而已。由是以观国家之目的,可以解决矣。

第四节　国家之种别

欲定国家之种别,当有一定之标准。就世界各国观之,有大小,有强弱,似可据之以为准的。然大小强弱,究无定形,强为区分,转失真相。至若中世的国家、近世的国家,是仅就历史上之时代而分。农业国、工业国、商业国等,是仅就国土上之性质与物宜而分,皆不足以定国家之种别也。然则国家种别之标准何在? 在于政治上、国法上而已。

国家之成立,以社会心理为基础,社会心理不同,国家遂因而生种种之现象。

(一)有一人为人民而支配人民,而人民愿受其支配,且以服从为美德者,则为立宪君权国。如第一图。

（二）有一人为自己而支配人民，若有不受其支配者，即从而征服之，则为专制君权国。如第二图。

（三）有各个人相互支配，支配者与被支配者混成而不可分者。如第三图。

（四）有一人为人民而支配人民，此一人之外，又有一人为人民而支配人民，而人民双方受支配者。如第四图。

（五）有一人为自己而支配人民，此一人之外，又有一人为自己而支配人民，而人民亦双方受支配者。如第五图。

（六）有各个人相互支配，而此各个人之外，又有各个人被此各为其支配，则更混杂而莫之辨。如第六图。

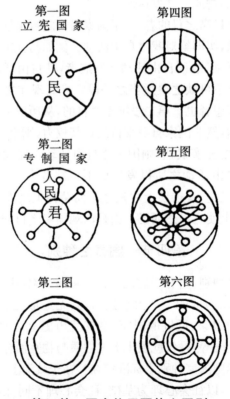

第一图
立宪国家

第四图

第二图
专制国家

第五图

第三图

第六图

第一款　国家依于国体之区别

国体者，从总揽机关之区别。总揽者，国家活动力之统一及源泉，为动作之机关也。盖国家之活动力不止一端，必有统一之机关，以为活动力发生之枢纽。如耳之司听，目之司视，其所以能视能听者，自有脑经以为统一之机关，此即总揽机关也，国家亦然，其统一机关即在于社会心理。然心理之发生，亦无一定，有总揽机关为一人所构成者，有为数人所构成者，有为人民之全部所构成者，理想不同，故国体遂异。其组织总揽机关，属于一人，则为君主国体；属于国民，则为共和国体。共和国中，又分为民权国体、贵族国体，此国体区别之大概也。但有一问题，国权之主体何属乎？从前论者，有谓属于君主者，有谓属于民主国之大统领者。其说皆谬，总之，无论何等国体，其国权总属于国家。

君权国……君权国

单一国｛共和国……共和国体｛民权国……民权国体｛贵族国……贵族国体

第一项　君权国

第一目、组织总揽机关必基于必要之事实之区别

（一）世袭君权国

谓由自然事实所组织（构成）之机关也。如君主死，而以继承者为总揽者是。

（二）选举若权国

谓由人为事实所组织之机关也。如君主退位，而更选一人以构成之。是选举方法，亦无定例。无论为臣为子，皆可选举。但既被选之后，对于选举者即有特权，不受干涉。中国古代，尧之举舜，舜之举禹，及一千八百零六年德意志之为立宪国时，皆是采用选举之制。故此等国家，君主虽随时改选，而国体则永远不变。盖以所变者，仅执行机关之人，非国权之主体，因之而变也。

第二目、总揽机关以外视有无不可侵犯独立机关之存在与否之区别

（一）专横君权国

君主一人以外，无所谓机关，凡对于其国之臣民，有绝大之权力，毫不受其干涉。如中国古代之桀、纣、秦始皇是。然至于近世，此种政体惟亚细亚小国有之，欧美各大国殆以绝迹矣。

（二）专制君权国

专制国之大权，舍君主以外，于行政上尚有无数机关，然对于君主所发之命令，法律上无所制限，即有失德，臣民不得反抗，仅道德上可以制裁之，如今日之中国是也。质言之，专制国舍君主外，亦无独立不可

侵犯之机关。

（三）制限君权国

即立宪君权国，君主之外，有独立不可侵犯之机关与之对抗，君主不得而侵犯之。如国会、裁判所、国务大臣是，说者谓等族国即制限君权国。予不谓然，等族国者如一国之有二主，此说殊不甚合，故略之。

第二项　民权国

第一目、由总揽机关所生构成之状态之区别

（一）直接民权国

由国民组织国民总会，以为总揽机关。此惟最小国为然。如古代瑞西之小部乌里亚、伯兹耶尔、格拿达哇尔、温达哇尔等国是也。

（二）代表民权国

由国民选举代表者以司总揽机关，如北美合众国与法兰西是也。

（三）代表民权国仍并用直接民权主义国

平时以代表人为总揽机关，如遇重大事件，代表人不能议决者，乃由人民全体投票公决，此亦惟最小国可以行之。如瑞西之小部分及北美洲之小国是。

第二目、总揽机关以外视独立机关之存在与否之区别

历史上无专横民权国，只有专制与制限二种，下分言之。

（一）专制民权国

人民全体集议而外，并无代表与制限之机关。其投票不能取决时，以抽签决之。虽有别种机关，要必唯命是听，如古时雅典之制是也。

（二）制限民权国

即立宪民权国，由一般人民之社会心理制定宪法，于总揽机关以外，又有独立机关，以执行国务，如国会、裁判所、政府是也。其他种种机关，皆制限于宪法范围之内。

第三项　贵族国

贵族国者，以特别阶级之少数人，而直接的或间接的以组织总揽机关者也。夫此少数人者，大都由于门阀与财力、智力三者有最大之势力。因之占最优之阶级，而社会心理遂不得不趋附之，此贵族国所由来也。但此种国体，可依于数学的，而不可依于法理的，何也？法律中，原无所谓贵族国，惟从政治上观之，中国与俄罗斯带有是等之性质耳。至论其弊，则较专制国为尤甚，专制国之君主犹能以一人支配人民，贵族

国则互相揽权,往往置人民于不顾,故不底于灭亡,必变为共和,断无永久存在之理。故曰可依于数学的,而不可依于法理的也。欧洲学者,谓民权、君权、贵族三种国家,常有相消相长之理。如不完全之民权国,一变必为君权国。君权国或信用贵族,再变必为贵族国。迨人民或起而攻之,则必复变而为民权国。以此证明贵族国之不能久存,尤易明了。

第二款 以国家之结合为国家分类之标准

国家种类之区别,因社会之心理不同,其成立之理由各异,已详述于前。兹言国家之结合,亦从社会心理上推论之。

国家结合,视人民活动之范围以定,其推感力、博爱心之程度之差异,如人民只于一乡一邑之间,施其活动力,则范围小。故上古之世,尝老死不相往来。若结合渐大,则范围亦因之而大,故近世乃有一般之联合国家。此其最显著而易见者,由是以验其推感力。则活动范围小者,推感力必弱,弱则仅可及于内部,内部以外,以为非我族类矣。活动之范围大者,推感力必强。强则能及于外国,而无歧视之心。盖推感力原于博爱心,由博爱心又生出服从心与支配心,合服从心与支配心,是之谓共同心。既有共同心,遂构成共同活动之现象。古代国家,仅恃武力以灭人国,视人民如奴隶犬马,逞压迫之手段,而无所顾惜。服从者仅摄于权力,不能自由,故不足以言国家之结合。世界文明日进,人类活动之范围愈推愈广,博爱心亦因之而增长,渐有组成一国际团体之势。故国与国之联盟订约日以频繁,如攻守同盟、邮便同盟、工商同盟之种种条约,可为明证。惟此种同盟,无外部的组织,往往今日成之,明日废之,殊为可惜。且其联合之现象,乃国际团体之共同行为,究不得谓之国家之结合。国家之结合者,谓(为结合及因其结果)有特殊之外部的组织之国家之相互连结者也。盖国家未结合以前,欲为之结合,不可不有特殊的外部之组织,又因两国结合之结果,遂不得不成为特殊之外部的组织。有一种〈之〉特殊之外

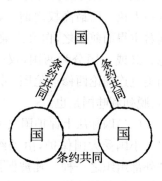

部的组织,遂生互相连结之关系,此结合国家之所以成立也。

第一项 单一国

单一国者,谓欲发达为同盟、结约、组织国际团体之各国也。因其关系及条约的共同,故别其类为二。

(一)国法上之单一国

谓此国于国际上之结合,仍不害其为国法上之单一国。

(二)国际上之单一国

谓必于国法上为单一国者,如国际上为单一国,而于国法上为结合国,则不可也。

第二项 复维国(或结合国)

第一目、国际法上之结合国

国际法之结合国,必本于国之外部有特殊之组织,如本国与他国结约,在国际上一面观之,为结合国;就本国一面观之,仍为单一国。其类有三:

(一)人的合同国

谓条约或偶然事实,双方之总揽机关或独立机关之相同,又构成国家个人相同之国家也。条约者,由两国彼此协定,乃能成立。若一旦废弃,则两国仍可分离。偶然事实者,即以一人执二国最高权之谓。如此国君主死,彼国君主得而兼摄之,白义之兼王孔果是其一例也。又或一国分为两国,仅一主,而总揽机关如美克连捕论西修耶伦国,分为美克连捕鲁西斯、脱列利哇国是也。

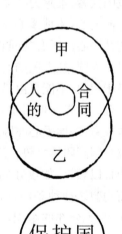

(二)国际法上保护国之关系

小国受大国保护,由条约上而成,是又特殊外部组织之一种。凡被保护国之对外主权,多操于保护国之手。如军事,如外交,其荦荦最大者也。

(三)国家联合

有数种国家,由条约上互相联合而成特殊外部之组织,是为联合国家。其所缔之条约,谓之共守条约。如不履行条约时,外部的组织,即因而消灭。如德意志本为同盟国,其后结合为联合国,至一千八百六年解散,复订为同盟国。越六十余年,复结合为联合国家是也。

第二目、国法上之结合国

国法上之结合国,亦有三种。

（一）物的合同国

谓同时依于彼此之国法,共同同一之总揽机关或独立机关所有之国家也,如邮便同盟、电信同盟之类。

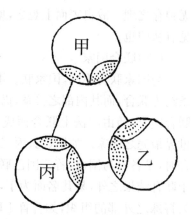

国本独立,但依于物质上与他国有密切之关系,非共同经营不能活动。此定在宪法上,非订在条约上者。宪法者,国法也。既定于国法,则二国必当遵守,如欲消灭,亦须得二国之同意。故与人的合同不同,人的合同,各为其国,即各有机关。物的合同,虽各为其国,而机关则一如夫妇之于室家然,且于宪法上所定有同一之机关。而与其国之主权,关系最切。如匈奥同一君主,初为人的合同,后为物的合同,瑞典、诺威亦然（按一九零五年十一月,诺威离瑞典独立,择丹麦某某族为国王,关系遂断,此盖指其未分离时言之耳）。不过兵制关税,则有异点。又瑞典多贵族,诺威多平民,故其内部之组织,两国亦各不同耳。

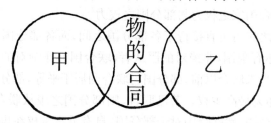

（二）主国从国

此则殖民地之关系也。殖民地之主权,常握于主国,非以条约而联络之,乃为宪法所规定,与保护国不同。盖被保护国在保护国范围之外,若保护国为他国所灭,或废弃其条约,则被保护国可以独立。至所谓从国者,则在主国范围之内,若主国被灭,从国即

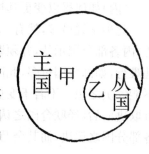

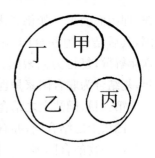

无独存之理。故自表面上观之,见有主国未见有从国也。

（三）联合国家

与国家联合不同,国家联合事实上虽以条约为联合,而其内部之关系,仍各自为国。联合国家,乃由国法上联合而成,学者称为世界最完之国家。如甲、乙、丙三国,当未联合时,是各自为国也,若三国已联合,则不能仍以甲、乙、丙名其国。当于联合结果之外,易其名而为丁,是即联合国家也。丁为联合国,即成为特殊之外部的组织,如普鲁士联合二十五国为一国,统名为德意志,即此类也。

联合国家之状态,有不可不详细研究者,试晰言之于下。

（甲）权力与人民之关系

联合国成立之后,则甲、乙、丙各部分国对于自国人民固有直接之关系,而联合国之权力,亦可行于甲、乙、丙部分国之人民,以各部分国均在于联合国范围之内也。若国家联合,则人民各自为保护,皆不能互相统率。如前甲、乙、丙三国,虽互相联合（见国家联合条下）,而甲之权力不能及于乙之人民,亦不而及于丁。昔日北美各州之权力仅及于各州之人民,乃其明证。

（乙）联合国家之权力与部分国之权力

联合国之权力可直接行于各部分国之间,而各部分国皆有服从之义务,然此亦有限制,非绝对的服从者,联合国亦非绝对的行命令于部分国者。故当未联合以前,部分国与联合国居于平等,部分国无最高主权,联合国亦无最高主权。若已联合,则部分国之服从联合国,虽不全行请命于联合国,然联合国对于部分国,自有最高主权在也。

（丙）如何得以变更其权力范围之问题

此种学说虽多,然有一最确当之说。例如甲国欲变更其权力,必得乙、丙各部分国承认,并须联合国承认,则其变更方有效力。但此说亦甚难行,如部分国过多,此国承认,彼国反之;彼国承认,此国訾之,将有不能议决之患。不若于变更之时,经各部分国会议,得多数之赞成,即行取决而后,经联合国之认定,较为简当。惟须指定,何等事项方付于各部分国之议决,而其余乃归各部分国之专断耳。

（丁）统一问题

统一之说，学者多疑之。亦有谓联合国为完全统一之国者，然不可专就统一上观之，盖统一之国，权力与机关可合而不可分。联合之国，其部分国尚有机关与权力在，不过关于全体之外交、军事、财政、交通诸事，均联合国主持之而已。

第三项　决论

人类之社会心理，当未发达时，仅有一小团体耳。后渐开化，与外国交通，彼此互订条约，或为人的合同，或为保护关系，或为国家联合，又久而进化，或为物的合同，或为主从关系，或为联合国家。此皆由于社会心理之发达，确有可凭。自今以后，安知不由联合国家，更进而成一大单一国乎？夫古代大国，多由于并吞小国而成，考之各国历史，英雄崛起，征服民族，当其时非统一之势，惜其惟以压迫是用，无团结之力。故不旋踵遂分裂破灭矣。若现今所谓联合国家者，乃由于组织精密，与古时所谓统一者不同。

联合国之与单一国，既为最完全之国，然其孰优孰劣，亦不可不研究之。联合国者，发达之结果也。要不能谓已结果而不求进步，当于单一国内之最优者，而取法之。单一国成为大单一国，则必由国家联合，渐次发达以成为联合国家。是故联合国家者，为近世国家进步所必经之阶级也，因之有二要件：

（一）小单一国成为大单一国，要有自然之顺次之联合国。

（二）粗造之联合国欲求完全发达，必取法于联合国之最良顺序。进而言之，联合国将来变为大单一国，则为其部分国者，必如单一国中之自治小团体，此又必然之势，决无可疑者也。

第二章　国法

第一节　国法

第一款　意义

第一项　法

国之为国，前已说明，兹更举其所谓法者而详述之。

（一）法者，基于社会心理规律的意力之合成也。此就法之本质言，再分三项解释之。

（1）各个人之规律的意力即法之根源也。法何在？在于无形之精神力。精神力者，各个人之诚意正心也。心何以正？意何以诚？乃心意中之规矩准绳，是即谓之规律的意力，而法遂以生焉。盖规律的意力，存之为无形之精神力，发之即为法。集各个人之精神力以为法，精神力复杂，法亦因而复杂。夫犬马非无意力也，单简而已；野蛮非无意力也，亦单简而已。意力单简，故法亦单简，若近世之文明国，其法未有不复杂者。

（2）此规律的意力合成于社会者也。各个人仅有此规律的意力，犹不足以为法，必以各个人之意力为社会心理所公认，乃得谓为合成意力。盖法律个人所成，乃合成于社会者也。

（3）法者，基于社会心理之规律的合成意力也。各个人立于世界，无不有规律的意力。如商人以信用不欺为规律的意力，军人以爱国殉身为规律的意力，炉而冶之，即为社会之规律的合成意力。夫此规律的合成意力，非有形之集合也。切木为箱，范土成瓶，其合成之处，固有形式可见。而规律的意力之合成则不在形式，而在精神。试约同人散步，彼此意见相同，即为心理上之集合，此心理上之集合，有种种原因。

（甲）爱情。例如散步之心，发于友而不发于我，友固未尝强我，我亦断不至见迫于友。而爱情所触，几于官欲止而神欲行，故爱情为心理集合之要素。

（乙）责任心。先与友约，而有他种原因，忽不欲往，转念不往，便为负约。负约之事，非必即有法律上之制裁，而为一般心理所不公认。此集合之由于责任心者。

（丙）尊敬心。因其人为我所尊敬者，不能拂其意旨，此集合之由于尊敬心者。

（丁）恐怖心。因其人为我所恐怖者，不敢违其命令，此集合之由于恐怖心者。

有此四种原因，即规律的意力之合成，基于社会心理者是也。故谓为法之本质。

（二）法者，要依社会之外部的组织而合成者也。规律的意力，存于无形，不得即谓之法，必有外部的组织，而后法乃成立。盖外部的组织与规律的意力有表里密切之关系者也。外部的组织有强制之自由力，以为意力之保障。若上言社会心理，不过法之本质耳，不得即谓为法。

譬如学堂听讲,人人存一不妨害他人听讲之心,此时之心理,不过存于内部。设有妨害之者,不得加以制裁,以其无所谓法也。若校长、舍监明定规则,使人人共遵守之,然后法乃发见。故法者也,与外部的组织不可相离者也。然此外部的组织系指团体而言,若私人之约束,虽与法有同一之效力,然终不得谓之为法。盖法为社会心理之规律的意力合成以后,加以外部精密之组织,使人有不可不遵守之效力。如校长、舍监或非我所欲爱欲敬者,而因有法以为强制,遂不得不爱之敬之是也,既有法律,自当服从,若组织不良,而与规律的意力相反,虽有法在,安得谓之法乎?

第二项　国法

(一)国法者,法也。法与人类有密切之关系,人类智识发达,则法亦极发达。盖法者,非国家之创设也,实以人类之心理为根本。无论为公法、为私法,皆由此心理而出。

(二)国法者,存在于国家内部之法也。有人类即有法。大而言之,为国际法;小而言之,为家庭亲睦会,亦可谓之法。国法者,则存在于国家之内部者也。国家内部之法亦甚多,如民法、商法等是。兹所谓国法者,非统括民法、商法而言,不过为国家一部分中之法耳,如宪法、刑法、行政法、诉讼法、裁判所构成法是。

(三)国法者,规定国家之法也。即规定外部的组织及统治权之发动也。规定者何? 从根本上言之,谓使国权及组织之发生、存在、发达之要件也。近世一般学者,仅谓为制限国权及组织,此但就外观言之,殊失真理。

国法之范围,凡有三说。(一)兼举刑法、宪法、诉讼法、行

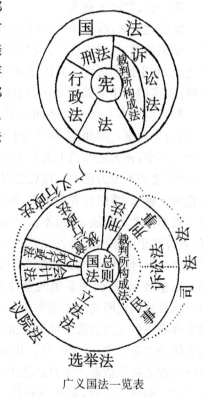

广义国法一览表

政法、裁判所构成法,此普通之说也。(二)但指宪法、行政法,此贺〈有〉长雄氏主之,谓刑法、诉讼法、裁判所构成法,发达最早,现已别为专科。故国法之本,只有宪法、行政法。(三)专指宪法。此说予亦主张之。盖宪法与行政法原有不可分之势,宪法定国权之组织及作用,行政法则表示其组织,而推行其作用。合而观之,是谓广义行政法。若就法理言,必有宪法始有行政法,故宪法为行政法之本。欲研究行政法,必先研究宪法,是为狭义行政法。但宪法范围以内,有立法法、〈结〉国会协赞之会计法、大权行政法;范围以外,尚有议院法、选举法,虽无独立性质,亦可附属于宪法。试以图明之。

第三项　宪法

宪法为国内法之中心,即基本法也,故谓之国法总则,如民法总则为民法之基本是。凡狭义行政法,固应属其范围,即广义行政法,亦不能出其范围之外。故宪法之意义已明,即国法之范围,亦因而定矣。

第一目、宪法之意义

宪法之意义,颇形简单,兹就历史上及法理上不动之根本的意义言之。盖宪法者,根本法也。何谓根本法?乃他法之基址之法。于其基址之上,而生他之法也。其法之系统中,含有根本法者,必公法。如上图所述,范围之中有关于立法,司法,行政是也,则宪法之为公法也,无疑。然所谓根本者何?今不可不熟思。例如欲示此教室壁面之中央,以白墨而画一圈如此,即以为此壁之正中,或将此圈画而大之,亦得为壁之正中,再大之而仍不失其为正中。即或缩而小之,亦得为壁之正中,再小之仍不失为正中。设更之以显微镜,则再小之圈,又为之扩大,如此再次推求,将以何者为正中,亦将以何者为根本乎?此诚一难问题也。根本法者之宪法,为根本法之根本也。其意义述之如次。盖宪法者,凡存在于国家内部之各元素之力,使之调和的圆满成立全部国家之活动力,而又使此活动力极其完全发动所必要之根本之法也。故宪法必有以整齐众法,使为系统的全体而固结之,但不必拘于系统的成文也。再以他词说明之。宪法为关于国家完全之活动力之根本法,例如国家内必不可无为国家活动力之元素之各个人,即第一事实无授自于天之活动力之人类,必无国家。其成为国家者,以生有人民也。人民既各具所授之自然活动力于自己之内部,又必有统一各个之活动力,而后有国家。则统一之者,不可不有结合各内部所出之力而一以行之也。

再申言之,则总括各个之自由力也。然人民不异于有形之笋,或合或离,其统括而行之也甚难。若使各部分之人心,复为之圆满发达,又必有完全其全部之国家之活动力,生于其后(当参照下项宪法成立变更内图)。故于统括之上,占有各部分之发展者,即根本也。

第二目、最小限度之国法

国法中之根本法,不独有宪法占特别之地位,为完全国家活动力之标准之根本法也。而国法之根本法中,又有所谓最小限度之国法,为国家必要之物,无论为文明国、野蛮国、立宪国、专制国、专横国,莫不存之。此最小限度之国法,恰如教室之讲师,宪法则如教室之屋脊及壁是也。苟无讲师,吾人不能为之讲释,然使无屋脊及壁,则寒夜雨天,不能完全以授其讲义。宪法亦然,故为完全之国家之活动力,而为完全且动作所不可无之根本法,亦即所以完全使之发展,维持吾人之状态上所不可缺之根本法也。最小限度之国法则异是,国家虽不完全,而要为存在所必不可无之根本法也。兹以具象的言之,一国之存在,万不能无所谓总揽机关者,故谓国家之存在,必同时有总揽者之成立于其间。此为一人之君主亦可,或多数之贵族亦可,或由多数之人民而成者,亦自无妨。总之,无认为总揽者之国家,则断乎不可。即如压制之国,其人民必有认之为君主者之人,对于其人,则认为不可不服从之。然此君主者,自生理学上言之,亦犹是具此耳目手足之人耳。然既谓之君主,则各人皆认受其支配而无异,是即最小限度之国法之所存在也。夫所议认为君主者,非谓君主之名也,日本、支那虽为君主,在西洋则无谓君主者,或谓王,或称某某,各随其国而异其词。然吾人所不可不从之者,即认之为总揽者也,夫国家云者有自主权,依自己之内部所有第一事实之力,而认为己之存在者也。其存在本绝之自由力之上,而谓为第一事实之中心点者,即总揽者所有之自由力。所谓总揽者,虽有野蛮时代,与专横时代、专制时代及立宪时代有程度不同,然必要有总揽者则同。昔者虐待人民,而始为之总揽,今则极与人民共同一致因而总揽之。故今日为完全,然要不能以不完全之故者,谓昔之压制时代,国家无有总揽者,又不能想像古与今之全无国法也。

大凡所谓国法者,于成立存在之时,仍不可不具备形式的要件。以国法为法,而无合成于形式的之中心点则不可也。再申论之,同时与国家之成立存在者,最小限度之国法也。其所为国法者,无论为积极的或消极的，要不可无明合于形式，或暗合于形式者。其合成于形式的自由力之中心点者何？即有所以总揽之者是也。人民之对于总揽者，必认为彼乃吾人之支配者，则总揽者同时得依其自由力而自认为彼等之支配者，使合成各人之自由力，于是最小限度之国法始出，而国家亦如是成立。苟无最小限度之国法，则不得为国家，是最小限度之国法，乃宪法以上之物，因即此点而称之为最高之国法，然虽云最高，实与对于法律而谓宪法之高者不同。

示实质形式二要素始终不可离者

$$
\left.\begin{array}{ll}\text{形式的方面} & \text{形式的要素}\\ \text{实质的方面} & \text{实质的要素}\end{array}\right\}
\begin{array}{c}\text{甲}\\|\\\\|\\\text{乙}\end{array}
\left.\begin{array}{ll}\text{最小限度——形式的要素}\\\text{国法\ \ 实质的要素}\end{array}\right\}
\left.\begin{array}{l}\text{宪法——形式的要素}\\\text{实质的要素}\end{array}\right\}
\text{法律及命令}
$$

右方面以自由力及理之研究为中心点。

左方面以历史并社会心理所必至之研究为中心点。

自甲乙以上，事实之研究也，自甲乙以下，形式的要素，基于认定者认定之研究也。

第三目、宪法与最小限束之国法之关系

凡法律及命令，先不可无实质者，而实质要必含有规律的合成意力之性财〔质〕者，否则不得为法律，亦不得为命令。是形式与实质必要兼备也，然形式从何而出，就法律或命令而明认之或暗认之，而为国家之形式者。此依宪法而定也，而宪法仍为实质的要素，又同时而为形式的之要件。形式之明取，夫积极者即以日本言，自天皇发案于议会协赞之后，必经天皇之裁可是也。或暗为消极者，则依习惯之发达，或变更宪法之某条倾〔项〕。无论何时，国家皆得认之是也。此宪法不仅为实质的要件，而有形式的之条件也。然实质者何？人类所不得任意定之者是，如人不能注水于灶而燃薪也。若形式者，则人类之自由力以为必至，如此斯为有效而定之者也。然则宪法之所认为形式者，果本如何之自由力而来乎？是即最小限度之国法也。其最小限度之国法之要素者何，亦犹是具备此实质的与形式的要素而已。在最小限度之国法，其所认为形式之自由力，以自然为根据，今试采日本之例。如吾辈认彼为天皇，天皇亦自认为朕乃统治之者，是今日之所谓宪法，为形式的确定之者，吾辈认之为天皇者，一面为天皇自己之自由力，一面为吾辈之自由力而认之。更各以其自由力分析言之，则归者于历史与社会心理之要件,而与实质的要素愈难分离。即国最小限度之国法,其所为实质者甚重(即此与习惯法深有关系),是即依国民所有之道德思想及社会心理,而为日本所固有之历史而定之者,盖定最小限度之国法所必要者,历史也。今世有谓宪法全部,应与国之历史全然不同,此固言之已过,其所虑亦甚狭,然最小限度之国法,则非可仅依吾人之理窟而判断者,必依其国固有之历史而决之。历史云者,即吾人所有之社会心理,国民之道德思想之所凝结,常活泼而存在,是其大有价值者也。

第四目、宪法之效力

第一,效力之程度。

何谓程度,即直说其效力者也。盖宪法为根本法,无论何时,必较强于他法,若比他法之效力不强,则不成宪法。宪法者,独致最小限度之国法,相对待成立于其基础之上,若令其发展完全,则最小限度之国法常不能相敌。如未经议会之协赞者,事后必经其承诺,此宪法自身之预期将性质上本来之所以然者而利用之也,是以宪法自身之效力,常较他之法律或命令为强。盖认宪法比法律为强者,其理至当。因根本法为人为所发挥也,然从形式上观之,宪法与法律虽有同一相视之国,而实质上含有宪法内容之法律者,亦见其重,不待言矣。其对于最小限度之国法,有时或宪法之效力尚形薄弱,或存于原来之补助者,虽于宪法之自身,极难说明,然以精神的解释,要不可不如此。设有某立宪国起非常之骚动,至宪法全然舍弃之时,君主不依宪法而能自由活动,而人民亦曰,是乃我等之君主,皆能如此认定,则至是不能不认为有最小限度之国法,故宪法虽失其效力之时,犹幸有最小限度之国法之效力。试更进一步言之,若一国既不认其君主,又不认有最小限度之国法之时,则所谓国者,已一时气绝,而无一时之假定,其不谓之国亡不得也。若宪法虽亡,而犹有最小限度之国法,则国家尚能与国法并存。要之,无论何国之宪法,其最小限度之国法,无论何时,必置于宪法之后。

第二,效力之范围。

何谓范围?即横说其效力者也,试举一平易之例言之。欲知宪法之随地皆有效力否,在日本宪法,则于日本之领土之一部分或及于他处之问题是。又日本臣民无论何处,其效力能及与否之问题是。其不能不对此而言者,因宪法之效力,普及于全国也。曰全国者,即由原来居于此处之人也,至日本领土所到之处,皆其效力所及。又日本人所到之处,其效力得以及之。此与最小限度之国法无异,最小限度之国法亦普及于全国民全领土者也。虽新领土或租借地之上,亦其效力所及。租借地亦国权所及之土地,故宪法得以行其上。未有仅限于一隅者,此何故哉?试述其理由。宪法者,为使生完全之国家之活动力必不可缺之根本法,故宪法常于全国全部而预定之,所谓完全国力者,非仅于国内之一部分之力得以预定,必于一国全体之力普为预定者也。当心理发达之一部分,固须有必要之规定,而当有特别之事情之部分,尤须预定以相当之条件。盖宪法者,于全领土及全国民,不能全然同一支配而规律之,此宪法之为宪法,异于最小限度之国法及法律或他之命令。最小限度之国法,普及于全领土全国民,无论对于何处何人,为全然同一之规律力,故最小限度之国法,为单纯之规律力,法律与命令为复杂之规律力。盖大纲只一本耳,不能于自己之内,预见其例外之自身。故有能行与不能行之处,有为其支配非为其支配之人。宪法者,非单纯之规律力,乃复杂之规律力。然有时应于事变,虽于一律,故可开自由自在之特例。此宪法与法律命令异,而得有支配其全国土及全国民也。即或宪法处于顽固一律最小限度之国法,与偏颇之法律命令之间,其能保存两者之间之联络,及两者之融合者,亦从此知之矣。故宪法非可限于一隅,唯由其精神上特预计其效力不能及其部分之时,作通常之规定,若不依据此通常之规定,则失之矣。例如台湾与桦太,不待论,而为宪法之效力所能及。又或朝鲜或关东州,因非日本之领土,宪法之不能及固也。然以国际关系论,日本或得以行其权力于其土地之上,及施行所得之权力之范围程度,则宪法亦能及之。然宪法之自身,若有认为可以不据其通常之规定之精神,则宪法之通常规定便不能及,然虽不从通常之宪法之规定,而尚有遵其宪法者,则与违反宪法者,全然相异。

第四项 宪法之成立变更

第一目、宪法与成立变更

所谓宪法者,存在于最小限度之国法上,而宪法与最小限度之国法,不可不知其区别。最小限度之国法,有一定而无变,宪法则时有变更,且不独变更而已,并有全然消灭更新成立之时。今易一言曰:最小限度之国法之成立变更者,国家之生命之成立变更也。而宪法之成立变更者,则非国家之成立变更。夫所谓国家者,由人而成,凡人莫不有魂,其魂之关系常伴人为变迁。使人之全体最能活动、最能发展,而为国家大体必要之根本之法者，即宪法也。故宪法者，同于人魂，无论何时，皆有变更。例如左图，若人皆为"甲"，为有文明程度之人，其人之面无异，犹之昔人与今人之身体，大体宜若不差。然身体虽历数千年无异，而其魂之发达之程度有不同。故受教育之人，与未受教育之人，见其容貌虽无异，而其心之劳动实有不同。试先使人人为"甲"心之发展，在已有程度之时，于此更进以完全运转之根本法，则其全部之人皆发达完全。此必要之根本法，即所谓"甲"之宪法也。然各人之"甲"变为各人之"乙"之时，则由昔至今之宪法为不足，即有防害全体之人之发展，欲完全谋全体之人发展，则不可不变更其宪法，所谓"乙"之宪法也。

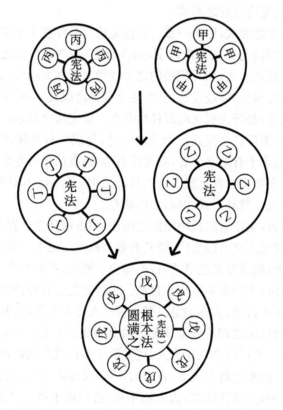

戊者，统括甲乙丙丁等诸发展程度之要件于其内部，而戊之圆满发展则在自我，自我发展圆满则各益其根本的方面之至于完全者，统一是也，至各国之宪法亦各从其发展，益其根本之规定。而此圆满之宪法，统括各程度之根本法之要素。

　　然更求人民进步之结果，则最初之"甲"之宪法不能用，试观与此相同之他国，其始对于"丙"之人心，则有"丙"之宪法。人心变为"丁"之时，则变立"丁"之宪法，然人心若达于戊，则"丙"者又未尽善，谓为专制之宪法可也。例如日本圣德太子之宪法十七条，宜若尽善，即比于今日之宪法，其精神亦为差异。然在今日要未能尽善，即于其精神所确定之形式机关之条件有缺点也。故由今日观之，此为专制国之宪法，而不能谓为立宪国之宪法。故人之由"甲"而"丁"至于"戊"，发展圆满，进于文明开化之时，则变迁此宪法，而成今日之宪法，所以最小限度之国法虽无变，而宪法之自身常变。

　　第二目、宪法改废之形式

　　宪法改废之形式，原无一致。若使宪法全然存在于不文法之国，其最小限度之国法与宪法殆难区别，而改废之时，亦无特别之难事，以其不过有消极的之形式，而无积极的之手续也。若在文明发达之国，宪法与最小限度之国法，分歧发达，其宪法之全部之成文，不必用系统，而其内容之所规定，必皆为成文的复件所存在。盖宪法之发达，一方为人心之发达，他方为形式之发达。形式之发达，与成文有密接之关系，但形式之外部，表著于有形之方者，有积极有消极，有简单有复杂。

　　宪法之全部或一部之成文变更废止之时，必不可不明积极的而践其一定之形式。然其形式如何，大体如左。

　　如前所说，宪法者除最小限度之国法，而占最高之位置者也。所谓最高者，不仅统括之范围之广，谓其有效力程度之强也。效力之范围既广，程度亦强，则其变更之形式，自不能免于繁杂，不能不视之郑重。凡小国皆能自由，大国则不能离乎自然。小国之宪法有种种之现象，即就形式而论，多不自然，人亦如是。譬如仅三人之少人数，若兼合而居，虽理论各异，而自由之理论皆能满足。若其数更少，设仅一人于此，则理论更能自由。又试以小人比大人，更安然于不自然之理论，或从五重之塔飞下，或从清水之舞台飞下，自以为不死，又或盗人之物而自以为善，如此自由之理论，彼皆能之，大人则不然，必曰此不可。又人数众多之地，亦必曰此不可。故国家既大，宪法之形式之变更，而欲一己自由，不践自然之形式，必不可能。今易一言曰：大国发展圆满者，于宪法之变更，较通常之法律命令之变更，必践郑重之形式。其形式若何，即宪法者居于最小限度之国法之上者也。譬之最小限度之国法为讲台，宪法为桌之脚，其他国法为桌之平面，则此脚必居于台之上。然此讲台何在？则在此室之地面之上者也。此地面，或为赤土，或为砂，或为泥，又或为水，以至教室之讲台之性质及其变化，并其桌之大小、轻重等，皆有一定之理由。故依其最小限度之国法之性质，而宪法之形式之变更不同，兹列举其大体，盖有三焉。一曰大人本位，以此为最小限度之国法成立之根据者；二为民众本位之国，以民众本位为最小限度之国法成立之根据者；三以国家统括而为国家者。

所谓第一之大人本位者，一言以概之，即君权国；所谓第二之民众本位者，即民权国；所谓第三以国家统括之而为国家者，即联合国家。

第一，大人本位之国家。

大人本位之主义，惟君主一人独断成立其宪法，并能使之变更，或使之消灭者也。日本现亦如是。当明治二十二年，主张大人本位，于是天皇独断，发布宪法。但当时之发布者，非仅主张大人本位之一点，而于形式上尚参以民众本位，调和而成此立宪国。此立宪君权国宪法变更之手续最为郑重。即作一普通之法律，亦必郑重之。例如议会出席者，此通常之时，人数不多，则不能开议，缺席者多亦然。又或出席谈判之件，赞成者比通常之时不多，则亦不可。此即所谓无三分之二以上之同意，或四分之三以上之同意也。又变更、废止宪法案之提出，唯君主能之，然有时亦不仅君主能之。日本则限于君主，虽或置摄政之时，亦不能变更、废止其宪法。要之虽有种种之事情，在此时不过郑重其宪法变更、废止之手续者已。

第二，民众本位之国家。

民众本位之国家，与大人本位之性质，则大有别。夫民权国所谓总揽者甚为复杂，试就大国言之。大国为日常敏活之活动，必于议会集其终局之势力。至于宪法预更之时，或两院议员合并，先为议决应行改正之集会，至议决改正时，则两院须会同更组织国民会而议决之，此法国所采之方法是也。或宪法之改正，仅为特别条项之变更，则于通常之立法机关会议先议决之，后依总国民之直接投票，而为最后之决定。或欲改正全体时，则最初之议决，亦不于通常立法会议行之，而组织特别之立法会议以议决之，且更对于国民直接投票，以为最后之决定，此北美合众国所采之方法也。

若瑞西，自昔有共和国之模范者，因其国小，有采直接投票之方法者,而大国则不能。盖因宪法之变更改正,而劫特别之议会者,此为大国通常所采之制度,而小民权国亦间有之。合而观之,此两方面皆有必要之时,盖民权国比君权国匪唯郑重而已,故其手续大异。

第三,联合国家。

所谓联合国家者,因于国家之上,又有国家,从其内部所有各国之立法议员得以承诺之。若有宪法改正之特别事情,对于联邦所立各州立法议会议决之,其从来所专行者,先以议会各院三分之二之多数议决改正案,而以之对于各州之立法议会之议决,以总立法议会四分之三之同意,为确定议决。瑞西、墨西哥及及濠洲联邦亦采此方法。

第二款　公法

第一项　公法之地位

欲言公法,当先知法。法者何? 即规律的合成意力也。有三要件,试列表以明之。

法之本质,由规律的合成意力而发生。当未成法以前,意思者之间有种种之关系,即有种种之发动。而意思发动之间,又有一规律以约束之(规律者如尺所以度长短,斗所以量多寡是也),是之谓法。例如,甲与乙有借贷关系,定期偿还,乃人人同具之意力也。甲与乙各具此意力,谓之意思者之间,当乙借物之初,存有偿还之意思,谓之意思发动之关系,或乙借而不偿,则必有令其偿者,所谓禁制之是也。禁制者,非甲也,丙也。丙与乙虽为间接之关系,而实不啻有密切之关系。以人人心理,同具此规律的,遂成一种之合成意力,但此意力,非有权力者所制定,乃人人心理集合而成,试晰言于下。

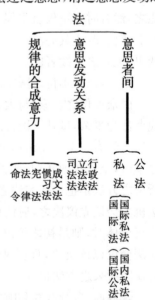

(一)甲与乙立于平等地位,而有意思发动之关系,即为私法之关系。丙为规律之者,即国家认为法也,如第一图。

(二)乙含在甲中,不立于对等地位,而有意思发动之关系。丙亦得而规律之者,是为公法之关系。例如甲为东京市,乙为东京市民,市民当服从市所规定之条例,而国家更设一市制以规定之。如第二图。

第一图

第二图

第三图

（三）乙一分子之意思,对于甲有发动之关系,乃甲与丙立于联合之地位,二者合而规律之,仅见丙不复见甲,亦为公法之关系。例之甲为国家,乙为人民,人民有纳税之义务,若迟滞而不纳,甲可执法以相强制,丙即法也。如第三图。

总之,凡全部对于全部为私法,分子对于全部为公法。全部有时为分子之资格,分子有时为全部之资格,亦为私法之关系。例如国家之借民债,必负偿还之义务,是国家以全部之资格退居于分子之地位,而人民于同时则进居于全部之地位。夫国家以全部之资格,而不能不偿还民债者,亦即社会心理之合成意力以规律之也,故仍谓之私法,不得谓之公法。

又小团体在大团体之中,不得以小团体即无规律的合成意力,如第二图甲为东京市,乙为东京市民,即市为全部,市民为分子也。市以条例规定市民,是为小团体之公法,其条例以外,国家又以市制规定东京市,是为大团体统括小团体之公法。

由是从意思者间,生出公法、私法。私法之中,则有国际私法(国内私法)及国际法(国际公法)。国际私法者,如社会对于社会,个人对于个人所生之意思关系也。国际法者,如甲国对于乙国,乙国对于甲国,均立于平等地位所生之意思关系也。近世学者,每言国际私法名词未妥,盖以私法者,仅限于个人或社会之交际,不得谓之国际,故又称为公内私法。从意思发动之关系,生出行政法、立法法、司法法。

从规律的合成意力生出成文法、惯习法及同时之宪法、法律、命令,但法律、命令不得称为规律的,惟宪法为各法之本,可谓为规律的合成意力也。

第二项　公法之性质

公法与规律，全邦之意思与其分子之意思者，惹起基于全部分子之资格关系之意思发动之关系者也。公法与私法，不可无所区别，然亦甚难明了。约言之，凡有数种。

（一）以公益、私益为公法、私法之标准者，此说有未尽善。粗言之，如杀人则害社会之安宁，不杀则可以保全秩序，此公法也。又如借物必偿，乃于个人有益，不偿则有害，此私法也。精而言之，则杀人亦害个人之私益，不偿亦害社会之公益。故此说不足为标准，但可谓公法、私法为公益、私益之大概耳。

（二）谓公法为规定权力之关系，私法为规定平等之关系。此说亦未甚当。如私法中师之于弟，主之于仆，股东之于支配人，其相立未尝对等，而又皆有权力之关系，故以权力平等为公法、私法之标准者，亦不足据。不重谓私法、公法，大概为权力平等而已。

（三）有以公平正义为区别者，然此只可以定私法，以其为个人与个人之关系也。若公法，则有时因国家之利益而牺牲个人，或夺取人国者，其非公平也明甚。故可约略言之曰，私法为均一的公平正义，公法为分配的公平正义。

（四）有谓个人与国家之关系。国家可以一方的，决不必问其同意与否，私法则必得当事者双方之同意。此说亦未尽善，不过得其大略而已。

第三项　公法之种别

第一标准，国法与自治团体之法。

就国内法言之，民法、商法皆国家以内之法，不得谓为国法。国法者，为国内法之一部分，而规定国权之组织及发动者也。故公法不等于公法，必为国家法之公法，始得为国法。自治团体之法，为国法之附庸，如颁布条例于东京市，即为东京市之公法，至于国际法将来发达，或可成为一种公法，但以现时程度观之，只能谓为国际私法，未足为公法之标准。

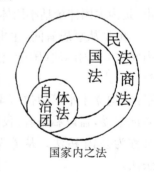

国家内之法

第二标准，分为二。

（一）依于法而能为规律的意思发动者。为使生其法之组织之统括

者之公法,简言之,即当事者自身使生之
公法。盖人民与国家同有意思发动之关
系,而国家乃自立一法以规定其与人民之
关系,是为单一国法之标准。如甲为个
人,乙为国家,乙欲甲充兵纳税,必有征兵
收税之法,法即丙也,而丙之意思,实起自
甲与乙合成之意力,故为公法之一种。

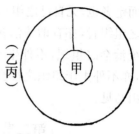

单一国国法

　（二）使合成规律意思发动关系之法
之组织,属于第三者之统括者之公法。简
言之,即为第三者所定之公法。夫公法之
性质,为分子与全部之关系,必由全部以
规定。然有时不能自订一法,以规律自
己,不得不待第三者之规定,此可分为二
项言之。(1)自治团体之国法。如东京市
之对于人民,有条例以为规律,而国家又
立市制以规定东京市,是即第三者所定之
公法。参照第一图。(2)联合国家之部分
国之国法。如甲、乙、丙三部分国,有不由
国家自定而由外部之丁联合国家所定者,
亦谓之第三者所定之公法,参照第二图。

第一图
自治团体之国法

第三款　国法与公法之关系

　国法与公法之关系,前已略述,兹更
为图以明之。法者无公私之别,皆统括于
法之中,公法者,亦无论何种公法,皆统括
于其内。国家公法,即国法广义,前已详
言,毋庸赘述。单一国之公法,皆由自己
所定,有自定之公法,自可合乎国家之公
法,惟联合国则非自己所定,乃由于第三
者,故于前图内特表明之,而追究其自定
之法,则皆原始于甲,甲如人民之心理,乙
即以此心理成为国家之法也。虽然,国家

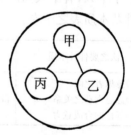

第二图
联合国家之国法

自定之公法,与统治权有关系,不可不研究之。夫国法者,以自己之组

织而定者也,无自己之组织不得谓之国法。学者有谓国法即国家统治权之组织者,亦有谓统治权之组织即国法者,以予意揣之,谓国法即国家统治会之组织,不外生于法之社会心理,谓国家统治权之组织即国法,亦不外生于组织之社会心理,必以社会心理为国法之原理,而后其理由乃见。

第二节　国法上之权利、义务

第一款　权利、义务之意义

世无坐享之权利,亦无虚尽之义务。小言之,至于结一宴会,公议当纳会费若干,是必有纳费之义务,而后可享宴会之权利。今有人既赴其宴而复吝其费,他人虽无訾议,己亦未免怀惭。若已纳费而不许与会者,则断乎未有。盖权利义务,常相结合而不可离,此自然之心理也。又如甲借金于乙,甲有请求偿还之权利,乙即有正当返还之义务。是借而必还,乃甲乙之心理也。社会上皆有此心理,乃能有规律的意力,是之谓法。故法也者,权利、义务之所由生也,法之于权利、义务,犹普遍我之于个人,有个人而后有普遍我,故有权利、义务即有法在。试将其要件及本质表之于左。

法之要件并本质	权利之要件并本质	义务之要件并本质
(一)意思者之间 (二)意思发动之关系 (三)规律的合成意力	得为特定之意思发动之意力	当为特定之意思发动之意力

权利、义务之本质,与法略有不同。法为关于全部之合成意力,而权利、义务属于个人与个人。故于权利而以得为特定意思发动之意力为本质,于义务而以当为特定意思发动之意力为本质。其所以得为当为者,即为个人与个人之规律的合成意力,故有合成意力,而权利、义务乃不能与法离。其要件有三:

第一,必要法律上人格之存在。

有意思即有人格,此非寻常意思者间,乃法律上之人格也。为法之要件,亦即权利、义务之要件。无论全部对于全部,分子对于全部,但有法律上人格之存在者,权利、义务即随之而存在。若人格丧失,则权利、义务自归消灭矣。

第二,法必要规律的合成意力之存在。

法为权利、义务之源泉,有法在,而后权利、义务得以发生。犬马之为人驱使,乃迫于事势之不得不然,非法上之所谓义务也。古昔专制国家视人民如犬马,人民之服从君主也,亦为事势上之压制,非法之所谓义务也。权利亦然。富役贫、强凌弱是权力也,非权利也。故曰权利、义务之发生,必要规律的合成意力之存在。

第三,于特定之意思发动之关系时,当使生其得有之意力(权利),与不可不有之意力(义务)。

权利、义务之本质者何? 例如甲以金钱借于乙,即生求偿之权利,是谓得有之意力。乙借甲金即生应偿之义务,是谓不可不有之意力,其意思发动之关系如此,故其权利、义务之关系亦如此。

第二款　公法上之权利义务

第一项　意义

公法上权利、义务之本质,与私法上无以异,其所以异者,不过意思发动之关系耳。盖公法上之权利、义务生于不对等之关系,私法上之权利、义务生于对等之关系,何谓对等? 即全部对于全部,俱立于平等之地位,而其关系为均一的,如甲与乙皆为全部,甲大乙亦大,甲小乙亦小,绝无高下之区别。即小而至于不足,大而至于无限,亦皆彼此平等。

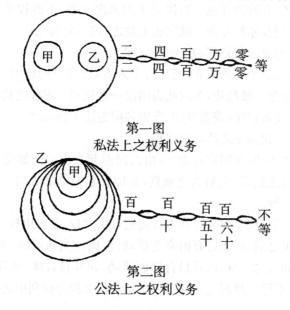

第一图
私法上之权利义务

第二图
公法上之权利义务

无资格之关系,是为私法,如第一图。何谓不对等？全部对于分子,其地位不相等,即关系亦随而变动。如甲为分子,乙为全部,全部之于分子,或增大,或缩小,无一定之范围。譬之百之于一,与百之于十,或五六十,是皆数不相等。有资格之关系,即为公法,如第二图。盖全部之对于分子,皆因其资格以定之。人民之资格不同,故权利、义务即因之各异。全部者,犹之人身也,若拔一毛,去一发,犹无关于痛痒,若去其目,虽不至死,亦成废疾,至抉其脑则可立毙也。全部之对于分子,有轻重之关系者,亦犹是也。

是故国家依国法以定人民之资格,则人民对于国家之权利、义务,亦由资格而生,或百分之二十,或得百分之一,其所得之二十与一,即人民之资格也。资格有大小,权利、义务即有轻重,此非由于特定的意力所发生乎？虽然,权利可以抛弃,而资格则不可抛弃,盖以权利由资格而生,而资格乃国法之所特定也。譬如人之有目,所以司视也,目有时可以不视,要不可因不视而去其目。权利亦然,有时可以不享,而不可因不享,而失其资格,或谓权利不可抛弃者非也。

第二项　臣民公法上之权利、义务

臣民为国家之分子,犹个人为普遍我之分子也。分子之对于国家,无论何等义务,皆当尽之。要亦不可漫无制限,必法律上定一范围,而后尽义务者,有所遵守也。臣民对于国家之义务,不胜枚举,因而公法上所生之权利,亦甚复杂。就国法上观之,约可分为三种：

第一,构成国家外部的组织之权利。

国家者,由个人所成立,则凡为个人者,皆可以构成国家之外部的组织。故近今一般趋势,多以此为国民一种权利。古代之构成国家者,皆有等级,或重官厅,或重贵族,今则各国宪法上特除之。

第二,惹起国家之活动之权利。

国家之活动,非国家自为之,由人民惹起之也。例如设一裁判所,必由诉讼者之请求,而后为之裁判,是即惹起国家之活动也,故亦为臣民权利之一种。

第三,当对抗于国家时有不得侵犯自由之权利(自由权)。

有人民之活动,而后有国家之活动,但国家当活动时,尤当许人民之活动。如人之一身,以耳目百体而活动,而耳目百体,又各有自由之活动,身体不得而禁制之。故人民活动之自由权为权利中之最重者,国家更不可有所侵犯也。

第三项　国家公法上之权利、义务

国家公法上之权利、义务，与人民公法上之权利、义务相表里。古代国家之对于人民，有权利而无义务，自宪法定而义务生焉。（一）使一般人民构成国家之外部的组织之义务；（二）使惹起国家之活动之义务；（三）当对于臣民时有不得妄自侵犯之义务。故有国家之义务，即生人民之权利；有人民之义务即生国家之权利。质言之，国家与人民间权利义务之关系，要必以法为准的。

第二编　国法上之人格者

国家为活动之主体，国法为规律的合成意力，前已详述，兹于本篇言国法上之人格者。国法上之人格者，即国法所规定国家与臣民及各团体之意思活动关系之主体也。试先提前论之如左。

宪法者，国法之总则也。欲研究宪法，必先研究国家之与臣民。国家与臣民者，国家之主体，亦即规律的之人格也。故本编先言国家，国家以臣民及其团体为要素，有臣民、团体，国家即以组织，有国家之组织，而国家之对于臣民与团体，即有种种活动之发达。故于本编言国家，必兼及臣民与团体（第二章第三节构成组织，言官吏、议员，自治组织，言臣民、团体）。臣民与团体对于国家，有组织之活动，而臣民之对于臣民、团体之对于团体，又各有自为之活动，国家由臣民、团体之组织而生活动，若不能发达臣民、团体之活动，则国家亦无由而活动，且不得成为国家。故本编第一章，言国家之活动力，国家有活动力，而后成国。其所以有活动力者，由于臣民及其团体之外部的组织，故本编第二章言国家之外部的组织。但外部的组织与法相辅而行，无法则不能成外部的组织，故于上编第二章内分类而详释之。

原动机关及其组织（第二章第一节）有时在法之上，有时在法之中，有依于法者成立者，有依于事实而成立者，机关与组织分而言之。日本无此学说，欧洲学者亦罕言之，予特以己意剖析之者也。原动之意义，学者多未详究，在日本有谓原动之机关与组织，为天皇之命令者，予亦不敢赞成,不得不引伸己意而详之。

宪法上之行政机关(第二节所述),他罪者亦无此名词,其理由后当详言。宪法上之组织者(第三节所述)即人也,与机关迥别。机关者,不得有人之资格,乃人以外特别之资格也。如人有心脏,心脏之所以活动者,亦由于特别之机关,不得谓为分子之活动。

自治组织之名,亦予特别之学说,必有特别之解释,而后意义乃明。夫绝对我之中,有普遍我,普遍我之中,有各个自我之活动。集合各个自我之活动,乃能为国家之活动,故个人自我之活动,非为一我也。为普遍我而活动,又即为绝对我而活动也。虽然自我为普遍我、绝对我而活动,则个人之自我,不将复为无我乎? 而不知个人之自我,犹自在也,有时为普遍我、绝对我之活动则无我,如宪法上之代理组织、补助组织、构成组织是也,有时为自我而活动则有我,如宪法上之自治组织是也。惟自治组织(第三节第四款所述)介乎有我、无我之间,一面为我,一面为人。为我则行自我之活动,为人则发达普遍我、绝对我之活动,个人各有自我,而复为无我者,盖使自我之发展以为组织国家之基础,则自治为公。以为自我谋利益之发达,则自治为私,故自治者分子为自我谋独立的全部之而力而特使之发达者也。若自我不谋自我之利益发达,是放弃其自我,即放弃其国家也,故得而断之曰:无我则必无世界,精言之,善莫善于无我,自我一以存在,国家一以存在自我。

第一章　国家之活动力

第一节　性质

第一款　团体之活动力

团体之活动力,为团体所共有之性质,试分晰言之。

第一,以合成意力为其本质。

以自我而论,自我有自觉性,故能结合内部无数之意力,而为单位。国家无自觉性,以各个自我之自觉集合而为合成意力,由合成意力之集合而为外部的组织,则国家乃能成立,故曰国家之活动力以合成意力为其本质。

自我为国家之分子,因有自觉性,故可为单位,且可为独立全部。盖个人之对于国家,有时可以个人之意思,与国家而有交涉,非若人身之有肌肤,肌肤虽为人身之分子,要不能离人身而独立也。

第二,兼备各种之资格。

国际团体之内,有多数国家。国家之内有多数个人,故国家之对于国家,与国家之对于个人,即有种种之资格。

(一)国家以分子之资格,对于国际团体,为公法之关系;

(二)国家以全部之资格,对于个人,为公法之关系;

(三)国家以全部之资格,对于全部之国家,为私法之关系;

(四)国家以分子之资格,对于国家之分子,为私法之关系。

资格既殊,区别自异,何也?团体对于分子,可以起意思发动之关系;分子对于分子,不能起意思发动之关系也。如人身然,手之于身,不可谓无关系,若谓其有意思发动之关系,则无是理。但国家对于国际团体,其意思发动之关系尚形幼稚,故未足以为完全之法。

第二款 国家活动力之特质

上言国家之活动力,即团体之活动力。此言国家活动力之特质,与一般团体之活动力不同。盖团体之活动力,须有外部的组织,故以国法为保障。而国家活动力之特质,则以自己之法自为其保障。例如修建层楼,必有基础。国家者,以自己之法为基础,而团体则层积于国家之上,以国家之法为基础,故欲研究国法,当先研究国家内部之法;欲研究内部之法,当先研究各个人之心理。盖国法者,由各个人之心理力而合成者也,有合成之心理力,而后有国家之活动力。国家之活动力者,即国家之原动力,亦即最初发源之活动力也。于下节详言之。

第二节 国家之原动力

第一款 意义

(一)为本源国家之原动力。天下事有结果,必有原因。一物之破坏也,必有因而破坏者。破坏之因,又必有其因在焉。追而溯之,至于最初之因,而后其原动力乃见。国家之原动力,即其本源之活动力也。

(二)最广之统一力。原因未成立以前,含有种种之关系。合此种种之关系,而后结果生焉。例如上月知为本月之原因,而上月以上之原因,又何从而见,则必层次递求,始得其统一之原因,国家之活动力亦然。将一切关系统括为一,乃无最广之统一力。

(三)最高之自由力。国家统一力之发生,乃生于自由力,非如风雨之自然发生,实由乎本身之自由力。譬诸人之一生,自少而壮而老而死,其一生之活动力,歧出不可胜数,孰统一之? 则统一之以生活之目的而已。此生活之目的,由自我所发生,虽亦有时处于被动之地位,然为自我之生活起见,要多以自由为主体,故观于个人之原动力,即可知国家之原动力。

国家由自我之构造而成,若个人皆为自我以谋生活,则人人自由而无制限,又何以为国? 故多数之自由力,非各个之自我统一之,乃国家统一之。此统一之最广者,自由力为各个人所同具,亦惟国家乃能包括之。此又自由力之最高者,试观国家有非常之变,而为防御之行为,如兵之整顿军旅,商之转运饷糈,工之制造枪炮,皆从事于国家之内,若问其目的,则为名誉者有之,为利益者有之,为忠爱者有之,而国家则不问其目的之究竟为何,统谓之出于战争之目的,是谓统一最高之自由力。

第二款　根据

自我之统一,事实上之统一也。问其何以统一,究有难言者。夫同一人类,同一活动,人类之目的万变,则其活动之目的亦万变,又何以为统一乎? 虽然两人相值,必有踪迹之可寻,以言统一,自有统一之者,如甲学法律,乙亦如之,则同一研究学问之目的,即可成一共同行为。二人之统一,既归纳于一事,又可为亲友之结合,而主义同矣。主义同者,虽未能因一事之统一而概括其全体,然其事其情既与人同,则其全部必与之同,不得谓留其过半,而不与人同也。夫以一人抱种种之目的,又与各个人之目的相同,则此一人之目的,可为各个人之中心点,自不难联络而为一气。然所谓联络者,果以何者为根据乎? 人无论知愚贤否,以理制之,未有不服者,则以理联络之可也。然理失之最广,有时认理不明,致生冲突,则莫善于以情,情易感而最坚。夫妇朋友之间性情浃恰,此其显而易见者也。等而上之,至于君主之于人民,从表面上观之,权力不均,地位不等,利益不同,似不足以言联络,而其所以联络者,亦不外乎情,是谓国家原动力之根据。

第三节　国家之活动力与外部组织

上节言国家之活动依分子之精神,此言国家不仅依分子之精神,必有外部的组织,始能成立。例如人民对于君主,无不爱之敬之,而君主之对于人民,尤当求所以与敬致爱之策,兹该言其要件:(一)各个人内部心理之关系;(二)外部的组织之意力;(三)密接之关系。盖国家之精神力,各个人之意力也。意力生于外部,心理存于内部,有各个内部心理之关系,必与外部组织之意力相合,而后生密接之关系。

第一款　外部组织之分歧发达及统一

人之初生,仅知有我,而不知我之终身之事业,然各个人有自我,即有自觉。有自觉,则自我内部之力,必日形膨胀,有内部膨胀之力,则分歧而发达于外部,此势所必然也。故当自我未发达时,外部之组织亦极形单简。如古代东西各国,有以君主为外部组织之中心者,有以人民之集合为外部组织之中心者。及近世自我之自觉发达,内部之力,有无数分歧,即外部有无数组织,并有无数机关。如人皆爱财质,国家即为之设财政机关;人皆知教育,国家即为之设教育机关是也。由是言之,外部组织之分歧发达,视自我之力以为衡。试列表于左。

自我力之大别		专制君权国组织之中心	立意君主国组织之中心	
自　由　力			君　　　主	行　　　政
需　要　力		君　主	国　　　会	立　　　法
理力	自　然　之　理		君　　　主 国　　　会	
	人　定　之　理		裁　判　所	司　　　法
自　　　我		国　　　家		孟式学说

自我之力有三:(一)自由力;(二)需要力;(三)理力。渴而思饮,饥而思食,寒而思衣,谓之需要力。欲饮则饮,欲食则食,欲衣则衣,谓之自由力。饮食衣服,适当与否,一一评论之,谓之理力。理力又别之为二:(一)自然之理。如二加二等于四,由高可以坠下,所谓自然不动之原因结果。(二)人定之理。即人所定之法律是也。在古代专制国,自我之力未发达,凡自由力、理力、需要力皆以君主之组织为中心,谓君主之自由,事事皆从心所欲,臣民不得而干涉之。谓君主之需要,无论为正当行为与否,绝无限制。如君主好战争,则当备军旅;君主好游逸,则当承意旨,而人民无敢不供给者。谓理力,全由君主之制定,无所谓自然者,即命令可以生法律之效力也,故以君主为组织之中心者,实自我之自觉力,未经发达之时代也。及自我分歧发达,国家亦分歧发达,如今之立宪国,自由力属君主,需要力属国会,理力中自然之理属君主与国会,人定之理属裁判所,所由与专制君权国异也。

分歧发达之说，倡于希腊亚里士多德，英儒陆克继之，而以近世法儒孟德斯鸠为最著。孟氏所主张以行政属之君主，立法属之国会，司法属之裁判所，然此非从自我之根据上探出，乃从法律上着想。不过因与社会心理有相反映之处，故各国皆采用之。孟氏又有三权分立论，即立法权、司法权、执行权是也。孟氏于立法权与司法权言之最略，而注重于执行权。但执行权范围最狭，不若今日行政权之广，且皆以法律为标准。其不完全者自多，如以立法权属于国会，而关于财政上之预算，何以归国会议决乎？况立宪国之立法，不仅在国会，如君主有裁可权，大统领有否认权是也。又谓执行权仅执行法律，然如缔结条约、督率军队，皆不属执行权之机关，而君主何以亦执行之？此皆其说之缺点也。其尤大者，则在于三权独立，与国家统一之性质相反。欧洲学者苦心焦思，欲得一统一之法，而议论纷繁，莫衷一是。卢梭主张以国会统一君主与裁判所，孔尔达谓国会、行政与裁判

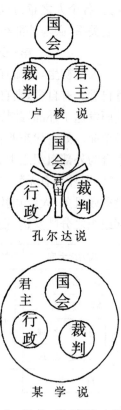

卢梭说

孔尔达说

某学说

所，当以君主介乎其间而联属之。又有学者谓国会、行政、裁判所三者，皆受君主之摄制，而以君主统一之。此数说虽各有所见，而要不足以为统一，然则统一之法维何？以余意断之，国家由乎自我之发达，则可统一于自我。夫自我之力，有自由力、理力、需要力之三种，皆从自我之自觉而生，是以自我统一之也。国家亦何犹不然，虽自由力属于君主，需要力属于国会，理力属于裁判所，其所以统一之者，舍自我其奚属乎？故国家自我统一之说，虽未敢自信，但将来国家之发达，非由法律，而由于人民之心理，可决言也。

然则，民权国之统一如何？在专制民权国，则自由力、理力、需要力之中心，为人民之集合。及进而为立宪民权国，自我之力发达，国家亦发达，于是需要力则在国会，自由力则在国会与大统领。国会可统括一切，而大统领只理通常事件而已。理力中自然之理，亦属于大统领与国会，人定之理则属于裁判所。总之，机关组织虽有无数之分歧发达，而

其统一之根源，要不外乎自我。

自我之大别		专制民权国	立宪民权国
自 由 力			大统领（通常） 国会（总括）
需 要 力		人民之集合	国　　会
理 力	自 然 之 理		大 总 统 国 会
	人 定 之 理		裁 判 所
自　我		国　　家	

第二款　最高之自由力之组织

　　国家之组织，必要有最广之活动力。然欲统括一切之活动力，不可无最高之自由力之组织。自由力之组织者，即组织自己组织之组织也。换言之，即国家之原动机关，不可不由于内部之发生存在。虽然，欲言最高自由力之组织，当先解决最高主权之问题。最高主权者何？国家于自己之主权，无论何时何事，皆不可受外国之干涉者也。然此主权之果重要与否，不可不详细研究之。当十六世纪时，法国学者播点（Bodin）谓国家不可无最高之主权，若偶受外国之干涉，即不得谓之为国，而等于国外之一团体。此说在数年前尚有势力，又有播铁衣奴斯谓近世北美合众国之独立、瑞西之联邦当初无最高主权，今不能谓之非国。于是学者之间议论一变，盖联合国中有无数部分国，其部分国有时虽听命于联合国家，然部分国仍有主权在也。又国际法上之关系之半主权国，往往服从于主权国，如乙国之隶属于甲国是。然半主权国，虽被保护于主权国，要上得谓其无主权也，然则最高主权之问题，当以德意志解决之。德合数十国而为联合国，固有最高主权，则其各部分国，必等于一国中之市、町、村自治团体而后可。如各部分国，皆有最高主权，则德意志不得谓之联合国，只可谓之国际法上之结合。由此点以观察之，则部分国即无最高主权亦无害其为国，但须由自己内部之力以组成原动机关，即可谓之为国，非必不受他人之干涉，而后可成为国也。质言之，国家者，要本于自己之第一事实之自由力，得认其团体存在之组织（即原动机关）之发生，并其团体基于自己之自由力之存在者也。盖国家之所重，必要自主权之存在，不必要最高主权。所谓自主权者，于自己之内部有统括的存在之原因之谓也。如我之为我，赖有内部之力，以成为我，我固有自主权，然我外有人，若欲人全无干涉于我，势必不能。故外部之干涉可听于人，而内部之主权则操于我，我能自主，我即成其为我，亦即所以成其为国。

（一）最高主权国

（二）非最高主权国

    （1）联合国家

    （2）部分国

    （3）国际上之半主权国

从事实上观之，非最高主权国之人民，自觉有一最高主权在，盖部分国与半主权国之人民，只服从其本国之主权，不能强之而服从于联合国及被保护国，以人民无同时载两主权之理也。故分而言之，联合国与部分国等耳，无所谓最高主权。合而观之，联合国既由部分国组织而成，则较之部分国有最高主权。若自主权则不然，甲国有甲国之主权，乙国有乙国之主权，无所谓分，亦无所谓合，苟有一国家之存在，即有一自主权之存在也。

第二章　国家之外部的组织

总论

第一款　外部的组织存在之基础

自我之存在，非谓世界仅有我存在，我不过为普遍我之发现，即因有普遍我而始能存在也。无普遍我则无自我，无自我亦无普遍我，普遍我之与自我，如形影之不能相离，关系甚为密切。例如我为上国人，然无中国国民，我亦不能为中国人，无自我之中国人，乌有普遍我之国民？是故自我与普遍我，有同一之性质。如我为三角形，普遍我亦为三角形，自我纳于普遍我之中，犹之以小三角纳于大三角。辟之中国人之本质为三角形，欧洲人之本质为四方形，若以个人之三角形之本质，变为四方形，则非与欧洲人随而化之不可。即后之个人，变为四方形之性质，而欲全国普遍我之三角形，皆变为四方形，则自我必有所不能。故曰自我者，各具有普遍我之性质与精神，而成一国之现象也。

自我之性质，既同于普遍我，则凡爱自我、利自我者，皆自我之天性。即可以我之天性，推及于人之天性。如子之爱父母，父母者对于自我而言,亦他人也。社会之大,我何以爱之? 是可由我之所自爱者,而推及于人且利己利人。我与人未必自觉,如于市上雇车,雇之者仅知利己,非有利车夫之心。车夫之待人雇,亦只知自利,非有利他人之心,而不知其结果,同时交受其利。又有因利他心,而转成为利己者,如持博爱主义之人,专以济人之急为念,非有利己心也,而名誉则同时归之,盖有利己心,即有利他心。有利他心又即有利己心,二者有密切关系,而不能相离者也。外部的组织存在之基础,亦即此利己心、利他心之关系而已,试再分晰言之。(一)爱他心;(二)自觉之爱他心;(三)自觉爱全部之心。盖爱他心与自觉之爱他心,虽为组织之基础,然犹属于个人之与个人,不能成为外部的组织。必有自觉爱全部之心,乃可谓之组织心。有组织心,即有组织人格。组织人格者,亦即自我上之一人格也。盖自我之人格有二:(一)私人格;(二)组织人格。私人格仅有利己心,如借人物而必偿是也。组织人格与国家之组织有关系,如官吏是。此二者虽同属于自我,而亦有分别。私人格为我之意思,人人异趣,遂有种种之差殊;组织人格则无论何人,皆有共同之性质,惟有组织之方位不同,及其分量之大小稍异也。

第二款　外部的组织之意义
总说

(一)国法学上之外部组织者,谓法所认为外部的组织也。

外部的组织,有事实上之外部的组织,即由各个人自我之自觉而使发见,国家全部之活动之意力也,简言之,即由于爱国家之情之意力。盖活动之主体,为有人格者,牛马亦能活动,特无人格,即不能有自为组织之意力。故有此自为组织,而成国家全部活动之意力者,国法上即认为外部的组织。

(二)法上之外部的组织有二种意义。

(1)秩序的全部之意义。国家既由各个人自为组织而成为全部,则各个人组织之意思,必有互相联络之精神,国家而使各种自为组织之意思,合成互相联络之精神,是之谓秩序的全部。

(2)各部分之意义,即联络小部分自为组织之意思,又即事实上各个人之组织者也。

事实上之外部的组织,由于各个人之自觉,尚有难于明了之处,不若法上之明定组织,较为易知。下试言其法上之组织及机关。

第一项　组织

组织者,为组织作用之主体,即组织意思之主体,亦即组织人格。如皮肉为人身之组织,是为物质上之关系,其组织可见。国家之组织,则为作用上之关系,并须有意思之动作,而其组织不可见,故谓为组织人格者。组织人格统括于独立人格之中,如巡查为组织人格者,若指为巡查某甲,则又为独立人格。某甲死而易一乙,乙之行为仍为甲之行为,同一行为又可称为组织人格。组织人格与独立人格之区别,试于下项详论之。

第二项　机关

机关者,为机关作用之主体,即机关意思之主体,亦即机关人格。盖机关与组织不同,组织不离乎独立人格,而机关则超越乎独立人格以外而存在者也。如脑筋与心肠,为人身之机关,机关人所不见,而作用则能见。然有机体之机关,作用纯出于自然,而全无意思者也。国家之机关,有作用即有意思,二者相合而不可离。故曰为作用之主体,即为意思之主体。机关之构成,不外自我。自我有二人格,就自我一方面而言,自觉其为自己,是为私人格。就自我对于国家而言,乃为国家之分子,则又为组织人格。以一自我而有二人格,则为组织人格者半,为私人格者亦半也。团体人格者,由各个之自我相合而成,亦谓为合成人格,又即法人,此其性质,亦同时具有私人格、组织人格之各半之资格,不可不分晰而详言之,试列表于左。

(一)独立人格

分为单纯独立人格与团体独立人格,简言之,即自我与法人。法人有公法人、私法人之别,但与自我合而观之,同时皆有公法上之人格,与私法上之人格。例如以自我而借贷金钱,是为私法上之人格,或以自我而投票选举,是为公法上之人格。学者有谓公法人不能有私人格,私法人不能有公人格者,其说甚误。例如日本东京市长在国家行政官厅之下,而为地方谋公益,是公法人也;若市长对于他人,有买卖借贷之事,当用私法,则又为私法上之人格。又如保险会社之类,私法人也。对于被保险者之交涉,固为私法关系。若东京市会选举议员,此时会社之有选举权者,以其有为公法上之人格也。又如自我为国家之分子,其纳税于国家者,特以尽分子之义务,是为组织人格,亦即公法上之关系,无庸疑也。要而言之,无论为公法人、私法人,同时必有私人格、组织人格之资格。本于私人格之方面观之，即为私法上之人格；本于组织人格之方面观之，即为公法上之人格，虽观察之点不同，而其本质则一也。

（二）组织人格

分为二：（1）单纯组织人格；（2）团体组织人格。单纯组织人格，即自然组织人格，以自我成为公法上之人格也。盖自我不仅有组织人格，以外尚有私人格之一部。例如巡查为自然人，当其为巡查时，则为单纯组织人格。若不以巡查视，则与人无异。兹所为单纯组织者，即专指组织人格一面言之也。团体组织人格，即组织法人，亦即机关，组织可指定其人，机关则否。不能指某人为法人，亦不能指某人为机关。例如国会机关也，国会固有议员，不得直指议员为机关，盖机关者超越乎议员以外而存在者也。议员不可指为机关，何以巡查可指为组织？以组织与自然人有关系，而机关与自然人无关系。当议员至国会时，其私人格即消灭，惟余有组织人格之半面，以组织人格组织国会，遂成为组织法人。故议员虽弃职或死亡，于国会毫无关系，盖以国会原非议员之私人格所构成也。

独立人格与组织人格之区别何在？独立人格，同时有公法上、私法上之二种人格。组织人格者，一以自我成为公法上之人格，一以组织法人纯为公法上之机关人格。机关人格者，纯为法人，无私人格在于其内也。

所谓法人者，何以会社言之，由社员组织而成，社员皆有规律的意力以合成为法，故谓之法人，法人有二：

（一）事实上之法人，如团体、会社等。彼此有规律的意力之合成，不必经国家法律上之认定，而事实上自然存在者也。

（二）法律上之法人。例如国会有议员，由国家所承认也。议员共

右侧表解：

```
                    ┌ 单纯独立人格（自然人）─ 自我 ┬ 私人格（私法上之人格）
        ┌ 独立人格 ┤                              └ 组织人格（公法上之人格）
        │          └ 团体独立人格（法人）┬ 私法人
        │                                └ 公法人
        │
        └ 组织人格 ┬ 单纯组织人格（自然组织人格）─ 即自我之成为公法上之人格
                   └ 团体组织人格（组织法人）（机关）─ 公法上之机关人格
```

同议事，以构成规律的合成意力，亦为法律所规定，故谓为法律上之法人。以下专就法律上言之。

有谓法人因法律之拟制而成者（本无其事，而法律认定之谓之拟制），予不谓然。法人本为事实上之自然成立者，不过经法律上认定之耳。例如大藏大臣，一法人也。前者死，后者继，后者之资格与前者无殊，故自然人不存在，而法人可以继续也。其所谓继续者，非物质上之继续，乃精神上之继续。譬之人身血液，经七年而一变，今日之我，非昔日之我，而由少而壮而老。犹能记忆以前之事者，精神上之继续之力也。大藏大臣亦然，数次更迭，任者不一，而前者之省令，后者踵而行之，非继其人，继其法也，是之谓精神上之继续。

第三款　外部的组织之种别
第一项　机关之种别

第一，以法与事实为标准之种别。

（一）原动机关（总揽机关）

本在乎法之上，同时又在乎法之中。盖法生于原动机关，故曰在法之上；有机关而后有法，故曰在法之中。如日本之原动机关，即指天皇是也。

（二）法上之机关

无论何时，皆存在于法之中也。分之为二：

（1）宪法上之机关。宪法者有特殊之手续，及特殊之效力者也。此之机关，如议会、裁判所、国务大臣是。

（2）法律命令上之机关。此亦由宪法所发生，但其效力不如宪法之大，如各省大臣、府总知事、郡长之类是。

第二，以构成之差异为标准之种别。

（1）合议制机关，由二人以上组织而成者也，如国会是。

（2）单独制机关，以一人组织而成者也，如日本天皇是。

第三，以活动能力之性质为标准之种别。

（一）独立机关。机关之作用，即国家之作用。如天皇之裁可，各省大臣之发省令，是为独立机关。

（二）分意机关。机关之作用，不能为国家之作用。但当国家作用时，不能少此机关耳。例如国家所定之法律，须经国会之协赞，方能有效。又如国务大臣，其对于天皇之敕令，非经其副署则为无效。是国会与国务大臣，皆为分意机关，虽不得即为国家作用，而要为国家所不可少之机关作用也。

（三）构成机关。由各种机关构合而成，如各国国会，皆以上下两院构成之是也。

（四）补助机关。国家之作用，不必定经此机关，而仅立于补助之地位者也。如枢密院，所以备顾问，然不顾问而即行之，亦无害于国家之作用，故为补助机关。

第二项　组织之种别

第一，以法与事实为标准之种别。

（一）原动组织

即天皇，是有时在法之上，亦有时在法之中。

（二）法上之组织

（1）宪法之组织，如摄政及枢密顾问是，皆宪法上之组织人格者也。

（2）法律、命令上之组织，亦由宪法上所发生之法律、命令而组织之。如次官、事务官、判事、检事是。

第二，以能力之性质为标准之种别。

（一）补助组织。其能力范围仅立于补助之地位。如各省大臣之次官、参赞官等，所以补助大臣也。然大臣不须其补助，亦属无碍，故为补助组织，即宪法上之枢密顾问亦然。

（二）构成组织。谓以个人之地位而构成机关者也。在宪法上，第一为天皇，次如国务大臣、裁判所之判事、检事等，皆以个人之组织，为其构成组织者，构成组织，机关之机关也。例如国家以各省大臣为组织机关，而各省大臣又以个人之组织构成各省之机关。国家合成各省之机关以为机关，是为构成组织。

（三）代理组织。事实上有可以代理他之组织作用之能力之组织。如摄政代理天皇，是事实上可以代理他之组织也。然非法律上认为有代理之能力，则不能代理。在宪法上仅有摄政一事，而行政法上之代理则甚多。

（四）补充组织。现时不能为国家之活动，至当其补充之时，然后乃能为国家活动。如自治团体之候补议员，当时无效，必于补缺以后，始有组织之作用。

（五）自治组织。以国家之分子，自使发展其自我，为其能力范围之国家之组织也,分为四项释之。

(1)以国家之分子。此"以"字有作成国家之意,谓以我为国家之分子,而不得不发展其自我,以作成为国家也。

(2)自使发展其自我。"自"字当注意,谓发展由乎自己,非他人之所使也。

(3)发展其自我。重在自我,谓非为他人而发展也。

(4)为其能力的范围之国家之组织。重在国家,盖以自我为国家之分子,自不能以自我之能力,出乎国家范围之外也。

第四款 关于外部的组织之法理

第一项 代理

总说 代理之要素

代理于行政法上为最要,兹因于宪法上有关系,故申释之。

代理之要素有二。

(一)有与有之关系,而后可以代理。如友人欲借茶瓶,我无其物,不得以洋灯代之是也。

(二)同与同之关系,而后可以代理。如人之与物,不同类也,不可以代理,然人与人必性质相同,乃有代理关系。盖仅执人与人同之说,则车夫人也,教法律者亦人也,车夫岂可以言法律,要必深于法律者,乃能代之也。

第一目、在外部的组织相互间之代理

第一分、机关与机关

机关可以代理机关,泰西学者曾有此说。余则以为不然。盖机关即组织法人,法所认为有组织作用之能力范围者也。(权限)若出乎范围以外,而代理他之机关,非独不能活动,即机关亦不能存在。如立法机关限于议会,是法所制定之权限也。如逾其权限,而代理行政机关及别种职务,则必失议会之本质。盖议会与他机关性质不同,不同即不可为代理,至议员有代理者,则为同一机关,犹是权限以内之事,于机关无碍也。例如夜行而目不能见,或以手扶持而行,此犹是手之作用,非手即可以代目也。至若人之目有二,使闭其一,而令其一司视,则此司视之一目,非代理所闭之一目,乃为应尽之职,毋俟烦言矣。

第二分、组织与组织

第一,事实上有可代理之组织时。

（甲）组织间彼此权限相等时可以代理。如甲与乙均为巡查，甲有病，可以乙代之，以其权限相等也。然此等代理关系，须经上官之许可而后可以代理。

（乙）组织间彼此权限不相等时法理上不能代理，而事实上则可能也。例如内务大臣与大藏大臣，职务各异，其权限亦不同，以法理论之，是不可为代理，而事实上则有可能者，盖组织与机关不同。机关因权限而始生，故机关不能代理机关。组织乃本乎自然人而生，故事实上，无论何人皆可互相代理，不过国家加以限制，使合乎某条件者，方可任以某职而已。又如以内务大臣地位之个人，代理大藏大臣地位之个人，是以组织代理组织，非以机关代理机关也，故定义曰：事实上可以代理他之组织之能力，而法律上亦认之，是之谓代理组织。

第二，代理组织事实上不存在之时，但法律上认为存在，仍可生代理关系，此可分为二。

（甲）事实上不存在而法律上认为存在时。例如内务大臣出使中途死亡，于事实上已不存在，而法律上犹认为存在者，以未经报告之先，死亡与否不得而知，故以次官代理内务大臣，一切均有效力。

（乙）法律上亦不存在时。如内务大臣之死亡已明，是为事实上与法律上皆不存在，此时之次官则不能代理，盖内务大臣之个人，为组织机关者，个人不存在，而机关永远而存在。所谓代理者，不过代理组织之个人，非代理组织之机关也。故法律上得认定之，若机关存在，而并无组织之个人，则无所谓代理关系也。故于法律上认为不存在时，则不得以次官而代理内务大臣。

第三分、机关与组织间之代理

组织为独立人格，机关为法人，而超出乎独立人格以外者也。二者之间，必有意思、性质相等，乃能生代理关系，但其共同存在之范围内有意思之程度不同者，亦无碍其为代理也。

第一别、机关可否代理组织

机关之范围，原统括组织于其内，但代理组织则须权限相等，如其权限不相等时，法律上无所谓代理，事实上亦无所谓代理。与组织之代理组织者不同，盖组织无一定之人，权限不相等时，法律上虽不认为代理，而事实上犹得行之。机关于法律上有一定之权限，出乎权限范围以外，即不成为机关，故曰机关代理组织，仅权限相等之一方面也。

第二别、组织可否代理机关

组织得代理机关否乎？此一问题也。当双方有同一之方向及共通之范围时，虽事实上可以代理，而法理上则不能，即立法上亦不认之，以其意思之程度不同也。如遇不得已时，使之代理，是即事实上之可能。下再分为二项论之于左。

（一）为独立机关、分意机关时

古代国家，大抵有组织，无机关。君一组织，大臣一组织。近世文明进步，机关始能发达，盖以机关能统括一切，当永久存在，而组织则可随时更易也。若国家专恃组织，则今日易之，明日又复更之，变动无常，政治上必日趋于紊乱，而不得不受其影响。故必有机关以统一之，乃能继续而不变。例如内务大臣，前者死而后者继之，此不过组织上之变更，无足关于轻重。惟以后者相当之资格袭前者之职位，以继行其政事，即为机关上永远不变之继续。此不独独立机关如此，即分意机关亦然。故组织代理机关，虽方向与范围相同，而意思上之程度苟不相等，在立法上不得认为代理。若至于不得已时，亦仅可作为权宜之计，故法律上认为例外。譬如县知事死，暂以事务官代之是也，但其责任与名义皆不相同。盖代理者之意思，必基于被代理者之意思。故于代理之名称，则曰代理县知事任事务官某，其所负之责任，亦归于事务官。若知事尚存，或有他故，而以事务官代理者，其责任与名义皆归于县知事，以后者为组织代理组织，前者则为组织代理机关故也。

（二）为补助机关时

此机关非一人之意思，乃合多数之组织而成，故虽组织与机关之方向相同，而在法律上及事实上均不能以组织之个人代之。如教育会为补助机关，文部省之事务官为组织，方向既同，究不能以事务官代理教育会。至于组织与机关方向之不同者，如以警察官代理教育会，则人人知其不能矣。

第四分、组织与机关间之代理

此于第三分内已详言之，兹不赘及。

第二目、独立人格者于外部的组织间之代理

独立人格者，一面为私人格，一面为组织人格，前已详述，兹亦不赘。

第一分、国家与其外部的组织间

国家者，非指国际团体，乃指国家之全部而言也。国家之全部，与其外部的组织,原为一体,不能生出代理关系,盖国家与机关,为同时而成立,非先有国权之主体,而后有机关也。如国家有议会,即有立法作用;有裁判所,即有司法作用。议会与裁判所为机关,非代理国家者,不过因有此机关,而国家之作用由之而表见,故谓国家之活动能力,与机关共存在,亦与同时发达而两不相离,不能生代理关系。

第二分、臣民与其外部的组织间

臣民与外部的组织亦无代理关系。先从国法以外之事实论之。

凡普遍我不可不具有表现各种力之外部的组织与其组织之存在,共为普遍我之发展普遍我之各种力,即自由意力、理力、需要力也。然必有组织之存在,而后乃成事实上之统一的共同。故君主为发表自由力者,裁判所、贵族院为发表理力者,众议院为发表需要力者,是等外部的组织,皆表现普遍我之力。依是而普遍我之力,亦愈为之发达。又普遍我者,由各个人所合成,各个人者,非仅指现在者而言。凡过去未来之各个人,皆包括于其内。故君主、裁判所、贵族院、众议院,不过为发表现在之各个人,且其所发表之意思,皆由于自己之意思与代理之受人意思者不同,则谓外部的组织,纯然本乎?内部之第一事实(即天授之自然)而发展,其精神力之活动与他人之意思无相干涉可也,故不能生代理关系。

古代有谓国会为代表机关者,又有谓代表之广义即为代理。今则不然,国会为表现自己之意思,非代表他人之意思者,不得谓之代表机关,所以谓议会为代表机关者,盖以议员由人民选举而出,即为人民之代表。然如此立论,则由君主所敕任之议员,不将谓之为代表君主乎?且国家之官吏,皆由君主所任用者,亦皆谓为君主之代表乎?以余论之,任用与选举,均不能生代理之关系,不过一创设行为而已。

次从国法之法理论之,臣民与国家,亦不能生代理关系。盖臣民为独立人格,有私人格与组织人格之二方面,个人之私人格与国家之机关意思性质,迥然不同,其不能生代理之关系,自易明了。更以组织人格言之,人民有组织人格之一方面,国会亦为组织人格,是仅以意思观之,似可以代理国会。然就性质上言之,人民无代理外部的组织之关系,即所谓不能以无代有也。

第二项 外部的组织间之委任

委任关系与代理不同。代理不特有与有之关系,又须同与同之关系,委任则须有而不必同。如甲委任于乙,是以甲之权限之一部分移之于乙,非甲权限全然消灭也,此项单简,毋庸烦释。

　　第三项　外部的组织之权限及机关责任

　　1. 权限。谓依于法,认为组织之作用之能力范围(广义)也。盖机关必有权限,权限由组织发生,事实上之组织作用者,发生于活动之能力。而法上之组织者,必有一定作用之范围,故必先定组织作用之范围,而机关乃能发见。所谓广义者,组织作用中,即包括机关于其内也,故先就组织之权限而分言之。

　　(1)任权。在法所认定之范围内,可为与不可为,皆有自由意思者,谓之任权。

　　(2)任务。从法所认定之范围内,有使之不得不为者,谓之任务。

　　所谓任权者,非为私人起见,乃为国家起见,与人民之自由意思不同,故虽予以可为与不可为之权,而又有迫于不得不为之法,盖有任权者,法予以自有之权,亦即任务之表面也。所谓任务者,亦法所与以当为之义务,然自其义务之背面观之,即有其权利,如理事之任务,亦依于己之权利是也。至若公法上之权利义务,常合而不可分,如议员在议院,有提出法案之权利,而同时又当尽议案之义务是也。

　　2. 机关责任。不曰组织责任,而曰机关责任者,以组织责任,即统括乎独立人格之中,而机关则超乎独立人格以外,故为机关责任。今试将其责任之要件分晰言之。

　　(甲)一般责任。一般责任之要义有五:(一)基于自由意思;(二)惹起自己之活动;(三)引受之结果;(四)必要依全部之意力;(五)所必要意思之力。以上五者,又皆责任之根本。从根本上又分为二大项:(一)引受自由意思活动之结果,是为自由意思者;(二)依全部之意力所必要意思之力,是为权力者。所谓自由意思者,即机关,亦即机关人格者。所谓权力者,非机关之本身,乃在机关以上,统括机关之机关也。

　　由是观之,责任者,意力是也。意力者何? 即引受自由意思,惹起活动之结果,依全部之意力所必要意思之力也。何以使之引受? 依全部之意力也。依全部之意力,使之引受者,其实质即为制裁。制裁者,以国法论,大都为恶结果。恶结果者,以其危害全部及分子之意,依全部之意力使之能引受,恶结果也。故谓引受恶结果者,皆由于权力之强要,有权力之强要即为制裁之实质。说者谓制裁不得为恶结果,实为矫正手段，此说亦觉正当，然矫正之意，即舍有恶结果于其中也。

责任又可分为动静二方面。从静一方面观，本于自由意力，有加危害于全部或分子之事实时，是为引受之意力。从动一方面观，依全部之自由意力，引受必加之恶报之意力，是即引受意力之活动。若合而言之，又即基于自由意力，有加危害于全部或其分子之事实时，依全部之自由意力，引受必加之恶报之意力也。质言之，又即全部在于背后，何以言之？如甲对于乙，或有加危害之行为，则甲于此时，不能谓其全然绝对独立者，若果独立，即有独立之自由，自无加危害之行为。盖甲不过为普遍我之一分子耳。甲之背后，尚有丙、丁、戊诸人，为构成分子，此无数分子，见甲对于乙有加危害之行为，又见乙不能以一人之意思对抗于甲，必皆责甲为不正之行为，而加以处分之。是即为合成之意力，由是甲亦自觉而不能不受其制裁。此之谓机关责任。故单言甲、乙二人，不足以言责任，必有全部在于其背后者，乃足以言之。在背后之全部之责任愈发达，则国家之责任，亦因之而愈形发达，此就一般责任言之也。下再言外部的组织之责任。

（乙）外部的组织责任。国家之机关与组织，皆本于自由意力而活动者也。如大臣之为机关，巡查之为组织，皆有自由意力。而后能活动，然有自由意力，或有加危害于全部及分子之事实时，则与一般人之责任相同，至国家之与机关相合而不可离。自己构成全部，自己发现全部，并无全部在于背后，与个人背后之有全部者，其责任大有区别。盖自我之责任，有二要件：（一）依全部之力，使引受其恶结果；（二）使生其结果者之引受，若外部组织之责任，则合自我之二元素而归于一。盖以自己构成全部，不必再言及全部之自由力也，试分释之如左。

（天）外部的组织，因其自由力惹起恶结果之时，只生一时之新任务（即职务义务）。如一命令不当，是为恶结果，而其取消、或更改、或随时处分，皆为一时之新任务。故能尽此职务者，是即谓之责任，职务所在，又即义务所在也。

（地）此外部的组织之责任之意味，必使构成或统括其外部的组织之自我之责任问题。谓此问题，不惟组织与机关有责任，即自我亦有责任，盖外部的组织之责任与自我之责任，必相互合而意义乃明。然又不可不区别言之。盖外部的组织有责任时，即自我之责任亦随之。例如行政大臣,或有失当之时,即生机关责任,如议会之迫令取消或停止是。然大臣自我之责任,同时亦受处分,即免官是。更有当注意者,即大臣自我之责任,不得与机关之责任相混,盖大臣之自我,可以免职,而机关犹自在也。学者以机关、组织混合为一误矣。

第四项　外部的组织间之活动机关

依外部的组织之权限,生相互间之活动,即组织作用相互之关系,是之谓组织活动,非国家之活动(即国家作用)也。例如天皇召集议会,不得谓为国家之活动,乃天皇与议会间之组织活动,议员相集而议决一事,亦是议员与议员间之组织活动,非国家之活动。推之于监督关系及共同关系亦然。然则所谓国家之活动者何?惟独立机关,使发现国家作用之时之组织活动,即国家活动。例如天皇裁可法律、任免官吏等,非天皇之自为活规,乃为发现国家之作用,即为国家之活动,其他皆可类推。

第一节　原动机关及原动组织

原动机关及原动组织,即跨于法与事实之机关组织也。原动之机关组织,有时在于法之中,亦有时在于法之外者。如国有宪法,而生出法律、命令,是原动在于法之中也。然法由各个人之规律的合成意力,方能构成此法,是即原动在于法之外也。

第一款　原动机关

国家原动之作用,由机关而发生者也,故有原动机关。

第一项　原动机关之性质

(一)原动机关之成立存在,以自己之第一事实为中心,即以自己为自己之本源,而超越乎法律之外者也。

(二)原动机关为统括合一他之机关及组织作用之机关,故能于机关组织中有最高之自由力。简言之,即最高机关是也。

第二项　原动机关之发达

古代原动之作用,纯为个人之组织,无所谓机关,如前者死而后者继,前后之作用,不相继续,东西各国大都类此。中国古代,尧禅舜,舜禅禹,易一帝即变一政治,谓为一家之作用可耳,不得谓有机关之作用。虽自唐宋以来,子孙恪守成法,政体不因君主而变更,似亦有原动机关矣,然与今日国法上之机关相比较,则又大相悬绝。盖国法上之机关发达，仅在近今百五十年以前，至机关能自觉，使发生法律上之机关者，则自有立宪国始。盖原动机关未成立以前，凡国家之法律、命令，只可视为国家之器具。及确定以后，然后知法律、命令之发生，本乎国家原动之机关，为国家之作用，不得复以器具视之矣。故专制国与立宪国之区分，即在于国家机关之确定与否，何则？立宪国之机关根本确实，无论人事如何变迁，而不为其所摇，专制国则反是。

第三项　原动机关之责任及关于制度之发达

从原动组织观之，不能认为有责任。从原动机关观之，可以认为有责任。盖原动机关之作用，虽为国家之自由力，然亦仅能行使机关作用及附属之组织作用，则以其有权限故也。若机关而无权限，则与专制国无异。如古来以掌握实权者为机关，而认为国家之主体，是视机关之作用，非为国家，乃为一人之私意，可谓之为无权限。至于今日，原动机关，固有权限，不得侵犯别种之机关，即原动机关以外之种种机关亦各有其权限，彼此不得侵犯，可谓之为有限之权限。由是有有限之权限，而生出任权（职权利）、任务（职义务）二种。任权者，有行使机关作用之权利；任务者，有不得不尽其作用之义务。若抛弃权利，放任义务，即有机关责任随其后，至机关之责任有效与否，则属于事实上之问题，非法律上之问题。其所以生责任者，因以职权、职务为根据，故能分别而生责任，至其受责任与否，当视其立宪国之程度如何，此又积久使然，非一朝一夕之故也。然原动机关之责任，又与个人与他种机关之责任不同。个人责任，由国家加以制裁，自不待言。他种机关亦能同时生出自我之责任，若原动机关由自己构成全部，即由自己发现全部，故责任仅在机关，同时不能生出君主个人之责任，以自己无制裁自己之理也。下再言其制度之发达。原动机关制度之发达可分为二。

盖君主之力，可生于法，又可生于事实，事实力与法力分歧发达，乃成为一种原动机关。当未发达以前，君主只能成组织之个人，不能成为原动机关，盖此时权限未定，法力与事实常相混合，而又不知其孰属于法，孰属于事实也。兹先就法力之发达言之。

第一，法力之分歧发达。

法力分歧发达，然后生出任权与任务（即权限），有任权与任务，而后生责任,如立法属于议会之协赞,司法属于任命之裁判官。此法力之发达,皆由原动机关分歧而出,但此原动机关,非仅指君主,即立宪民权国之国会,亦得属之。虽然君主国之法力,虽分歧发达,而事实力仍未发达,则君主可以法力压倒事实力,故事实力之发达,亦最为重要。试略述于下。

第二,根本的事实力之发达(即财力、兵力之分歧及统一)。

兵力、财力,为国家根本的事实,若均握于君主一人之手,则其危险不可思议。故立宪君主国之兵力、财力,必分任之,以期其发达。民权国亦然,法力则由大统领、国会、裁判所共为掌握,而事实上之财力,则国会与大统领分掌之,兵力则或归于大统领,或归于国会,或归于国会与大统领,皆视国家之状态以定之者也。表列于左。

	法力	国会	大统领	裁判所
民权国	事实力			
	财力	国会	大统领	
	兵力	国会、大统领	大统领	国会

第四项　日本国之原动机关

日本之原动机关,即天皇是。普通之称天皇陛下或天子者,系指天皇个人地位而言,至国法上之天皇,乃指行使国家作用之机关而言。《日本宪法》第四条云:天皇为国之元首,总揽统治权。观此条文,可以见本。

(一)统率权。《宪法》第十一条:天皇统率海陆军。第十二条:天皇定海陆军之编制及常兵备额。

(二)非于常之场合,依宪法上有非常之权限。有非常权限,与毫无权限同。其类有三:(甲)臣民权利、义务。日本臣民权利、义务,为天皇所不可侵犯者。如《宪法》第九条:天皇因执行法律或保持公共之安宁秩序,及增进臣民之幸福,发必要之命令或使臣僚发之,但不得以命令变更法律。据此条文,则天皇之命令,虽与法律有同一之效力,而臣民权利、义务之在法律范围内者,究不得而变更之也。然既有非常之权限,天皇亦得而侵犯之。

(乙)立法。国家立法,必经议会之协赞,天皇既有非常权限,则有时不经议会亦可自行自决。

(丙)财政。财政亦须议会协赞者,日本天皇有不必依议会而得依敕令为财政必要之处分，此例为各国所无，是谓为违宪行为。

日本原动机关之范围，较之西洋各国稍广。各国之原动机关，有在国会者，有在君主与大统领者，古时又有在国民总会者，类别甚多，毋庸备述。

第二款 原动组织

原动机关，超越自我而存在。构成此原动机关者，即组织也。组织无论何时，皆统括于自我之内，而不能相离。故原动组织之作用，即原动机关之作用。推而言之，即国家之作用。

第一项 性质

（一）原动组织，以自己之第一事实为组织之本源。例如君主国之曾太子继承君位，非如官吏之由任命，即自己之第一事实，为组织之本源。又如民主国之用选举法，似非事实，然选举即由乎自己有被选之资格，亦非由人发生，可谓之天然事实。

（二）原动组织依自己之心理力，统括一切组织意思，故为最高之组织。申言之，天皇为最高无上之组织，可以自己之自由力，统括一切组织之意思也。

第二项 责任

原动组织，即国家之原动作用，不能于国家作用以外，而加以制裁。换一方面言之，即君主不负责任，以自己无制裁自己之事是也。然民权国原动组织之责任，与君权国不同，君权国之原动组织在君主一人，故于法上无责任；民权国之原动组织，由各个人之组织，与一般责任相同，故有法上之责任。但权利义务有特别异于个人者，即以其有独异于个人之责任也。下专就君权国言之。

（甲）元首在法上有特为保障之意力范围（即权利）。此单就日本言，日本君主与各君权国不同，法律上亦稍有差异之处，试分三项言之。

（一）不可侵权（即身分权）。按《日本宪法》第三条：天皇神圣不可侵犯。此即宪法上权利之一种。但不可侵权，由原动组织上观之，惟君权国为最要。

夫国家之活动，有时单从自由力而活动者，有时须以法律、命令与自由力相合而活动者，然法律、命令从何而生？生于宪法。然专恃乎宪法，亦不能生法律命令，必与自由力相合而后发生。宪法又何自而生？则必有国法在乎宪法之上，国法为不文法，亦必与自由力相合而后发生。国法又何自而生？尤必有能统括各个人之意力之自由事实力，此统括之自由事实力，为元首之意力，即为第一事实，又即法力及事实力，有统括法力及事实力之自由力，而又使各种之自由力之各为其活动，故谓君主为神圣不可侵犯。

换一方面言之，国家之成立存在，以普遍我为根据，又须利用普遍我之各为其活动。苟非有统括各个人之意力之自由事实力，则不能成立存在。故统括之自由力，为君权国第一要件。若各个人对于元首，有不忠不敬之观念，则是侵犯国家，即不能成为国家，以其难于统括也，然此犹属间接之侵犯。若对于元首之自由事实力，加以身体性命之危害，则是直接侵犯，故刑法上定有专条，而处以死刑，此不独维持元首，亦即所以维持国家。然不可侵权，非仅对于元首一人，即元首之家属亦然。试分晰言之。

（甲）自己并其一家，有直接或间接不当侵害之权利。此属于消极的。

（乙）有组织自己及一家之权利（《皇室典范》是），此属于积极的。所谓消极的者，即不可侵犯也；积极的者，即神圣也。盖元首之与其家属，关系綦重，永久不可分离。言君身，而君之家属自在其中；言君家，而君身亦统括于其内。故宪法曰：天皇神圣不可侵犯。

（二）物上权（名财产权，又即支给经费权）。君主有身上权，而无物上权，则亦不能存在。故《宪法》六十六条：皇室经费，依现在之定额，每年由国库支出之。除将来要增额之场合外，不须帝国议会之协赞。据此条文，定额由国库支出，增额则须议会协赞，是天皇于财产权，尚非有绝对之权利也。

（三）人上权（又名收揽人心权）。《宪法》第十一条：天皇统率陆海军。第十五条：天皇授与爵位勋章，及其他之荣典。以法理言之，统率与授与，必谓由于国家而后可。盖有海陆军而后成为国家，有爵位勋章而后成国家之活动。故制定宪法以后，凡统率与授与，当为国家之大权，而不得仍属于天皇。然自事实上观之，征诛锡赏之事，陆海军服从

〈第一事实
元首之意力〉

能统括各个人之意力之自由事实力

《法力及事实力》

法国（不文）× 自由力
宪法 × 自由力
（命令合）法律 自由力
活动
自由力 ——○活动

于君主，爵位勋章出授于君主，似视为天皇个人之权，而不知为国家之物。此根据于历史上使然，而亦学者未深研究之过也。

但有一问题，元首既有不可侵权，可受刑事裁判否乎？以原则论，元首不得受其裁判，但除有害于身体品位之外，于财产上亦可服从裁判所之判决，何以言之？裁判所系裁判官所构成，裁判官又由元首所任命，以元首所任命者，而裁判元首，似于元首之威严有损。然而非也，裁判官原所以判决公理，虽由元首所任命，非服从君主之威严也。而君主亦非以威严而自重，原以礼义而自尊，其服从裁判者，实服从公理也。元首而尊重公理，则其威严自当益重，又何损之有？

（乙）元首在法上，有特为必要发动之意思力之范围（即义务）。义务者何？即构成天皇，行其权限是也。天皇行使其权限，虽无法上之责任，而社会上之责任，则不能免。盖天皇有不利于社会之事，则社会上可以反抗之。

第三项　继承

民主国无所谓继承，惟君主国有之。今仅参照《日本皇室典范》，而略述其梗概于左。

第一目、继承者

按《宪法》第一条，日本帝国，万世一系之天皇统治之。据此条文，其说有二：一为万世一系，皇统相传；一为万世只一天皇统治，无二主与之并立。故当继承之时，其要有三：（1）皇位者，祖宗之皇统；（2）男一系，必须男子继承宗系；（3）男子，必须男子。

第二目、继承者之顺位

皇位继承之顺位，有一定之典范。如天皇崩，以嫡长子即位，无嫡长子时，则以皇孙等继承之。至庶出皇子，须次于嫡长子，余可类推。试列举于下。

（一）皇子（男）；

　　（甲）嫡出（1）皇长子；（2）长孙；（3）长曾孙；（4）次曾孙；（5）次孙；（6）长曾孙；（7）次曾孙

　　（乙）庶出，皇次子——与上同

（二）皇兄弟及其子孙；

（三）皇伯叔父及其子孙；

（四）最近之皇族男子。

第三目、继承者之法力

继承者之法力，前于组织性质中已言其大略，兹再释之。皇位继承，如一家之有长子，得其家长资格，即有构成一家之资格。推之于国，大小虽殊，其理则一。试晰言于下。

（甲）天皇之构成组织与一个人，在皇室内继承皇位，同时而不可离者（即一体），天皇之于国，犹家长之于家也。天皇在皇室内，为家长之组织，即同时在于国，为天皇之组织。二者不可分离，故谓之一体。

（二）其所以能者，因其个人所具备之自由事实力为中心（换言之，非由于自己以外他人之自由力），如天皇崩，首先即位者，惟皇长子，断不能以次子先之，此有一定之典范，他人不得而参预之也。

（三）继承之效力发生时，就皇室言之，家长继承之效力生，即天皇构成之效力与之俱生。盖先帝崩御之时，为家长发生之时，即为继承发生之时也。至欧洲古时行即位式，不能谓为效力发生之时，此不过礼仪而已。或继承者临时不在（如失踪之类），与各省大臣之不在，大有区别。各省大臣若有临时不在者，可以他机关代之，而原动机关则不可一日缺也。故《皇室典范》第十条云：天皇崩时，皇嗣即践祚，承祖宗之神器。至天皇崩时，未有皇子，而有胎儿，则以摄政代理组织。若生为男子，则继承之效力发生于初生之时；或其女也，则摄政者，即为正当之皇位。但认胎儿为有大格与否，宪法上尚无明文，当依一般相续法，故附言之。

第二节　宪法上之机关

第一款　帝国议会

第一项　性质

各国之宪法不同，因各国之历史及其制度而各异。今先就各国之历史及其制度略论之。几国家之发达与家族之发达无殊，一家有长幼之秩序，则近于君主专制时代，一家由平等之发达，则近于专制民权时代。换言之，一家族也，兄弟之间为平等，父子之间为不平等。欧洲各国，多从兄弟之关系而发达，是为平等国。东洋各国，多由父子之关系而发达，是为不平等国。然欲研究西洋各国之历史，不可专就平等一方面观之，而于不平等之一方面亦不可忽略也，试先言平等之关系。

最古时代，一国之范围甚小，内部常混合为一。长幼平等，无阶级之可分，遇有重要事件，则开国民总会，投票以议决之。迄后范围渐广，阶级因而区分，于是有所谓团体者，但此等团体乃以个人之私意组织之，非以代表全体为宗旨。名为团体，实则攘夺他人之权利，以保护自己之利益者。故以团体为主，而以余人为从。其次各阶级之中，如贵族、僧侣、农民等，起而反抗，各选举代表人以组成一机关，是又以代表人为主，而以团体为从。然此等之组织甚不完全，其弊也在于君权弱，民权强，不能为共同活动之状态。盖平等国之观念，或始于古代之小国，或国基初立，地广人稀，而法制未备，乃能如此。若文明进步，君与民难相融洽，而君主之势力然不能与人民相对抗，故立宪民主国之制度，遂于是时而成立。

次言不平等之关系。古代不以人民为国家之主体，而以君主为国家之主体，君主消灭即国家消灭，是为绝对之专制时代。国家观念渐发达，君主之外，知有人民。然人民之于君主，犹以之为中心点。君主如以专制之手段压迫人民，人民虽有团结以反抗之者，此亦专制时代也。次之人民之中有社会，社会之势力甚形薄弱，不能与君主对抗，于是君权日强，民权日削。君与民势难两立，又必变为纯然之专制君权国。此在欧洲古世纪末、近世纪初，盖历历可稽者也。虽然纯然专制之国，断无永远存在之理，以压迫之力日甚，而反抗之心必发达，于是由小团体集而为大团体，由大团体而为积极之要求，则君主不得不因势之所趋，与人民有参与政治之权。久而化之，始有立宪君权国之制度。

各国立宪制度发达之原因，已如上所述。特各国之议会制度，若类举之，颇觉繁杂，惟就其大概相同者而详述之。

第一，议会者，国家之合议制之分意机关也，试分释之于左。

（一）国家之机关也。

（甲）国家之机关，注重"国家"二字。

（1）非基于私权存在之私法人、亦非私人之集合。私法之性质，实为各个人之利益起见，故基于私权。然私法人之或立，必由于私人之集合，如株式会社、保险会社之类。当未成会社之时，不过为私人之集合。迨集合以后，始有私法人之存在，国家之机关则异是也。

（2）非自治团体。古时议会有与私人之集合相似者，亦有与自治团体相似者，今之所谓议会，乃支配权之主体，凡其权利义务皆归于国法之中。若自治团体，虽有一定之权利义务，不过在于一部分内，而非有支配权者也。故议会非自治团体。

（3）非社会阶级之代理人或受任者（被委任者）之集合。古代国家，与社会甚不相合，故于社会有阶级者，如贵族、僧侣、市民、农民等，各组织议会或举代表者，以与君主相抗。然其性质，则与今日之议会全异其趣。

（4）非社会阶级之机关。古时国家自国家，社会自社会，社会有一种阶级之活动力，即为社会阶级之机关。现在文明日进，国家与社会合为一体，故谓议会者乃国家之机关，非社会阶级之机关也。

（乙）国家之机关，注重"机关"二字。

（1）机关之意思之主体，有机关人格。机关之意思，非由器械的之合成，乃精神上之集合也，可分为二。

①意思之固也，即团体坚固之意。

②其意思有直接间接，使发现国家之意思之性质者。有议会之意思，而后有国家之意思，故此意思非独立之意思也。

（2）超越为其构成组织之议会而存在者也。国会虽为议员所构成，而不得谓议员即为议会，盖议会由议员所构成，能超越议员而存在，且有继续的性质，故议会者，一成而不变者也。虽组织之议员变更无定，而要无害于议会之存在也。

（二）合议制之分意机关也。

（1）合议制，同时由多数之议员而成者。盖议会之议事，须有多数议员之议决，若议员各个人之议事，不得谓之议会。

（2）分意机关。议会之议决，非即为国家之意思，亦非仅为君主补助之机关，乃表现国家之意思之有效力成立所不可缺之一分意也。盖议会之议决，必经君主之裁可，命公布及执行，乃为国家之意思。若仅谓议会议决即国家之意思，非也。但君主所颁之法律，非经议会议决，不能有效，故曰议会为分意机关。

第二，议会不可谓为代表机关。

谓议会为代表机关者，于政治上甚多，而法律上亦有之。法律上谓为代表者，以一国之内，有君主及裁判所，各为其机关。而国会则由各个人之选举议员组织而成，即议员为代表人民之意思，故谓为代表机关，政治上称为代表者，即谓为代表人民之事实。故为代表机关，然其实则皆错误，试分言之。

（一）议员非代表人民者，仅以组织表现国家所必要之普遍我之力也。议员为人民所选举，究非代表选举者，盖选举人必有一定之资格，而限于无此资格者,为数甚多。国家为人民立一机关,岂可以机关而仅代表是等之少数人乎?况在选举者之意思,不过欲择一有道德、学问、经验之人,使合乎议员之资格,非令其代表意思也。即自被选者观之,亦不过藉人以证明其道德、学问、经验,并不负有代表何者之义务。故国家于其证明以后,即认为有组织之意思能力,表现国家所必要之普遍我之力,自不得以代表人视之也。若以人民选举,即为代表人民,则又有说,裁判官为君主所任用者,亦可谓裁判官为代表君主。况议会议员,亦有由君主所敕任者,若据代表之说,则此敕任之议员亦将认为代表君主矣。揆诸理论,岂得为正当乎?盖代理者,必以有代有,不可以无代有。至议会所提出之议案,如预算等,选举人皆无协赞之权,既无其权,则被选者自不能以无代有。又谓议员为代表现在国民生活之全部者,然以无不能代有之义言之,则议员既非选举人之代表,自不可代表现在国民生活之全部也。由是言之,"代表"二字当谓之曰表现可耳!所谓表现者,议员乃概括过去、现在、未来于现时,通自己(即由自己之意力)而表现为使发展国民全部所必要之普遍我之力者也。盖国家之意思,非仅为现时之发展,当为将来计也。且又不仅为将来计,即过去之事实,其足以继续者,亦必踵而行之。故其表现之意思,非为己也,为乎国家全部普遍我之力,表现其何以发展之方法也。然此仅就狭义言之,若论其广范围,则议员者,为绝对我之活动及其发展,以其目的及手段,依自我表现统括其自我普遍我之力者也。故其所生之结果有二。

(1)不为他人之意见所束缚。议员之言论、行动,悉由自己之自由判断而表现之者也。若谓为代表人民,则当从人民之意见,上下左右,任其指挥,不啻为之束缚也,焉得自由为之判断乎?

(2)遍参考他人之意见及需要。议员虽能自由判断,然一人之知识有限,不能不参考他人之意见及需要。盖意见各有不同,需要亦非一致,故参考最为重要,且当参考之时,亦不必限于选举人与选举区,并须于有力者、智德者及其全国之意见而遍采之,以收集思广益之效。

(二)以机关论,亦非代表机关,乃为表现需要力及理力之机关。议员为表现者,则由议员所构成之机关,亦必为表现者,而非代表机关可知也。夫表现之方面甚多,兹之所谓表现,要不外需要力与理力而已。凡人之需要力与理力,皆以自由力统一之。而在一国之表现,自由力者则惟天皇,故由国家之机关言之,天皇为表现自由力之机关,裁判所为表现理力之机关,议会则惟表现需要力与理力之机关也。

第二项　帝国议会之构成

第一目、总说

第一,由两院而成立。

《日本宪法》第三十三条:帝国议会,以贵族院、众议院之两院而成立。据此条文观之,必有两院之合成,而后成为国会,故又谓国会为构成机关。此不特日本如此,即欧洲各国亦无大差异,试分列而论之。

(一)两院合一始成国会,其条件如下:

(1)开会,闭会,停会,会期之延长,两院须同时并行;

(2)国会之议决,必要两院意思之合致。

(二)两院得为各别之机关作用时,非国会之机关作用。分之各自为其活动,合之始为国会之活动。例如上奏建议及提出议案等,两院可各别而行其职务,但不得即谓为国会之机关作用,以其属于各院之自为活动,而非两院意思之合致也。

第二,两院制度存在之理由及其得失。

(一)历史上之理由。欧洲议会发达最早,或为社会阶级之代表者之集合,或为社会阶级之团体,或为社会阶级之机关。溯其由来,则因当时之贵族、僧侣、市民、农民皆有阶级,各有代表,沿袭既久,遂流为今日两院制度之根据。盖两院之成立,由于阶级制度之发达,以贵族、僧侣所组织者为贵族院,以市民、农民所组织者为下议院,此发端于英吉利,而匈牙利次之。故英之两院制度,称为宪法之母。近今各国,无不采用者,此历史上之沿革也。至于两院之何以成立,当于历史以外,而求一根本的理由,下再言之。

(二)根本上之理由。两院制度之发达,根据于社会心理。从社会心理上求之,即理力是也。盖上议院所表现者,大抵属于理力(知与德),下议院所表现者,大抵属于需要力。而此理力与需要力之分歧表现,要不可无自由力以统一之,犹之诸学说不能无统一。故当以君主为自由力之中心,然恐如路易十四世之君主,以国家视为个人之弊,故必有上下两院,使之分歧表现,而与君主之自由力互相缠制,于机关乃为完善。虽两院有上下之

别,究皆处于平等地位,无尊卑之意存于其间。古时称上议院为国华院,下议院为国需院,名称较善,靡有悬殊,特不过因表现之不同,而稍生差异耳。盖上议院之议员,所表现者为智与德,智与德常不变,即议员之性质亦随之不变,故多终身任之,即或稍有变更者,亦须以七年为限。若下议院议员任期以四年为限,因其所表现之需要力变迁无定,故其更换也亦无一定。虽任期定为四年,若察其需要力有不适当之虞,则可以随时解散,此两院之最大差别也。

一国之人民,皆统括于自由力者也。然自由力之中,必参合理力与需要力,而后可以补助自由力之行动,而理力与需要力,心理纷繁,则必各有机关而分任之,乃能参合而为统一,故有贵族院与裁判所,以为表现理力之机关,有众议院以为表现需要之机关。政府则介乎其间,欲适用理力,则咨询于贵族院;欲适用需要力,则咨询于众议院。有此两院之机关,而后可以发达自由力之活动,而自由力之活动又可使人民生出一种之自然力。盖人民之自然力皆含有理力、需要力,而与君主之自由力常相吻合,故君主之自由力,非代表人民之自由力,乃统括人民之自由力。其所以能统括者,盖基于人民之理力、需要力之集合而成也。说者有谓议会为反对政府者,其说甚谬。盖议会因政府之自由判断,有不适于理力与需要力者,乃起而反对之,非因反对而始有议会也。

第二目、贵族院之构成

贵族院之构成,各国率非一致。以学理论之,固为表现理力,然自事实上观之,则多根据于历史。盖以治乱兴衰之故,可由历史推出也。顾欧洲之历史,国与国殊,故其制度未能划一。兹就日本言之,《宪法》第三十四条:贵族院依《贵族院令》之所定,以皇族、华族及敕任之议员组织之。试列表于左。

人物	皇族	公、侯爵	伯、子、男爵	勋劳者、学识者	多额纳税者
资格	男子成年者	男子二十五岁	男子二十五岁	男子三十岁	男子三十岁
选任	当然	互选	互选	敕任	互选、敕任
年限	终身	七年	七年	终身	七年
制度精神	原动组织发展之必要	盲从	盲从	表理必要	盲从

皇族者,为原动组织之所必要。故在日本,则有特别规定,凡男子达成年时(皇太子、皇太孙以十八岁为成年,其他皇族须至二十岁),当

然有议员之资格，而任以终身。公、侯、伯、子、男五等爵，日本援西洋之例而行之。无甚理由，若系前代有勋劳者，则当并入于勋劳之中，不必另为区别。或者以其爵位甚高，而予以优待，亦未可知。但伯、子、男爵之为议员，与公、侯爵微有异点，公、侯爵男子二十五岁者，当然可为议员，而终身任之。伯、子、男爵，男子二十五岁，须由互选，乃能取得议员之资格，任期只以七年为限，此其不同者也。勋劳者非表彰其功劳，乃表彰其精力也。学识者亦为表现理力所必要，故男子年三十以上，得敕任为议员，以终其身。多额纳税者之为议员，在欧洲古代，多系大地主之私权，而日本沿用之，殊难索解。若以富者为有勋劳，或有学识，则可列于勋劳、学识一类，或归于众议院之选举亦可，何必别设此位置乎。今亦得为互选及敕任，诚不知其立法理由之所在也。《贵族院令》第六条：于各府县满三十岁以上之男子，纳土地或工商业多额之直接国税（如地租、所得税、营业税）者，由十五人中互选一人，其当选受敕任者，得为七年任期之议员。又第八条：贵族院应天皇之咨询，议决关于华族特权之条规，此所谓特权者，按之平等学说，实相背谬，且五等爵及多额纳税者，与有勋劳、学识者比较而观，亦不啻盲从也。

第三目、众议院之构成

《宪法》第三十五条：众议院依选举法之所定，以公选之议员组织之。故众议院与贵族院不同，贵族院之议员，有由于当然者，有由于天皇敕任者，有由于互选者。若众议院之议员，则纯然出于选举，而其组织及身分之如何，后当详述。兹特就选举者及被选举者而分言之。

第一分、选举者及被选举者

第一别、被选举者

天皇之资格，由出生而定者也。官吏之资格，由于天皇自由任命者，议员则非由于出生与任命，当视选举者之状态何如。选举者定，则被选者亦定。其资格如何，据《众议院议员选举法》第十条所规定，被选者之资格有三要件：

（一）帝国臣民；

（二）男子；

（三）年龄满三十岁以上者。

具备以上之资格，再由选举者认定，即为被选。

第二别、选举者

　　从各国历史观之,选举者之资格,实为议会中重要之问题。盖欲定被选者之资格,当先研究何人方有选举之资格。兹且就选举方法略述之,可别为二。

　　第一,普通选举法。

　　普通选举法,以原则论之,凡为本国臣民皆有选举之资格,是谓毫无制限,然无制限中亦稍有制限,如禁治产者、未成年者以及女子暨有罪犯者,不能有选举权是也。

　　第二,制限选举法。

　　制限选举法,除女子、病者、罪犯者以及未成年者外,尚须有财产或教育之制限,方能定选举者之资格,其法又有二。

　　(一)单纯制限选举法。谓教育与财产须合一定之程度,乃能有选举权,是谓制限。如有超过其程度者,则皆视为平等。以超过者亦不过有选举权也,然在实际上,惟教育之程度殊难确定。盖教育当以试验为衡,而试验亦未必可凭。如以中学校卒业之程度为标准,则有未入中学而其智识学问,常超出于其上者,非如财产之多寡,显然易见也。故现在各国,大半不以教育为标准,而以财产为标准。财产之程度,即以纳税额定之。能达一定之纳税额者,即有选举权,否则为无选举者之资格。如此法制,似偏重财产,而轻视教育矣。不知以财产之程度而定其选举权,于教育并无妨碍。盖有教育之人,非必全然贫困,且税额既轻,凡稍有教育者,亦可勉及其额。况现在各国,收税之法,尤足以证明财产与教育之关系。如所得税及营业税,必教育发达,而后税额始能增加,不过关于教育上之程度,各国未规定于法律耳。

　　各国以教育上、制度上及历史上之差异,未能为一般选举,而皆用制限选举。将来文化进步,或能趋于一般选举,亦未可知。日本亦采用单纯制限选举法,规定于《众议院议员选举法》第八条,试别于左。

　　(1)一般的要件有四:①帝国臣民;②男子;③年龄二十五以上者;④选举人名簿调制之期日前,满一年以上,有住所于其选举区内,仍为引续者。

　　(2)制限的要件。于选举人名簿调制之期日前,①满一年以上,纳地租十圆以上;②满二年以上,纳地租以外之直接国税十圆以上,或合纳地租与其他之直接国税十圆以上,仍引续纳之者(直接国税即地租及营业税、所得税是)。

被选举者		选举者				
		一般选举	制限选举			
当选承诺前	无条件	无条件	单纯			等级
			条件	教育	财产	财产
当选承诺后	对等	对等	资格	对等		不对等
	三十岁以上	二十五岁以上				

据右表所列，一般选举法为无条件，只以帝国臣民男子等项为立法之当然。而制限选举法，亦视为要件，故其资格为对等。单纯制限选举法，以教育、财产为标准是，为有条件，而其程度只求适合，不问其高出与否，同有选举权，是为对等。至于等级选举法，专以财产为标准，则其资格为不对等，下试详细言之。

（二）等级制限选举法。此专以财产之多寡，定选举之资格，而与教育全无关系者。盖以教育属于精神之事，未易区分，而财产乃有实质之物，可以别其等差也。试设一例以明之。如一国之总税额，每年共一亿五千万圆，将其数分为三级，每级为五千万圆，而其纳税之人数，则第一级为五十人，第二级为五万人，第三级为五千万人。再每级设为选举百人，则第一级以五十人计之，每一人可选二人；第二级以五万人计之，五百人可选一人；第三级以五千万人计之，则必五十万人方可选一人也。由是言之，财产愈不平均，则等级愈不平等，将来之必流为财产的贵族专制，可断言也。近今各国，采用此制者甚少，惟比利时尚行之。至于地方自治团体，则有采用者。据日本现行法，市会用三级制，町、村用二级制，而府、县会未尝采用也。盖以市、町、村区域颇狭，人民贫富不甚悬殊，可以行之而无弊。若地广而民众，财产之多寡往往相隔甚远，于是贫者为富者所吸收，而终身无选举权矣，是故日本市会于选举之制，多有提议修改者，以市之区域，较町、村为大也。总之等级选举法，易生弊端，其显著者有二：（一）多数贫者，无利害之关系，可以压制少数之富者；（二）少数富者之专制，亦可压制贫者。有此二弊，故其制不可用也。

第二分、选举区

议员为表现需要力者，需要力之于理力、自由力，微有不同。理力者，乃人所同具之真确知识，一定而不易者也，如以二乘二，则得四是也。自由力亦为各个人所合成之意力，如开议会赞成与否，必由于多数人自由力之合成,故又名合成意力。惟需要力则因人因地而不同,欲知其人其地之所需要,则必划为选举区,使各于其区内选出议员,以表现其需要力。盖以本区之人,得知本区之需要也。且各选本区之人,以表现本区之需要,非为一时的,乃为国家之继续的,故必又合全国而区分之,乃能因其区划以为选举也。选举区制度,可分为二:(一)大选举区;(二)小选举区。二者各有所长,亦各有所短,后当详言。至其大小之区别,当以何者为标准,试举二要件言之。

(一)视其需要之特殊之范围;

(二)视其物质的、精神的交通之范围之广狭,物质的如农工商之类;精神的如交换智识及共同生活之类。

各因大小之区别,制度各不相同。日本所谓小选举区者,乃合町、村而成;大选举区者,乃合数郡而成也。虽然,此亦非确实之区别,仍当以需要之特殊及交通二者为标准。

以政党论之,虽为法律上所无,然各国之事实上,则莫不有政党。所谓政党者,为表现需要,而合同一理想,定为党议而固守之,以期其实行者也。但自成立以后,若不能固守党议之范围,即抛弃其特殊之需要,惟能固守其范围者,不独能表现地方之需要,亦即能表现国家之需要,是有党议者,非为其私也。然就大选举区言之,有时因固守党议,或抛弃特殊之需要者,譬之大选举区,土广民众,不能周知其需要,此即大选举区之流弊。况国家之统一,尤当使需要之日为发达,自有大政党,往往以多数压制少数,而国家之需要,因之不能发展。如甲、乙为两大政党,丙、丁、戊、己为小政党,则甲、乙两党之势力,自占优胜,而丙、丁、戊、己之小政党,必因势力薄弱,不趋于甲党,必趋于乙党,雷同附和,亦势之所必然也。于是丙、丁、戊、己所表现之需要,遂不得不为甲、乙所压倒,此大选举区之失也。若以小选举区言之,则区域小者,需要之表现显而易知,如图画然,尺幅虽小,有颜色之浓淡,而方向之纤细必露。是以之比较大选举区,则又为得也。但自人物之一方面观之,区域大者人物多,区域小者人物少,固理所当然也。惟至于人物少而不足以备选,或竟以农夫充数,亦未可知。盖凡表现者,必其脑筋中含有国家统一之观念,非可仅为一区域计也。故表现之必要人物,自不待言。以大选举区而论,人物众多,易于选择,固为得也。然区域过大,虽有人物未及周知,是又不如小选举区之尚无弃才也。由是以观,二者各有得失,是皆非绝对的,故当为调和之标准。标准者何? 其主意在于,因国家所必要之特殊需要之范围及程度,与物质的、精神的交通之范围或程度。若尚不得其法,则兼采各种之选举方法,以定为制度可也。试列表于左。

	特殊需要	人物	调和之标准	
大选举区	失	得	因国家所必要之特殊需要之范围或程度,又物质的、精神的交通之范围或程度	主意
小选举区	失	得	各种之选举方法	制度

第三分、选举之方法

第一别、直接选举、间接选举

直接选举者,以我有鉴识力,知某也贤而选举之是也。间接选举者,由人民选出选举人后,再由选举人选举议员之制也。直接与间接,从形式上观之,间接选举较之直接选举,虽可得才智优长之士,然辗转投票,手续复杂,官厅及选举人俱不免徒耗日时,浪掷费用,故此制甚不适用。欧洲各大国所采用者,皆直接选举制也。日本亦采此制,总之用直接选举,要视其国民之鉴识力何如耳。国民鉴识力之程度高,用直接选举可也,若在国民知识未开之时,用间接选举亦未为不善。

第二别、投票方法

投票方法者,谓使公平表现各种之需要,为适当投票之方法也。可分为六种论之。

(一)单记投票法。单记投票者,只记一被选人于票上之谓也。此法虽觉单简,然亦未尽适当,何则? 大政党人物多,而被选者反少,小政党人物少,而被选者反多。如大政党以三百票而举一人,小政党以百票而举一人,所选之人数固同,而选举之人则大悬隔。此在选举者之不公平也。自被选者一方观之,则一票只限一人,恐亦难得适当之人物。如大政党有三百人,以甲、乙、丙、丁为被选,甲得一百票,乙得八十票,丙得七十票,丁得五十票。小政党只有百人,而以子为被选,子既得百票,即与甲相当,而皆为被选者无疑也。若使乙、丙、丁为人物,而子为非人物,则被选者之不适当,更可知也。

(二)连记投票法。于一票中而连记应选之人数,谓之连记投票。

此法亦有弊。例如一区应选五人，而大政党五百人，小政党四百人，若各就其党派以为选举，则大政党所选出之五人，必同为五百票；小政党所选出之五人，必同为四百票。依得票多数当选之例，则被选者必皆在于大政党，而小政党所选出之人自被排斥也。

（三）减记投票法。即用连记法，而加以制限之谓。如一区应选五人，只记三人或四人之名是也。此法虽可救连记之弊，然亦未为尽善。往往奖励政党之竞争，而行运动得选之手段。

（四）重记投票法。此即一人投票，将被选之人重书数次之谓。是不啻一票而有五票之效力也。如依此法，尤足以启政党竞争之风，而其失较减记法为更甚。

（五）簿记投票法。此法先由各政党选举候补者，记名于簿，而其优劣亦由各党定之。及选举时，先设定当选者票额，而后由簿记中提出前列者，次第投票选举。如共选议员六人，以二百票为得选，而甲党有六百票，即以其簿记中之三名充之；乙党有四百票，即以其簿记中之二名充之；丙党有二百票，即以其簿记中之一名充之。党派调和，莫此为善，但其结果，亦有二弊。一则手续太繁，二则政党之人，来去无定，恐未确实，此所以未能采用也。

（六）制限选举法。以上各法，其结果非失于手续之复杂，即启政党之竞争。比较观之，惟制限投票法，颇为完善。盖法立则弊生，至善之法，未必绝无流弊，不过弊少即为善法耳。日本现采制限选举法，即取单记投票法而制限之者也。《众议院议员选举法》第七十条，以得有效投票之最多数者为当选人（此为本则）。但以其选举区内议员之定数，除被记载于选举人名簿者之总额，须得票五分之一以上者（此即制限）。试举例以明之。如甲党五千人，乙党一百人，丙党五十人，依本则言之，如当选者为三人，则甲、乙、丙三党皆可选一人；若当选者只有二人，则惟甲、乙两党可以各选一人，而丙党毫无被选之希望也。故有制限之法在，即先计其选举区内议员之定数，假定为三人，再合计被记载于选举人名簿者之总额，假定甲、乙、丙三党为五千一百五十人，则以三除之，得一千七百十七人，又求其五分之一，得三百四十三票者，即为当选人。如用此法，则人多者，固无压倒少数之弊，而人少者亦不至于向隅。故此法较为公平也。

第四分、当选人

当选者,非即议员之谓,不过有议员之资格者也。详于《众议院议员选举法》七十条至七十六条,约言之,其条件有二。

(一)当选承诺。议员为构成组织者,必自觉而以表现全部之活动为其根据。盖自觉者,自知也,亦自愿也。欲表现全部之活动,须出于自己之自愿。如不自愿而强制之,必无益于全部之活动。故当选承诺,为议员一定之要件。但地方团体之议员与国会不同,地方团体范围狭小,凡有远大之志者,多不愿活动于自治团体之中,如当选待其承诺,则必藉词控诿,而地方难于自治矣。故不要当选之承诺与否,而强制任之。国会则不然,区域辽阔,人才众多,甲不愿意即可以乙充其任,故必承诺,乃为当选。夫承诺为积极的行为,使当选人不表示其承诺与否之旨,已经过一定之期间,即作为不承诺者,而以选举簿所配之次多数者补充之。

(二)一人不得承诺数选举区之当选。一人有被数区选举者,不得皆为之承诺。若一人而承诺数选举区之当选,则此数选举区之人才,必被其拥塞,而无由得选矣。故当选者,只可诺承一区也。

第三项　议会机关作用之手续

第一目、关于机关作用之开始事项

第一分、召集

(一)性质。召集者,召集议会,非召集议员也。然议会乃无形之物,故其结果为召集议员。盖议员与议会虽同为一体,而其实亦有别,非可同一视之也。议会为机关人格者,而议员为构成机关之各个人,日本宪法所载"召集",乃为召集国会,然议员何以闻召而至,为国会而至也。

(二)效力。谓使议会在得开会之地位之机关作用也。夫议会之召集,原为开会,若第召集而未开会,只可谓为召集议员,不得谓之召集议会。故召集之效力,为使之在得开会之地位也。

(三)行召集机关作用之机关。在君权国以君主为机关,《日本宪法》第七条,所议天皇召集帝国议会者,非国家行召集之作用,乃天皇之机关与国会之机关相互作用也。不得议为国家之作用,且国会非属于自动的与积极的,故必召集而后可以开会。使不须召集而能自由开会,则不独事实上成为原动机关,而法律上亦成为原动机关矣。此惟民权国有之,而在君主国则异是。盖君主国之国会,虽表现理力、需要力,为独立不羁之机关,然于需要力、理力之外,尚有君主之自由力以统括之。故日本宪法所规定,国会须由召集,以天皇之自由力超出于国会之外,而国会因此非自动的及积极的也。虽然自由力属于天皇,而宪法上则有限制之规定,若无限制,则召集国会与否,悉属于天皇之自由,而国会几不能活动,且失其独立不羁之性质矣。故日本宪法又有时期之规定。

(四)时期。分为三。

(1)每年一次。规定于《宪法》第四十一条:帝国议会每年召集之。此即天皇之职务(义务)。

(2)临时紧急必要之时。国会若仅每年一次,而遇重要事时,不复召集,则仍不能活动,故又特为规定。《宪法》第四十三条:于有临时紧急必要之时,当于常会之外召集临时会,又临时会之会期以敕令定之。

(3)解散后之召集。《宪法》第四十五条:众议院被命解散时,以敕令使新选举议员,自解散之日,五个月以内当召集之。

召集必要开会固也,但当召集之时,不得谓之开会,只可谓为准备开会。日本召集之诏敕须国务大臣副署,于集会前四十日,登之官报公布之。并指明召集之地,以为集合之地,使各议员准备开会之行为,如选举议长、副议长之类是也。此准备之时,即为议会成立之时,而准备之作用,乃为议员之作用也。

第二分、开会

(一)开会者,使议会得行其权限之状态之机关作用。召集非议会之作用,乃天皇之作用。准备非议会之活动,乃各个议员之活动,故谓使议会而得行其权限者,亦为天皇之机关作用,非议会独立机关之作用。

(二)行开会之机关作用者,在君权国为君主。议会之机关,原永远而存在,然非待君主之召集,必不能有作用,且召集后,非经君主之敕命,定议会开会之日,不得开会。盖议会机关与他种机关不同。他种机关,如裁判官,既赴裁判所,无论何时,均可自由活动。若议会则必于开会以后,始能有独立之机关作用。开会之规定,见《议院法》第五条,两议院成立后,当以敕命定帝国议会开会之日,全两院议员会合于贵族院,行开院式。

第三分、闭会

闭会者,使议会失其开会后机关作用之效力者也。议会之机关人格,原为继续的,而其机关作用则为中断的,故自开会以后,闭会以前,议会之机关作用方能表现。迨至闭会以后,则其机关作用失其效力。若使其机关作用而为继续的,则成为原动机关,而理力、需要力与自由力,乃混合为一矣。其不可为继续的者此也。机关作用之有断续,非独议会为然,即裁判所亦犹是也。裁判所之人格,亦系永续的,而裁判之作用,则须在一定之地方,经一定之手续,始能见之,故亦为继续的。但其中有不同者,裁判所之作用系自动,而议会之作用为被动耳。

议会自开会后至闭会前,谓之会期。日本会期以三个月为定。若有事故,须由天皇以敕令延长之,《宪法》第四十二条所规定是也。

第四分、停会

于开会期间内而命之停止其机关之活动者,谓之停会。停会与会期无甚关系,盖以会虽停止,而会期仍以三月为限也。若使漫无限制,甫开会时而即停,至闭会时而复开会,则将有不能议事之虞,而议会亦将有名而无实矣。故日本《议院法》第三十三条:政府无论何时,得于十五日以内,命议会之停会。玩此条文,仅载十五日以内,而于停一次或数次,均无明文。学者有谓仅宜停一次者,有谓不仅限于一次者,议论纷纷,莫衷一是。然亦必明文规定之,方无此种缺点也。

闭会以后,未开会以前,凡前会期所未议决者,至后会期不得继续,必从新提议方可。即如众议院已经议决,于通过时而闭会,则贵族院尚未决定者,亦当从新提议,所谓会期不继续是也。《议院法》第三十五条:帝国议会于闭会时,议案建议请愿之未至议决者,不继续于后会。但第二十五条之场合,不在此限。各议院依政府之要求,或经其同意,于议会闭会之间,得使委员继续审查议案是也。夫会期不继续,系指闭会而言,以议会为表现全国之理力、需要力。理力虽历久不变,而需要力则因时而殊,国家为谋将来之良结果,当与时为变迁,故定为会期不继续。若停会则仍可继续,以其为时甚暂,需要力或不至大有变迁,故仍有继续之效力。且停会非至于不得已之时,必不发停止之命令,必因议会骚动而无秩序,或因议员全无信用,势将解散,乃始命其停会。若非以上各原因,则断乎其不可也。

第五分、休会

休会者,议员于议会中暂时休息之谓也。此为议员之自由意思,不必须天皇之敕令。至停会则必由其敕令,须两院同时而行。而休会则不必两院之同时，可随其意思而各别行之。

第六分、解散

解散者，解除议员资格及效力之谓也。此专指众议院而言，若上议院则无所谓解散。夫议会之活动，由于议员之存在，无议员则不能活动。故解散为消失议员之资格，非再行敕令选举之法，议会不能存立。至于何时可以解散，法律上尚无明文。从理由上及惯习上观之，大都在开会以后，闭会以前。闭会在会期之终，必至次年会期，始能召集。解散必于五个月以内，再行召集，且众议院被解散时，上议院必同时停会。盖国会为上下议院所构成，而后能活动，下院解散，上院即不能独立活动，虽未解散，亦与解散无以异也。此之规定，见《宪法》第四十四条第二项。但所谓上院同时停会者，此停会之名词，与被敕令之停会相混，殊未妥协。

解散之理由有二。

（一）政策上解散之理由。议会为表现理力、需要力者，分而观之，下院以表现需要力为主，上院以表现理力为主。若下院之议员，不能完全表现其需要力，则解散之而另选新议员以充其任，又或议员之各个人自忘本分，此亦不得不解散之。盖议员有构成组织之资格，即出于共同心，以组织法人，乃得谓之称职，若自失其资格，即为忘其本分，虽欲不解散而不能，故其结果有二。

（1）需要力之表现者适当与否，以之问选举者，为国家之外部的组织。

（2）构成组织之个人适当与否，以之问选举者，为国家之外部的组织。

贵族院何以不解散，则以贵族院非表现需要力者，与（1）例相反也。贵族院之议员，如皇族、华族等，皆有一定之人，虽解散亦不得另选，又与（2）例不相合，此其所以不解散也。

（二）法上解散之理由。此因议员之行动不得其宜，故解散之，选举新议员以充其任，以明众议院之机关责任也。贵族院之不能解散者，以其生处势位，即令解散，而其组织机关也如故，似与众议院之负责任者不同，故无须乎解散。众议院之所以解散者，即使机关引受其责任也。与平时议员各个人之引受责任者不同，议员丧失资格，个人有应受之处分，故只可谓为个人责任。至议员之解散，则必从新选举，而众议院之机关乃能作用,故谓之机关责任。日本及欧西学者,有谓议院之解散,即为消灭,其实不然。议院为机关人格,有永续的性质,故其解散也,不过为议员之消灭,而其机关尚存在也。

第二目、议会活动手续之细别

议会活动之手续,极为复杂。兹仅举其大略,欲知其详,当忝考《议院法》。

第一,议长、书记及经费。

(一)议长。贵族院之议长,由天皇所敕任(《贵族院令》第十一条)。众议院之议长,则先选举候补者三名,而后奏请于其中敕任一人(《议院法》第三条)。至议长之职务,规定于《议院法》第十条,各议院之议长,保持议院之秩序,整理议事。对于院外,代表议院。此"代表"二字,与前所言代表及与表现者不同,盖以各议员与议长以特权,即有代表各议员之资格,是谓之代表,又即代理组织之一种。

(二)书记官。于议员中选一人任之。《议院法》第十七条:书记官依议长之指挥,提理书记官之事务,署名于公文。

(三)经费。议院为独立机关人格者,与自治团体同。因之有谓议院,须自有财产者,然自有财产,则为危险之事。故《议院法》第十八条云:两院之经费,由国库支出之。

第二,委员。

议院于未议决之事项,有审查委员以调查议案,其规定详于《议院法》第四章。

第三,会议。

会议之规定,《议院法》第五章可供参考,兹特举其重要者如左。

(一)《宪法》第四十六条:两议院非各于其总议员三分之一以上出席,则所开议事不得为议决。

(二)《宪法》第四十七条:两议院之议事,以过半数决之,可否同数时,依议长之所决。

(三)法律案之议决,要经三读会。第一读会,决其可否提议;第二读会,为逐条朗诵以备议决;第三读,赞为全体议决。

第四,两院关系。

议案除预算外,两院皆可提出。如在下议院提议者,可决之后,须移之于上议院,上议院对于所议定者或同意,则一面通知于下议院,一面上奏裁可。如否决时，亦须通知于下议院，反之于上议院提议时亦同。又两院所可决之事，或于修改时，有意见不同之处，则由两院各选十人以下之委员，开协议员以决之。详见《议院法》第五十六条。

第四项 议会之权限

第一目、总说

议会，机关也。从机关之性质与意思及价值三方面观之，为分意机关。从机关之事功方面观之，为立法机关、会计机关。

何谓分意机关？盖议会所议决之事，非能直接生国家之活动，必经他种机关之手续，始得为国家之活动。譬之一家，妻之表示意思，欲代表其一家，非得其夫之同意，则不能有效力。然国家之事务，有时不必经议会协赞，而可以自由活动者，此亦如夫之行为，不必得妻之合意也。由是言之，议会既不能独立发表，而何以国家活动须由其表示意思，始能为自由之活动，则议会似一补助机关也。不知议会虽不能独立，而要非补助机关，如制定法律，必经议会之协赞，是协赞权，为议会所独有，而他机关，不得侵越之。又如天皇之紧急敕令，于发布后，须于次会期，提出于议会，使之承诺。其承诺权，虽天皇之尊不能强之，是协赞权与承诺权，皆议会对于国家自有之权，苟不如是，则国家之活动，必不能生将来之效力。故曰议会者，分意机关也。

议会因立法而有机关，又因会计而有机关，此其原因为何？试略言之。夫国家基于自然必至之关系，又利用自由力而始存在者也。既利用自由力，即不可无统一自由力之机关，此机关为何？即原动机关也。原动机关所统括之自由力，即最高、最强、最大之自由力，直不啻以自由而统一自由力之自由力也。此自由何以存在？即基于自然必至之关系，自然必至者，合被统一之自由力，与为主统一自由力之自由力，同时而存在者也。譬如太空之中心有太阳，诸星旋绕，互相吸摄，太阳之吸力大，诸星之吸力小，故能成一系统。若别有一太阳，吸力能与之敌，则彼此相吸相摄，势不能自由统一，此自然必至之势也。国家亦然，国家之原动机关，有最大之自由力，故理力与需要力皆能包括于其中。而原动机关之有自由力，亦非即国家之谓，要必有理力与需要力之互相集合，而后成一国家之统一的中心点，使理力与需要力之各种机关，其抵抗力与原动机关等，则必不随为转移。而理力与需要力，亦成为原动机关，此亦自然必至之关系。理力与需要力，既成为原动机关，则犹是统一自由力之自由力,故得而断之曰:国家基于自然必至之关系,又利用自由力而始能存在也。然则国家者,有双方之观察者也,专就自然必至言,则国家必不能统一。专就自由力言,则必误认君主为国家,故国家基于自然必至,又利用自由力,始成为原动机关。原动机关,固有最高之自由力。然范围以内,尚含有无数分意之自由力,有分意之自由力,然后合成为最高之自由力。盖原动机关,必合成分意之自由力,而后有原动机关之发展也。故原动机关以外,有无数分意机关,如国会、裁判所、国务大臣是。国会者,表现理力、需要力者也。理力属于法,故有立法机关。需要力属于财力,统预算与国债而言,故又谓会计机关,合此二机关,而议会之事功乃见矣。

第二目、帝国议会之权限

帝国议会之内容,已如前述矣。兹请言其权限。

第一,协赞之权限。

日本宪法,凡关于立法及会计事项,皆须经议会之协赞(《宪法》三七条及六二条至六四条)。协赞者何? 试分言之。

(一)议决。谓得议会之同意,而赞成者也。若议决而仅以为可,只得谓可,如其议,仍不得谓之协赞。

(二)有可以为国家之分意之效力。此可分为二:

(1)有特殊之效力,即引起他种机关之作用也;

(2)非独立而为国家之活动力,单以机关之意思为有效者。

以上二要素具备,然后乃为协赞。苟缺其一,则非协赞矣。

第二,事后承诺之权限。

原动机关有自由力,即有事实力。事实力由自由力而生,故有时所生之事实力,超出于宪法以外,而为自由活动。宪法预见及此,对于此等之活动,须引之使入于宪法范围之中,即当时未经议会之协赞,而事后要必经议会之承诺是也。日本关于此之规定,共有三种:

(一)紧急命令。天皇于议会闭会之时,因保持公共之安全,或除其灾害,有紧急之必要,可特别发其敕令,以代法律。此敕令与寻常宪法上之命令不同,故事后尚须议会之承诺,若不承诺时,则对于将来失其效力。

(二)预算。国家之岁出岁入,每年必依预算。经议会之协赞,此一般通则也。然有时因特别事实发生,君主预发命令,而有预算外之支出,与超过预算之支出时,事后当要求议会之承诺。

(三)财政紧急处分。君主在宪法之外,有财政之处分。于保持公共之安全,有紧急需用之场合。因内外之情形,政府不能召集议会时,得依敕令为财政必要之处分,但须于次会期,提出于议会,求其承诺。

承诺之性质,与协赞同。不过协赞在于事前,承诺在于事后耳。至其效力,则迥然不同,何也?协赞之效力,只及于宪法上,而承诺不独在宪法上有效力,即在国法上亦有效力。因预见君主事实力之发生,非宪法所能尽括,故附以特别条件,使不得变更,是承诺亦机关之意思,而有特殊之效力也。惟其中有宜注意者,紧急命令如未经议会承诺,则其效力不能继续,其他如预算与财政处分,虽不承诺,而于将来仍有效力也。

第三,受会计报告之权限。

《宪法》第七十二条:国家岁出岁入之决算,会计检查院检查确定之。政府当以其检查报告,俱提出于帝国议会。由是言之,议会固以受会计报告为其职务,而自政府方面观之,议会又有催取报告之权利也。

第三目、各院之权限

此由构成机关言之,可分为三:

第一,上奏建议之权限。

上奏云者,对于君主发表议会之意思也,以无限制之明文,故不问关于政治及政府之过失与否,皆可上奏。惟上奏与奏上有别。奏上事项之范围,谓奏闻议事之结果也。建议云者,属于议院之权限以内,而建议于政府也,规定于《宪法》第四十条。

第二,受请愿之权限。

据《宪法》第三十条,臣民有请愿之自由。《议院法》自第六十二条至第七十一条,又定有议院受理请愿之规则,但有可以拒之者,如欲变更宪法,或对于皇室用不敬语等,均不得受理。

第三,机关自治之权限。

(一)机关自治。定于《宪法》第五十一条;两议院于此宪法及议院法所揭者之外,得定内部整理上必要之诸规则。

(二)关于议员逮捕应得议院之承诺,规定于《宪法》第五十三条。又对于议会有侮辱诽谤者,议会得有告诉之权,此二者或又称为自卫权。

以上三者,不过为各院权限之大略也。欲知其详,请参考宪法及议院法。

第二款　裁判所（司法机关）

裁判所之如何组织？均详于《裁判所构成法》，此不备述。但言其根据于宪法者，夫裁判所基于各个人之心理而存此者也。各个人之心理，各有理力、自由力、需要力，有此三者，而后自我乃能活动。然自我之活动，虽各有自由力，究不能言其自由，以人人言自由，则紊乱无纪，不能发展其自我，即不能成为国家之活动。故言自我之活动，仅能表现理力与需要力，而须除去自由力，国家之活动为总揽力（即自由力），总揽全部之理力及需要力，即总揽各个之自由力、理力、需要力也。故谓总揽力，包含全部国家之理力与需要力及各个自我之活动力，然此系总论国家之活动，未论及其活动力。国家之活动力，在政府一面言之，虽能总揽需要力与理力，然非统一的全部，以政府之外尚有别种机关在也。故仅可谓为理力中之一部。在自治组织一面言之，各个之自我有自由力、理力、需要力，人能各尽其自我，而谋所以发展，即能以自己之意力，构成国家之合成意力，故又谓为理力中之他部。试列式以明之。

$$\text{自我之活动} = \text{自由力} + (\text{理力} + \text{需要力})\text{活动} - \text{自由力} = \text{理力} + \text{需要力}$$

$$\text{国家之活动} = \text{总揽力（自由力）} + \text{理力（全部国家）} + \text{需要力（全部国家）} + \text{各个自我之活动力} = \text{总揽力} + \text{理力（全部）} + \text{需要力（全部）} + \left\{\text{自由力（各个）} + \left[\text{理力（各个）} + \text{需要力（各个）}\right]\right\}$$

$$\text{国家力之活动} = \underbrace{\left\{\text{总揽力} + \text{需要力}\right\}}_{\text{即总管}}\text{（理力中之一部）} + \underbrace{\text{理力中之他部}\left\{\text{各个自我之} + \text{自由力} + (\text{理力} + \text{需要力})\right\}}_{\text{即自治组织}}$$

= 裁判所之根据

上式所用符号不过藉以表明社会心理，非数学的也

东西各国，司法权大抵相同，兹就日本宪法解释之。其第五十条：司法权于天皇之名，依法律于裁判所行之。清晰言之于左。

（一）司法权。此当于国家之活动中详言之，今特举其定义。司法权者，待人民之诉讼，使解释适用法规而与之以执行力之谓也。待诉为消极的活动，故知其理而不必即行，须待他人之诉而始行之，所谓与以执行力者，自己不能执行，而仅与以执行之力，以执行者别有机关在，即裁判所是也。从国家全部言，当知与行合一，然国家之机关，有属于知者，有属于行者。属于知者，即裁判所之表现理力是也。裁判所所知之理，非个人之理可比。个人之理，乃由个人之心理所发动，即能由个人之心理而判断之，是谓自然之理。而裁判所之理，则为国家之活动力，集合各个人之心理而判决之，是谓人定之理。古时界限未明，统自然者与人定者而混合之，今则专属于人定之理，即法规是也。解释法规者，非裁判所之独行己意，不过解释之以求适用而已。

（二）于天皇之名。国家全部之理力，欲发表于外部，必有统一之自由力，即总揽力也。日本之总揽力在于天皇，故裁判所之表现理力，当以天皇之名行之。其在古代，裁判所或为独立，或与国会混合，今则欲统一全部，非由于天皇之总揽力不可。所谓总揽力者，非国家全部的总揽力，不过全部中之一部分耳，故司法权虽以天皇之名行之，不得谓天皇即为司法之主体。而此主体之所属，仍在于国家之活动力也。

（三）裁判所。谓因裁判官所构成，而行司法作用之独立机关人格者也。试分晰言之。

（1）因裁判官所构成。裁判官为构成机关之组织，亦即宪法上之组织，各国强半略同。日本《宪法》第五十八条一项：裁判官以具有法律所定之资格者任之。夫裁判官必由天皇所任命者，以表现国家之理力也。理力与需要力不同，需要力因人与地而殊，非用选举之法无由表现，而理力则以知识为主，未必人人所能，若亦由于多数人之取决，或未尽知其理力，则选举岂能适当，故不如由天皇择其有资格者任之。例如学校之试验，必有一定之成绩，方能及格，不能以投票代之是也。况理力又不必得多数人之同意，如孔孟主张理力，虽百世之下，犹以为师。然在当时，未必得人人之同意，此裁判官之所以由于任命也。然任命既在天皇，苟其知识有限，焉得择人而任之，故必以具有法律所定之资格者为衡。法律者何？即经议会所协赞之规律的合成意力也。此为严格之法律，非命令之法律，依法律而任命之，自不至任非其人也。

裁判官既由于任命，则其免职亦必由于天皇，自不待言。若天皇任意以免其职，则裁判官自不能安于其位，故同条二项所规定，裁判官除因刑法之宣言及惩戒处分外，不得免其职。夫刑法法律也，天皇或有所惮而不敢为，若惩戒处分，乃由君主之命令，使其罢免无常，则裁判官更不能安于其职，故同条三项又云：惩戒处分，须以法律定之。

（2）行司法之作用。司法作用，后当详言。兹因重在"行"字，故略释之。《宪法》第五十九条：裁判之对审判决公开之，但有害安宁秩序或风俗之虞时，得依法律或以裁判所之决议，停止对审之公开。夫裁判必须公开者，因裁判所之理与各个人之理原无分别，特恐有秘密之情，人民不知而犯其非，故定为公开之法，而其判决之合理与否，可以各个人之理证明之。此为裁判所第一之要件。

裁判所所行之事，因历史上之关系，而以民、刑事为限，此各国之所同也。将来文明日进，或于民、刑事外而有增减之部分，亦未可定。以上所举，学者称为通常裁判所。此外更有特别裁判所。在西洋各国设立颇多，日本现在只有陆军裁判所。以余揣之，国家之理力日形复杂，通常裁判官不能周知，如陆军裁判所，非陆军中人，必不足以胜任，推之于农工商，何独不然？纵令裁判官有不知者，可以延请鉴定人，然终不如设特别裁判所之为愈也。所谓行政裁判所者，亦特别裁判所之一种，以理而论，原应统辖于司法裁判所，但各国历史相沿，久而未改，日本宪法亦依此规定。于是以属于行政上之范围者，曰行政裁判所，属于司法上之范围者，曰司法裁判所。

陪审制度始于英。因行政上既许人民之参议，而司法上不得不援以为例也。夫以普通人民而参与司法事务，似属过当。然陪审人员，不过参与事实之确定，而非法律之确定者，以解释法律，仍由裁判官主之也。但据余所见，陪审制度效果少而弊害多，英之所以有此制度，实根源于数千年之历史而来也。

（3）独立机关人格者。机关人格，前已详述。盖谓在机关之地位，有意思集合之人格也。裁判所为国家发表理力之意思，固有人格之存在，而裁判所之活动，即国家之活动，如人目之司视，其所以能视者，乃人之活动也。

第三款　政府（行政机关）

政府非机关人格者，乃由于总揽力、需要力与理力中之一部混合而成。与裁判所之为独立机关，国会之为分意机关者迥别，故欲知政府为何物,当从历史上之事实,就国家之变更以观察之。然国家之事实,亦颇复杂,兹但就君权国言之,可分为三期。(一)古代国家未发达,君主即国家,人民悉在于范围之外,为其附属物。故君主之自由力、理力、需要力,即为国家之自由力、理力、需要力。如中国周孔之尊宗王道,即是认君主为国家。故忠国与忠君,靡有区别,犹之孝于亲者,不啻孝于家也。即于行政上观之,无非以"仁德"二字为联合君主与人民之要素。(二)降及后世,人民思想渐次发达,于是仁德不足以相感,始有对抗之关系,是谓霸道,即管韩诸子之所倡导也。当此之时,国家之现象,君主但与特别之臣下联为一体,而人民仍置诸范围之外者也。(三)即老子之学说,从政治道德上而发明者也,此等国家,为后世所罕见。盖因理想高尚,言论单简,又喜用消极的方法,是以难于实行也。夫第一、第二之制度,东洋各国多混合而成,至第三之精神,则如中国唐明时代,虽或近之,而其制度,要不出第一、第二范围以外,谓之开明的专制可也。盖第一、第二之政府,非寻常官吏,乃于君主之旁占有重要之地位者。凡总揽力、理力、需要力,皆掌握于政府,但以君主为其中心,而与人民毫无关系。第三则为联合制度,与第一、第二之制度不同,人民悉在政府范围之中,政府虽为官吏,而以人民之理力、需要力、自由力为元素。由此观之,复杂之世,政府皆包含理力、需要力于其中,有总揽全部之力。至论现在政府之性质,当于国家全部之活动力中,而除去国会所表现之需要力,裁判所所表现之理力,其所残余之部分,乃属于政府之范围。是政府亦非完全之物也,故曰非机关人格者。

君权国君主为最高机关,而不负责任。其负责任者,为国务大臣。故学者多以国务大臣为政府,又或以君主为政府,或以君主与国务大臣为政府,其所论据,皆未知现在政府之性质者也。

第一项　国务大臣

国务大臣为宪法上之机关,近世立宪国之名词也。古时虽有国务大臣,然大抵为组织,不得谓之机关,以其时君主即国家,而国务大臣,不过为备用之器械而已。及开明专制时代,政治与道德渐形发达,大臣在君主之旁,始得略有意思,君主尝有咨询其意思,以为国家之行政作用者。此犹是君主对于大臣之个人,仅可谓有组织之关系,而非机关责任也。至立宪国之国务大臣,从国会、裁判所观之,宪法上皆认为机关,故国务大臣亦为宪法上之机关。若从国家之分歧发达观之,职务各有专责,则又为行政上之机关。然国务大臣,虽有两方面之机关,究为同一组织之构成。同一组织之构成者,由于国法上及历史上而来,日本宪法虽无明文,而官制中则订明之,行政各大臣,同时为国务大臣是也。盖国务大臣,为辅弼天皇之机关,使于行政上无关系,何以尽辅弼之责任? 故国务大臣,须以行政大臣兼之,然行政大臣,而兼国务大臣,则一方于行政上负责任,一方于国务大臣负责任。是以机关言,而责任有二。以组织言,而负其责任者,则犹是一人也。下再分析言之。

(一)分意机关。《宪法》第五十五条:国务各大臣,辅弼天皇任其责。学者解释此条,多注重于"辅弼"二字,有因而认为补助机关者,其误在于以机关为组织,殊不足取。盖国会之为分意机关者,以其所议决,须经君主之裁可也。然君主犹不能以一人之专断,尤必经国务大臣之副署而后为有效。故国务大臣与枢密院不同,枢密院之建议,君主采用与否,尚无一定,直可谓之补助机关。国务大臣则不然,凡君主所发之命令,非得其同意,不能有完全之国家意思,故谓为分意机关。使君主任所欲为,而无须国务大臣之辅弼,则又如专制国之大臣,成为器械的矣。

国务大臣为分意机关,议会亦为分意机关,而亦有不同者,何也? 国务大臣重在辅弼,能完全发表国家之意思于外部,而不必有协赞之行为也。协赞之责任,在国家意思之内容;辅弼之责任,以国家意思之完备,不得不藉之表著于外部。如人之脑筋,含有思想,欲发表之,不得不须手足之行动。国务大臣者,国家之手足也,从事实上观之,固含有补助组织之性质,然从地位上观之,则为分意机关。故以补助之组织,而为辅弼天皇之分意机关,是为宪法上成立之要件。

(二)副署。国务大臣,非仅有辅弼之名义也,必有辅弼之实力,而后可为分意机关。实力者何? 副署是也。"副署"二字,无甚深意,但于天皇所发之命令,已用御名御玺之后,国务大臣当署名钤印于其下而已。然使不用副署,仅以天皇之名义行之,亦为有效,则天皇不必咨询国务大臣,而国务大臣仍为补助组织,而非分意机关也。若既为分意机关,则凡法律、敕令,及其他关于国务之诏敕(《宪法》五十五条),必使其副署。副署者,参议可否于其间以定行为之得失也。此不独天皇所欲发表者,当咨询于国务大臣,即已经裁可之事,如不肯为之副署,终不得有效力。故天皇使国务大臣之副署,非第事成画诺而已。当未发表以前,须先与之商决可否,此国务大臣所以非补助而为辅弼之分意机关也。譬如人有意思之发动,非需乎手与足,必无由而活动。然意思必先与手足相谋,而后可发表其意思,若手足所不能为者,虽有意思,亦无从而发表。天皇之于国务大臣,亦犹是也。但有一问题,天皇使其副署,而国务大臣可拒绝之否乎? 以法理论,副署须得国务大臣之同意,既不同意,自可拒绝。使唯君主之命是听,则成为君主之侍者或记事者,而与器械纳补助组织又何以异? 由是言之,君主之机关,原在国务大臣之上,若拒绝之,则为其所压倒,而在于国务大臣之下,是亦非国家构成组织之本意也。然则欲求上下不相倒置,而事实上仍可以拒绝之,则必有调和之方法而后可。盖国家与有机体不同,有机体之手足,无自由意思,而以心藏之意思为活动。国家则异是,君主有自由意力,国务大臣亦有自由意力。君主之命国务大臣副署,君主之自由意力也。国务大臣之副署与否,国务大臣之自由意力也。君主与国务大臣各恃其自由意力,则必有两相冲突之时。有两相冲突之时,则必有两相调和之法。就君主方面言之,当拒绝副署之时,君主可免斥国务大臣;就国务大臣方面言之,既不为之副署,则可因此辞职,而不受其任意之指挥,至易一新国务大臣,亦相继辞职。则君主之意思,必为不正当之行为,而君主可以自反矣。若意思果为正当,则次之国务大臣,必不至再为拒绝也。此为国务大臣副署之原则。但从国家之性质上及惯习上观之,则有二例外。

(1)性质上之不须副署者有二。

(甲)统率命令。统率权原在于法律之上,副署权原在于法律之内。不能以在法律之内者,限制法律之上者,但在事实上亦有可以副署者。盖军队为国家之军队,统率命令,即不能谓非国务行为,然其所以不从五十五条之规定者,以统率权属于法律之上,而副署乃为法律以内之行为也。

（乙）国务大臣之任免等。任免亦为国务，固应从五十五条之规定，然任免国务大臣之本人，断无令其自行副署之理。

（2）惯习上之不必副署者，如荣誉称号之授与等。此何以不须副署？盖以古昔赏罚皆由于君主一人之意思，今则以为国务之作用。而赏较罚又轻，罚当依法而行，自必经副署之手续，赏则无重大之关系，故无须副署也。

（三）机关责任。机关责任与个人责任不同，前已详述，今且略言之。国务大臣本为机关，然构成此机关者，即构成组织之个人也。以责任言之，机关只受制裁，而不受刑事上之责任，惟构成组织之个人，可加以刑事上之责任。若机关而负责任，是以机关处分机关，无是法理。至国务大臣个人之责任，日本宪法无此规定。然以理推之，由职务行为所生之责任，即官吏惩戒之责任是也。虽然国务大臣与一切官吏之责任不同，但能谓负辅弼之责任而已。此言个人责任，非机关责任，欲明机关责任，试为分析言之。

（1）监督机关。机关责任，果对于何人负责任乎？夫个人之责任，非对于个人负责任，乃对于全体而负责任也。如人有罪，为巡查所捕，而对于巡查，不负何等之责任。至于被审问于裁判所，或置之监狱，亦非对于裁判官及监狱官负责任。而其所以负责任者，乃对于国家之全体也。若机关责任，与此微有不同，凡机关之动作，为国家全部之动作，故机关必依于国家，非如个人之可以独立。且国家不只一机关也，机关之上又有机关，而后机关责任，乃因之而见。日本之国务大臣，在于其上级之机关，则为天皇。而其机关则立于天皇监督之下，故谓国务大臣之机关责任，得生于监督权之自由之机关责任也。虽或议会对于国务大臣，或有质问之事，国务大臣不得不复答之，然非对于议会而负责任，不过天皇因议会之质问，而使国务大臣负其责任，是责任仍生于监督权也。又国务大臣一方为行政大臣，一方为国务大臣，议会之弹劾之者，亦非对于议会负责任，议会不过直指其非，而无免斥国务大臣之权，其免斥者，仍自监督权发生。故曰国务大臣，只对于表现全部之最高机关负责任。由是观之，君主为最高机关，君主之上别无机关，故君主不负责任。然日本宪法所规定，天皇如发紧急命令时，须得议会之承诺。则是君主之上，虽无机关，而亦负有宪法上之责任也。

（2）此机关责任为连带者也。国务大臣，即各省之长官，对于君主之敕令、诏敕等,不必全行副署,但就其职守以行之可也。如关于警察事项,则由内务大臣之副署;关于财政事项,则由大藏大臣之副署是。然副署虽为单独之行为,而责任则为连带之负担。何也?盖机关之发达,有各个的(即县知事之类),有连带的,有唯一的(即国会),国务大臣之机关,则连带者也。机关既为连带,则责任自不可分言之矣。

第二项 枢密院

(一)机关也。枢密院为多数枢密顾问所构成之机关也。从各国历史上观之,其性质有差异,而有特别之关系者亦甚多,兹不备述,但就君权国约略言之。君权国之枢密院,势力薄弱,无大关系,盖以机关非直接存在于宪法上,不过因宪法上有枢密顾问之明文,为间接的存在也。兹言枢密院之机关者,当注重于"院"字,至欲明其如何组织,请参观《枢密院官制》。

(二)咨询机关也。枢密院应天皇之咨询发表意见,无拘束君主之力者也。盖枢密院对于国民无发命令之权,且不得直接干涉政治,故其咨询与否,有属于天皇之自由者,是之谓补助机关。与议会之协赞,及国务大臣之辅弼不同,协赞与辅弼皆有分意的效力,而枢密院之咨询,则为参考的效力也。《宪法》第五十六条:枢密顾问依枢密院官制所定,应天皇之咨询,审议重要之国务。据此条文,则枢密院之设立,仅由于敕令,与议会、裁判所、国务大臣之规定于宪法者,大相径庭,故无强大之势力也。

第三项 会计检查院

会计检查院,《宪法》七十二条之规定:会计检查院之组织职权,以法律定之,即所谓《会计检查院法》也。其性质亦为一机关,谓有独立之意义,而不立于国务大臣监督训令之下也。且为一分意机关,不过范围狭小,仅管理财政之一部而已。盖天皇欲监督各省之财政,不能直接检查,乃以会计检查院为其监督之机关。然此机关虽为财政之监督,不能以此机关即在各大臣之上。盖行其监督之权者,仍操之于天皇。其所以不隶属于国务大臣者,恐其不能达监督财政之目的也。

第三节 宪法上之组织

此节专就宪法上之组织言之,其他法律、命令上之组织,请让之于行政法。

第一款 摄政

第一,摄政之性质。

凡机关皆久远而存在。而摄政则非机关,乃为组织之个人也。如不在其位,或有死亡,则摄政即消灭矣。故曰摄政者,以事实上代理原动组织,于法理上为其权限之组织也。所谓代理组织者,因原动组织或旅行于外国,或俘虏于外国,或为未成年者,及精神上、身体上有重大之缺点,则有不能亲政之事实,即不得不置摄政以代理之。所谓权限之组织者,因君主不克亲政,而代君主执行之。是非君主,而依君主之名以行大权者也。

第二,置摄政之场合。

欲知摄政之地位,必先知原动机关之发达。古代国家,皆以为君主私人之关系,其后渐进而为一家之组织。如甲死,而家族必组织乙,以继续之是也。至极发达时,乃成为原动机关。是欲明其原动机关之发达,不得不求之于家族之组织,以君主之于家族,有密接之关系。即国家于原动机关之构成,亦有密切之关系。日本于摄政一事,规定于《皇室典范》中,即生于家族与国家之关系也。或谓《皇室典范》为一家之规则,不得谓之国法,学者议论甚多。以余观之,《皇室典范》虽非直接的国法,但君王既与国家有重要之关系,则谓为间接的国法可也。《皇室典范》第十九条所规定,置摄政之场合有二。

(一)天皇未达成年时。日本人民,普通以满二十岁为成年。惟天皇及皇太子、皇太孙,以十八岁为成年。此之规定,盖以摄政于天皇之权力有损,特减少成年期限,使其早亲大政,以免其弊故也。

(二)因天皇久有故障不能亲政之时。此时之置摄政,要经皇族会议及枢密顾问之议。此"议"字不无疑问。夫枢密顾问之资格,仅备天皇之咨询,兹之言议者,似当作议决之议,与协赞之效力相等。现日本尚无摄政之事,故未起此问题也。

第三,摄政之顺位。

摄政之顺位,与皇位继承相同,而皆以皇族为限。今依《皇室典范》第二十一条所规定之顺位,举之于左。

(一)皇太子及皇太孙;

(二)亲王及王;

（三）皇后；

（四）皇太后；

（五）太皇太后；

（六）内亲王及女王。

皇太子及皇太孙，须达成年，乃可相继摄政。至于亲王及王，人数甚众，自足以相承继，故皇后以下，事实上少有摄政者。其他皇族女子之任摄政，则限于无配偶者。盖因有配偶之女子，有事夫之义务，不得而兼摄政也。由是观之，女子之摄政，有种种之制限，则终无摄政之日，谓之为禁止的可也。又第二十五条所规定，摄政或应摄政者，精神、身体有重患或有重大事故时，经皇族会议及枢密顾问之议，得换其顺序。此条之精神，不外对于不堪摄政者，使不摄政而已。然此条枢密顾问之议，与第十九条之"议"字，似与协赞之效力相等。姑存疑义，以待改正。

第二款　枢密顾问

枢密顾问，即构成枢密院之组织，而为宪法所认定者也（《宪法》十九条、二五条）。此无重要关系，故不详述。

第三款　议员及其他

第一项　议员

第一，议员之性质。

议员者，为构成众议院、贵族院之组织之个人也。

第二，议员之权利义务。

议员之权利义务，根据于宪法上，与附属于宪法及他官吏之权利义务，仅规定于行政法者，甚为紧要，试分晰言之。

（一）权利

其一，以行职务为要件，所有之权利分二种。

（甲）宪法上之权利，又分为二。

（1）发言、表决之自由权。《宪法》第五十二条：两议院之议员，关于议院发言之意见及表决，对于院外，不负责任。但议员自以演说刊行笔记，或以他方法公布其言论时，可依一般之法律处分之。其目的在防政府之干涉，而使议员律以独立自由而尽其职务也。

（2）会期中无议会之承诺，有不得逮捕之权。规定《宪法》第五十三条，特以防政府之专横，而擅捕反对之议员也。

（乙）法律上之权利。凡关于法律案之提出、质问、建议、上奏案之提出等,议员皆有此权利,其详见《议院法》。

其二,基于其他之理由而存在之权利。此为间接行职务之要件之权利,非直接的权利。如议员之受岁费,即其权利之一种也。《议院法》第十九条所规定,各议院之议长,岁费五千元,副议长三千元,贵族院之被选及敕任之议员及众议院议员,岁费二千元。由是以观,议员之受岁费较官吏为多,或者以人民无政治之思想,须藉金钱以为鼓励之,或者恐议员之反对,而以厚利结其欢心。然就事实而论,数千元之费,似未为多。而以法理言之,较他之官吏则觉为多,何则?官吏弃一切职务,而从事于公家,除俸给之外,别无以为生活。议员则于每年之中,仅任三月之职务,仍可兼他营业,比较而观,岂得为公平乎?况议员系由选举而来者,出迹固非卑劣,并以财产为前提,其非藉厚禄以自给也可知。且议员为表现理力及需要力者,使岁费过多,必有运动充当之弊。故以余意论之,议员非不可与以岁费,要比较他之官吏为少,庶几合乎公正之道也。

又有与权利相似而实非者,如保护议员之身体、名誉等,乃为法之反射作用也。盖法律以保护一般人民之权利为目的,非直接保护议员者,不过于其结果,议员亦得受间接之利益耳。

(二)义务

其一,应召集而行其职务。

议员必召集而后集合,既集合矣,又必出席,其出席后之种种活动,是谓行其职务。详见《议院法》。

其二,不可渎职之义务。

如受贿等是。此与第二种之权利相对,以议员既有受岁费之权利,即有不可渎职之义务也。

以上二者,皆法上之义务也。但不可渎职之义务,《宪法》及《议院法》均无明文,仅于明治三十五年之单行法规定之。他如政治上及道德上之义务,与此无关,姑从略焉。

第三,议员之成立、消灭。

此就议员之资格而言,非议员个人之谓也。下分言之。

(一)成立。由议员之种类而异其时期,试列举之。

(1)达年龄之时。皇族十八岁,公、侯爵二十五岁,可始为议员。

(2)被敕任之时。有勤劳学识者,由天皇以敕令任命之。

（3）当选之时。当选者尚有条件，须本人之承诺，方为成立，否则无效。

（二）消灭。其原因有六。

（1）死亡。议员之本身，为议员资格之主体，本身既亡，资格自归于消灭。

（2）满期。议员任期皆有一定年度。伯、子、男爵与多额纳税者七年，众议院议员四年。

（3）辞职。由于本人之愿意者，是自动也。

（4）除名。议员于院之内外，有过失或受刑罚上之处分者，则当除名。是亦惩戒议员之一法，由于他动者也。

（5）退职。此由于事实之发生，而非由于自动及其他动者。（《议院法》七七条，《众议院议员选举法》一一条参照）

（6）解散。此专指众议院而言，前已详述，兹不赘及。

以上所述，皆为议员成立、消灭之原因，欲知其详，请参观《众议院议员选举法》。

第二项　裁判官及国务大臣之构成者

裁判官与国务大臣皆官吏也。裁判官，以具有法律上所定之资格者为前提，而后由天皇敕任之（《宪法》五八条）。国务大臣之构成者，宪法尚无确定。盖日本以君主为国家之中心，而国务大臣之机关及其个人之责任，尚未发达，因之其构成者亦未发达，只可谓之官吏。兹试将官吏之性质而说明之。官吏者，隶属于天皇，而构成国家之法上之外部的组织（除自治组织）。关于其组织所必要之意思发动，举自我之全力而为国家行之者，所谓隶属者，直接隶属于天皇，而受其监督指挥之下者也。议员非直接隶属于天皇，故不得谓之官吏。所谓外部的组织者，有事实上与法上之分，官吏则仅构成法上之外部的组织，故须除去自治组织，所谓举自我之全力也。即举一己之智力，以国事为专务，不复兼营他业，而又对于国家负有忠实之义务也。换言之，官吏者，自我为国家外部的组织之构成者，举自我之全力，有供给应表现国家之活动之全部或一部之活动力，全部或一部之权利义务者也。欲闻其详，当让之于行政法学者。

第四款　自治组织

第一项　自认力

自认力者，本于自己之事实而生也。自认者，即自己认着自己之谓。如人呼己名,己必应之是。然自认力,又惟自己乃能自觉。如己有饥寒,人对于我无所知,惟自我乃能知之。己有聪明,我对于人无所用,惟自我乃能用之。自认力亦犹是也,试就小范围言之。如有甲、乙、丙、丁诸人,甲自以为贤,除甲之外无贤者。而自乙、丙、丁视之,不以甲为贤,而又各自以为贤者。设更有多数人,又以甲为贤,而认乙、丙、丁为不贤者,然则贤愚何自定乎?盖少数人之判断力,原不足以为据。必于其时与地有绝对之范围,而后乃能定。例如孔子圣人也,在当时除门弟子外,而推尊其为圣人者,殆寥寥可数。由是思之,凡定人之贤愚者,固当求之多数人,以扩其范围,更须于过去之时代以定之,则又彰彰明矣。盖少数之范围内,虽以多数取决,未必即为贤否之定评。以一人所见之理,常不能容于小团体之中。不能相容,而真理因之以晦。惟从绝对的范围观之,则自有真理在,何以故?以有绝对之范围,能容天下之真理故。

统括绝对之范围者何?即绝对我是。绝对我者,自认力有绝大之效力者也。盖绝对我之中,包含有无数普遍我,普遍我之中,又有无数之人类与国民,故凡离绝对我最近者,其自认力为最广,国家亦何不如是。国法有赏有罚,自浅识者观之,赏者未必善,罚者未必恶也。故欲求其真理,当以一般人类之心理及其学理以为据。即从国家之结合观之,必合物质上、精神上、生理上之交通,而后结合力为最强,自认力亦犹是也。自认力之范围狭者,必由狭而推及于广,而后自认者真能自认矣。

要而言之,在绝对我,自然与自由合一而无区别,在普遍我及自我,自然与自由虽有密切之关系,而不能一致。是故于绝对我中,有自由认定而自认力最强者,则在于以普遍我为根本而成立之国家,而国家自认力之所以强,仍在于以个人之自由力为基础。

第一,绝对我之自认力。

绝对我之自认力,绝对的有效者也。凡世界之众生,无论何时何地,皆可谓之绝对我。又从他方面观之,绝对我为最始之祖先,盖古往今来,虽人类之繁衍万派,而推其原始,则出于同一之渊源。例如中国以盘古为人类之初祖,一切众生,皆由此开辟而万化。而自近世观之,众生又有无数种类,若不知推其本原,即不知同出于一。又换方面言之,绝对我亦可谓之自我之本性。本性未发展之时,皆藏于人之本心,浑然无有,老子所谓玄之又玄者也。及其发展,又不知性之何以有此知觉,盖不溯其初生,而性之所以有此知觉者乃失。夫宇宙与天,其为绝对我又一也。盖绝对我之原理,必由多数人决之,而后生其效力。宇宙与天乃为绝对我之根本。凡同一之祖先及同一之本性,又认为有效之原理,皆可统括于范围之内者也。故谓绝对我之自认力,为绝对的有效者也。

第二,普遍我之自认力。

普遍我即绝对我最近之支派也。凡世界之人类不齐,而祖先之发源则一。虽分类愈繁,支派无数。然溯其本源,终有同一之现象。同一者何? 交通是也。试析言之有三。

(一)精神上之交通。精神者即意与理是也。意者以己发动之意思,推及于人,则知己可以知人,己能知人,人即能与己合。故谓意者精神上之推感,亦即恕之道也。理者,我所认定之理,与人所见之理相通,是即心同此理,理同此心,而为精神上之会通也。

(二)经济上之交通。如衣、食、住三者,人人皆有此欲望是也。

(三)生理上之交通。如夫妇之缔结而诞育,即互有遗传之性质是也。

人类之由交通而结合也。只有远近之关系,而相离愈近者,结合亦愈易。如人之身,以无数细胞而结合,为其交通甚近也,推之于亲族及团体,其结合亦同此理。若谓近者可合一,而远者不可合一。或远者可合一,而近者不可合一,要皆囿于一隅之见也。是故结合无论远近,但有此精神上、经济上、生理上之交通之原因,自能不谋而合。此自治组织之所由起也。虽然,远近之合一,为自认力之所必要,而自认力之效力,则又以愈远而愈强。何以言之? 几一身之自认力,恒为一家所压倒,一家之自认力,又为一国所压倒,一国之自认力,又恒为世界一般之自认力所压倒。此非自认力之有异,特人只知有自己之自认力,而不知有世界一般之自认力也。譬如观览图画,凡一草一木,一泉一石,无不一见了然,为其近也。若从远地以观山,则隐约杳冥,若无所见。以大小论之,图画小而山大,何以我之所见,相反若是? 盖以远近不同故也。

古时团体之范围,至小而多,推其原因,则由于无各种之交通,故各个之团体,即成单独之势,而不能合一。后世交通发达,不独团体之范围渐广,而数团体每能合为一团体,此即交通之以所能于统括也。且上古之团体毫无特色,皆由同一之关系而成。如中国仅一宗教之原因是也,外之或血族相同,或目的与同居相同,一团体之关系如是,众团体之关系亦如是。及中古时代,团体之关系日进而不同,有血族与宗教之不同而合一者,有目的与居处之关系而合一者。又或一团体中,有宗教与血族之不同,因目的与居处之关系而合一者是。成一大团体之后,实统括无数之小团体,非如古代仅有同一之关系,而别无特色也。即就个人言之,其宗教、血族、目的、居处与一家以内之人,殆无不同。迨至后世,血族繁衍,居处各异,宗教目的亦因而复杂,是由个人而进于各个人,即由单纯而趋于复杂。故曰普遍我之发展,实各自为发展,而各具有特色者也。

惟普遍我发展以后,各团体虽各有特色,然已合各团体成为一团体。则同时已成为同体,有种种差别,而同时又若无差别。至古时之团体,有特色者即愈形差别,以同时不能同体,故同时又各形其差别也。然至后世成为一大团体者,即有一大原因。盖古时有掠夺婚姻、团体婚姻。掠夺婚姻者,甲团体劫乙团体之妇女以为婚是也。团体婚姻者,此团体与彼团体为婚是也。有此二种原因,而后生交通之关系,有交通之关系,而后知近世同一大团体之关系。故欲知近世大团体之关系,亦当知古时多数之团体之状态。

由是言之,团体之自认力,必强于个人之自认力。如开一会议,一人之见,必不如众人所议者,效力之大,若由众团体观之,又必有一大团体以为统一,是之谓国家。故国家之自认力,必优于团体之自认力。然今世交通频繁,他日必有成一国际团体者,则较国家之自认力,必更强矣。故论国家之自认力,为人定上之绝对我之反映而存在,以国家之自认力,不及绝对我自认力之强。然国家虽不及绝对我,而已为内部团体之最强者,故有自主权,以其最高无上者也。其内部团体之自认力,为人定上普通我之反映而存在,以内部团体较国家为稍弱,而较各个人又甚强,故有自治权,以其上尚有高于自治权者也。自治权之中,有自治组织与自治行政团体。

第三,自我之自认力。

绝对我、普遍我之存在,以自我而存在。绝对我、普遍我自认力之本源,亦以自我为本源。自我有本性,又有特性,本性我所同具,特性则因自我而各异。例如有多数同底之三角形,角与边均不相同,而其底则一。底犹本性也,边与角则特性也。又如山与水之附着于地球,皆为地球之表现,若谓山与水离地球而存在,是不可能之事也。自我之于绝对我、普遍我亦然。自我为绝对我、普遍我之本源,无绝对我与普遍我,是无自我,离乎自我亦无绝对我与普遍我。盖绝对我与普遍我,皆自我发展之表面。表面之发展,即由其本性以发展其特性,《大学》所谓治国齐家修身,《中庸》所谓率性之谓道,即此理也。

第二项　国法上之自治组织

前项言自认力,皆就自然实体言之。然专言自然实体,不能明国法上之自治组织,盖自然实体不过为其根本,而从根本之发生者,则必以人定之事实为作用。有事实之作用,而后知国法上之自治组织,盖自我为绝对我特殊之点,特殊者由人定上表明之也。抑自我又与国家同为一体,同体者由人定上证明之也。有此特殊之异点,又有同一之关系,是不可无国法上之组织。虽然,自我与国家地位常相悬绝,又不得不恃自治组织以联络之,自我之组织动,而国家亦因之而动,而后个人之自我,与国家之关系,乃益相密切也。下试详晰言之。

第一,性质。

基于自身本来有之自认力,从其本性使发展自身之特性,是之谓自治。所谓自治组织者,认此自治为其权限之组织人格也。盖自我从其本性以发展其特性,原为自我起见,不知国家与自我同为一体,自我发展,国家即因而发展。以昔时立身行道言之,所谓一人修身而一家治,一家仁而一国兴仁,是也。

第二,各个人。

各个人者,基于各个人自身本来有之自认力,从各个人之本性,使发展各个人自身之特性,是之谓自治。认此自治为各个人之权限所统治之组织人格者,是之谓自治组织。夫国家认各个人为自治组织,则各个人既占一地位,宜如何尽其分量?要不外使发展其自身之特性而已。《日本宪法》第二章,规定臣民之权利义务,即认各个人为自治组织也。

凡人必有特性。如农工商之各精其业,皆特性也。官吏虽无职业,究亦有特性在。然仅偶尔发展其特性,而不从其本心,必不足以尽其自我,故必从其本心以发展之。本心者,最初之本性也。从其本性,乃与绝对我、普遍我有密切之关系,以本性为绝对我、普遍我之所同也。如对镜然,心有喜怒,必形于貌,即本心与外界之现象相合也。是故本心以为是者,质之众人,无不以为是。如数学之二二相加而得四,人皆以四称之。我之学说,果为正当,他学者亦不加以批难。以此推之,自我之从本性以发展特性,非借外界之辅助,实基于自身本来有之自认力。饥而思食,渴而思饮,非他人所能觉也,皆由于自己之自认力。故无自认力者,其人格必不完全,自不能发展其特性。东亚之弊,往往仅认构成之全体,而不认构成全体之分子。例如一家之内,仅知有亲,不知有子。土地之上,仅知有地主,不知有永小作人。一国之中,仅知有君,不知有各个人,亦犹是也。国家无各个人,则君主之机关无从附属,是亦犹之无子与永小作人,则无所谓亲权与地主权也。盖自治组织者,基于各个人自身之自认力,而问之本心,或问之于人,以证本心之同然。而发展其特性者也,国家有各个人发展其特性,即各个人之自认力,为构成国家之分子。而国家之自认力,即由于各个人之特性之发展,故曰有自治组织之本体,而国家之自治制度,由此起矣。

自治制度,有干涉及监督之权,若各个人之自认力,基于本身,国家自不得而干涉之。若发展之特性,不从于本心,或本心尚有未能发展之时,国家可得而监督之。

各个人之特性有二种:有一定之职业,而专谋所以发展者;有无一定之职业,而注意于全体之发展者。因之自治组织,亦分为二:

(一)积极的,专以自己之职业为重者也;

(二)消极的,专注重于国家,以自己之意力构成国家之合成意力,再由合成意力,返而注重于自我,或使各个自我之发展,而扩充其范围者也。

以上二者,孰优孰劣虽不能定,然大概兼二方面者多,而专趋于一方面者少。试就《日本宪法》所规定者举之于左。

消极的场合有三:

(一)文武官(一九条),此以自己之意力,组织国家之意力者也;

(二)兵役(二〇条),此以自己之武力,组织国家之武力者也;

(三)纳税(二一条),此以自己之物质力,组织国家之物质力者也。

积极的场合有七。

(一)居住移转(二二条);

(二)逮捕、监禁、审问、处罚(二三条);

(三)住所侵入搜索(二五条);

（四）信书秘密（二六条）；

（五）所有权（二七条）；

（六）信教（二八条）；

（七）言论、著作、印行、集会、结社之自由（二九条）。

以外二四条与三十条之规定，含有积极、消极二方面。

据此以观国家之自治权，须有积极、消极二者，而后乃为完善。若纯从积极的方面，则组织合成意力者，又必为一般人。其所发展之力，必不合于各个人之意力，而各个人之无需干涉者，亦将干涉之。此时自治组织之不能发展，可断言也。若纯从消极的方面，则各个人又将抛弃自己之地位，势必为君主之器具而后已。试征之日本古时，凡文武官及兵役，皆以有特别阶级者为之，以组织国家，故对于人民有一种之特权，可以自由处分，以其重消极的而轻积极的也。然则欲定自治组织之制度，当以平阶级为前提，阶级既除，而欲发展各个人之特性，则又当以有学力、德性者为前提也。

中国宪法论

［日］及川恒忠　著

整理者按:及川恒忠,1890 年出生于岩手县稗贯郡花卷町,1908 年进入庆应义塾大学预科,1913 年从该校政治科毕业。半年后被任命为庆应义塾大学部的助手。1917 年被庆应义塾选拔为中国留学生,在上海和北京学习两年,之后又在法国进修一年。1920 年归国。

归国后,及川在母校法学部和经济学部分别开讲"中国法制论"和"中国经济事情",授课中同时使用日语、英语、法语、汉语。1922 年,在及川的大力活动下,庆应义塾法学部的机关志——《法学研究》创刊。在这本杂志上,及川发表了大量与当时中国政治、经济情形有关的论文,并将毛泽东的《实践论》介绍至日本,被称为"最了解中国社会主义思想和中国共产党活动的人物之一"。但值得注意的是,及川本人明确表示了与社会主义思想的切割,其研究中也难以见到马克思主义史观的影响。

1926 年,庆应义塾接受了望月军四郎捐赠的"望月中国研究基金",及川负责全面运营。在及川的建议下,庆应义塾利用该基金在中国购买了大量书籍,其数量在当时可谓日本诸大学之首。

1942 年,及川就任庆应义塾法学部长。日本战败后,及川继续其中国研究,并在 1952 年出版了《中国政治史》一书。1959 年因胃肠疾病去世。

本卷从及川的诸多中国研究中选取了与法制有关的三篇论文,并将其译成汉语,以供研究者参考。

中国^①宪法史抄

载日本《法学研究》第 9 卷第 3 号

去年 9 月上旬,经过几多曲折艰辛,北方政府在北平终于成立。成立之初,当局者之间对于制定约法的呼声较高,而约法可以作为制定正式宪法的过渡。进入 10 月,南北战争宣告结束,为了国民政府稳固根基,总司令蒋介石及其他政府要员同样开始倡导有必要制定国家根本大法。料想今后在当局者之间会围绕着所谓制宪问题进行激烈的讨论,因此值此之际,我想以"中国宪法史抄"为题,简单总结该问题的过去发展情况,向本杂志投稿。这正所谓"予维音哓哓"。^②

第一章　清末立宪运动

1. 中国的近世觉醒

清政府在中日甲午战争中最终战败,接着欧洲列强又在中国获得租借地,这两件事情促使中国发生了第二次近世的觉醒。中国在 1860 年的英法北清战争(第二次鸦片战争)和 1884 年的中法战争后,认识到西欧诸国的强大,其中左宗棠、李鸿章等元勋率先主张进行政治变革。国论发酵,以急剧兴起的造船厂开设和海军衙门的新建为开端,中国在修路、开矿、练兵等各个方面都已经有了变革的迹象。然而,譬如船政大臣的要职,很多只是坐拥渔翁之利;又譬如海军经费被北京郊外颐和园的离宫挪用,所以实际上由于官宪贪污,朝廷腐败,难得的政治变革也基本上以有名无实而告终。以精锐号称的海军被全歼,台湾澎湖岛被迫割让,胶州湾、旅顺、威海卫、广州湾各地相继丧失主权,中国终于

---

① 本译文统一将"支那"译为"中国"。——译者注
② 哓哓,读音 xiāo xiāo,中国先秦诗歌《鸱鸮》有云:"风雨所漂摇,予维音哓哓"。意为(我的巢儿垂危),正在风雨中飘摇,我只能惊恐地哀号。——译者注

愕然醒悟——这就是第二次觉醒。

然而，此时以康有为、梁启超为代表的进步主义代表以"变法自强"论风靡一时。立宪政治的曙光尽管比较微弱，但也终究展露出来。然而，此时掌握政权的仍旧是以西太后慈禧为中心的保守派。所以，以满洲朝廷为首的王公大臣们不但不支持制度变革的进步主义，反而害怕政权转移到年轻政治家的手里。同时，由于对议会政治不甚了解而担心会招致民怨沸腾从而影响国势，所以极力反对变革论。因此，支持进步主义的光绪帝亲政被废除，西太后的摄政使得渐渐抬头的革新运动被打压下去。即便满洲朝廷在过去的 267 年间进行了各种尝试，也取得了各种成功，但至此为止，陈旧的制度终究难免落后，已经不能再适应时代发展的要求。

1900 年，以"扶清灭洋"为口号的所谓北清事件（义和团事件），最终唤起了第三次革新论。两湖总督张之洞、两广总督李鸿章是其杰出代表。两江总督刘坤一、闽浙总督许应骙、山东巡抚袁世凯等附和响应，国民也认识到满洲朝廷的无能，要求政治改革的呼声也越来越高。

之后发生的日俄战争第四次刺激了中国的革新发展。战后，俄国立宪运动的火焰直接传递到中国的手里，大家纷纷提倡立宪。驻法公使孙宝琦、驻英公使汪大燮、驻美公使梁诚等人均是此时倡导立宪论的代表。两湖总督张之洞、两广总督岑春煊、直隶总督袁世凯等也相继提倡立宪，从日本回国的留学生的大多数人也附和其主张。至此，曾经的朝廷保守派见大势已成而无可奈何，1906 年以后不得不听从舆论的风向，着手进行立宪准备的诸般事宜。

2. 立宪思想酿成的机缘

正如反复的对外失败是促使中国近世觉醒的外部刺激，与此相对应，该时代盛行的西欧科学的输入、青年学生的国外留学、皇族高官的国外视察等，是立宪思想酿成的内部刺激。

近世中国对于外国科学的输入产生需求是 1860 年以后的事情。经过日清战争（中日甲午战争）和日俄战争之后，该需求更加强烈。但是，其中大部分内容都是通过翻译书籍而获得的。例如曾国藩在 1865 年开设的福州、南京、上海的兵器厂以及造船厂内特别设置了翻译局，并要求翻译关于历史、政治等诸多欧美书籍。以这些翻译局为契机，由外国宣教士、回国留学生翻译的诸多书籍中相关内容对清末的宪政思想给予了直接影响。其中，被大家所熟悉的书籍中，有孟德斯鸠的《论法的精神》、穆勒的《自由论》、斯宾塞的《社会学》、赫胥黎的《进化论与伦理学》，斯密的《国富论》、甄克思的《社会通诠》等。同时，日语书籍的翻译也极多，多经自留学生之手而翻译，涉及政事、军事的书籍以及时事问题评论等。

　　对于青年学生的外国留学活动，曾国藩起到了重要的作用。1872年，他将 120 名青年送至美国，主要在耶鲁大学进行学习。1873 年，经其之手，有很多留学生从福州造船厂被派遣到英国做海军研究。之后，本应该每年都派遣留学生，但是遗憾的是，第一次派遣后就戛然而止了。但是，日俄战争后中国青年的外国留学热却一度升温，去往日本等各个国家的学生增加了很多。其中以 1906 年直隶总督袁世凯派 40 名学生去美国留学最为引人注目。

　　毫无疑问，皇族大官等的海外视察也给宪政思想带来了很大影响。1901 年，满洲朝廷为了哀悼被拳匪枪杀的德国公使克林德，派庆亲王^①前往德国。同时，派军机大臣那桐去往日本，同样哀悼因拳匪作乱而死亡的杉山某。庆亲王一行以此为机，历访欧洲各国，视察了近世政治的大势。那桐一行也努力视察了日本社会急剧的发展进步情况，尤其还视察了日本吸收西洋文明来推动本国宪政发展的情况。此后的 1904年，皇族贝子溥伦代表中国出席森特雷博览会。次年，朝廷为了研究日本以及欧美各国宪政的运行以及组织状况，派载泽、李盛铎、尚其亨去往日本，派湖南巡抚端方、户部侍郎戴鸿慈去往欧美各国，其身份都是"考察宪政大臣"^②。与此研究内容不同，被派往欧洲各国的庆亲王的弟弟载涛是为了研究陆军，载洵是为了研究海军。考察宪政大臣于1906 年纷纷回国，回国后一致主张有必要树立宪政。于是，朝廷命令以醇亲王^③为中心协议此问题，其结果是决定首先从官制改革入手。同年七月，如后所述，朝廷宣明今后十年应该着手做立宪的准备。

　　3. 国民的自觉表现

　　宪政思想的发达，有各种各样来自外部的刺激，但同时也离不开中

----

① 此处应为醇亲王载沣。——译者注
② 应为"考察政治大臣"，但考察的内容有不少关于宪政者。——译者注
③ 应为"庆亲王"奕劻。——译者注

国国民的自觉。国民对于朝廷和地方官宪的各种机构或断然反对,或请愿表达国民意志,这种现象是之前从来未曾有过的,而国民的自觉正是从这里产生的。

第一个例子是反对光绪帝退位的运动。所谓百日新政之后,1900年1月,西太后以光绪帝身体不适为由,要求其主动退位,并发上谕让端郡王的儿子溥儁继承皇位。对于此事,从很早之前就开始不满于西太后专横跋扈的国民震惊不已,上海有社会影响力者1230人,以上海电信局局长为首,通过联名电报的形式向总理衙门提出反对光绪帝退位的请愿,并提出如果请愿内容不被批准,那么就难保不会发生骚乱。对于国民的这种傲慢行为,西太后甚为恼火,立刻命令逮捕其罪魁祸首。然而局长逃往厦门,并未就擒,结果光绪帝的退位也未能实现。

第二个例子是粤汉铁道协约废止运动。1898年4月,湖广总督张之洞与美国某资本团关于粤汉铁道的铺设签订了2000万美元的借款协议,并且许可该资本团对于该铺设权拥有排他的独占权。除此之外,还约定对于和该铁道的营业存在有害竞争威胁的竞争线路的铺设,不允许授权给该资本团以外的其他人。当时,那些比较排外、爱国心比较强烈的国民,一致反对这个协约,尤其是和该铁道有利害关系的广东、湖南两省的有力者,曾经数次宣告反对,1904年以后更是对政府施加高压,要求政府撕毁协约。次年春天,两省的代表在上海汇合,提出决议称:或者政府撕毁协约,或者责令美国政府对该资本团进行负责和监督,二者选一。这样一来,民间的反对运动最终促使政府废止了该协约,并且约定支付给该资本团675万美元的赔偿金,最终事情得以解决。

第三个例子是沪杭甬铁道协约废止运动。1898年,英国获得了沪杭甬铁道的铺设权,其后在南京和上海之间的线路也履行了1903年以来契约内容。然而,对于上海、杭州、宁波一线,江苏、浙江省人民极力反对。他们故意拖延契约履行日期,以使契约自然失效为要挟,向政府施压。最终于1905年9月,政府声明废止该契约,同时将其铺设权给予省政府。

这些反政府的国民运动,其发展速度极其缓慢,但是因为当时政府的立宪准备对策,也取得了一定程度的进展,随着其推进,国民运动也把努力方向转变为请愿迅速召开国会上来。1909年12月16日,各省代表在上海汇合,并组织成立了国会请愿同志会,决议要向政府请愿,要求今后两年内召开国会。最终,以此为基础,于次年1月和6月分别向朝廷呈交了速开国会的请愿书。自此以后,国会速开论的风潮越来越高涨,各地商会以及其他组织还有在外居留的民众,纷纷把各种代表请愿书送往北京。

同时,地方也通过演讲会、印刷物等鼓吹速开论。尤其是1906年,江苏、浙江、福建的二十余名有识之士在上海成立预备立宪公会(会长朱福诰、副会长张謇),他们主张的事项极为务实。由于很多会员是乡绅,所以立宪运动俨然成为一股强流。其后,1910年11月,朝廷基于资政院的请愿,缩短了宪政实施期,并发布上谕称1914年①颁布宪法,召集国会。这道上谕反而更加刺激了民间关于国会速开的诉求,各个方面的请愿书纷至沓来。比如,一万名东三省的省民向东三省总督施压,要求代奏速开国会请愿书。天津也有3800名省民,同样向直隶总督请愿代奏。这样一来,舆论空前沸腾。其中,温世霖发起了请愿同志会,并表示如果朝廷不答应请愿内容,全国学校将一致停学。他因此被逮捕,并流放到新疆。

如上所述,国民的自觉性表现为两种形式:反政府和发出请愿。不可否认,这和百日新政中康有为以及光绪帝尝试的立宪活动互为因果,共同推动了清末立宪风潮的高涨。

4. 康有为的立宪主义和百日新政

康有为,字南海,广东人,很早以前就怀有进步思想,屡屡往返于中日两国之间。他认为,要想改变中国的陈旧制度,学习日本是其捷径。1891年以来,他曾在广东和桂林开设私塾,向青年子弟讲学。但是,日清战争(中日甲午战争)结束后,他在北京发起学会"强学会",积极宣扬政治革新。同时,他数十次向朝廷上书他的变法论。所幸,他的变法论被当时的军机大臣翁同龢所认同。结果,他被光绪帝召见,多年的夙愿得以实现。他主张的变法,最终的目的在于树立立宪政治。但就过程而言,他首先倡导行政制度的变革。于是他屡屡向光绪帝进言,并得到了光绪帝的认可。具体内容包括:(1)开设制度局,进行政治制度变革的研究调查;(2)赋予国民言论自由;(3)增设财政、教育、司法、农业、商

---

① 应为1913年。——译者注

业、公共事业、铁道、邮局、矿山、陆军、海军等十二局;(4)基于财政学统一改善租税制度,废除厘金税;(5)努力修订法律,增加官员俸禄,选用人才,新设警察,训练乡兵,建设海军,振兴新教育,派遣海外留学生,经略西藏、新疆等。

1898年1月,他得到光绪帝的敕令许可,为了和军机大臣及各部尚书共同探讨实行改革案,召开了一大会议(军机总署会议),但是遭到了保守派王公大臣的反对,招致西太后的反感。所以,改革方案并没有向实行迈出一步。但是光绪帝并没有因此而屈服,他提拔杨锐、刘光第、林旭、谭嗣同四名人才,让其等参与革新事业。此后,所有奏折均由四人阅览,上谕也皆由四人起草。因此以西太后为首的保守派王公大臣忿恨不满。9月21日,西太后最终发动戊戌政变,并亲自摄政,处谭嗣同等六名人士死罪,逮捕诸多康有为一党,百日新政就此闭幕。然而,康有为自己一时逃亡海外。不久,他将"强学会"改为"保皇党",成立政治社团,依旧用君主立宪来对抗民主革命,直至民国成立之时。1917年,张勋企图复辟清朝之际,康有为也参与其中,但其后便没有在政治舞台上露过面。1927年,怀才不遇的他客死他乡。在他的诸多论述之中,变法自强的重要论断实际上就来源于他的《不幸而言中不听则国亡》一书。

5. 满洲朝廷的预备立宪

扫清朝廷内的进步党而掌握政权的西太后,其实并没有想象的那样顽固不化,对于全国气势高涨的立宪运动,她也并不是认为完全没有听从的必要。聪明机敏的西太后掌权之后作为中国实际上的掌权者,一直到去世,都把施政的根本方针放在循序渐进的革新上,这是无可置疑的。只是这件事放到国民诉求处于高涨期的时代,显得不能满足民意罢了。朝廷的立宪准备在拳匪之乱(义和团运动)以后到1911年的革命为止,其实取得了相当的成绩。

第一期(1900年—1907年)

1901年①西太后因为拳匪的骚扰,和光绪帝共同逃往西安避难,并于1月28日②在西安发布上谕,命令中央和地方上奏关于旧制度革新

---

① 应为1900年。——译者注
② 此处应为1901年。——译者注

的调查报告和意见。这个上谕其实就是满洲朝廷听从国民立宪愿望的最初的例子。从此时起，官宪关于制度变革的奏折一时之间纷至沓来。历来都是军机处负责奏折的审查，但是由于此时军机处正忙于处理匪乱，很多奏折并不能进行充分审查，所以朝廷新设了一个政务处（1906年改为会议政务处）。其职责就是受理有关变革的各官宪奏折，并且审查是非缓急，将需要修改的东西加以修改，然后酌情复奏给朝廷。但是，关于重要的国务，政务处本身也可以向朝廷上奏。而组成政务处的人主要分为三部分：一是特设的不定员数的政务大臣，二是若干皇族和大官，三是所有军机大臣等。

从 1901 年到 1905 年，百日新政所提倡的制度变革在某种程度上得以实行。其中科举制度废除，国家考试的举办仿照的是日本。张之洞和袁世凯率先为新教育付出努力。除此之外，在邮政领域也设置了一些新部门，这也是比较出色的成绩。

如前所述，1905 年有五名考察宪政大臣（称作出洋五大臣）被派往国外。与此同时，朝廷还新设了一个被称为考察政治馆的新机构。这个机构在政务大臣的监督下从事宪政的调查研究，并最终议定立宪大纲。

1906 年，载泽一行人回国。他们数次向朝廷力奏实行宪政是当务之急。结果，朝廷于 9 月 1 日发布上谕，宣示立宪政治对于国力发展来说非常必要，并嘱托上下官民今后十年努力准备宪政。同时，朝廷还宣明立宪准备首先应该从官制改革入手。接着，基于政务大臣的奏请，同年 10 月 6 日的上谕命其着手进行官制改革。结果，内阁、军机处、外务部、吏部、学部没有改变，巡警部改为民政部，户部改为度支部，兵部改为陆军部（练兵处和太仆寺合并），商部改为农工商部，大理寺改为大理院，理藩院改为理藩部，督察院改为督察御史，政务处改为会议政务，太常寺、光禄寺和鸿胪寺三者合并于礼部，新设邮传部。

1907 年 7 月，朝廷将考察政治馆更名为宪政编查馆，由政务大臣监督改为军机大臣监督，同时扩展其职责范围：（一）复议关于宪政的一切奏折；（二）调查各国宪法，编纂宪法；（三）审议法律馆编纂的相关法律草案以及各部院编订的行政法规；（四）制定一定的统计表格式，令各官厅进行统计造册，汇集起来制作全国统计表。因而，该馆有编制局、统计局、译书处、国曹处等部门，显示出作为宪政准备机构的正规样态。

第二期(1907 年—1909 年)

上述 1906 年官制改革和宪政编查馆的事业,尽管有人指责其不过是朝廷的粉饰,缺乏革新政治根本的诚意,但朝廷所做的宪政准备还是在 1907 年进入了第二期。1907 年 9 月 20 日,朝廷发布上谕,宣布在中央召集资政院,作为国会开设前的议政机关,任命贝子溥伦为总裁,孙家鼐为副总裁。上谕中提到:"立宪政体,取决公论,上下议院实为行政之本。中国上下议院,一时未能成立,亟宜设资政院,以立议院基础。"①此资政院如下文所述,直到 1910 年(宣统二年)方开会。10 月 19 日,朝廷又发一道上谕,命各省开设代表地方舆论、指陈各省行政利害的地方议会咨议局。上谕要旨为:"前经降旨,于京师设立资政院,以树议院基础。但各省亦应有采取舆论之所,俾其指陈通省利病,筹计地方治安,并为资政院储材之阶。著各省督抚,均在省会速设咨议局,慎选公正明达官绅,创办其事……将来资政院选举议员,可由该局公推递升。如资政院应需考查询问等事,一面行文该省督抚转饬,一面通行该局具复。"②然而,当时舆论已经主张速开国会。如前所述,1908 年春,某请愿团已经向朝廷陈奏,要求速开国会,一时间风云突变。朝廷在同年 6 月,首先制定公布了各省咨议局章程和咨议局议员选举章程。前者 12 章 62 条,后者 150 条。于此前后,作为考察宪政大臣一直驻在日本的达寿被任命为理藩部侍郎而回国。他上奏提出早日实行宪政有利无害。还有亦劻、贝子溥伦等也上奏了将来作为制定宪法原则的《宪法大纲》《议院法要领》和《选举法要领》。此时,朝廷在 8 月 1 日发长篇上谕公布认可以上内容,并且表示,此后九年间进行各种宪政准备,在第九年的时候发布宪法,并召集国会宣明该旨。这道上谕一般被称为九年筹备宪政上谕,在清末诸多上谕中最为重要。《宪法大纲》由两部分组成,一是关于君主的地位及大权的条款,另外是和国民的权利义务相关的条款。无论哪一个条款,都模仿了日本宪法,竭尽全力保障君主至高无上的权力。例如大纲开头部分写道:"谨按君主立宪政体,君上有统治国家之大权,凡立法、行政、司法皆归总揽,而以议院协赞立法,以政府辅弼行政,以法院遵律司法……"这种规定其用意就是保障

---

① 光绪三十三年八月十三日《设资政院谕》。——译者注
② 宣统三十三年九月十三日上谕。——译者注

皇室的地位。另外,上谕中所宣明的九年宪政准备,其实由宪政编查馆
上奏并得到俞允。其基本内容列举如下:第一年:进行咨议局开设的准
备,发布城镇乡的自治章程,发布户口调查规则,发布财政整理的法规。
第二年:进行咨议局议员选举,发布资政院章程,调查各省户数及岁出
岁入情况,公布法规编成法。第三年:开设资政院,编纂户籍法,公布新
刑法,发布文官考试和任用及俸禄的规则。第四年:发布地方司法裁判
制度,着手编纂会计法。第五年:公布新税则,发布新官制。第六年:新
设行政审判院,试行全国预算。第七年:试行全国决算。第八年:确定
皇室经费,设立会计审查院,发布各种统计。第九年:发布《钦定宪法》,
宣布《皇室大典》,发布《议院法》及《选举法》,制作次年度预算准备,并
向议会提出,等等。

　　关于宪政实施的时期,当时的有识之士之间存在两种意见:宪政尚
早论和反对论。前者认为,应该首先进行国民教育的普及和政治知识
的开发,然后再实行宪政,否则就不能期待宪政最终的实现,宪政实施
的期限至少应该是 20 年之后。与之相反,后者则认为如果现在以时期
尚早为辞不实行宪政,那么 20 年后也可能会以此为理由而无法实施,
况且政治知识的进步和宪政的实施是相辅相成、相互促进的,这在发达
国家中有明显的例子。也就是说,首先要迈出第一步,果断实行宪政。
这里尤其需要注意的是,尚早论是那些急进革命主义者提出的,而反对
论则是由渐进立宪主义者提出的。也就是说,前者通过尚早论,试图故
意拖延宪政实施期限,以此来助长民间对于朝廷的不满,并以此为契机
企图一鼓作气来完成革命事业。而后者则是考虑尽早实施宪政,从而
让社会丧失革命主义存在的理由。

　　第三期(1909—1910 年)

　　在尚早论和反对论不断斗争期间,朝廷开始进入到宪政准备的实
行期。1909 年(光绪帝和西太后相继驾崩,宣统帝继位,因为年幼,其
父醇亲王摄政),按照计划实施了 1907 年的约定,并于 9 月 1 日开始在
各省召集咨议局。上谕中写道:"各咨议局议员应该稽查地方的利弊,
排除私心,一心为公,按照法规遵守权限,慎重地进行政务的审议。各
省督抚也应该公正无私地采用咨议局的决议,上下一致谋求国家强
大……"如此一来,9 月以后各省都开设了咨议局,根据编查馆制定的
《咨议章程》(12 章 62 条),咨议局有以下职责:一、讨论省的预算、决

算、税法、公债等财务相关事项;二、讨论省行政制度的新设、改订及各省专行的法规章程的修改;三、讨论与中央政府相对立的省的权利义务存废的相关事项;四、公断各自治团体的争议,受理建议和陈情。同时,咨议局还有其他两项职责:一是向中央资政院派送议员(从咨议局议员中互选),一是对于资政院或总督、巡抚的咨询进行答复。而负责监督召集咨议局的是总督、巡抚,资议局的决议也需要得到总督、巡抚的同意才可以实施。另外,如果咨议局和总督巡抚之间意思不能达成一致,需要向资政院呈送,等待解决。

在此之前,同年7月份朝廷如约公布了《资政院长章程》(10章63条),10月份颁布了《资政院议员选举章程》。1910年10月(宣统二年九月)召开了最初的资政院会议。关于资政院如前所述,已经在九年筹备宪政的上谕中作出声明,其为国会召开之前的代理机构,这也是中国议会的最初萌芽。虽然是一院制,但实质上具有二院制的特点。在议员总数200人当中,其中半数是由各省咨议局选送的议员,另一半是敕选的宗室王公、满汉世爵、外藩世爵、各部大官(四品以下七品以上的官员)、硕学通儒、纳税较多者等。而且为了总理本院事务,还特别从王公大臣中任命总裁两名、副总裁两名。其具有以下权能:一、讨论中央政府的预算、决算、税法、公债等财政事项;二、讨论法律的制定、修改等立法事项;三、对内阁拥有弹劾权;四、对各省咨议局和总督、巡抚之间的行政事务以外的争议进行裁决。另外,当与军机大臣及各部大臣之间意见不一致的时候,资政院负责将资政院及大臣双方的意见同时具奏,以求圣裁。

然而,各省咨议局和总督、巡抚之间实际上缺乏一致性,资政院也和军机大臣以及各部大臣之间每每发生冲突。结果1911年6月(宣统三年五月),原《资政院章程》不得不进行部分修改(称为《改正资政院院章》)。另一方面,要求速开国会的舆论越来越高涨,在资政院会议召开的1910年间,曾有1月、7月、10月三次向朝廷请愿,要求速开国会。资政院本身也于10月26日上奏请愿要求速开国会。于是,朝廷在11月4日发布长文上谕,要求各行政机关进行改革,确立法律制度,缩短宪政实施的日期,并声明将在宣统五年(1913)召集国会,以此来表明自己顺从舆论的态度。而且任命溥伦、载泽为纂拟宪法大臣,命其基于之前的《宪法大纲》迅速起草宪法。

至 1911 年 5 月 8 日(宣统三年四月十日),朝廷颁布《内阁官制》,8月建立了内阁制,向宪政又迈进一大步。虽说如此,13 名阁员当中只有 3 名是汉人,除此之外都是满族人,并且其中 6 人是皇族,所以民间称之为"皇族内阁"。具体如下:

内阁总理大臣:庆亲王奕劻

内阁协理大臣:世续、徐世昌

内务部大臣:邹嘉来

民政部大臣:桂春

陆军部大臣:荫昌

海军部大臣:贝勒载洵

军咨府大臣:贝勒载涛

度支部大臣:镇国公载泽

学部大臣:唐景崇

法部大臣:廷杰

农工商部大臣:贝子溥伦

邮传部大臣:盛宣怀

理藩部大臣:肃亲王善耆

从 1900 年开始的 10 年间,各种预备立宪机构的设置可谓一波三折,但是进入 1911 年秋,事态突然演变成了革命运动。原来期待 1913年实行宪政的立宪君主政体,却意外变成了共和民国。满洲政府从 19世纪末叶开始尝试顺从国民立宪需求,为防止革命的爆发而进行各种变革措施,其无论是质上还是量上都不充分。所以,国民愿望之潮流打破了双方之间的堡垒,最终颠覆了风雨飘摇的满洲政府。换句话说,19世纪末满洲的统治阶级和国民之间已经有了不可逾越的鸿沟,所以革命的成功不是因为革命党多么强势,而是因为满洲的政治生命已经难以苟延残喘。所以说,1911 年的革命爆发是在所难免的。

6. 武汉革命和《宪法十九信条》

1911 年 10 月,革命的战火在武昌突然被点燃,之后各省争相呼应,不久相继宣布独立。朝廷仓皇失措,为了挽救时局,10 月 22 日召集了资政院的临时会议,命其商讨重大时局的对策。同月 30 日,滦州统制张绍曾及协统蓝天蔚等 5 名将领,为挽回时局,上奏了 12 条对策。其中包括(1)迅速召开国会;(2)委托国会制定宪法等等。因此,朝廷立即命令资政院起草宪法。另一方面朝廷还大赦革命党,并发布罪己诏书以求稳定民心。几乎与此同时,资政院上奏了《宪法重大信条十九条》,朝廷立即许可,并于 11 月 3 日宣布。与之前的《宪法大纲》相比较,重大信条不仅对君上的大权给予了很大的限制,并且还显示出很多民主的倾向。例如(1)规定责任内阁制;(2)宪法不是由钦定而是由资政院起草;(3)宪法的修正属于国会。

但是,《宪法信条》的宣布并没有挽回背离的民心。贵州、广东、广西、福建各省相继独立,江苏、浙江也拥护孙宝琦宣布独立。无奈,朝廷立刻命资政院参照宪法信条的规定,选举袁世凯为总理大臣,恳请其就任。袁世凯则提出了几个附加条件,例如要求庆亲王辞去总理一职,让冯国璋、段祺瑞统率进攻武汉的军队等。随后,袁世凯于 11 月 13 日进入北京,16 日组成内阁。这一内阁的实质姑且不论,在形式上就是责任内阁,其政治责任由资政院担当,民国成立后的内阁制以此为雏形。

第二章 民国宪法史

1. 武昌各省代表会议与《临时政府组织大纲》

从 10 月到 12 月,独立各省的数量日益增加,但是他们之间没有互相协议的机构,因此感到对于开展革命颇为不便。于是,江苏都督程德全提议效仿美国的十三省代表会议,在上海召开独立各省的代表大会。各省直接表示赞同,随后十省的代表陆续集于上海。程德全所提倡的代表会议,召开的理由是磋商对内对外的妥善方法,以此保持疆土的统一,恢复人道的和平。其最初的目的是:(1)公认外交代表;(2)开展革命联络活动;(3)协议清朝王室的处置。协议这些问题期间,各省代表决议把武昌作为革命军政府所在地,并决议把代表会议移至武昌。于是,11 月 30 日(旧历 10 月 10 日)在汉口的外国租界召开了第一次代表会议,推选谭人凤为议长,推荐雷奋、王正廷、马君武等为临时政府组织大纲的起草员,并于第二天定公布此决议;同时,议定将临时政府迁移至南京。《临时政府组织大纲》当时又被称为"武昌约定"或"中国法典",经过前后两次修改,于次年 3 月制定了《临时约法》。这样以来,数月间基本完成了共和政府的组建,其大体框架是采用美国制度,要点列举如下:(1)不设置责任内阁,设置总统制,在大总统之下设置五个行政部;(2)对大总统的权限加以限制,大总统处理行政重要职务的时候,必须取得议会的同意;(3)大总统由各省代表选举产生,无论各省代表人数多少,每省均为一票(各省代表选举大总统这一制度仿照了美国十三州代表大会的例子,投票权每省一票的规定也仿照了美国同盟会议的例子);(4)暂时将立法部定为一院制,等等。

2. 南京各省代表会议与《修正临时政府组织大纲》

上述《临时政府组织大纲》制定时,革命战争正在进行。之后,革命军被政府军打败,汉阳失守。各省代表逃往上海避难,不久得到夺取南京的吉报,革命政府再次迁回南京。12 月 29 日,召开临时总统选举大会,推选孙文(孙中山)为大总统(1912 年 1 月 1 日)。就在孙文就任大总统的前日,也就是 1911 年 12 月 31 日,他曾派黄兴从上海去往南京参加代表会议,并且提议有必要修改《临时政府组织大纲》。云南代表吕志伊、湖南代表宋教仁等及时提出了修正案,代表会议连夜召开会议进行讨论。其结果最终大体修正为:(1)添设副总统;(2)添加条文,规定大总统不经过立法部的同意,可以制定官规官制;(3)将《临时政府组织大纲》第一条规定的大总统由各省都督府代表选举产生改为大总统及副总统由各省代表选举产生。两日后,安徽、江苏、浙江、福建、广西五省代表提议,就前日的修正案再度进行修改,讨论后形成了修正大纲。

其后代表会议举行了临时副总统选举,首先推举黎元洪为副总统(黎元洪曾是湖北都督,之前被各省军政府推选为民国中央政府代表),其次对于孙大总统提出的各部总长的任命同意案也予以通过。这样,南京成立了越来越正式的临时政府。

3. 南京参议院和《临时约法》

然而,《修正临时政府组织大纲》中所规定的立法部,也就是相当于参议院的部门并未成立,所以代表会议行使了立法部的职权,于 1 月 28 日召开了各省都督选派的代表 30 人(不是代表会议的代表,而是新派遣的参议员)组成的参议院会议,林森被选为会长,陈陶遗被选为副会长。其实,会议召开不到一个月,议员之间的意见冲突比较明显,相继有人辞职。湖北省临时省议会倡议:参议院议员如果由都督选任,因其不代表民意,应该另外组成临时国会。这条倡议最终没能实现。民国议会的纠纷,在这次南京参议院时代便已出现。

在此期间,朝廷和革命两军达成和解。2 月 3 日,朝廷得到清室优待条件之后,于同月 12 日发布皇帝退位上谕。另一方面,在南京参议院方面,(1)《临时政府组织大纲》规定应该在 6 个月以内召集国会,但是在共和草创之际选举的准备还需要时日,所以有必要延期;(2)《临时政府组织大纲》没有提及人权,当前有必要确保人权。基于这两个理由,提出了应该制定作为宪法前身的《临时约法》的意见。结果从 2 月 7 日开始召开约法起草会议,到 3 月 8 日最终通过该案。同月 11 日,临时大总统(当时孙文已辞职,袁世凯代其就职)公布了《中华民国临时约法》,要点如下:(1)规定了国民的权利义务;(2)与《临时政府组织大纲》不同,确定了责任内阁制。关于第二点,南京参议院议员谷钟秀在其著作《开国史》中论述如下:"临时政府成立后,深感有必要统一南北,作为统一的国家应该效仿法兰西的集权政府,因此采用了法兰西内阁制。"另一个最为显著的特征是规定大总统在任命内阁阁员、任命外交使节、制定官规官制时或宣战、讲和、缔结条约时,都必须得到立法部的同意。因为革命的成功者是以立法部的行政监督为共和民主的大原则的,所以设置了这些规定,这实际上已经在《临时政府组织大纲》中得到明显体现。

4. 宪法起草委员会的成立及天坛草案

《临时约法》制定之时,出现了国都问题,国都究竟是定为南京还是北京? 最终确定为北京,所以南京参议院也要迁移至北京。不久之后的 8 月,制定公布了《国会组织法》《参议院议员选举法》《众议院议员选举法》等。当然,这些都是基于《临时约法》第 53 条"本约法实施后,以 10 个月为限,召集国会,其国会组织及选举法由众议院制定"的规定制定的。并且,根据《国会组织法》,众议院(上院)分别由各省议会选出者(每省 10 名)、蒙古、西藏、青海各选举会选出者(蒙古 27 名、西藏 10 名、青海 3 名)、中央学会选出者(8 名)、华侨代表(6 名)组成,议员任期为 6 年,每两年改选其中的三分之二。另一方面,众议院(下院)由各地方人民选举的议员组成,各省议员的数额根据人口多少而定,人口每 80 万选出议员 1 名,任期 3 年。

1913 年 4 月 8 日,正式国会在北京召开了开院式,其后 5 月 1 日选举出正副议长。这距离《约法》公布已经过去一年零两个月。国会召开后首先着手的事情就是起草宪法。原临时约法规定,制定宪法的机构为国会(54条),前述《国会组织法》也规定宪法的起草是由两院选出的同等数量的委员会进行(20条)。因此,两院各自推选出30名宪法起草委员,于7月20日召开了宪法起草委员会的开会式,并选举汤漪为委员长(当日还制定了《议事规则》,规定委员半数以上就可以决议一切。《议事规则》第9条)。委员会起草宪法,从两部分开始着手。第一部分是宪法上的原则(被称为大纲)的起草,关于行政组织是定为总统制还是内阁制,国会分为二院制还是一院制,人民的权利是否采用列举主义等问题进行了讨论。9月23日,最终在召开的第18次会议上通过了大纲12条。第二部分是条文的起草。经10月14日到31日的讨论,终于完成了11章130条的三读会。由于宪法起草委员会将会场设在北京郊外天坛的祈年殿,所以该草案一般被称为《天坛宪法草案》。该草案是1923年曹锟宪法的原型,在民国宪法史上占有重要地位。同时,起草委员因受到袁大总统的压迫,其中的十余人或被捕杀,或被迫逃亡。尽管如此,祈年殿的会议还是维持了2/3以上的定员数,从而得以起草全部条文,关于这一点也甚为著名。毫无疑问,整体上,该草案与《临时约法》相比,大有进步。以下这些新设规定是其亮点:(1)人民所拥有的居住、通信、职业选择、言论、集会、宗教等自由,根据法律不受限制或侵犯(6—12条);(2)国民教育以孔子之道为修身的根本(19条);(3)赋予下院以对国务员的不信任决议权(43、75、82条);(4)两院议员除犯罪外,没有议院的许可不允许对其进行逮捕或监禁(49条);(5)关于宪法上的疑义,由国会(议院)组织宪法会议负责解释(112、113条);(6)除国体变更外,宪法的修正由宪法会议进行;(7)赋予大总统发布紧急命令、处分财政上的紧急事项的权能(67、105条);(8)只有国务总理的任命需要议会的同意,除此之外的其他国务员的任命无此必要。

　　正式国会成立之时,在宪法起草问题以外,还有一个极为重要的问题,即大总统的选举问题。当然,这也是临时大总统袁世凯及其一派强烈主张的问题,其理由是因为袁世凯大总统是由原参议院选出的,并不是以正式国会为母体的正式大总统,既然成立了正式国会,就应该迅速推选出正式大总统。因此,宪法起草委员在讨论宪法草案期间,9月27日国会首先通过了《议院法》,随后10月4日又通过了《大总统选举法》。前者规定了国会院内的手续,后者规定了《约法》中关于大总统的规定应该属于约法的一部分。6日,在袁世凯和黎元洪之间,通过决议投票，袁世凯被选为大总统，次日黎元洪被选为副总统。

5. 袁世凯和《临时约法》的修改

正式就任大总统的袁世凯，更加肆无忌惮地发挥其独裁的手段。而此时掣肘、限制其行动自由的就是《临时约法》规定的立法部的行政监督。而当时宪法起草委员会同样是在赋予立法部以行政监督权这一精神下起草的宪法，因此他的不满情绪日益高涨。他为了牵制宪法起草委员会，在院外特别成立了宪法研究会，并操控舆论发表对自己有利的宪法论，企图在立法部的行政监督权以外起草宪法大纲。至此，围绕宪法的起草，袁世凯和议会之间就引发了很大的争论。议会认为制定宪法属于议会本身的职权。与总统无关，而袁世凯及宪法研究会认为，宪法草案本身应该由大总统向议会提出。

两者争论不休，最终，袁世凯向议会提出了《临时约法》的修正案。(1)对于《约法》第33条的规定"临时大总统得制定官制官规，但须提交参议院议决"，他以妨碍行政的灵敏性为由，修改成"大总统制定官制官规"。(2)对于34条的规定"临时大总统任免文武职员，但任命国务员及外交大使、公使须得参议院之同意"，他认为"在责任内阁制国家这不能容忍，何况国会已经有弹劾权，就没有必要再有同意权了"，并以此为由，将其改成"大总统任免文武职官"。(3)对于53条①规定的"临时大总统经参议院之同意，得宣战、媾和及缔结条约"，他以外交贵在秘密神速，在宣战、讲和的时候，往往不容间发，所以不能等待参议院的同意为理由，最终将其修改为"大总统宣告开战、媾和"。(4)另外添加了赋予大总统发布特别紧急命令及财政上紧急处分大权的规定。然而，议会并未同意其提议，宪法起草委员会也已经准备按照原来的草案讨论定稿。其后，袁总统在他们召开第三读会的时候，欲派8名代表参加并陈述他自身的意见，但是委员会没有答应此事。而后，袁总统于10月25日给各省的都督及民政长（后来的省长）发电报，表示反对宪法起草委员会的宪法草案。他声明"今草案第十一条，国务总理之任命，须经众议院同意。第四十三条，众议院对于国务院得为不信任之决议时，须免其职云云。比较《临时约法》弊害尤甚……（据其他草案之规定）必使各部行政，事事仰承（国会）意旨……总其流弊，将使行政一部仅为国会附

---

① 应为35条。——译者注

属品……"此电报发出之后,各省都督、民政长及以下镇守使、师长、旅长等都发表了自己的宪法论。其中张勋、冯国璋、韩国钧等劝袁世凯总统解散议会。他们认为宪法草案起草者和大部分国会议员都是国民党议员,如果不迅速解散国民党,就会动摇国之根本。当然,这正是袁世凯期待的结果。于是,袁世凯于民国二年 11 月 4 日发布解散国民党的命令,取消了 438 名议员的资格,因此使议会失去了开会的定额人数,使得宪法草案的附议付诸东流。

破坏了议会的袁总统,将当时在北京召开的中央行政会议(由各省都督、民政长的代表、大总统的代表、各部总长的代表组成,讨论重要的政治问题)改为中央政治会议(11 月 29 日);并于开会的当日提出了两个问题,一是解散国会的方法,一是《约法》是否有修改的必要(关于国会解散,《约法》中并未规定)。黎元洪、冯国璋、张勋等又发了一封痛骂国会的电报,称:"今日的国会议员选举其实另有由来,并不是人民公意的推选。说他们是代表,他们代表谁了? 议员总共八百多人,议论的多,成功的少。像今天这样,已经过去 7 个月,还没有弄出一个法律来。再过一百年又如何?"袁总统把这份电报的内容也交给了政治会议寻求意见。结果该会议经过讨论,认为大总统停止议员的职务理由正当。于是,袁世凯于 1 月 10 日重新发布了停止国会议员职务的命令,也就是通过稍为合法的手段,解散了国会。

6. 约法会议及《新约法》的制定

袁世凯就《约法》修正问题提出咨询,政治会议认为其有修正的必要性,并答复"应该特设造法机关来改造国家的根本法"。同时,决议作为造法机关应该组织约法会议(自不必说,这是袁世凯的授意),并于民国三年 1 月 24 日制定了《约法会议组织条例》。这样一来,3 月 18 日在北京召开了约法会议,袁世凯在会上提出了《临时约法大纲案》。

本次会议议员共 57 名,包括(1)京师选举会选出者;(2)各省选举会选出者;(3)全国商会联合会选出者;(4)内蒙、西藏、青海选举联合会选出者。袁世凯提出修正案的理由如下:"《临时约法》是在南京参议院由各省都督任命的议员制定的,所以至于是否冠以'临时'之名,毫无疑问,'临时'二字是不适用于正式政府的。其内容也只是规定了行政上的束缚,导致政府在对应外交、内政及紧急事态上没有发展伸缩的余地(相当于约法会议的祝文一节)。另外,关于《约法》的修正,大总统拥有发议权,这已经明记在《临时约法》第 55 条中。然而就目前的现状来看,国会一时之间难以召开,但是建设事业又不容延缓,所以我就《约法》修正的顺序方法如何,特此向会议提出咨询。"

这次的修正案由 7 项内容组成,和袁世凯在民国二年 10 月向国会提出的修正案相比增加了三项:(1)外交大权归诸总统,宣战媾和缔约不必经由参政院;(2)总统制定官制,任用国务员及外交大使,不必经由参政院;(3)采用总统制,取代临时约法内阁制;(4)正式宪法应由国会以外国民会议制定,总统公布,宪法起草权归诸总统及参政院;(5)人民公权的褫夺回复,总统应自由行之;(6)总统应有紧急命令权;(7)总统应有紧急处分权,等等。对此,约法会议连续多日进行了讨论审议,最终通过了由王世征、夏寿田等七人起草的草案。4 月 29 日交付给袁世凯,5 月 1 日袁世凯公布了该草案。草案名为《中华民国增修临时约法》(10 章 68 条),民国元年的《临时约法》及《国会组织法》被废除。

这个修改的《临时约法》一般称为《新约法》(民国元年的《约法》称为《旧约法》)。正如袁世凯所希望的一样,增大了总统的权力,削弱了议会的行政监督,其立法精神和各项规定与《旧约法》完全相反,主要有如下几点:(1)仿行美国制度,在大总统下设一名国务卿,再另设行政各部总长,采用所谓的总统制(《新约法》39、40 条);(2)大总统拥有以下权力:可以不经过议会的同意规定官制官规(《新约法》21 条),宣战、讲和、缔结条约(《新约法》22、25 条),任免文武官员(包括法官)(《新约法》21 条),统率全国陆军海军,规定其兵数及编制(《新约法》23 条),经过参政院(在《新约法》上设置的大总统的咨询机关)的同意解散国会(《新约法》17 条),否认或公布国会的立法(《新约法》34 条),拥有发布紧急命令、进行财政上紧急处分的权力;(3)立法部定为一院制,《旧约法》中规定的各种同意权丧失殆尽,不仅如此,对于法律及条约所规定的支出以及海陆军编制上的支出不得大总统的同意,不得废除或裁减(《新约法》54 条);(4)新设参政院这一大总统的咨询机构(《新约法》49条);(5)为了制定宪法特设国民会议机关(《新约法》61 条),等等。

如此一来,《新约法》就出现了总统的"一人政治",从根本上颠覆了革命的"共和民主"精神,这无论是在当时还是在现在都备受指责。但是,袁世凯及其所控制的约法会议能够制定出这样的《新约法》,基本上是因为听从了当时的总统府顾问古德诺的意见。古德诺主张:"要想采用责任内阁制,重要的是国民对于代议制度有数十年的经验,但是中国根本不具备这一点。而且,内阁制多在君主国实行,世袭的君主一般不负有政治责任,所以内阁负有其责,中国不属于这种情况。另外,《新约法》规定政府的权力甚至超过了美国,但是中国的习惯是重视行政,不重视立法,所以在新旧更替之际,暂且根据旧制偏重行政上的权力。"(参照王景濂著《中华民国法统递嬗史》附录14页)

7. 袁总统时代的宪法、附属法及帝制运动

如前所述,《新约法》规定新设一院制的立法院、咨询机构参政院和宪法制定机构国民会议,而且在约法会议上制定其组织法。于是,民国三年5月24日《参政院组织法》、10月7日《立法院组织法》和《立法院议院选举法》、次年3月12日《国民会议组织法》先后公布,据此开始准备开设议会、枢密院和宪法制定机构。但是,实际上开设的,只有民国三年6月20日举行了开院式的参政院。从6月29日到民国五年6月29日,参政院代行立法院职责进行立法事项。立法院仅公布了其组织条例,最终没有开设。在此之前,袁世凯为了实行《新约法》的国务卿制度,于民国三年5月3日公布了《政事堂组织令》,在总统府下设置政事堂一职,任命徐世昌为国务卿,赞襄处理国务。这样一来,袁世凯开始独裁一切国务(政事堂是在总统下设的一个统一行政机构,以国务卿一人为长,其辅助大总统,接受总统命令,监督政事堂内设置的各局事务,以及副署总统发布的命令。国务卿之下设置左丞、右丞各一名、参议八名)。而且,袁世凯还成功操纵参政院修正了民国二年的《大总统选举法》。袁世凯的理由是:像中国这样的大国,总统的任期只有5年是不合适的,应该改为10年或12年,并且允许连任。最终,民国三年12月28日,参政院代行立法院职责,最终通过了《修正大总统选举法》。

民国四年夏,古德诺和有贺博士等发表了帝制意见:像中国这样的历史,不适合共和,而适合帝制。参政院的参政杨度直接表示赞同,并发起筹安会。袁世凯主张帝制论,称"发挥学理,商榷政论,以供国民研究"。在赞成论与反对论斗争之际,参政院代行立法院决议,基于袁世凯的咨询召集国民大会,解决国体问题,并于10月8日制定了《国民代表大会组织法》。这部《国民代表大会组织法》以前述民国四年的《国民会议组织法》规定的初选当选人为各地代表,结果国民大会得以极为迅速地在各地召开,11月20日便结束了国体问题的投票。12月11日,

参议院审查了各地代表大会的投票报告，全国国民代表 1993 人投票，全部赞成君主立宪。参议院立即撰写推戴文，推选袁世凯为皇帝。当然，这个结果起因有二：一是代表大会组织命令各行政官厅负责监督各地的大会和投票；一是参政院作为全国大会的总统代表（《组织令》13条）。这些都是袁世凯的意思。袁世凯首先拒绝了参政院的推戴，第二次被推戴之际，袁于 12 日发布申令，宣告承认帝位，并于 13 日下令：在国体变革之际，如有扰乱者，必严重取缔。14 日，袁世凯命令参政院起草帝制宪法。16 日，清室也表示"推选大总统为皇帝"，袁世凯因此下令在宪法内明记清室优待条件，永远不许更改。其后数日，以龙济光为首的 128 名军阀受封为公、侯、伯、子、男爵位。31 日，袁世凯声明改次年为"洪宪元年"。1 月 1 日，公布洪宪元年的总预算，同时将总统府改名为"新华宫"，自称洪宪皇帝。

8. 帝制失败与《旧约法》复活

然而，此事激怒了西南军人政客，引发了唐继尧、蔡锷等所谓的第三次革命。日、英、俄三国公使发出中止帝制的联合劝告，形势对袁世凯极为不利。无奈，民国五年 3 月 23 日，袁世凯发布撤销帝制的命令，恢复大总统的称号，并于 4 月 21 日发布申令，公布政府组织，恢复责任内阁制。国务卿（后改为国务总长）及各部总长为国务员（国务大臣），负有辅佐大总统的责任，副署法令的公布。次日，段祺瑞重新组织了责任内阁。

尽管如此，西南各省对袁世凯已经抱有很深的反感，以护国军领袖组织——军务院（5 月 8 日由广东、广西、云南、贵州各护国军于肇庆组织成立，推选唐继尧为抚军长，岑春煊为副抚军长，设置 9 名抚军，通过合议商决一切）为中心，坚决主张要求袁世凯立即辞职。袁派军人团冯国璋、倪嗣冲、张勋等与之对抗，召开了南京会议，努力拥护袁世凯留任和中央政府。然而，6 月 6 日袁世凯忽然暴毙，重大问题也就自然而解了。

袁世凯死后，副总统黎元洪按照《约法》规定直接就任大总统（《旧约法》42 条，《新约法》29 条）。就任后，关于应该维持《新约法》，还是应该恢复《旧约法》问题发生了争议，他一时之间也难以抉择，进退两难。段祺瑞国务总理及以下政府要员倡导维持《新约法》说。与之相反，唐绍仪、梁启超等人则主张恢复《旧约法》。其理由是如果维持《新约法》，那么现在的段祺瑞内阁是责任内阁，就违反了《新约法》的规定，而且黎元洪代行总统的地位，按照《修正大总统选举法》的规定，代行期限仅为三日，这样一来，这二者的地位就失去了合法的存在性。当然，西南各省也主张恢复旧法。黎元洪代行总统本身一时之间也难决其意。这时，上海的海军致电黎元洪代行总统，称已推选李鼎新为总司令，只要不恢复《旧约法》，海军就独立投奔西南护国军，现在暂且在上海维持原状。这样一来，黎元洪就下定决心，于 6 月 29 日发布申令，声明："以致开国五年，宪法未定，大本不立，庶政无由进行，亟应召集国会，速定宪法，以协民志而固国本。宪法未定以前，仍遵行中华民国元年三月十一日公布之《临时约法》，至宪法成立为止。其二年十月五日公布之大总统选举法，系宪法之一部，应仍有效。"并宣布恢复《旧约法》及《大总统选举法》。同日，他又发布申令声明：(1)根据《旧约法》53 条继续召集国会，声明于 8 月 1 日继续开会；(2)命令取消以参政院及肃正厅为首的立法院及国民会议相关的各法令。7 月 6 日将各省驻在将军(军政长官)改为督军，将巡抚使(民政长官)改称省长，废除颁爵条例。12 日释放政治犯，14 日发布惩治帝制运动的罪魁祸首杨度等 8 人。8 月 14日命令恢复省议会。这样一来，黎元洪代行总统为了恢复《旧约法》，紧急做了诸多准备。8 月 1 日，旧国会在北京召开，黎总统前往，进行了大总统宣誓，接着又通过了国务总理及下属国务员任命的同意案，立法、行政两部门至此恢复。

9. 民国五、六年的宪法会议

恢复后的国会首先要着手的事情就是制定宪法。8 月 1 日，两院出席议员 500 名召开议会，首先召开了第二次常会，之后组织了上下两院联合会形式的宪法会议，讨论民国二年宪法起草委员会议定的宪法草案(《天坛宪法草案》)，议定以此案为基础继续推进宪法制定活动。于是，9 月 5 日、8 日、13 日召开了 3 次宪法会议，民国二年的宪法起草委员会对《天坛宪法》的内容主旨进行了说明，《天坛草案》的宪法会议的第一读会由此召开。其后从 9 月 15 至民国六年 1 月 10 日，宪法会议前后召开 24 次草案审议会。

审议的结果，按照草案决议了关于国土、人民的自由权、二院制、参议院组织、国务员不信任决议、对国务总理任命的议会同意权、法院行政诉讼受理、财政紧急处分等各条款。决议删除草案第 5 章设置国务委员、在国会闭会期间代行国会职权的各项条款。但是,还有几个尚未解决的问题:(1)以孔子之道为修身大本这一条;(2)国会议员兼任国务员问题;(3)紧急命令发布问题;(4)下院解散问题;(5)审议院(相当于日本的会计审查院)的组织问题。此外,临时提出的增加条款也为数不少。其中,省议会通过的有:(1)中华民国的主权属于全体国民所有一项;(2)两院对官吏违法或失职行为可以申请政府查办一项;(3)规定地方制度一项;(4)宪法如果不经过正当手续进行修改,无论遇到任何事态都将永久失效一项。

宪法审议会的审议结束之后,宪法会议召开了草案的二读会。该读会从 1 月 26 日持续到 4 月 20 日,解决了不少前面所说的宪法审议会未解决的条款。第一,删除了草案第 19 条第 2 项中关于孔子之道和信教自由的内容,将第 11 条修改为"中华民国人民有尊崇孔子及信仰宗教之自由,非依法律不受限制"。即有议员指出,草案第 19 条 2 项规定"以孔子之道为修身大本",但是同时第 11 条中又规定"中华民国人民有尊崇孔子及信仰宗教之自由,非依法律不受限制",二者互相冲突,而且修身大本本来是伦理问题,根本法没有必要对其进行规定,因此主张删除第 19 条 2 项内容。对此,反对论者提倡维持原案说,他们主张孔子之道是教育问题,不属于宗教问题,像荷兰宪法那样把教育方针规定在宪法里也未尝不可。更有一部分议员倡导孔子之教乃天经地义万古不变之真理,所以应该将其定为国教,规定在宪法里。最终双方互相让步,像前述那样增加了修正。

第二,关于紧急教令的内容,即草案第 65 条的规定:"大总统为维持公共治安,或防御非常灾患,时机紧急,不能召集国会时,经国会委员会之议决,得以国务员连带责任,发布与法律有同等效力之教令。"对此,反对论者主张:"如果紧急教令和法律具有同等效力,那么现存的一切法律皆可能因此种教令停止或变更,这就有行政侵犯立法之嫌。而且,产生内乱外患等紧急事态时,草案已经赋予总统宣布戒严、宣战或者财政上紧急处分的权力,因此没有必要再赋予其发布紧急教令的权力。更何况本条所提及的国会委员会相关条款已经被删除,既然如此,本条就没有存在的必要了。"结果原案被废除。

第三,草案 26 条规定:"两院议员不得兼任文武官吏,但国务员不在此限。"关于但书中的规定,反对论者认为:"议员不兼任国务员,并非巩固三权分立之道,况且有可能妨害下院的弹劾权及不信任决议权的运用之虞。"与之相反,赞成说则认为:"议会政治下,议员兼任国务员可以打破立法、行政两者之间的隔膜,平顺两者关系,这在英法的例子中都有明显体现。"结果以多数之同意,删除了但书部分的内容。还有关于草案第 34 条国会临时会议的相关规定、第 72 条荣典颁典的规定、第 96 条关于租税的规定等,都在这次的二读会上予以删减或废除。另外,前述审议会中增加的条款中,有关地方制度的一章只通过了其标题,整体条文须再行审议。除此之外,其他条文在这次二度会上均已通过。

但是,在这次二读会的讨论中,尚未决定的事情有二,即关于国会解散和地方制度的问题。关于国会解散问题,草案的第 75 条中规定:"大总统经参议院列席议员三分二以上之同意,得解散众议院……"但是,与其相关联的第 43 条规定:"众议院对于国务员,得为不信任之决议",以及第 82 条规定:"国务员受不信任之决议时,大总统非依第七十五条之规定解散众议院,应即免国务员之职"。因此,有人主张删除第 75 条,有人主张第 75 条规定的参议院的同意是不必要的,又有人主张删除第 43 条,还有人主张解散国会只限于否决预算案时或通过不信任决议时。议论纷纷,最终审议讨论结果是再行复议。

关于地方制度论争更为激烈,甚至发生了议员互殴事件。具体而言,该问题从民国五年 10 月 20 日到六年 1 月 10 日间,前后 9 次提交审议会审议,但是最终未能解决。起初仅是关于地方制度的各条文是否添加到宪法中的争论,最后变成关于表决方法及投票等问题的争端,最终导致 12 月 8 日诸多议员拳脚相加。其后,双方达成妥协,于民国六年 1 月 10 日再次召开审议会,通过了妥协案 16 条。然而关于这 16 个条款在宪法会议的第二读会上,有人提出修正案,由此再起争议,最后决定将这 16 条原案及修正案再次付审议会讨论。其后,民国六年 5 月 23 日,审议会再次讨论本问题,结果很多反对议员递交辞呈,未出席会议。5 月 25 日,审议会由于不满开会的法定人数而被迫无限期延期。而此时国会因所谓的参战问题被迫第二次解散。(关于地方制度的争论,除了关于地方的条文是否应该添加至宪法的问题外,还有省长是民选还是官选的问题。宪法加入论者赞成省长民选,加入不赞成论者主张省长官选,而国民党议员多数属于前者。)

10. 国会的第二次解散和复辟计划的失败

民国六年 4 月 25 日，国务总理段祺瑞于北京召集各省督军召开军事会议，商议对德宣战一事，并于 5 月 7 日以黎总统之名，向议会提出了同意案。然而，议会对其置之不理，未予通过，所以黎总统将段祺瑞总理免职，任命伍廷芳为代理国务总理。此事惹恼了段系督军团，长江巡阅使张勋率兵北上，以实力相威胁。最终黎元洪总统于 6 月 12 日解散了参众两院。（因为代理国务总理伍廷芳拒绝副署，所以总统任命李经义为总理。但是在其就任前命江朝宗代理国务总理，所以命江朝宗副署。）然而，两天后的 14 日，张勋最终进入北京，之后招揽康有为等人，于 31 日向清室奏请复辟。清室溥仪即日发诏敕宣告："宣统九年五月十三日（民国六年 7 月 1 日）临朝听政，收回大权。"并且声明，确立君主立宪政体，限制皇室经费，皇族、宗室不干涉政治，满汉民族融合，承认民国缔结的条约，废除民国制定的刑律及印花税，废止党争处罚相关法规，许可剪发等九条改革案。此诏敕命内阁议政大臣张勋副署。与此同时，恢复各部尚书、弼德院及南北洋大臣等旧制，任命各部长官。在此之前，黎元洪总统逃往日本公使馆，致电副总统冯国璋，请求代理大总统职权，同时求助被解职逃往天津的段祺瑞总理挽救时局。7 月 6 日，冯国璋副总统在南京宣告代理大总统职责，段祺瑞总理也挥师征讨，向北京进攻。民国六年 7 月 12 日，清朝的复辟草草地掀过了民国政治史上的一页。

11. 新国会的召开和制宪活动的进行

此时，西南各省主张恢复旧国会。但是段祺瑞总理已经对民国五年以来的旧国会敌视甚深，断然拒绝再次召集，民国六年 7 月 24 日，他命令全国省长，依据《旧约法》改选参议员，重新组织临时参议院。其通令称："国会的职权由约法上的参议院逐步演变而来，参议院行使立法的职权就相当于国会行使，无疑这与该约法的精神共和的宗旨完全不相违背。"接着，大总统冯国璋也命令选出参议员。最终，11 月 10 日在北京举行了临时参议院开院式。冯国璋通令称："临时参议院以讨论《国会组织法及选举法》的改正为唯一目的，作为立法机关的其他职权，将在日后召开的正式国会上进行。"到民国七年 2 月，《修正中华民国国会组织法》《修正参议院议员选举法》《修正众议院议员选举法》的制定最终完成。8 月 12 日，临时参议院解散，重新召开国会。新国会又称

"安福国会"(因为安福派系议员有330人,占绝对多数而得名),采取二院制,上院议员人数由以前的264人减少为168人,下议院由原来的556人减少为406人。另外,下院议员的选举进行复选制,初选人员为以下条件者:(1)高等专门以上学校毕业者或同等资格者;(2)荐任以上官员满3年者,或简任以上官员满1年者,或勋位授予者;(3)缴纳直接税百元以上者,或5万元以上不动产拥有者。此次新国会于10月10日推选徐世昌为大总统(黎元洪主动辞去大总统一职,逃往天津,由冯国璋副总统代理大总统之职,所以有必要选出正式的大总统)。进入12月,选出60名议员,组成了宪法起草委员会。该委员会决议脱离民国二年的《天坛草案》,重新起草新的草案。从12月27日到民国八年8月12日,前后召开了26次会议,起草了全文101条的草案。尽管委员会决议不以《天坛草案》为新草案的起草基础,但是新草案十之七八仍与《天坛草案》有相似之处。其不同点大体有以下八处:(1)关于议员兼职的限制,新草案规定"两院议员不得兼任文武官吏"(25条),删除了《天坛草案》中"国务员不在此限"的但书部分。(2)关于议会开会的法定人数,新草案规定:"两院非各有议员总数三分之一以上之列席,不得开议"(31条),将"有议员总额过半数之列席"进行了修改。(3)将《天坛草案》中国会委员会的章节全部删除。(4)关于国务员资格,新草案规定:"国务总理、各部总长,均为国务员。大总统于前项外,得任命其他人员为国务员,但不得过各部总长总额三分之二"(67条),这是对英国的仿照。(5)关于国会解散,新草案规定:"大总统得解散众议院"(63条),修改了《天坛草案》中必须得到参议院同意的规定。(6)关于审计院院长的任命,规定必须得到参议员的同意,修改了《天坛草案》中参议院首先选出审计员,再从审议员中遴选审计院长的规定。(7)关于解释宪法的机关,规定:"宪法有疑义时,由下列各员组织特别会议解释之:一、参议院议长;二、众议院议长;三、大理院院长;四、平政院院长;五、审计院院长"(101条),修改了《天坛草案》中国会议员组织宪法会议作为解释机关的规定。(8)将地方制度写进宪法。

　　然而,当时上海和平会议正在进行中,新国会是否能够继续存在是未知数,所以新草案只是完成了委员会的起草,并没有提交国会进行审议。其后,第二年春,安直战争爆发,安福系议员被驱逐,国会自然也就不复存在了,新草案的命运亦是如此。获胜将军吴佩孚提议取消进行中的上海和平会议,召开国民大会,制定宪法。但是此事遭到东三省巡阅使张作霖的反对,最终未能实现(国民大会由全国各县的农工商学各会选出代表组成)。在此之前,皖系失败之后,徐总统立刻宣布废除民国七年的《国会组织法》(新国会)及《选举法》,同时依据民国元年的《国会组织法》及《选举法》组织新国会(等同于旧国会的复活)。然而,西南各省以广东政府为中心,始终认为徐世昌是非法总统,没有经过选举,重新进行选举也只不过是 11 省而已,不满足议员的定数,所以最终未能开会。后来,此次未成立的国会被称为"新新国会",议员被称为"新新议员"。不久,民国十一年 3 月第一次直奉战争爆发,吴佩孚再次告捷,天下成为直隶派的囊中之物。

12. 广东护法国会和制宪活动

在此之前,民国六年国会被解散之时,国民党议员直接离开北京,聚集于上海,主张被解散的非法性,拥护约法,努力恢复国会。但是他们认识到在冯和段的势力统治下很难恢复,于是奔赴广东,于民国六年 8 月 25 日召开非常会议(原计划召开正式国会,但是议员不过百名而已,未达到开会的定数,不得已召开了非常会议),制定了《军政府组织大纲》。与此同时,他们推选孙文为大元帅,推选陆荣廷、唐继尧为元帅,成立了所谓的护法政府(9 月 10 日)。其后,第二年民国七年 5 月取消大元帅制,修改《军政府组织大纲》,设置总裁 7 人,并设立政务院辅佐之,一切军事政务由 7 名总裁(孙文、岑春煊、伍廷芳、陆荣廷、唐绍仪、唐继尧、林葆泽)商议处理。这是中国行政委员制度的初次尝试。进入 6 月,非常会议召开正式国会,宣告继续民国六年的第二期常会(刚开始未满足定数,9 月份后得以满足),以两院联合会的形式宣布北京非法政府公布的相关伪法律、抵抗护法行为的伪命令无效,而且规定非法政府缔结的条约、发布的公债条例等不当约法,需要得到议会的决议或同意,未得到国会的决议或同意均属无效。嗣后,新国会在北京成立,发布第二次宣言,追究其非法性,就徐世昌当选大总统一事发布第三次宣言,追究徐世昌破坏国宪之罪。广东国会(自称正式国会)委托军政府行使国务员的职权,且到正式大总统选出为止,依据《大总统选举法》第 6 条的规定,由军政府摄行大总统的职责(10 月 10 日)。

在此之前,民国七年 9 月 28 日召开了广东国会的宪法审议会,首先继续审议了北京审议会时代未审议完成的地方制度案。次年 1 月 9

日,经宪法起草委员会之手起草了全部 22 条草案。然而这时恰逢上海召开和平会议之际,所以多名议员离开广东北上,其后的进展一度停顿。可是,和平会议看起来也未能顺利结束,所以民国八年冬天,多数议员再次返回广东,于次年 1 月 20 日召开了宪法二读会,接着多次召开审议会。但是,此时也因激烈争论,使得讨论再度停止。争论内容主要有:(1)关于国会解散,有赞同、否定两种说法;(2)地方制度中,省长是民选还是中央任命的问题。结果由于议员缺席较多,宪法会议最终徒为形式而已,经过前后 8 回召开,议会名存实亡。于是民国九年 1 月 24 日,议长林森宣告暂停宪法讨论,所谓"护法国会"的制宪活动到此受挫。这一期间,7 名总裁之间发生内讧,广东、广西、云南各军阀间也数次爆发战争,多数议员前往上海避难。其后,在云南召开了非常会(民国九年 8 月),然而却遭到省长唐继尧及省民的反对,不到一个月时间,议员又流转到四川省重庆市,召开非常会议(民国九年 9 月)。但是他们在此未受到省民的欢迎,加上经费支出困难,不得不离开重庆而解散。另一方面,滞留广东的少数议员自行选出议长,又召开了非常会议。民国九年冬,广东派陈炯明进攻广东,驱逐军政府主席岑春煊,孙文再次召开国会非常会议,并直接议决通过了《中华民国政府组织大纲》。民国十年 4 月,孙文被选为大总统。自此以后,广东政府热衷于北伐计划,所以国会对制定宪法已经漠不关心。其间,北方第一次直奉战争后,徐总统辞职,黎元洪再次取而代之,并下令召集旧国会,孙文则以完成护法目的为由,自行下野,离开广东奔赴上海。

13. 上海国是会议的宪法草案

在此之前,民国十年 10 月全国商会联合会和全国教育会联合会两大实力强大的团体在上海召开联合会议,通过了召开"国是会议"、议定宪法草案的提案。根据这一提案,国是会议由全国各省的省议会、教育会、农、工、商会、律师公会、报馆工会等 8 大团体选出的代表(各 3 名)组成。然而,不久后第一次直奉战争爆发,此问题一时停滞。民国十一年 5 月,国是会议的成立大会终于在上海召开,但参加大会的各地代表仅有 29 人,只是 14 个地区的代表,但最终议定了一篇宪法草案。草案主要是由张嘉森起草,全案由 11 章 104 条组成。本草案原本不过是民间的一个会议所起草,却成为后来制定的曹锟宪法的实质基础,所以在民国宪法史上占有重要地位。并且,这一草案与以前国会起草的东西主旨完全不同,采用了联邦主义,这一点具有划时代意义。首先,第一条规定"中华民国为联省共和国",接着同时列举中央和各省的权能问题,关于未列举的事项,规定当中央和各省之间发生权限问题时,属于全国性的事项由中央主管,属于地方的事项由各省主管,即采用了加拿大联邦制(第2章5、6条)。另外,本草案还开创了新例:(1)采用一院制度,以参议院为全国立法的总机构;(2)规定议员的召还、解职制度(Recall);(3)大总统的选举由各省的法团体选举产生等。

14. 国会第二次复活和曹锟宪法的制定

第一次直奉战争结束后,大总统徐世昌受到直隶派的压迫主动辞职(民国十一年6月2日),黎元洪再次代替就任大总统(6月11日)。同日,他取消了自己曾经发布的、解散民国六年国会的命令。此时,广东护法政府孙文和陈炯明之间关系决裂,事态告急,身在广东的旧议员纷纷北上。民国十一年8月1日,旧国会拥有过半数的议员,因此北京开会,此乃恢复后的第二次国会。恢复后的国会首先以"护法之大案既经完成,以护法为目的成立之西南各省一切政府组织当行解散"为理由,宣布取消广东护法政府(孙文随后离开广东奔赴上海)。嗣后,关于所谓新新国会议员的资格问题、"民八、民六议员"的列席问题、黎总统的任期问题,议会喧哗一时。新新议员的资格问题即民国九年10月安福国会解散后,徐总统召集未成为国会的议员,反对第二次恢复的旧国会开会,他们主张自己是正当的国会议员,从而发生的问题。但是实力派支持旧国会,所以他们如星星般四散而去。"民八、民六议员"的列席问题,即民国六年国会解散之时,议员的大部分南下广东,民国八年在广东召开了国会。但是当时对不能参加国会的议员予以除名,并补充了新议员。如果现在恢复民国六年国会,那么民国八年在广东国会上补充的议员就没有列席的资格,相反,当时被除名的议员就有参加的资格。但是,如果恢复民国八年的广东国会,被除名的议员就没有参加的资格,相反,补充的议员有参加的资格。这就产生了"民八民六议员"的列席问题。激烈的争吵之后,政府进行调停,特设了政治善后讨论会,让民八补充议员参加,国会最终复活了民六国会。黎元洪任期问题是,黎元洪原来任副总统,在大总统死后代理大总统,因此他的任期就应该是袁世凯总统剩下的任期,但是在任期完了前的民国六年7月,他辞职去往天津,现在又复位了,那么就发生了他的任期起点在何处的争论。

尽管如此,国会从 8 月 10 日到 11 月 25 日多次召开宪法审议会,讨论了民国六年未决的原案及修正案,并草定了以下内容,在议会上进行讨论:(1)地方制度修正案;(2)规定国权(国家的职权分为中央和地方)和生计教育各一章的增加案。然而,也因此产生了各种争论,宪法会议屡屡因为未达法定人数而流会,任何问题均未解决,白白浪费了四个月。第二年 3 月,宪法会议减少其法定人数,规定两院议员 3/5 以上出席(以往为两院议员 2/3 以上出席为定数,民国二年《国会组织法》21 条为足数)。另外,5 月份对宪法会议规则增加了修正,对于每次出席宪法会议的人员从国库支付出席费 20 元,缺席者则从岁费中扣除同额。而且,从这时起,政府每月拿出 17 万元出席费作为宪法制定费,所以其后宪法会议基本上不至于陷入流会的困境。并且到 6 月(民国十二年)12 日,对于地方制度及国权两章的意见才达成一致。但是,在这些内容通过二读会之前,6 月 13 日发生政变,黎元洪总统再次逃往天津,制宪活动不得不再次停止。原来,对于黎元洪逃往天津,以军事费用不能支付为理由,京畿卫戍总司令王怀庆、陆军检阅使冯玉祥等直系军阀向其施压,最终黎元洪在逃往天津的途中,在火车上被直隶省长王承斌强夺了总统印玺(因此,他声明辞职,将总统的职权委托给国务院摄行)。而国会议员中有少数人厌恶以军阀的实力来左右国政,因此便想以此次政变为契机,主张国会南迁。

6 月 23 日,浙江军务督办卢永祥通电劝告议员南下。议员南下上海,7 月 14 日两院议员约 200 名出席,举行了集会式。即日发布两点宣言:(1)待议员达到法定人数后,召开正式国会;(2)滞留北京的议员,因为会受到强迫,即使有议案也不发生法律效力。但是,实际上南下议员不但没有增加,而且南下议员当中酿成了"民六派"和"民八派"间的所谓法统论争(民八议员始终不承认黎元洪的大总统之职,而民六派基本上承认),国会的正式召开最终未能实现。黎元洪曾一时受民六议员的邀请,计划前往上海召集议员,组织新政府。结果孙文和民八议员始终否认他的总统之职,浙江的卢永祥也声称只要黎元洪任总统,就不服从中央的命令,而且上海的绅商担心黎元洪会为祸上海,从而反对黎元洪建立新政府。所以,他的计划最终失败,而上海议员的多数也都不知何去何从。尽管如此,8 月末南下议员已达约达 360 名,因此直系政客极力收买议员,下院议长吴景濂在北京召开议员谈话会(8月24日),议定每次出席会议人员将从国库支付预备费(为何目的的预备费不明)100元,并提议延长议员任期以促使南下议员返京。结果北京下院于9月7日召开国会,通过任期延长案,上院也在同月26日决议通过上述内容。然而,关于宪法会议,由于政府无法承担制宪费的支出而最终未能召开。之后,下院副议长张伯烈违反10月4日正式宣布的先进行宪法制定然后再进行大总统选举的声明,主张先进行总统选举。议长吴景濂也表示赞同,首先发起了总统选举预备会(9月8日),于9月20日召开了总统选举会(据说投入了500元的出席费)。然而,出席议员只有400人,未能达到大总统选举法规定的法定人数。到了10月4日,议员总数终于达到550人,宪法会议得以再次召开(此时通过了地方制度的全章二议会)。会上,吴景濂以总统选举会的名义,通告于将10月5日进行总统选举(10月1日,经吴景濂之手,拨给议员5000元支票)。这样一来,5日,总统选举会最终召开,以总票数590票中480票的多数,直系头目曹锟当选大总统。坊间称其为贿选议会、贿选总统(此次选举一时遭到各方反对。尽管如此,曹锟于10月10日最终正式宣布就任大总统)。并且,10月6日关于国权一章等多份悬案也顺利通过二读会。10月8日宪法草案的全部内容最终通过三读会(但生计、教育两章内容未被采用)。10月10日宪法会议公布了《中华民国宪法》,社会称其为"曹锟宪法"。宪法公布后,恐怕只有第94条"国务总理之任命,须经众议院之同意。国务总理于国会闭会期内出缺时,大总统得为署理之任命……"这一条内容实际上实施过。第二年1月,设置了宪政实施筹备处和宪政实施委员会等,竭尽全力尝试实施宪法,但是最终全部条款也未能实施。尽管如此,虽说是贿选会议制定之物,但本宪法成为了中国宪法史的一部分,它依次以民二、民六、民十一各草案和国是会议草案为基础,是这12年间孕育的根本法之集大成。

此处有几点需要特别指出:(1)该宪法设置了《国权》一章内容,列举了中央和各省之间的权能。然后对于未列举的事项,规定关于国家全体的事项属于中央的权能,关于各省相关的事项属于各省的权能(22—26条),并且规定了各省可以自由制定省宪法(称为省自治法)(124—140条)。即虽然没有使用"联邦"字样,实际上是采用了联邦制。这从根本上颠覆了单一国家制度。(第1条规定"中华民国永远为统一民主国",

避开了"联邦"字样,这是联邦反对论的结果。)(2)特设了规定地方制度章:①将地方分为省和县二级制;②承认各省的宪法制定权;③像瑞士那样将省政府组织定为委员制(120 条规定了宪法制定的方法,128 条规定了县自治组织,129—131 条规定了省和县之间的关系。关于省政府的组织,在 127 条做出规定,第二项:"省设省务院,执行省自治,行政以省民直接选举之省务员五人至九人组织之,任期四年";第三项:"省务院设院长一人,由省务员互选之。"此乃委员制);(3)当对宪法有疑义时,由国会议员组成的宪法会议进行解释,其修正也由宪法会议进行。(13 章 136—140 条)当中央和地方之间发生争议或国家法律和省法律之间有抵触时,由最高法院裁决(26 条)。各省之间的争议由参议院裁决(31 条)。除此之外,本宪法有特色的地方也不少,而那些特色基本被民国十四年的草案所吸纳,故在十四年草案中进行说明。

15. 临时执政府时期的民国十四年宪法草案

民国十三年 7 月,浙、卢、苏、齐之间突然爆发东南战争(江浙战争),战火延绵至东北,第二次直奉战争爆发。直军第三军总司令冯玉祥中途倒戈,潜入北京发动武装政变(10 月 22 日)。结果,直军总司令吴佩孚经海路逃至南京(后来逃到汉口,在武昌自行组织护宪军政府,等待东山再起)。11 月 3 日,曹锟辞去大总统一职,开始摄行国务院。这一期间,元老段祺瑞经各方推举负责处理善后事宜,11 月 21 日公布了 6 条《临时执政政府制》,自行就任临时执政,总揽军民政务(执政下由各部总长 10 名组成国务会议)。然后,12 月 23 日公布《善后会议条例》,召集地方军民长官代表、国家功勋者、特殊声望者、学术资深者召开善后会议,讨论财政、军事两个问题。第二年 2 月,在北京召开善后会议。执政政府关于制宪问题有意另行召开国民代表大会,所以善后会议基于段执政的提案,于十四年 4 月 18 日制定了《国民代表会议条例》(39 条)(该会议由各省区人民选出的人员和在外华侨选出的人员组成,进行了宪法表决。但是,宪法起草委员不是国民代表会议的议员,是由各省军民长官推荐的人员和各区长官推荐的人员以及临时执政的选聘者充当的——第 2 条)。但是,此事遭到国民党的强烈反对,全国舆论也不赞成,最终国会无疾而终。(除了上述《国民代表会议条例》外,善后会议还制定了《善后军事善后委员会条例》《财政善后委员会条例》两部条例。这两个委员会之后得以召开。)

另外,段祺瑞政府于 4 月 13 日公布了《临时参政院条例》,7 月 30 日开始召开会议(本院议员,除若干名新加入议员外,均为善后会议员。可以将其看作善后会议的延长。因此,4 月 21 日善后会议开会之后,进入 7 月份参议院召开会议。其职责是辅佐临时执政,议决临时执政的提案。宣战、讲和、缔结条约必须经过该院的同意,其地位相当于国会),致力于处理各种善后事宜。这一期间,宪法起草委员会基于《国民代表会议条例》,自 8 月 3 日开始着手起草活动。该委员会由各省军民长官及临时执政指定的委员 70 名组成,林长民为议长,12 月 11 日完成了草案的起草。但是,国民代表会议没有召开,未能交付其议决,因此这一草案仅仅是装饰,其框架依照曹锟宪法而定,与曹锟宪法各条规定出入不大。

具体如下:(1)如曹锟宪法一样,依然回避"联邦"字样,当然仍旧是联邦制(与曹锟宪法的"统一民主国"字样不同,采用了"民主共和国",删除了"统一"二字而已)。(2)列举民国领土,定国都所在地及国旗(第二章)。(3)列举属于国家事项 24 种,列举属于各省区事项 16 种,列举应由国家立法的事项 8 种,关于未列举事项,如曹锟宪法一样,性质上属于全国性的由国家立法,属于省区性质的由省区立法。(4)规定各省区地方机构受中央委托处理事务,这是为了应对中央政府机关鞭长莫及时的规定(17 条)。(5)国会采用两院制,下院议员从比例代表中直接选举,任期 3 年,采用召回制,选举民可以随时撤回议员的代表资格。上院议员,各省 3 人,各区 1 人,蒙古、西藏各 4 人,青海 1 人,对于总额进行了大幅度削减。其性质与下院基本相同。(6)不承认下院对内阁的不信任决议案权。关于内阁的责任,根据问题的性质,承认连带责任和个别责任,采用新德国宪法主义。(7)上院对于下院通过的法律可以一票否决。(8)大总统的选举采取间接选举(59 条),任期 5 年,可以连任一次。(9)省宪法制定的方法,各省自行决定。省议会及省政府的组织也根据省宪法制定来进行,但是各省行政部必须设置省长一人。而省长的选举,先由省民选举出两名候选人,大总统选择其中一名进行任命。这折中了民选主义和中央任命主义。但是,省长的任期是 4 年,大总统不经过省议会的决议,不能对省长免职。(10)宪法的修正由国民会议决议。国民会议由各省议会选出 10 人、各区议会选出 5 人、内外蒙古各 5 人、前后西藏各 3 人及下院议员 50 人、上院议员 30 人的议员组成。宪法的解释由国事法院进行，国事法院由上院议员 4 人、最高法院 4 人、最高法院院长一人计 9 人组成。(11)宪法和法律相抵触时，国家和各省区及地方相互之间有权限争议时，由国事法院裁决。(12)特别设立生计和教育两章内容。关于生计章规定：①保障个人的生计自由和私产契约；②对于不因劳力经营而增高价格之土地和遗产继承，收缴累进税；③国家协助失业劳动者，救恤老弱病残，奖励发明著作、美术意匠等。关于教育章规定：①学校教育不得进行党派主义宣传；②教育经费至少要占行政费的十分之二。原来生计、教育两章内容，在曹锟宪法制定之际，没有经过宪法会议的三读会内容，在此处予以添加，即承认了国民党系议员多年主张的内容。

16. 现状

但是，该草案随着后来发生的段执政政府的瓦解而被埋葬（十五年 4 月 20 日），成为了成文宪法史上的一份文献。（段政府受到了第二次直奉战争后驻扎在北京的冯玉祥的压迫，一时改组临时执政政府，设置国务总理和国务员。但是十四年 12 月，镇压了郭松龄叛变之后的奉天派明显崛起，因此出现了依赖奉天派的情形。十五年 4 月 9 日，冯玉祥派的鹿钟麟在北京发动政变，驱逐了段执政。结果鹿钟麟也不堪忍受奉天派的压迫，退出了北京，段执政复职。但是，复职后的段执政没有像以前一样得到奉天派的支持。4 月 24 日段祺瑞逃往天津，执政政府土崩瓦解。）执政政府土崩瓦解后，时局是张吴联盟（吴佩孚提议恢复曹锟时代的内阁，和张作霖的意见相左，但是因为讨伐冯玉祥的关系和张进行联盟）与冯玉祥的国民军对峙。冯玉祥军队败北南口，进入甘肃，9 月份加入国民党，奉行三民主义。吴佩孚也为了应对国民革命的北伐军而归兵河南。然而，此时张吴联盟破裂，国民革命军攻入武昌（十五年 10 月 8 日），其后以破竹之势攻陷南京。山西的阎锡山也加入国民党，就任南京国民政府委员。四周的情形对张作霖极为不利。因此，张作霖在十六年 6 月 18 日废除在段执政下成立的内阁，重新组织了军政府，自任大元帅，名副其实地作为讨贼联军的总将，对抗国民革命军。十七年 5 月，奉天军被山西军击溃。6 月初，张作霖在归还奉天途中暴毙。同月 17 日，北京落入山西军的手中，国民革命军的所谓北伐大业取得成功。至此，民国政治史进入国民政府时代。

后来，中华民国国民政府于民国十四年 7 月在广东成立。十六年春,随着北伐军的成功,移至武汉,接着又移至南京,一时间呈现出武汉南京两政府对峙的局面。十六年秋季以来,南京政府的基础愈发稳固,成为今天的国民政府。自此以来,时代已经进入《建国大纲》所说的训政时期。国民政府随即设立了立法、行政、司法、考试、监察五院,在行政院设置各行政部,试行了所谓五权宪法主义下的五权之治。因此,宪法的制定问题也变成了《建国大纲》必须处理的问题。根据《建国大纲》的规定,在日后召集的国民大会上制定宪法。而宪法制定后,要进行全国国民的大选举,重新建立民选政府,现在的国民政府将在大选后三个月以内自行解散,政治上的所有权能移交给新政府。

　　这就是现状。总之,关于宪法的议论,将来会在国民政府要人之间继续展开吧!

中国大总统论

载日本《法学研究》第 1 卷第 2 号

一

　　民国九年夏直皖战争之际,7 月 4 日下达的大总统令罢免了徐树铮的西北筹边使之职,对皖系军阀来说是一个沉重的打击。仅仅过了 5 天,大总统令又罢免了皖系军阀的政敌吴佩孚的第三师师长之职,又剥夺了曹锟的封号。这激起了直系军阀的愤怒,两派之间的战争以皖系军阀的失败而告终。7 月 26 日下达的大总统令取消了曹锟、吴佩孚的罢免令,接着于 7 月 29 日下达的大总统令命皖系军阀惩办祸首。当时,世界各国对于大总统徐世昌在两派之间的态度多次转变感到异常震惊。大总统态度的多次转变是出于他的本意,还是在两派军阀的逼迫之下不得不做出的各种让步,不论出于何种原因都不会降低世界各国的震惊度。他那“骑墙派”“骑马派”的面目暴露无遗。

　　这次直奉战争,徐世昌又表现出“骑墙派”的面目。为了避免双方开战,他于 4 月 27 日尝试出面调停。内容如下:

近日直隶、奉天等处,军队移调,以致近畿一带人情惶惑,闾阎骚动,粮食腾涌,商民呼吁,情急词哀。迭据曹锟、张作霖等电呈,声明移调军队情形,览之深为怃然。国家用兵,所以卫民,非以扰民也。比岁以政局未能统一之故,庶政多有缺失,民生久伤憔悴,方谋拯救之不遑,何忍斫伤之不已。本大总统德薄,鲜不能为国为民共谋福利。而区区蕲向和平之愿,则历久不渝。该巡阅使等,相从宣力有年,为国家柱石之寄,应知有所举动,民具尔瞻。大之为国家元气所关,小之亦地方治安所系。念生民之涂炭,矢报国之公诚,自有正道可由,岂待兵戎相见。特颁明令,著即各将近日移调军队,凡两方接近地带,一律撤退。对于国家要政,尽可切实敷陈,以求至中至当之归,共各协恭匡济,奠定邦基有厚望焉。此令。

总统发出了让两军撤退的命令。同样程度、同样种类的命令其后虽然发布了数次,但战争最终还是未能避免。然而,世界各国却在惊叹总统令的无力,认为他早晚会失去总统之位。鉴于这种现状,大总统只能受具有实力的军阀所摆布,这是天下皆知的事实。

然而,大总统在《约法》上拥有怎样的地位,拥有怎么的权限呢? 但是,《约法》上关于大总统的任何规定,难道不应该对他的无能与无力承担任何责任吗? 正是为了明确这一点,我写了这篇文章。

二

共和国的大总统是一国的最高行政长官,这一点已毋庸置论。中国的《新约法》第 14 条明确规定大总统作为国家元首,总揽统治权。然而,现行约法,也就是《旧约法》有明文缺失。虽然如此,约法还是有如下规定:

　　(一)中华民国,以临时参议院(国会)、大总统、国务院、法院,行使其统治权(4 条);

　　(二)临时大总统,代表临时总统,总揽政务,公布法律(30 条);

　　(三)临时大总统,代表全国,接受外国大公使(37 条)。

因此,大总统可以行使统治权,是国家的最高行政元首。他作为最高行政元首，总揽政务，受到国务总理以下国务员的辅佐。大总统并不需要承担直接政治责任，其责任由国务院承担（44条）。因此，到他的任期（5年）结束为止，除非他自己辞职，或者议会以谋反罪对其进行弹劾（《约法》第19条第1项），大总统的地位从政治理由上不会发生动摇。

然而，此处却出现一个问题，即国家的最高元首大总统除了出现"谋反行为"，在职中是否拥有免于刑事责任这一不可侵权。因为《约法》缺少明文规定，这一点成为了疑问。虽然如此，《约法》第19条第1项有"参议院对临时大总统，认为有谋叛行为时，得以总议员五分四以上之出席，出席员四分三以上之可决，弹劾之"的规定。第41条有"临时大总统，受参议院弹劾后，由最高法院全院审判官，互选九人，组织特别法庭，审判之"的规定。

除此以外，没有其他任何规定。由此看来，约法精神对总统在刑事上的诉讼，仅限于所谓谋反行为。从根本上说，大总统也是国民的一员，与君主国君主的地位自然不同。虽然如此，我认为运用一国统治权、总揽政务的最高统治者，就如一般国民一样，不论是在职还是去职，都必须有负刑事责任的义务。法国大总统亦有这种"不可侵犯"（Inviolabity）的特权，即法国宪法有"共和国大总统仅在叛逆罪的情况下有责任"（1875年2月《公权组织法》第6条）的规定。除此以外，他在刑事上的责任没有任何规定。通过查看《天坛宪法草案》，其第76条有"大总统，除叛逆罪外，非解职后，不受刑事上之诉究"的规定，这也可以认定为"不可侵犯"的特权。根据没有明文规定的现行约法的解释，总统有这种"不可侵犯"的特权归结为合情合理。

诚然，总统是国家的最高行政长官，不可以空缺一天。因此，大总统（一）因故离职，或者视其不能行使权力时，（二）现任大总统任期结束时，继任者尚未选出，或者选出后不能立即就任时，副总统（同大总统同时选出）代理其职务。然而，上述情况发生时，副总统也不在其位，或其因故不能代行大总统之职时，国务院（内阁）可以摄行。（《约法》第42条、《大总统选举法》第5、第6条）。像黎元洪、冯国璋等以副总统的身份代行总统之职，均为具有代表性的实例。我在一篇文章《国务总理论》中曾经提起，国务院摄行总统的职责尚无实际案例。等到明年秋天，这个问题恐怕作为一个时下问题，要另当别论了。

　　大总统作为最高行政长官,在约法上拥有地位,但是他拥有何种权限?

三

　　1. 有关国家官规官制的规定,大总统可以向议会提案。

　　《约法》第 33 条有"临时大总统,得制定官规官制,但需提交参议院(议会)议决"的规定。乍看文意,虽有模糊之嫌,但国家的官制官规的议案都要经过议会方可开始制定,大总统可以将其做成提案,提交给议会。如今一般通用的英文翻译如下:

The Provisional President shall ordain and establish the administrative system and official regulations, but he must first submit them to the National Council (parliament) for its approval. (China Year Book)

　　由此可见,很明显,第 33 条的规定具有以上意思。

　　有关总统制定官制、官规的权限,《新约法》(第 21 条)中没有必要征求议会的同意,大总统可以自由制定。如在袁世凯时代的实例所示,多数官制、官规均可自由制定,而有关大总统的内治是其中最重要的权限。然而,根据第 33 条的规定,实质上如上述有关总统制定官制、官规的规定,不过是赋予了其发议权。此种规定作为大总统的权限,是不能轻易赋予的。这是《约法》关于行政监督的大方针有所体现的结果,因此宪法草案删除了此种规定。

　　2. 大总统可以任命所有文武官员。但是国务员及外交大使、公使的任命,需要经过议会的同意(《约法》第 34 条)。

　　民国三年 6 月公布修正的《省官制》第 14 条规定:"省长公署政务厅内,设第一、第二、第三、第四各科,由省长自委篆属佐理各项文牍事务。其职掌员额,按事之繁简,由省长自定之,仍呈报大总统,并咨陈内务部,分别叙等注册。"道官制、县官制皆有同样的规定,即"橡属""科员"之类各官厅下级职员的任免,由各长官自行决定。此种情况下,长官要向大总统报告,同时要在内务部登录姓名。因此,大总统不会直接参与下级职员的任免。然而,除了此等下级职员,其他文武官员(除了国务员、外交大公使),无论中央还是地方,均由大总统自由任免。然而,此种任免权对于共和国总统来说,权力过于强大。美国新法就此点规定如下:

> The President shall mominate, and by and with the advice and consent of the Senate, ……all other officials of the United States, whose appointments are not herein otherwise provided for, ……(Art. II, Sec. 2)

宪法对于大总统的管理任命权,加以"by and with the advice of the Senate"限制。阿根廷宪法也是如此(Art. 86:5,10),关于大总统对陆海军高级武官的任命,加以"with the advice and consent of the Senate"的限制。似乎《约法》未设任何限制,才令总统的权限不当至过于强大。尽管有像刁氏之人怀有如此忧虑[1],然而在我看来,我不认为共和国的总统拥有过分(excess)的权限。之所以如此,事实上多数职员的任免均与相关的各长官有关,例如采取了如下任免形式:"署农商总长王乃斌,呈请任命邵福瀛秘书。应照准。此令"。又如"参谋总长张怀芝,呈察东镇守使署参谋长姚宝球,因病呈请辞职。姚宝球准免本职。此令"。由此可以明确,总统拥有无限制的文武官员的任免权,事实上受到了各相关长官呈请所施加的限制。

假设总统任免职员时需要通过议会的同意,其结果会如何?征之过去的经验,若议会不同意总统任命国务员,通常势必对内阁成立造成明显的障碍,其他职员的任命也是如此,猎官盛行的议会以一己私利为基础,有时根据其必要不同意任命,便会酿成各种弊端。这一点洞若观火。再如,假设中央、地方长官由总统进行任免,其他文武官员难道不是由与之相关的长官任免的吗?数百年来中国官场形成一股舞弊之风,官员的任免均以所谓师生关系、同乡关系、同族关系等为中心进行,以至于远远超过今日的官场。郑氏在其文中谈论过此点,他说:

"大总统拥有对文武官员无限制的任免权,或有酿成弊害之虞。虽然如此,总统的职权若转移到议会或者地方长官的话,其造成的弊害更

---

[1] M. T. Z. Tyan: China's New Constitution etc.

是无法控制。事实上，对于想谋取一官半职的青年来说，与接近总统相比，接近多数的议员与地方官员会更容易。不论是议员还是地方官员，都屈服于具有中国政治特质的情实主义，为了打破此种现状，就必须得到比总统还多的信赖。"①

我与刁氏都反对此种意见，相信总统的此种任免权符合中国的现状。

大总统拥有对国务员的任免权，议会有必要对此加以限制，理论上并不合理，而且也会给实际政治运作造成显著的障碍。这种情况所导致的结果，我在上一期《国务总理论》中已经谈论过，此处不再赘述。

然而，说到由议会的同意所施加的限制，就不得不提及总统对外交大使、公使的任免权。原本总统对外交大使、公使的任免权，需要得到立法部的同意（"Consent"or"Advice"）。共和国宪法中此种例子有不少，美国宪法（Art, II. Sec. 2）、巴西宪法（Art. 48；11，12，13.）都设有 Senate 之"Advice"或"Consent"的必要条件。恐怕是因为外交使节在他国是代表本国，其人物如何，与本国的对外政策有着莫大的关系。因此，或许要有所依据，让此人的任命须得到国民（立法部）的严格监督。然而，如今交换外交大使、公使，是有所谓"受欢迎的人（Persona grata）"惯例的。议会同意的人物，不一定是接受国所希望的人物，即"受欢迎的人"，即 persona grata。这也并不难想象。如果某国议会所同意的人物与接受国所希望的人物相反，大使或公使的任命就一定会出现困难。不必说，因此肯定会对国际感情造成影响。而这种危险性会在中国变本加厉，议会可能将反政府的倾向暴露无遗。在此举一个例子，当年中国政府向我皇室进献勋章时，议会不同意总统任命的特使。② 即便不去理会这一点，但今日国际间往来的外交使节，时常有身带要职，或者国际政局根据案件种类的性质，不许迁延时日，必须迅速做出处理决定。果真如此的话，显然有关外交使节的任命是决不希望议会加以监督干涉的。《新约法》在宪法草案中删除了限制这一条款，非常恰当。

---

① S. G. Cheng：Modern China etc. p. 59.
② S. G. Cheng：op. cit. p. 60.

四

1. 大总统要经过议会的同意，才可以宣战、媾和及缔结条约。（第35条）

美、法等国的宪法也有大概相同程度的规定。中国虽然效仿了此等规定，但是美、法各国的议会有着牢固的基础，几乎不会长期解散议会或者放任议会的消亡。因此，此种规定不会出现任何障碍，而且实效显著。然而，中国议会基础尚未确立，议会长期不开会，乃过去十年的事实。因此，总统宣战或者缔结条约时，多未经过议会的同意。《约法》的精神是以国民的意思监督与国家存亡利害相关的重要案件的处理，中国的这种精神很难到达欧美的程度。

1917年8月，北京政府对德奥两国宣战，当时所谓第二次正式国会已经被黎元洪总统解散，新议会尚未召开。因此，总统未经议会同意便宣战了。① 当时上演了一出滑稽戏，即多数南方议员以解散议会是不合法的行为为由，在广东自行召开了"非常议会"，通告北京政府及外交团，虽然不反对中国参战，但总统的宣战未得到议会同意，因此不能承认此点，并加以抗议。

有关媾和的实例如何？中国虽然拒绝签订《凡尔赛条约》，但还是在1919年9月与奥地利签订了《圣日耳曼条约》。陆征祥与王正廷二人在条约上签字、盖章。然而，民国九年（1920年）6月议会（下院203对205票，上院90对91票）对此进行了追认（有关请求议会追认，虽然《约法》上没有规定，但是按照实际惯例进行的），18日总统批准。即便议会对此进行了追认，但也只是议会同意媾和的一个例子而已。然而，媾和以外的条约情况如何？

北京政府缔结的条约几乎没有经过议会的同意。大正四年（1915）签订的"二十一条"，1918年"中日军事协定"，中国政客屡屡加以非难，认为其无效，乃至成为政治斗争的工具，其原因即在此。一部分人高唱

① 对德奥宣战的布告发布于民国六年8月14日，自然没有获得国会的同意。然而民国七年8月在北京召开了所谓新国会（南方派称为非法国会），政府请求议会追认上述宣战案，议会于12月2日通过了追任案。

废除满蒙四铁道契约、山东铁道备忘录、高徐顺济铁路临时契约等,都是基于相同的理由。1912 年有关外蒙古的"中俄协约"以及对此进行修订的 1915 年签订的"中蒙俄三国协定"等,都是当时政争的好题材。其中的一个理由是这些条约均未经过议会的同意。去年 6 月的"中德通商条约"等华府会议对山东问题的交涉,都没有经过议会的同意,以同样的理由遭到批评。

这就是中国政治的实态。因而《约法》的这种规定,结合现状就变得完全没有意义了。然而,当出现宣战、媾和及签订条约等重要的国际案件需要处理解决时,多数情况下议会实际不存在,今后议会如果长期存在下去,如英、法一样,《约法》第 35 条不会对解决国际案件造成障碍吗?民国六年中国参加第一次世界大战时,虽然三次向议会提出了对德奥宣战案,但都没有获得议会的同意,最终总统不得已解散了议会,然后宣布参战。鉴于此事实,议会的实质不是一味地攻击政府,而应该是协助行政部处理好国政。如宣战案如此重要的政务都会陷入政争,不难想像今日的普通条约仅具有攻击政府的特征,获得议会的同意会变得多么困难。然而,如《新约法》就删除了议会所拥有的此种同意权。由此,在袁世凯时代,就失去了国民的意思对国家外交有力的监督方法,渐渐出现了非民主共和国的倾向。在我看来宪法草案的规定恰如其分,即:

> 大总统,经国会之同意得宣战。但防御外国攻击时,得于宣战后,请求国会追认。(70 条)
> 大总统缔结条约。但媾和及关系立法事项之条约,非经国会同意不生效力。(71 条)

即议会对宣战、媾和拥有同意权,这点与现行约法一样,但有关总统的缔结条约权,除了所谓"有关立法事项的条约",议会失去了同意权。"有关立法事项的条约"是例如增加国民的负担的条约,如割让领土的条约、转让国际经济利权的条约等影响国家立法的条约。按照草案,除了这些特别条约,总统可以自由处理解决外交案件,这样就消除了因为政争导致国际悬案不能解决或者延迟解决的事情。因此,我支持这个法案。

2. 大总统对外国代表全国,接受大使、公使。(第 37 条)

一国行政首长总统接受外国的大使、公使及其他的使节,理所应当,有关此点无需再做说明。在此仅引用刁作镰最近完成的著作《觉醒的中国》中的中国社会的变迁这一章。

　　　显示中国民主化最好的佐证,是共和国大总统可以接近外国访问者。1858 年中国与英、美、法、俄等国签订的条约都承认了使节派遣的权利,而直到两年后,外国使节事实上不被允许居住在中国。到 1873 年为止,均不可以拜见皇室。实际当时皇室的政策非常傲慢,而对外国让渡利权也在一点一点进行。到 1899 年,西太后从未接见过外国使节的夫人。对外国使节夫人的礼遇是从中国的南方领属权失之于法国、美国以及此后被小日本打败以后才开始的。

　　　今日共和国第一公民(总统)容易被外国人接近。行政首长(总统)不仅定期为外国使节及其家庭成员举办花园派对(garden parties),而且还会接见外国顾问、银行家、记者及其夫人。此等交流可以让访问者自由地在以往满洲皇帝及皇族不可侵犯的美丽花园漫步,他们还可以与总统和总统夫人握手,并沉浸在奢侈的娱乐之中,上演着一部尽是名人的戏剧。在这种交欢的场面中,总统和夫人与客人徘徊其间,跟那些精通汉语的外国人积极地交谈着。不仅是此时,访问北京的外国人,不论何时都可以经公使介绍面见总统及其他大官。这种特权是普通的中国人所没有的。[①]

3. 大总统授予勋章及其他荣典。(第 39 条)

　　总统的权限并没有其他问题,然而在激进的评论家之间却有不少反对的言论。概而言之,其主旨主要有两个根据:其一是人情关系盛行的中国官场,总统觉得有必要时,为了收买或者恩惠一些官员,授予他们一些荣典,滥用此种权限,将其作为扩张和巩固自己政界地盘的一种方法。其二是总统授予勋章及其他荣典行为的存在,乃是王朝体制的遗风,于共和国来说不过是画蛇添足罢了。美国没有任何荣典,所以也没有在中国设置的必要。民国五年的宪法会议,最终这种意见占据了大多数,在草案的二读会上,取消了总统的此种特权。[②]

　　就我的一家之言而言,上文提到的第二个论据无视了中国的传统。

---

　　①　Tyan:China Awakened p. 83
　　②　Iyan:op. cit,pp. 87-89.

如今共和民国成立虽然已过十年,但翰林出身的学者或者拥有进士头衔的人,均因翰林出身、进士和举人而受到一般国民的尊敬。不仅如此,官名之类如经略使、巡阅使、筹边使等都沿袭着数世纪以前留下来的官制,显示出其尊贵性。当然,头衔无论公私,人们对勋章以及其他荣典的需求,今日也没有改变,这是中国的传统。在美国没有实行此项规定,不能成为在中国亦可废除的理由。特别是勋章以及其他荣典在共和国中是与君主国不同的,是国家要授予对国家拥有功勋的人,而不是总统随意决定的。

第二个论据多少可以倾听一下。在袁世凯做总统的时代,滥用权限是事实。然而非常令人怀疑的是,因此种权限滥用产生了危害,就非要抹杀这种权限吗? 而且,此种权限的滥用在某种程度上会受到舆论的反对,自然会受到限制。不仅如此,此种权限滥用过多的话,会导致勋章及其他荣典的价值大打折扣。随着价值打折扣,总统使用此种手段收买人心的作用也会消减。因此,我相信宪法会议担心会出现滥用的弊端,乃是杞人忧天。

<h2 style="text-align:center">五</h2>

1. 大总统可以宣告特赦、大赦、减刑、复权。但是大赦必须得到议会的同意。(第 40 条)

对民国五年的草案多少做了一些修改,总统虽然可以宣告免刑、特赦、复权,但是对于因犯罪或者被弹劾而被褫夺公权的官员,是否可以宣告其复权,必须要通过审问该官员的参议院(上院)的同意。(草案第73 条)针对丧失公权后的复权,显示出慎重对待的意向。不必说,在人情关系盛行的中国,行贿及其他行为对于曾经被褫夺公职的人来说,成为了让其无重要理由便让其复职的最为有利的机缘。如起用张勋的问题,难道最近没有传出什么消息吗? 正是有对此点的担心,规定了如上内容的草案,或许才显示出了一般性的进步。

民国以来并没有听闻有关大赦的实例。然而,对特殊的政治犯却屡屡使用特赦。所谓胜者王侯败者贼,军人、政客之间的争斗中,败军之将就会被发配,数年之后,多数情况下其罪名会被特赦。复辟帝制的罪魁祸首张勋于民国七年 9 月 23 日被总统令特赦。亡命到我国公使

馆的安福祸首也于本年 2 月 1 日被特赦。特赦（安福祸首）的理由如
下："参谋总长张怀芝等呈请，他们认为（安福祸首）在北洋练兵的时代
便已参加北洋军，在军中声望极高，功勋卓著。民国以来亦努力维持各
地治安，功不可没。先年的事变乃因误会所致使。其罪固不可免，然其
情可悯。固念其功劳，可既往不咎，撤销对其之通缉讯办。查段芝贵等
（其他参与者）皆为军人，其罪责在军法上没有可以追究的依据。然而
上述呈请中称此事出于误会，无不可谅解之处，姑可撤销对其等的通缉
讯办。"①理由竟然如此简单。即便是政治犯，那可是意欲颠覆共和国
基础的人，或者是不遵从大总统的停战命令而引起内乱之人，经过两三
年时间便被无端地免除了通缉讯办。如此简单，便可让军人或政客感
到，即使未实现自己的野心，也很有可能不至于丧失生命安全和身体自
由，进而也成为减少对其的行动引起的动乱的责任观念。因此，应该多
少限制总统对政治犯的特赦权。

2. 总统可以宣布戒严。（第 36 条）

过去 10 年，中国国民几乎一直处于戒严之下，遭到弹压和统治。
不必说，战争地域甚至是更广泛的所谓"警备地域"，国民日常生活在军
队的干涉压迫之下蒙受了毒害或正在蒙受毒害。国民的知觉已经在军
队以"戒严"为借口的肆意妄为下渐渐地麻木了。访问戒严令下的地
区，有不少旅客都遭到了军人的粗鲁盘问与询问干涉。

然而，在怎样的事态下才可以发布戒严令呢？按照民国元年《戒严
法》的规定："有战争或者其他非常事态，对全国或某一地区用兵之时"
（《戒严法》第 1 条）。而戒严令除了大总统亲自下达之外，地方军队的
军司令官，例如师长（师团长）、旅长（旅团长）、要塞司令、警备队司令
官、分遣队队长、舰队司令官、军港镇守长官、特命军长及司令官（也可
以称为督军、护军使、镇守使、巡阅使、经略使、长江上游司令以及其他

---

① 民国十一年 1 月 6 日政府公报原文如下："已褫辅威将军段芝贵、谦威将军张树元、
边军师长曲同丰、陈文、运陆军师长刘询、魏宗瀚等，前因附乱通缉，曲同丰于阵前拿获拘押保
定候讯，各在案。兹据参谋总长张怀芝等呈称，各该员等，自北洋练兵从事戎伍，或治军有声，
或劳凤著。民国以来，勤力疆场，亦各有功绩可称。上年京畿事变，偶因误会致陷。罪戾咎无
可辞，情有可悯。协悬念其前劳，宽其既往，免予通缉讯办各等语。查段芝贵等，皆系陆军人员，
迹其获罪之内衡之军法自无可。既据员称，事出误会，不无可原之处。姑准予通缉讯办段芝贵、
张树元、陈文运、刘询、魏宗瀚等，仍著交参谋部陆军部，随时调取察看。曲同丰仍著交直鲁豫巡
阅使曹锟随时察看。各该员等，如县深知愧悔自可予，以自新之路以示宽大。此令。"

职务等)亦可以在认为事态紧急,需要发布戒严令时,即"事态紧急,通信断绝,无法呈请总统之时"下达临时戒严令(《戒严法》第 5、6 条)。第二、第三次革命开始以后,地方军阀相互争斗,或者土匪、马贼引起的非常事态,几乎一日未绝。每一次都由总统或者军队的司令下达戒严令。共和民国从成立之日开始到现在,几乎都在戒严令的统治之下。这种说法,或许不为过分。之所以如此,是因为戒严地域之一的警备地域(《戒严法》规定戒严范围分为警备地域和交战地域),其行政以及司法等相关事务,凡是与军事相关的,都将管辖权限移交给司令官,行政官、司法官皆受军队司令的指挥,在交战地域发生的所有与军事相关的民事、刑事案件,都交由军事法庭审理。① 而所谓与军事有关者,所包括的范围非常广泛,且事情的性质与国民的日常生活息息相关。这一点不言自明。

《戒严法》第 14 条对于军司令有如下规定:

一、认为集会、结社或者新闻杂志、图书、广告的刊载有妨害时机之嫌者,勒令停止;

二、民有物品可供军需之用,必要之时,禁止其输出;

三、检查私有枪支、弹药、兵器、火具及其他危险物品,必要之时扣押、没收;

四、检查邮政电信;

五、检查出入该地方的船舶及其他物品,或停止陆海交通;

六、在不得已交战之时,可破坏焚毁人民的不动产、动产;

七、在交战地域,不论昼夜均可进入民宅、建筑物、船舶中进行检查;

八、在交战地域秘密居住者,必要之时可以命令其搬出。

这些规定赋予司令官以上权力,且任意损坏人民的私有财产而不用赔偿。一般来说,戒严是发生战争或者国家处于紧急事态中才可以发布的命令。其他国家的立法虽然也有类似规定,不过极少情况下才会下达戒严令。因此,不必说,戒严令的频繁使用会对国民的生活造成

---

① 民国元年 12 月公布的戒严法:"在警备地域内,该地方行政及司法事务,限于与军事有关系者,以其管辖权,移属于该地方之司令官。于前项情形,地方行政官及司法官,须受该地方司令官之指挥。"(第 9 条)"于接战地域内,与军事有关系之民事及刑事案件,由军政执法处审判之(第 11 条)。对于第十一条之审判,不得控诉及上告"。(第 13 条)

极大的影响，但它仅是一时性的。然而，如前所述，戒严状态在中国几乎没有中断，司令官执行上述各种规定的权利，与外国做参照，对国民的生活会造成极大的影响。《约法》所保障的住宅不可侵犯权、营业、言论、著作、出版、集会、结社、居住、迁徙的自由及其他所谓"人民之自由权"，事实上已经遭到了无视和蹂躏，现在国民的平静生活在不断地被戒严状态所影响。这是民国政治混乱所导致的结果，现在已无可奈何。然而，关于此事，中国政客的观察有误，他们以为中国社会和国民生活的发展与其政治毫不相关。其实，中国与其他国家一样，国民生活的安定乃至改造都与国家政治密切相关。

六

1. 总统可以向议会提出约法的增修案(《约法》第 55 条)。

可以向议会提出约法增修案的是议会本身和总统，但是正式宪法的制定权(《约法》是临时宪法)只有议会可以提出，总统则不可以。即第 54 条规定："中华民国之宪法，由国会制定之。"然而，有关宪法的制定及增修问题，议会和总统之间曾经发生过激烈的争论。民国二年 2 月召开的国会是民国最初的国会，开会的首要目的是制定正式宪法，由参众两院 60 名议员组成宪法起草委员会，着手起草宪法草案。然而，该草案的内容为袁世凯所嫌弃，其在两院以外，由其心腹组成宪法研究会以及外国顾问，编写所谓《宪法大纲案》，企图以此案牵制两院宪法起草委员会对袁世凯不利的法案，最终以《宪法大纲案》为基础，向议会提出了《约法》修正案。于是乎，议会以上述第 54 条"中华民国之宪法，由国会制定之"的明文规定为依据，称总统不得干预，议会自身有立案自由，寸步不让。最终表明，由其起草的《中华民国宪法草案》(天坛宪法)获得通过乃是大势。因此，袁世凯以多数国民党员参与过二次革命为借口，褫夺其议员的资格，事实上解散了议会，葬送了《中华民国宪法草案》。此后，约法会议(民国三年 3 月)在北京召开，袁世凯总统根据《约法》第 55 条所规定的约法增修案的提议权，再次提出约法增修案，最终通过了所谓《增修临时约法》("新约法")。这是约法增修的一个实例。

在总统、议会的论战中起草的天坛宪法，鉴于此论战的事实，关于宪法的修正只赋予议会发议权，没有赋予总统。民国五年的宪法会议，

通过二读会的草案,关于此点也与天坛宪法有完全相同的规定。①（参阅草案第 109 条）

　　然而,一国的宪法有必要修正之时,承认有修正必要的,未必仅是议会。毋宁说,直接运用政治进行干预,即共和国中大总统以及内阁真正处于承认宪法修正的地位。尤其多数中国议员都没有很深的政治经验,资历有限。可以处理好宪法的规定与政治运用之间关系,做出公正的判断观察的人,毋宁说应该只有大总统其人。承认总统的宪法修正提议案,难道不是有助于宪法政治发达的一个途径吗?

　　2. 大总统可以向议会提出法律案。(《约法》第 38 条)但是,国务员要副署之。(《约法》第 45 条)

　　3. 议会议决的法律由大总统公布。公布需要国务员副署之。(《约法》第 22、30、45 条)

　　4. 大总统否决议会决议之时,要在 10 日之内说明理由,可以让议会再进行决议。但是,议会的出席议员人数必须在三分之二以上才能决议前议,大总统独自公布实施。(《约法》第 23 条)

　　5. 大总统施行法律,或者以法律为基础执行委任时,可以发布命令,或者让其发布命令。但是,总统自身发布命令,需要由国务员副署之。(第 31、45 条)

　　以上所列举的有关总统的权限,没有必要做特别的陈述。不过,所列举的总统权限,发生过激烈的争论。当时,讨论制定正式宪法问题时,院内的宪法起草委员会的意见是共和国宪法应由议会自行制定,且可以议会的名义,由议会自行公布。针对这一意见,袁世凯根据《约法》第 22、23 条"公布法律者为总统",驳斥说宪法应由总统公布,且其自行向议会提出了约法增修案。如前所述,这一事件以袁大总统的政变而告终。我认为,这种关于法律上的议论,显然袁总统一侧更占理。

---

　　① 宪法草案规定:"国会,得为修正宪法之发议。前项发议,非两院各有列席员三分二以上之同意,不为成立。两院议员非有各本院议员总额四分之一以上之连署,不得为修正宪法之提议。宪法之修正,由宪法会议行之(110 条)。国体不得为修正之议题(111 条)。宪法有异议时,由宪法会议解释之(112 条)。宪法会议,由国会议员组织之。"

七

1. 大总统统率全国陆海军。(《约法》第 32 条)

根据大总统所拥有的权限,总统可以直接拥有一个直属其下的顾问机构,评议全国军政,将军府就是这样的机构。总统可以从陆海军上将、中将中特别授予辅威将军(段芝贵),或者谦威将军(张树元)等人荣誉头衔,使之组织将军府。其职责是接受总统的命令,评议军政,检阅全国陆海军。(参见民国三年 7 月 18 日《将军府官制》)

在袁世凯当总统的时代,新约法规定:"大总统是陆海军大元帅,统率全国陆海军"(第 23 条第 1 项)。"大总统可以确定陆海军的编制及人数"(第 23 条第 2 项)。从大总统可以决定陆海军的编制及人数开始,就有必要确立大元帅的资格,使其从事实上有效统率全国的陆海军。为此,在组织军政评议的最高顾问机构将军府之外,袁总统又设立了"海军大元帅统率办事处"这一机构。有关他所发布的军事命令,均须通过这一机构来确保命令有效并受到尊敬。然而,随着民国六年现行《约法》的复活,《约法》没有给予大总统拥有元帅资格的规定,因此总统便失去了实际统率陆海军的资格,其相应机构的存在也就失去了依据。因此,"海军大元帅统率办事处"这一机构就自然被撤销了。

另外,民国六年 8 月中国参加第一次世界大战以来,有必要处理参战所引起的相关事务。到民国七年 3 月,大总统以"总理国际参战事务"为目的,设立参战督办处这一机构。[1] 有关参战事务,总统通过这一机构统率全国陆海军。[2] 战事结束的同时,这一机构即失去了其存在的意义,于民国八年 7 月 20 日改称"督办边防事务处",变为督理国家边防,特别是西北边防军事事务的一个机构。民国九年夏,随着皖系军阀在直皖战争中战败,皖系军阀的根据地"督办边防事务处"也被裁撤了。

因此,从"督办边防事务处"被裁撤到民国九年 7 月,大总统起初通

---

[1] 任命段祺瑞为参战事务督办(民国六年 12 月 26 日)。开战以来督办处均以皖系军阀为中心。

[2] 参战督办事务处组织令(民国七年 2 月 15 日督令第 4 号)第一条:"参战督办处总理大总统国际参战事务"。

过参战督办处,后来通过"督办边防事务处"等机构,有效行使一部分统率全国陆海军的权力。随着该机构被裁撤,今后仅依靠没有实力的军事最高顾问机构将军府来统率全国陆海军,事实上已经失去了统帅全国陆海军有效机构。其所拥有的军队统帅权徒为其地位的装饰。

不论任何国家,其共和国宪法均承认大总统拥有全国军队的统率权。例如美国宪法规定:

The president shall be Commander in Chief of the Army and Navy of the United States, and of the militia of the several States, when called into the actual service of the United States. (Art. II Sec. 2; Consititution, Sep, 17, 1787)

法国宪法也规定:

II(Président de la République) dispose de la armée. (Lois Constitutionnelle sur l'organisation des pouvoirs publics. Feb. 25, 1875)

然而,赋予大总统权限,是因为他是一国的最高首长,立法的主旨是修饰其名誉地位,当与外国偶有开战之时,有必要让其统率全国的军队,在这种情况其权力才多少会有实效。平时他自己没有必要直接且有效地统率军队,事实上也没有统率军队。

然而,在中国却是两回事。为了更好地控制极端专横妄为的军阀,有必要行使总统的陆海军统治权。

今日的督军原本是军阀巨头,为了"督理地方军务",他们由大总统任命,被派遣到地方。① 一般在地方被免职后,会回归中央,位列将军府的将军。因此,作为上级军人拥有政治上的地位乃至实力的话,就会与陆军参谋总长拥有同等的地位,甚至地位在其上。根据督军公署编成令的规定,督军在其管辖内,有关"军政事务"受陆军总长"监督指示",有关"军事计划及军令"受参谋本部监督指挥,但中央的监察指示,平常并不是连续从陆军部、参谋部直接接受,只有受到总统特别命令的

---

① 民国五年7月6日修正的《督军公署编制令》第一条规定:"将军府将军奉承大总统督理军务之命令者,于驻在地方设督军公署。"

情况下,才可以接受监察指示。① 因此,在督军的眼中根本没有陆军部、参谋本部。而且,他们中的多数人兼任省长,就算没有兼任省长,其地位也会在省长之上,以手中的兵权来压制省长,事实上是集一省的军政大权于一身,拥有所谓"战争王"的实力与地位。当中央的"监察指示"对自己不利时,他们会不予以理睬。陆军部、参谋本部并不能做到对他们切实的控制,其原因就是他们过于强大。

能真正做到统御控制他们的,只有让他们直属于总统,除此之外,别无他法。我认为像中国出现的这种特殊情况,总统所拥有的军队统帅权不是单纯装饰性的,而是必须伴有实际对军队的控制权。正如本文开篇所论,军阀们不听大总统的命令,是因为大总统虽然有军队的统率权,却没有任何实力。在我看来,新约法赋予大总统陆海军大元帅之职,大总统让有实力的军阀头领组织"大元帅统率办事处",使总统拥有军队的统率权。如袁世凯做总统的时代,我相信这种方法是抑制军阀的肆意妄为,使政治稳定的捷径。当然,废督裁兵是中国乃至世界所希望的,如果真的可以实现,就没有任何的问题了。如果其实现暂时不可能,眼下最重要的事情就是恢复袁世凯时代的制度。督军变得更加蛮横,不就是在袁世凯死后吗? 模仿美、法总统的军队统率权,使其成为装饰性权力,这种规定是引起今日政治混乱的众多原因之一。

通过以上数项的叙述,我们大致明白了总统的权力如何不稳固。对比袁世凯的《新约法》来评论,这一点就更加明确了。但是,这种东西对比将来有机会再论。另外,大总统与议会之间的关系如何? 总统进行的紧急处分如何? 总统应该如何选举? 这些问题都是本文应该研究

---

① 民国五年 7 月 6 日修正的《督军公署编制令》第二条:"督军于军政事务,承大总统之命受陆军部之监察指示。"第三条:"督军于军事之计划及命令,承大总统之命受参谋本部之监察指示。"

的资料和项目,但此处省略不谈。①

再论中国大总统

载日本《法学研究》第 1 卷第 4 号

一

　　事情发生在 6 月。徐世昌于 1 日辞去总统职务,11 日闲居于天津的黎元洪就任大总统。不必说,这是所谓直奉战争的结果。如下段所述,有关本次黎元洪就职,在法律上也并非没有异议。但是由于政局纷杂,南北不统一,中央财政窘迫,在国事多舛的今日,有人观察说,他再次出山对中国来说是应该算是一件幸事。特别是,他就任时向拥戴他的直系政客们提出了三项条件:一、实行裁兵废督;二、努力使南北统一;三、民国六年国会恢复。特别是有传闻说已经获得了洛阳战争之王吴佩孚的承认和同意,舆论显示出今后对他的很大期待。

　　然而,8 月 1 日所谓旧国会(民国六年)在北京召开不久,8 日他突然向国会提出辞去总统职务的文案,同时向各方通电,宣布了辞呈的内容。理由是民国六年 6 月 20 日,军阀强迫他在解散国会的总统令上盖章,但这并非他自己的意愿。虽然当时辞去了总统的职务,但是正式手续还没有机会办理。然而,因为现在国会再次恢复,召开会议,所以可以正式辞职,提交文案了。其内容如下:

---

　　① （原文最后的注五在原文中未找到加注之处,姑置于文末——译者按。）杂志《支那时事》五月号(第 31 页)徐总统对张、曹、吴的三条停战的劝告,其劝告正文大概内容如下。其一,"我虽为元首,但因为没有实力,无法阻止政局的破裂,不能救人民于水火之中。我虽为陆海军大元帅,却不知道任何军事行动。而我这个元首、大元帅对于人民来说没有任何作用。"如果果然徐总统有大元帅的资格,国民也不以为怪,那或许是"总统统率全国陆海军"《约法》第32 条)的规定,是总统当然获得的资格。《新约法》虽然也有总统是大元帅的规定,但并不是现行的约法。即便根据《约法》第 32 条的规定大总统有这样理所当然的资格,但是为了有效的行使统率权,如果没有其直属的大元帅统率办事处,他对于军阀就没有任何的控制力。

查知民国六年 5 月,吉林督军孟恩远、湖北督军王占元等的恳切之意,参众两院将在即日解散,可再另行组织。当时在《约法》上对于解散并没有明文规定,很难准行,还有在旁窥伺的安徽省长倪嗣冲等先后发难,安徽督军张勋又举兵入京,声称如不发命令并确定国会解散的日期,军队将采取自由行动。京师是关系重大之地。被逼无奈,于民国六年 6 月 20 日下达了命令。已通电沥陈我之苦衷,为了稳定大局,即辞去现职,以谢国人,我之所想已由官报公布。其后,因复辟之闹剧上演,特请段祺瑞任国务总理,以督师靖难,按照《约法》第 42 条,我因故不能行使权力,故请副总统冯国璋代行职权。当时因形势混乱,不能立刻履行辞职手续,现两院可以继续召开国会,我即在六年 7 月向国会补交正式的辞职手续,在此郑重声明。

接受上述提出文案的是下院。总统选举要通过总统选举会,即由上、下两院共同议会选出,所以不仅众议院可以受理这一文案,而且,《约法》有关总统辞职之事没有任何的规定,因此众议院决议,咨文应该返还,并于当日直接返还给总统。然而,12 日黎元洪再次向参众两院提出辞职的咨文,称此次就任总统乃有感于各方面的恳切之情,而且也感到自身应担负此责任,不想违法食言,故请允许辞职。当然,国会没有审议这个咨文,10 月 1 日国会召开以来,已经召开了第三次国会,黎总统是否再次向其提出辞职案,如今还不清楚。

黎总统坚持要辞职,无论政治上的理由是什么,都没有必要去追问。从表面理由看,他于 6 月 11 日就任总统是因为受到各方面的拥戴,不得已才再度出任民国总统。对于民国六年 6 月命令国会解散,再次明确了自己的责任,现在提出正式的辞呈。至于能否成行,有待今后观察。然而,有关总统选举制度的问题,必定会在将来成为中国混乱的导火索。之所以如此,是因为黎总统身为总统,在其任期的后段时间有一些不同的议论,但现在解释任期已经期满,不会有不当之处了。即便解释其任期未满,剩余的任期也不过一年。在我看来,有关总统的选举任期等应该将法律的规定和实际的事实彼此对照来加以评论。

二

有关总统(大总统及副总统)的选举、任期、资格条件等事项,民国二年 10 月 5 日公布的《大总统选举法》制定之前,没有完全的法规。仅有《约法》第 29 条规定:"临时大总统、副总统,由参议院选举之。以总员四分之三以上之出席,得票满投票总数三分之二以上者,为当选。"因而,1911 年 12 月 29 日革命后最初的大总统孙逸仙在南京被选出来,是由各省代表组织临时政府共同召开代表会议来完成的。第二期大总统袁世凯也是由南京参议院(由十七个省都督派遣的代表组成)选出(1912 年 2 月 15 日),孙逸仙、袁世凯为临时大总统,均冠以"临时"二字。

民国二年 4 月 8 日正式国会在北京召开,不久国会便极其混乱,遭遇应该首先着手制定正式宪法,还是于此之前首先选举正式大总统的顺序问题。议会最终就像袁世凯所希望的那样,决定首选选举他为正式大总统,基于这种必要,10 月 4 日通过了《总统选举法》。之前的临时大总统袁世凯正式当选大总统(10 月 6 日),其根据就是这部选举法的规定。袁世凯死后,由其亲手制定的法律制度几乎全部被废除,但唯有这部选举法是以《约法》为依据,于国会正式开会之时制定的,基于这一理由,它成为宪法的一部分。① 所谓护法论者认为大总统是非法的,不承认大总统的资格。民国七年徐世昌被推选为总统,也是根据这部选举法选出的(尤其是选举徐世昌的议会,在护法论者看来是所谓的新国会,是非法国会)。也就是说现行的总统选举法是民国二年公布的,最近的总统选举也是根据这个法规进行的。

三

竞选总统要具备如下条件:一、中华民国人,享有完全公民权;二、

---

① 民国五年 6 月 29 日宣布的黎元洪总统所谓七道申令中的第一道:"宪法未定,大本未立,庶政行进没有理由。应速召集国会,制定宪法,协民志,而可固立国本。宪法未定以前,仍可遵行民国元年 3 月 11 日公布的临时约法,至宪法成立为止。民国二年 10 月 5 日所宣布的大总统选举法作为宪法的一部分仍有效。"

年龄满四十岁以上;三、在中国国内居住十年以上。一般认为,选举法的这一条大体上是效仿美国宪法的规定而制定的。但是美国宪法的年龄限制是 35 岁,国内居住年限是 14 年。只有这两点有所差别。(Art. II. sec. I)①

如果那样,关于选举本身的规定如何由参众两院组织的总统选举会对其进行选举? 选举会的法定人数超过总数的三分之二,通过不记名投票,得票数超过四分之三才可当选。如果第一次投票没有投出当选人,要再次进行投票。此时,当得票人仍未超过四分之三时,就候选人得票数比较多者举行最终选举,得票数过半数者当选(第 2 条)。而总统选举会本身是在大总统任期结束三个月前,两院议员自行集合组织的(第 3 条第 2 项)。

这是有关选举的规定,以此为根据选出来的大总统,恰如美国大总统就职时宣誓所言:"我宣誓将忠实执行合众国大总统职务,我将竭尽所能,维护合众国宪法,保护合众国宪法。"中国大总统的宣示如下:"余誓,以志成遵守宪法,执行大总统之职务,谨誓。"这完全是对美国宪法的翻译。

另外,前文所述的选举法规定要进行最终投票,实际实行的例子是民国二年 10 月的正式大总统选举之时。即 10 月 6 号进行了第一轮的投票,选举人总数 731 名,袁世凯得票 471 票,第二名是 154 票的黎元洪。袁世凯得到 471 票,但是未能超过总票数的四分之三,因而继续进行第二轮的投票,结果袁世凯获得 497 票,黎元洪获得 162 票。而袁世凯的得票仍未达到法定票数。因此,选举会决定在袁世凯、黎元洪之间进行最终投票,袁世凯得到 507 票,正式当选为大总统。民国七年 9 月以候选人参加总统选举的徐世昌,于 9 月 4 日以总投票 436 票中的 425 票当选为大总统,进行最终决选的只有民国二年这一次。

---

① 不必说,第一条提到的"中华民国人"是根据民国元年 11 月 19 日公布的《国籍法》拥有国籍的人。《国籍法》的规定大体是对日本的效仿。因为有必要尽快决定交换有关与荷兰之间的荷属东印度群岛的华侨国籍问题,国籍法迅速制定出来。与荷兰之间的决定,参见 Dutch Consular Convention of Peking, May 8, 1911. M. T. Z. Tyau; The Legal Obligations arising out of Treaty between China and Other States 1917 p. 21.

四

根据前文选举法的规定，总统的选举要通过上下两院的共同议会进行间接选举，但是我们现在必须考虑，这是否适合中国的现状。首先，让我们来看一看其他国家的宪法，法国宪法有如下条文："共和国大总统由构成国民议会的元老院代议院进行投票，票多者当选。"合众国的制度相当于间接选举，由带有纯粹机械性质的选举人团（Electoral College）进行选举。葡萄牙、墨西哥、智利、阿根廷皆采取间接选举制，玻利维亚等国采取国民直接选举。巴西则并用直接、间接两种制度，最开始进行国民直接选举，得票绝对多者直接当选；没有出现绝对得票多者的情况下，由议会（Congress）对得票最多的二人进行最终选举（《宪法》第47条）。在这些国家的选举制度之中，法国选举制度是由两院共同会议组成的国民议会选出大总统，因而与中国宪法的规定完全一致，或许这是中国总统选举制度的渊源。

但是，由立法部间接选举大总统，如法国这样拥有发达的政治状态的国家方有其合理存在的理由。法国上下两院完全可以代表国民，由其选出的大总统与由国民间接选举结果相同。因而即便不通过繁杂不堪的直接选举制度，也不会违背民意（Vox populi）的主要原则。然而，中国议会政治的发达程度远不及法国。制度虽然等同于立法部的间接选举制度，但其实质和效果自然与法国不甚相同。

中国的上下两院，其形式姑且不论，在本质上可以代表国民健全阶级利益者原本就很少。国民健全阶级，指的是所谓绅董阶级。这些绅董阶级的人大多对政治没有太多兴趣。他们对立法部的选举大多态度冷淡，或者漠不关心。而且，中国的议会成立还不到10年，经验不足。因此，立法部选出的议员多数并非是绅董阶级这样的中国社会的中坚力量，大多是热衷于仕途、年少轻狂的少年。所谓研究系、交通系、政学会等组织，都是这些年轻中国人为了可以更接近政权所组成的组织。有关立法部的本质将于他处再进行论述。不用说，年轻人组成的立法部议员经常会被行政部所左右。可以见到这样一种显然的倾向，缺乏共和政治经验的一般国民，对行政部给予立法部的干涉乃至压迫也丝毫不觉得奇怪。若果然如此，这直接就导致在大总统选举的时候，一些有势力的行政官员很容易对立法部议员或以利诱，或以威胁等手段加以收买或左右。从过去的经验来看，这种事情绝对不少。民国二年正式大总统选举时，临时大总统袁世凯当然会有多数都督和政客的支持，但是面对在议会中占据有利地位的国民党人，或以"雪花银"收买，或以强制手段威胁，最终在与黎元洪的最终选举中获胜。当时国民党若不让袁世凯当选，必然会招致反动性的政变，威胁议会的基础。顾及各国会延迟承认中华民国的成立，反袁政策便没有进行到底，这也成为袁世凯获胜的一个缘由。然而，国民党抱有的这种不温不火的态度，事实上其本身说明了袁世凯干涉选举的猛烈程度。

　　先不谈我们的国家，就连法国的选举，行政官干涉选举的事情，也并非绝对没有。然而，与中国和日本相比较，拥有更加发达政治道德的法国干涉选举的事实更少。1919 年秋举行的立法部总选举是我亲眼所见的。在"雪花银"的威力最为显著的中国，想要期待出现法国这样发达的政治道德，无异于痴人说梦。

　　反过来，从立法部与总统之间的关系看，大总统是由立法部选出来的。大总统就任后，大概会受到立法部绝对性的影响。这样一来，不仅有悖于行政、立法分立的主旨，大总统在行使其职务方面也有诸多不便。在共和制还很幼稚的中国，会导致议会与总统之间有诸多矛盾，会影响政令的上行下达。现任总统黎元洪和前任总统徐世昌的背后都没有军队的支持，当然就会受到立法部所扰。如合众国一样，虽然采取间接选举，但仍然尊重立法、行政分立的精神，让立法部来选举总统，并不适合中国的现状，其理由已如上文详述。如果如此，能否像秘鲁、玻利维亚等国由国民直接选举总统？要脱离直接与间接选举在理论上是否可行的问题，我们需要对照中国的现状进行考察。众所周知，中国约有三亿五千万人口，大约是日本的 17 倍，法国的 12 倍，拥有广大的国土面积。而如众人所见，交通、通信机关的不健全令其广阔的程度比实际上还要广。假设国民直接参与总统选举，其结果会如何？选举的过程极为繁杂姑且不论，像中国这样庞大的国家，进行一次选举所要花费的时间和巨额费用会令人吃惊。加之，一般国民对大总统的选举并不会像立法部议员选举那样漠不关心，这有可能会引起全国民心的沸腾，甚至可能引发全国性的骚乱。况且，在此期间有可能会发生像美国曾经发生过的被人操纵（Wire-pullers）之类的弊端。从已经进行的立法部议员选举来看,也非常明显。总统直接选举,如玻利维亚、秘鲁这样的小国姑且可以,像中国这样的大国,不可能实行。

美国的制度是各州向国会选送数量相等的议员进行大总统的选举,中国有必要参考美国这一选举制度。从理论上看,合众国的制度是由一个机械的机构——选举人团(Electoral College)进行选举,选举极为慎重,且独立于立法部之外进行选举。而选举人团(Electoral College)与国民的选举有所关联,因而由其进行的大总统选举绝非要回归共和民主的宗旨,而与直接选举的繁杂相比较,要优秀数倍。然而,如人所知,合众国的实际经验未必支持这一理论。这种制度本来的目的是为了慎重选举,但未必可以达到。众所周知,国民选举大总统的选举人时,因为候选人在即将到来的大总统选举中已经预先宣布自己应该投票的人物(夏季的全国政党会议所决定的大总统候选人),所以大总统的选举此时已经确定下来,实际与国民直接选举无丝毫不同。但是,在我看来,这种现象能在美国见到,是因为美国的政党组织很特殊。① 没有实行过政党政治的当今中国,如果采用美国的制度,反而不能达到制度本来的目的,即无法实现如下三点目的:(一)不违反共和民主;(二)慎重进行选举;(三)选举独立于立法部进行。

有关总统选举,我有一个建议(Suggestion)。郑氏说:

> 伴随总统选举出现的困难问题,是要将选举总统的相关事务转移到省议会来解决。省议会远不及中央政府的地位,所以不可能与中央政府进行行政交涉。与国会的职务相比,他们的职责是地方性的,与一般国民的日常生活息息相关。因此,他们一直会受到选举人的密切监视与考验。当然,因为他们是被选举出来的,所以假设他们选举大总统,他们的地位会与间接选举第二阶段的投票者一样。而且,他们是因为其他目的被选举出来的,所以他们选举总统是附加给他们的职务,履行这种职务,会免于举国选举出现骚乱。

> 对于这种选举制的一个障碍,恰恰是如今省议会受到地方官吏的影响。也就是说一省的行政长官可以左右省议会,最容易让

---

① 参见高田博士译《政治泛论》(威尔逊),第 997—980 页,以及 Leacock: Elements of Pol. Science, p. 189.

他们为他所在的政党投票。这种担心实际上可想而知。要而言之，这是省议会议员人格和行动的问题，并非法律所及的问题。我认为，为了尽可能减少法规的外部影响，最好规定当选大总统要获得绝对多的票数，同时还要获得绝对多的省的支持。如果没有出现获得绝对多票数的候选人，可以效仿合众国的例子，从获得国会投票和支持的省份最多的五个人当中进行最终投票来选出大总统。设置这种规定，对中国而言很有必要。之所以如此，是因为各省的情况和见解相互间差别显著，省议员未必会将票投给得票数多的候选人。①

我们现在难以判断是应该移植美国的制度，还是采用郑氏的意见。然而，我明确认为，不论是修改现行制度还是采纳上述意见，都很有必要。

五

再来看总统的任期如何，《约法》虽然没有任何规定，但《选举法》第3条第1项规定："大总统任期五年，如再被选，得连任一次。"

所有共和国，如果允许总统的任期过长或者允许一个人数次连任，很快就会使政权集中在一人手中，有再次唤起王政专制之虞。智利任期5年，不允许连任（《宪法》第52条）；巴西任期4年，不允许连任。总的来说，美洲的共和制国家总统任期多数为4至6年，且不允许连任。像墨西哥的蒂亚斯将军从1884年至1906年连任20年总统，实属特例，这或许是1906年革命爆发的原因。《合众国宪法》规定任期4年，但没有禁止连任的规定。然而，华盛顿之后没有人连任三次，这已经成为惯例。法国与美国的情况不同，任期7年，可以连续数次连任。乍一看来，这与共和民主的宗旨相距甚远，但是众所周知，法兰西大总统的政治地位并不高，仅作为国家元首，徒拥虚器罢了。政治上的实权由内阁、议长把持，这是不可动摇的惯例。因此，法兰西宪法的规定，其实质与其他共和国宪法相比，并没有太大差距。

中国大总统的任期是5年一次，不得连任，精神上与其他共和国宪

---

① Cheng：Modern China etc . pp. 51-51.

法一致。这是吸取古有拿破仑称帝，近有蒂亚斯独裁的结果。但是，中国是拥有复杂的政治组织，且拥有辽阔疆土的共和国，总统的任期仅5年，且不许连任一次以上，未免有偏于理论，未能充分考虑国民实际生活之嫌。在我看来，正如郑氏所指出的，将任期改为7至8年，且符合国民期望者可以连任，比较符合中国国情。之所以如此，是因为只有5年的任期，总统很难发挥其政治手腕。中国的政治组织及政治现状过于复杂，而且国土也过于辽阔。民国七年9月至本年6月大约4年时间，大总统徐世昌即便没有辞职，假设他可以完成剩下的1年3个月的任期，但是以他的行政手腕，剩下的1年3个月也不会有太大的政绩。如果中国的现状是当时约法的制定者所希望的，允许大总统仅是一个摆设，那么其任期的长短就不是一个重要问题了。但是，中国的政治现状绝不允许总统成为摆设。如我在本杂志第一卷第二期所指出的，能够处于很好控制如今军阀横征暴敛、恣意妄为地位的人，除了大总统，别无他人。其地位决不可徒拥虚器。不得不说，要让总统放手发挥其行政才干，5年的时间未免过短。袁世凯做总统的时候，将任期改成了10年，当时虽然遭到了反对党的强烈反对，但我认为那是基于中国现状的一种尝试。如果将任期延长3年，变成8年，就会有人说时间过长权力过于集中在一个人身上，并非好事。

如果改成限于连任一次，若能满足国民的需求，允许继续连任多次，乍一看虽然有悖共和民主主义的宗旨，但是回顾中国数千年王朝所积累下来的经验，总统连任几次应该也不会被国民所抵触。毋宁说，如林肯、格兰特这些著名的总统，他们连任反而让国民过上了幸福生活。

六

最后探讨大总统因某种理由而位置空缺时，其职位由何人代替。《选举法》规定："大总统缺位时，由副总统继任。至本任大总统任满之日止。大总统因故不能执行职务时，以副总统代理之。副总统同时缺位时，由国务院摄行其职务。同时，国会议员于三个月内自行集会，组织总统选举会，行次任大总统之选举。"（第五条）

民国五年6月至六年7月大总统黎元洪在袁世凯死后，以副总统的身份继任大总统。民国六年7月至七年8月大总统冯国璋也因黎总统因故不能执行职务,以副总统的身份代行大总统职务。然而,这也引出了一个问题。本文开篇曾经提过,本年 6 月 20 日徐总统辞职,黎元洪就任大总统(11 日)。如前所述黎元洪向国会提出了辞职案,其原因是民国六年 6 月在军阀的强逼下他在解散国会的命令上盖上总统的印玺,其后他引咎辞职。《约法》第 42 条规定:"临时副总统在临时大总统因故离职,或因其他事情不能履行其职务的时候,临时副总统代行其职。"参照此规定,副总统冯国璋代行大总统职权。原来的《约法》和《选举法》都没有关于总统辞职的规定。因此,国会返还了黎元洪总统的辞职案,也是因为法律没有规定。然而,黎总统自己辞职,让冯国璋代行总统的职权,我们姑且不问其手续如何,显然黎元洪已经辞去职务。因而,曾经一度辞职的黎元洪,再次(本年 6 月)就任总统,应该就会产生两种不一样的解释。民国六年辞职以后,他变成了一名普通公民。可以认为,有关他再次竞选总统,并非按照《约法》及《选举法》的规定,仅是在众人的推戴下重新就任的大总统。而且,还有人认为,有关退职之后的大总统再次复任,没有任何规定,但事实上是众人的推戴令其复任了。黎元洪本人和一般的观察者都持第二种看法。不过,据前者的看法,他的任期今后还有 5 年,而据后者的看法,其任期会产生如下疑问。民国五、六年,当时黎元洪履行总统的职权,是因为民国五年 6 月 6 日因时任大总统袁世凯病逝,按照上述《选举法》第 5 条的规定,副总统继任大总统之位,而第 5 条第 1 项后段则规定"到本任大总统任满之日为止"。也就是说,黎元洪的任期是袁世凯未完成的任期,即从民国五年 6 月 7 日至七年 10 月 6 日的 2 年 4 个月。(袁世凯正式就任总统是在民国二年 10 月 6 日,去世是在民国五年 6 月 6 日,因此他作为总统的在职时间是 2 年 8 个月。)然而,民国六年 7 月黎元洪因对时局负责而辞职,如果将本次就职视作恢复原职,他的任期是从民国五年 6 月至民国六年 7 月,在职时间 1 年零 1 个月。如果不辞职,在职时间应该是 2 年零 4 个月(民国五年 6 月至七年 10 月)。那么从中减去已经任职的年限,剩下的任期就应该按照 1 年零 3 个月来计算。但是,如果他不辞职,他当然会有 2 年零 4 个月的任期。其退职后,冯国璋当上大总统,这时必须再减去冯国璋在职的天数。换言之,袁大总统剩下的任期要由黎元洪、冯国璋继续完成。依这种看法,冯国璋执掌大总统的任期应该是民国六年 7 月 7 日到七年 8 月 13 日,大约 1 年零 1 个月。再加上黎元洪在职的时间是 1 年零 1 个月,从袁世凯剩下的任期 2 年零 4 个月中减去以上两项,剩下的 2 个月就是这次黎元洪总统的任期。

要而言之,黎元洪本次就任是两三名军阀无视选举法的规定,将一介公民推戴为总统。如果持此看法,无论如何他都是非法总统。在护法论者看来,与徐世昌这个非法总统完全一样。而且,如果认为他是复职,其任期会根据看法的不同,或者是 1 年零 3 个月,或者是 2 个月。如果认为按照 2 个月进行计算是正当的,今日(11 月 5 日)他的任期已经结束了,而且还超出了 2 个月。6 月初黎元洪就任的时候,浙江督军卢永祥通电全国,称"冯国璋作为代理总统的任期已经结束,黎元洪的总统任期也因此结束,在法律上其已经是一介公民,没有任何可以复职的理由。现在既然已经以法律为主,我们不应该不尊重法律,不允许以一部分人之爱憎而论之,不能以两三名军人的议论来变更法律,两三名议员的通电也不能代表大众"。所言不无道理。(他所说的 2 个月任期结束与我计算的大约还剩下 2 个月,有所出入)我认为从《选举法》第五条"到本任大总统任满为止"的规定,自然可以断定如此。某人在中文报纸上猜测,最初直系政客在怂恿黎元洪复职时所保证的期限是 1 年。总之,中国虽然有人在大谈特谈法律层面的论调,但是实际上中国的常态是现实没有任何停滞,一直向前发展着。(对事态的发展留待今后观察)